Ben Macintyre, [illegible]
plusieurs ouvrag[illegible]
pionnage. Chroni[illegible],
il a été correspond[illegible] York, Paris et Washington. Il s'est fait connaître en 1997 par un premier récit consacré au « Napoléon du crime », Adam Worth, dont Conan Doyle s'est inspiré pour créer le personnage du professeur Moriarty. Suivront *L'Opération Mincemeat* aux Éditions Ixelles (2011), puis *L'Espion et le Traître* (2019) et *Agent Sonya* (2020) aux Éditions de Fallois. *Colditz – La forteresse d'Hitler* a paru en 2023 chez Alisio. Tous les livres de Ben Macintyre sont repris chez Pocket.

L'ESPION
ET LE TRAÎTRE

ÉGALEMENT CHEZ POCKET

L'Espion et le Traître

Le Napoléon du crime

Agent Sonya

Opération Mincemeat

Colditz – La forteresse d'Hitler

BEN MACINTYRE

L'ESPION ET LE TRAÎTRE

Traduit de l'anglais
par Henri Bernard

Éditions de Fallois
PARIS

Titre original :
THE SPY AND THE TRAITOR.
THE GREATEST ESPIONAGE STORY OF THE COLD WAR

First published by Viking (UK)

ISBN : 978-2-266-30984-4
Dépôt légal : septembre 2020

En souvenir de Joanna Macintyre
(1934-2015)

« Il avait désormais deux vies : l'une au grand jour, vue et connue de tous ceux qui avaient envie de la connaître… et une autre qui s'écoulait dans le secret. »

ANTON TCHEKHOV,
La Dame au petit chien

Il avait désormais deux vies : l'une [illegible] au grand jour, vue et connue de tous [illegible] ceux qui avaient besoin de la connaître... [illegible] et une autre qui s'écoulait dans le secret.

ANTON TCHEKHOV,
La Dame au petit chien

Prologue

18 mai 1985

Simple opération de routine pour les agents de la Direction K, le service de contre-espionnage du KGB.

Ils n'auront besoin que d'une minute pour forcer les serrures de la porte d'entrée de l'appartement situé au huitième étage du 103, perspective Lénine à Moscou, une tour-immeuble occupée par les officiers du KGB et leurs familles. Pendant que deux hommes revêtus de combinaisons et de gants fouillent méthodiquement les lieux, deux techniciens se chargent de mettre chaque pièce sur écoute : ils font courir des fils sous les papiers peints et les plinthes, dissimulent un micro dans le combiné du téléphone, placent des caméras vidéo dans les lampes du salon, de la chambre, de la cuisine. Une heure plus tard, une fois leur mission terminée, le KGB sera capable de voir et entendre tout ce qui se passe dans l'appartement. Pas un recoin ne lui échappera. Dernière tâche : les quatre hommes enfilent des masques et aspergent d'une substance radioactive les chaussures et les vêtements rangés dans les placards. À des doses suffisamment faibles pour n'empoisonner personne mais assez fortes pour être détectées par les compteurs Geiger du KGB qui suivra ainsi les déplacements du porteur. En s'en allant, ils prennent soin de refermer la porte à double tour.

Quelques heures plus tard, un officier supérieur russe du renseignement débarqua à l'aéroport de Moscou d'un vol Aeroflot en provenance de Londres.

Le colonel Oleg Antonovitch Gordievsky du KGB avait atteint le point culminant de sa carrière. Jeune prodige des services secrets soviétiques, il s'était appliqué à en gravir les échelons. Au fil des années, il avait brillé en Scandinavie, à Moscou et à Londres. Sans jamais le moindre accroc à son palmarès, ou presque. Espion de profession, Gordievsky était destiné à atteindre les sommets de cet immense et impitoyable réseau de renseignement et de sécurité qui contrôlait l'Union soviétique. Aujourd'hui, à 46 ans, promu à la tête de l'antenne de Londres, un poste en or, il était rappelé à Moscou pour y être adoubé par le grand chef du KGB.

Trapu avec un corps d'athlète, Gordievsky marchait d'un pas assuré parmi la foule des passagers. Il était pourtant dans ses petits souliers. Car ce pilier du KGB n'était pas seulement un fidèle serviteur du Renseignement soviétique. C'était aussi un espion britannique.

Recruté une douzaine d'années auparavant par le MI6, le contre-espionnage anglais, l'agent au nom de code NOCTON se révéla être un des agents secrets les plus précieux de l'histoire. L'immense somme d'informations qu'il procura à ses officiers traitants changea le cours de la Guerre froide. Il démasqua des réseaux secrets soviétiques, contribua à éviter une guerre nucléaire, dévoila à l'Ouest le système de pensée du

Kremlin pendant une période particulièrement tendue entre les deux blocs. Ronald Reagan et Margaret Thatcher furent tenus informés des tonnes de documents fournis par l'espion russe, sans jamais connaître sa véritable identité. Même sa jeune épouse ignorait tout de sa double vie.

La promotion de Gordievsky comme *rezident* (le terme russe du KGB pour signifier un chef d'antenne, ou *rezidentura*) ravit le petit cercle d'officiers du MI6 qui étaient dans le secret des dieux. À ce poste éminent, il aurait accès aux secrets les mieux gardés de l'espionnage soviétique : il serait capable de transmettre à l'Ouest les projets du KGB avant leur mise en œuvre, à temps pour les neutraliser. Pourtant, le brusque rappel de NOCTON à Moscou déconcerta les Britanniques. Certains craignirent un piège. Lors d'une réunion concoctée à la hâte dans une planque sécurisée de Londres, ses officiers traitants proposèrent à Gordievsky de faire défection et de demeurer en Grande-Bretagne avec sa famille. L'enjeu était énorme. S'il revenait de Moscou pour prendre officiellement en charge l'antenne londonienne du KGB, alors le MI6 et la CIA ainsi que leurs alliés occidentaux décrocheraient le gros lot ! Mais si le *rezident* tombait dans un guet-apens, il perdrait tout, y compris la vie. Gordievsky pesa longtemps le pour et le contre. Avant d'annoncer sa décision :

— Je prends le risque !

Une fois encore, les officiers du MI6 étudièrent avec leur précieux espion le plan d'urgence pour le sortir d'Union soviétique en cas de danger : une opération baptisée PIMLICO, mise au point sept ans auparavant dans l'espoir de ne jamais avoir à la déclencher.

Elle n'avait d'ailleurs jamais été testée car le MI6 n'avait pas eu à exfiltrer qui que ce soit d'URSS – et encore moins un officier supérieur du KGB. Compliquée et très risquée, PIMLICO ne devait être utilisée qu'en dernier ressort.

Gordievsky avait depuis longtemps appris à déceler le danger. Les nerfs à vif, il traversa l'aéroport de Moscou en se sentant menacé. Le préposé de la police aux frontières n'avait-il pas inspecté son passeport pendant un temps infini avant de lui faire signe de passer ? Où se trouvait le fonctionnaire chargé de l'accueillir, un signe de courtoisie élémentaire envers un colonel du KGB arrivant d'outre-mer ? L'aéroport était en permanence sous haute surveillance, mais aujourd'hui, il grouillait d'un nombre encore plus important d'hommes et de femmes à l'air désœuvré. Installé dans un taxi, Gordievsky se rassura un peu en songeant que, si le KGB connaissait la vérité, il aurait été arrêté dès l'instant où il avait posé le pied sur le sol russe. Et à l'heure actuelle il serait en route pour les cachots du KGB, puis interrogé et torturé avant d'être exécuté.

Convaincu de ne pas avoir été suivi, il pénétra dans l'immeuble familier de la perspective Lénine et prit l'ascenseur jusqu'au huitième étage. Il n'était pas revenu à son domicile moscovite depuis le mois de janvier.

La première serrure s'ouvrit facilement. La deuxième aussi. Mais la porte resta close. La troisième serrure, un vieux verrou qui datait de la construction de l'immeuble, avait été poussée.

Ce verrou, Gordievsky ne l'utilisait jamais. Il n'en détenait même pas la clé. Cela signifiait qu'un étranger, muni d'un passe-partout, avait verrouillé par erreur les trois serrures en quittant les lieux. Un étranger appartenant sûrement au KGB. Conscient que son appartement avait été violé, fouillé, sans doute mis sur écoute, un froid glacial l'envahit. Ses angoisses de la semaine précédente n'étaient donc pas sans fondement. Le KGB l'avait à l'œil. L'espion était espionné par ses collègues-espions.

étranger muni d'un passe-partout avait verrouillé par erreur les trois serrures en quittant les lieux. Un étranger appartenant justement au KGB. Cela signifiait que son appartement avait été fouillé, sans doute mis sur écoute. Un froid glacial l'envahit. Ses angoisses de la semaine précédente n'étaient donc pas sans fondement. Le KGB l'avait à l'œil. L'espion était espionné par ses collègues-espions.

PREMIÈRE PARTIE

1.
Le KGB

Oleg Gordievsky naquit au sein du KGB. La redoutable organisation l'avait pétri, aimé, déformé, compromis. Tout juste si elle ne l'avait pas détruit. L'espionnage au service de l'URSS, il le portait dans son cœur, il coulait dans son sang. Toute sa vie, son père avait travaillé pour les services de renseignement, au point de porter quotidiennement, et même le dimanche, l'uniforme du KGB. Les Gordievsky vivaient parmi une communauté d'espions dans un immeuble qui leur était assigné, mangeaient des repas préparés spécialement pour eux, passaient leur temps libre avec d'autres familles d'espions. Gordievsky était un enfant du KGB.

Le KGB, *Komitet Gossoudarstvennoï Bezopasnosti*, ou Comité pour la sécurité de l'État, était l'organisme de renseignement le plus élaboré et le plus tentaculaire de tous les temps. Successeur direct du réseau d'espionnage stalinien, il réunissait plusieurs fonctions : espionnage international et interne, maintien de l'ordre et police politique. Tyrannique, mystérieux, omniprésent, il noyautait et contrôlait tous les aspects de la vie soviétique. Débusquant les dissidents, protégeant les dirigeants politiques, montant des opérations d'espionnage et de contre-espionnage contre les puissances ennemies, il assujettissait les habitants de l'URSS et les transformait en misérables esclaves. Il recrutait des agents, plantait des espions dans le monde entier, achetait et volait des secrets militaires, politiques ou scientifiques tous azimuts. Au sommet de sa puissance, avec plus d'un million d'officiers, d'agents et d'informateurs, le KGB remodelait la société soviétique plus profondément que tout autre organisme.

Aux yeux de l'Ouest, ces trois initiales étaient synonymes de terreur, d'agression internationale et de subversion. Bref, elles représentaient toute la cruauté d'un régime totalitaire aux ordres d'une mafia officielle et sans visage. Ceux qui appartenaient au KGB en avaient une autre perception. S'ils le redoutaient, s'ils courbaient l'échine, ils respectaient son rôle de Garde prétorienne, de rempart face à l'impérialisme occidental et à l'agression capitaliste, de gardien du communisme. Faire partie de cette élite privilégiée, c'était l'assurance d'être admiré et envié.

Quand on s'engageait, on signait pour la vie. « Il n'existe pas d'ancien agent du KGB », déclara un jour Vladimir Poutine, lui-même ex-officier du KGB. Être admis dans ce club exclusif était ardu. En sortir, impossible. Pour ceux qui étaient suffisamment ambitieux et doués, rejoindre les rangs du KGB était un honneur et un devoir.

Oleg Gordievsky ne songea jamais à faire autre chose.

Son père, Anton Lavrentievitch Gordievsky, fils de cheminot, avait été instituteur jusqu'en 1917. La

Révolution le transforma en un communiste inconditionnel et totalement dévoué à la cause, en un idéologue intransigeant. « Le Parti était son Dieu », écrira son fils. Sa dévotion ne faiblit jamais, même quand sa foi lui ordonna de commettre des crimes innommables. En 1932, il collabora à la « soviétisation » du Kazakhstan, détourna les récoltes des paysans pour nourrir les armées soviétiques et les villes. Avec les conséquences que l'on connaît : la famine emporta plus d'un million et demi de personnes. Il assista en première ligne à cet assassinat d'État. Cette même année, il rejoignit le bureau de la Sécurité d'État, puis le NKVD, le Commissariat du peuple aux Affaires intérieures, c'est-à-dire la police secrète de Staline, organisme précurseur du KGB. Membre de la direction politique, il était responsable de la discipline et de l'endoctrinement. Il épousa Olga Nikolaïevna Gornova, une statisticienne de 24 ans, et emménagea dans un bel appartement de Moscou réservé à l'élite du renseignement. Vassili, le premier enfant du couple, vint au monde en 1932. La famille Gordievsky devait sa prospérité à Staline.

Le « petit père des peuples » ayant annoncé que la Révolution était en danger de mort, Anton Gordievsky se porta volontaire pour démasquer les traîtres de l'intérieur. La Grande Purge de 1936-1938 vit la liquidation massive des « ennemis de l'État ». La liste des victimes était longue : éléments suspectés d'appartenir à une cinquième colonne, trotskistes clandestins, terroristes et saboteurs, espions contre-révolutionnaires, cadres du Parti ou du gouvernement, paysans, juifs, instituteurs, généraux, membres de l'intelligentsia, Polonais, soldats de l'armée Rouge, etc. Des innocents pour la plupart. La paranoïa régnait sous Staline. Du coup, la façon la plus sûre de survivre était de se livrer à la délation. Nikolaï Ejov, chef du NKVD, ne mâchait pas ses mots : « Mieux vaut condamner dix innocents que de laisser échapper un espion. Quand on coupe du bois, il y a toujours de la sciure. » Les indicateurs chuchotèrent, les tortionnaires et les bourreaux s'activèrent, les goulags de Sibérie débordèrent. Puis, comme à chaque révolution, on commença à soupçonner les responsables. Le NKVD enquêta sur lui-même et élimina les siens. Pendant les heures les plus noires de ce carnage, l'immeuble des Gordievsky connut une douzaine de descentes de police en six mois. Les arrestations avaient lieu la nuit : le chef de famille était le premier à être emmené, le reste de la famille suivait.

Il est probable qu'Anton Gordievsky dénonça certains de ces ennemis de l'État. « Le NKVD a toujours raison », se justifiait-il. Affirmation à la fois sensée et totalement erronée.

Un second fils, Oleg Antonovitch Gordievsky, naquit le 10 octobre 1938, au moment où la Grande Terreur s'apaisait, où la guerre couvait. Pour leurs voisins et amis, les Gordievsky, désormais parents de deux robustes fils, représentaient la crème des citoyens, idéologiquement purs, loyaux envers le Parti et l'État. Une fille, Marina, vint au monde sept ans après Oleg. Une famille privilégiée, bien nourrie, en sécurité. À y regarder de plus près, quelques fissures lézardaient cette belle façade, des zones trompeuses se dissimulaient en profondeur. Anton ne parlait jamais de ses activités pendant les années de famine, de purges et de terreur. Parfait exemple de l'*Homo sovieticus*, il était le type même du fonctionnaire servile façonné par la répression communiste. Au fond de lui-même, il était peureux, horrifié par son passé. La culpabilité devait sans doute le ronger. Plus tard, Oleg décrira son père comme un « homme effrayé ».

Olga Gordievsky, la mère d'Oleg, est plus difficile à cerner. Elle ne prit jamais sa carte du Parti, refusa de croire à l'infaillibilité du NKVD. Les communistes avaient confisqué le moulin à eau de son père ; pour avoir critiqué la collectivisation des terres, son frère avait été envoyé dans un goulag de Sibérie orientale ; nombre de ses amis, tirés du lit et emmenés de force, avaient disparu. Avec son bon sens paysan, elle rejetait le désir de vengeance et les errances de la terreur d'État, mais préférait se taire.

Oleg et Vassili, son frère aîné, grandirent pendant la guerre. Un des plus anciens souvenirs d'Oleg ? Regarder les files de prisonniers allemands en loques que l'on exhibait dans les rues de Moscou. « Ils étaient pris au piège, surveillés, menés comme des troupeaux. » Anton, lui, était fréquemment absent pour de longues périodes, occupé à inculquer l'idéologie officielle aux troupes soviétiques.

Oleg Gordievsky apprit consciencieusement la doctrine officielle : il fréquenta l'École 130 où il se montra vite doué pour l'histoire et les langues. En classe et chez lui, il fit connaissance des héros du communisme. Malgré la désinformation qui entourait d'un voile mensonger tout ce qui concernait l'Ouest, les pays étrangers le fascinaient. À 6 ans, il commença à lire le *British Ally*, un journal de propagande en russe émis par l'ambassade britannique afin de promouvoir une meilleure compréhension anglo-soviétique. Il étudia l'allemand. Comme tous les adolescents, il s'inscrivit au Komsomol, la Ligue de la jeunesse communiste.

Son père rapportait à la maison trois journaux officiels et reprenait à son compte la propagande qu'ils diffusaient. Quand le NKVD devint le KGB, Anton adhéra à la nouvelle organisation sans rechigner. La mère d'Oleg se rebiffa sans en avoir l'air, ne se permettant que de rares apartés proférés à voix basse. Toute pratique religieuse étant interdite, les garçons furent élevés en bons athées. Ce qui n'empêcha pas la grand-mère maternelle de Vassili de le faire baptiser en secret dans une église russe orthodoxe. Elle aurait agi de même avec Oleg, si Anton, horrifié, n'y avait mis brutalement le holà.

Oleg grandit au cœur d'une famille soudée, une famille aimante où dominait l'hypocrisie. Son chef vénérait le Parti et se proclamait farouche défenseur du communisme. En réalité, c'était un petit bonhomme terrorisé qui avait été témoin d'événements atroces. Olga Gordievsky, l'épouse idéale selon le KGB, nourrissait un mépris souverain pour le système. En grand secret, la grand-mère d'Oleg adorait un dieu illégal et proscrit. Ainsi, aucun adulte n'osait révéler ce qu'il pensait à l'intérieur du clan, et moins encore à l'extérieur. Dans l'atmosphère étouffante de la Russie stalinienne où régnait le conformisme, il était possible de penser librement en secret, mais exprimer son point de vue était dangereux, même devant les membres de sa propre famille. Depuis son plus jeune âge, Oleg s'aperçut qu'il serait capable de mener une double vie, d'aimer son entourage tout en dissimulant son moi intime, d'être pour le monde une certaine personne et une autre en lui-même.

Une médaille d'argent couronna la fin de ses études secondaires tandis qu'il prenait la première place de sa section du Komsomol. C'était un garçon doué, intelligent, sportif et pur produit du système soviétique : il ne posait pas de questions, ne se faisait pas remarquer. Mais il avait également appris à tout compartimenter. À leur façon, son père, sa mère, sa grand-mère vivaient dans la dissimulation. Le jeune Gordievsky grandit entouré de secrets.

Staline mourut en 1953. Trois ans plus tard, son successeur Nikita Khrouchtchev le désavoua lors du XXe Congrès du Parti. Anton Gordievsky en fut bouleversé. Son fils Oleg témoignera de l'état d'esprit de son père après la condamnation officielle de Staline : « Elle a détruit les bases idéologiques et philosophiques de sa vie. » Anton détesta la nouvelle doctrine de la Russie. Au contraire d'Oleg.

Le « dégel de Khrouchtchev », quoique bref et sommaire, vit une période de réelle libéralisation : censure assouplie, remise en liberté de milliers de prisonniers politiques. Une époque grisante et pleine d'espoir pour les jeunes Russes.

À l'âge de 17 ans, Oleg s'inscrivit au prestigieux Institut d'État des relations internationales de Moscou. Là, enthousiasmé par la nouvelle atmosphère ambiante, il commença à discuter à cœur ouvert avec ses pairs de la manière d'engager « un socialisme à visage humain ». Il avait absorbé certaines des idées non conformistes de sa mère. Un jour, il rédigea un discours naïf défendant la liberté et la démocratie, des concepts qu'il comprenait à peine. Il l'enregistra dans le laboratoire des langues et le fit écouter à quelques étudiants de sa classe. Ils furent atterrés :

— Oleg, tu dois détruire cette bande immédiatement. Surtout, ne répète jamais ce que tu nous as dit.

Il avait dépassé les bornes.

Il prit peur. Un de ses camarades allait-il dénoncer ses opinions « radicales » aux autorités ? L'Institut comptait de nombreux espions du KGB.

Le monde comprit les limites du réformisme de Khrouchtchev quand, en 1956, les tanks de l'armée Rouge envahirent brutalement la Hongrie pour mater un soulèvement contre la domination soviétique. Malgré une censure féroce doublée d'une propagande mensongère, les nouvelles de l'écrasement de la rébellion se propagèrent en Russie. « L'ambiance chaleureuse disparut, un vent glacial s'établit », rapporta Oleg, des années plus tard, en évoquant la répression qui suivit.

L'Institut d'État des relations internationales de Moscou, la meilleure université du pays, eut l'honneur d'être comparé par Henry Kissinger à « un Harvard russe ». Futurs diplomates, scientifiques, économistes, hommes politiques et bien sûr espions en devenir recevaient la meilleure formation possible dans cet établissement dirigé par le ministère des Affaires étrangères. Gordievsky choisit d'étudier l'histoire, la géographie, l'économie, les relations internationales vues bien sûr sous le prisme déformant de l'idéologie communiste. On pouvait y apprendre cinquante-six langues étrangères, ce que ne proposait aucune autre université au monde. Un don pour les langues menait directement au KGB et – rêve d'Oleg – à la possibilité de sortir de l'URSS. Maîtrisant déjà l'allemand, il opta pour l'anglais. Il n'y avait plus de place.

— Apprends le suédois ! lui souffla son frère aîné qui appartenait déjà au KGB. Tu auras la Scandinavie à ta portée.

Oleg suivit son conseil.

La bibliothèque de l'Institut proposait des journaux et des magazines étrangers qui, bien qu'expurgés, offraient une fenêtre sur le monde extérieur. Oleg en profita, certes en catimini, car montrer trop d'intérêt pour l'Ouest aurait éveillé les soupçons. Parfois, la nuit, il écoutait les émissions de la BBC destinées à l'Est ou La Voix de l'Amérique. Malgré le brouillage imposé par les services de la censure, il respira le « premier faible parfum de la vérité ».

Comme tous les hommes prenant de l'âge, Gordievsky aura tendance à revoir son passé sous l'angle de l'expérience, à imaginer qu'il avait adopté les idées de la rébellion, à croire que son destin était ancré dans son caractère. C'est inexact. Étudiant, il fut un communiste sincère, impatient d'intégrer le KGB pour servir l'Union soviétique, à l'image de son père et de son frère. Le soulèvement hongrois avait enflammé son imagination juvénile, mais il n'avait rien d'un révolutionnaire : « J'appartenais toujours au système, mais j'étais de plus en plus désenchanté. » En cela, il n'était guère différent de ses camarades.

À 19 ans, Oleg se mit au cross, attiré par la nature solitaire de ce sport, par un effort de longue haleine, par la mise à l'épreuve personnelle, par l'obligation de tester ses limites. Ce qui ne l'empêchait pas d'être sociable, d'aimer les femmes, de flirter avec plaisir. Incontestablement, il était beau, avec des traits doux, des cheveux ramenés en arrière, un front dégagé. Au repos, il semblait sévère, mais lorsque ses yeux pétillaient d'un humour sombre, son visage s'éclairait. En société, il était jovial et amical, ce qui dissimulait une dureté intérieure. Sans être distant, sa propre compagnie lui suffisait. Ses émotions, il les gardait pour lui. Avide de s'améliorer, il était persuadé que la pratique du cross fortifiait son caractère. Durant des heures, il courait dans les rues et les parcs de Moscou, perdu dans ses pensées.

Stanislav Kaplan, membre de l'équipe de course à pied, était un de ses seuls amis proches. Tchécoslovaque, « Standa » Kaplan, d'un an son aîné, était déjà diplômé de l'université Charles de Prague quand il s'inscrivit à l'Institut. Il faisait partie des centaines de brillants étudiants venus des pays frères. Mais pas encore endoctrinés. Selon Oleg, « sa personnalité n'avait pas été étouffée par le communisme ». Il voulait devenir interprète militaire. Des idées similaires, une même ambition liaient les deux garçons. Les idées de Kaplan passionnaient Gordievsky tout en l'effrayant un peu : « C'était un libéral qui n'adhérait pas à la doctrine communiste. » Les femmes ne résistaient pas à ses traits sombres : il les attirait comme un aimant. Les deux étudiants devinrent de grands copains ; ils couraient ensemble, draguaient ensemble, dînaient souvent ensemble dans un restaurant tchèque près du parc Gorki.

Standa n'était pas le seul à avoir de l'influence sur son ami. Oleg idolâtrait son frère Vassili, formé pour devenir un « illégal », un de ces innombrables agents clandestins que l'Union soviétique disséminait dans le monde.

Le KGB disposait de deux sortes d'agents à l'étranger. Ceux qui opéraient sous une couverture officielle, membres d'une ambassade ou d'un consulat, attachés culturels ou militaires, journalistes accrédités ou attachés à une mission commerciale. Grâce à cette immunité diplomatique, ces espions « légaux » ne pouvaient être poursuivis pour espionnage si leurs activités venaient à être découvertes. Ils seraient alors déclarés *persona non grata* et expulsés. Par contre, les « illégaux » (*nielegal* en russe) n'avaient pas de statut officiel, voyageaient sous une fausse identité avec de faux papiers et se fondaient jusqu'à se rendre invisibles dans le pays où ils étaient envoyés. (À l'Ouest, on les appelait NOC, c'est-à-dire *Non-Official Cover.*) Le KGB les infiltrait partout, les faisant passer pour des citoyens ordinaires et d'autant plus dangereux. Tout comme les légaux, ils collectaient des informations, recrutaient des agents, espionnaient sous diverses formes. Les « taupes », ou agents dormants, restaient souvent cachées pendant de longues périodes avant d'être activées. La cinquième colonne de chaque pays fournissait également des clandestins qui prendraient les armes en cas de conflit entre l'Est et l'Ouest. Les illégaux, sans alibi officiel, étaient rémunérés secrètement, leurs paiements ne devant pas laisser de traces. L'usage des filières diplomatiques leur était également interdit. En somme, ils ne devaient pas éveiller l'attention des services du contre-espionnage. Chaque ambassade comportait une antenne permanente du KGB, ou *rezidentura*. Ses officiers, sous des titres divers, étaient aux ordres d'un *rezident* (appelé chef de station pour le MI6 ou chef de poste pour la CIA). Une des tâches du contre-espionnage occidental était de faire le tri entre les vrais diplomates et les véritables espions. Débusquer les illégaux était une besogne autrement plus délicate.

La Première Direction générale (PGOU) du KGB était chargée du renseignement extérieur. Elle contrôlait la Direction S (pour « Spécial ») qui formait, déployait, dirigeait les illégaux. En 1960, celle-ci recruta officiellement Vassili Gordievsky.

Le bureau du KGB au sein de l'Institut d'État des relations internationales était tenu par deux officiers chargés de recruter de nouveaux talents. Vassili avait prévenu ses patrons que son jeune frère, doué pour les langues étrangères, serait heureux de suivre sa voie.

Ainsi, au début de 1961, Oleg Gordievsky fut invité à venir bavarder avec un de ces officiers. Puis on lui proposa de se rendre dans un immeuble près de l'état-major du KGB sur la place Dzerjinski. Là, une dame d'un certain âge l'interviewa en allemand et le complimenta pour sa maîtrise de la langue. Dès cet instant, il fut intégré au système. Gordievsky n'avait pas demandé à faire partie du KGB. D'ailleurs on ne se portait pas volontaire, c'était le KGB qui vous choisissait.

Au moment où ses études touchaient à leur fin, il fut envoyé à l'ambassade soviétique de Berlin-Est pour un stage de six mois comme interprète. Enthousiasmé à l'idée de ce séjour à l'étranger, il fut comblé quand la Direction S le convoqua pour un briefing sur l'Allemagne de l'Est. La République démocratique allemande, pays satellite soviétique, n'était pas à l'abri de l'emprise du KGB. Vassili y vivait déjà en illégal. Oleg accepta volontiers d'entrer en contact avec son frère et d'accomplir de « petites tâches » pour son employeur clandestin. Arrivé à Berlin-Est le 12 août 1961, il se rendit dans un foyer d'étudiants à l'intérieur de l'enclave du KGB de la banlieue de Karlshorst. En se réveillant le lendemain matin, Oleg s'aperçut que des bulldozers avaient envahi Berlin. Pourquoi ?

Il faut rappeler qu'au cours des mois précédents, de plus en plus d'Allemands de l'Est fuirent vers l'Ouest en passant par Berlin-Ouest. Le flot des fugitifs devint fleuve. Un chiffre : en 1961, trois millions et demi de citoyens de l'Est, soit près de 20 % de la population, firent partie de cet exode massif pour échapper au joug communiste. Le gouvernement est-allemand, aux ordres de Moscou, prit donc des mesures radicales pour stopper ce mouvement : la construction d'un mur, une barrière physique pour couper la capitale en deux, interdire le passage vers l'Allemagne de l'Ouest. Ce « mur de protection antifasciste » délimitait en réalité une prison érigée par l'Allemagne de l'Est pour parquer ses propres citoyens. C'était 180 kilomètres de béton et de barbelés, de bunkers, de tranchées anti-véhicules et de chaînes : la traduction physique du Rideau de fer, l'une des structures les plus inhumaines qui fut.

Un Gordievsky horrifié assista à de tristes spectacles : des ouvriers allemands de l'Est démolissaient des rues entières le long de la frontière pour empêcher tout trafic routier, des soldats déroulant des kilomètres de fil barbelé. Parfois, des citoyens, s'apercevant que la fuite vers la liberté serait bientôt impossible, risquaient le tout pour le tout. Ils escaladaient les barricades, tentaient de traverser à la nage les canaux qui délimitaient une partie de la frontière. Des gardes guettaient les fuyards avec l'ordre de les abattre. Ce nouveau mur impressionna Oleg, alors âgé de 22 ans : « Seule une barrière physique, doublée de gardes armés, pouvait maintenir les Allemands de l'Est dans leur paradis socialiste et les empêcher de passer à l'Ouest. »

Bien que choqué par la soudaine édification du Mur, il ne lui vint pas à l'idée de désobéir aux ordres du KGB. Soumission et peur instinctive de l'autorité étaient trop enracinées en lui. La Direction S lui confia alors une mission : sonder une Allemande, ancienne informatrice du KGB. Serait-elle prête à reprendre du service ? Le commissariat de police le plus proche lui fournit son adresse. La femme d'âge moyen qui lui ouvrit ne sembla pas troublée par la soudaine apparition d'un jeune homme portant un bouquet de fleurs. Elle lui offrit une tasse de thé. Durant leur conversation, elle lui indiqua clairement qu'elle continuerait volontiers à coopérer avec le KGB. Tambour battant, il rédigea son premier rapport. Des mois plus tard, il se rendit compte de ce qui s'était réellement passé : « C'est moi qui avais été sur le gril, pas elle. »

Quand il passa Noël avec Vassili qui vivait sous une fausse identité à Leipzig, il ne lui révéla pas l'horreur que la construction du Mur lui avait inspirée. Son frère, un officier expérimenté du KGB, n'aurait pas apprécié ce manque de foi dans la doctrine communiste. Tout comme leur mère avait dissimulé à son mari ses véritables sentiments, les deux frères se cachaient bien des choses. Ainsi, Oleg ignorait tout des missions de Vassili en Allemagne de l'Est. De même, Vassili ne savait rien de ce que pensait son cadet. Les deux frères assistèrent à une représentation de l'*Oratorio de Noël*. Oleg en fut profondément ému. En comparaison, la Russie lui sembla un désert spirituel où seuls des compositeurs autorisés étaient entendus. Interdite, la musique d'Église, « ennemie de la classe ouvrière », était considérée comme bourgeoise et décadente. Celle de Bach par exemple.

Gordievsky fut profondément troublé par ces mois passés en Allemagne de l'Est. Témoin de la division à la fois physique et symbolique de l'Europe en deux idéologies rivales, il avait goûté aux fruits de la culture dont Moscou le privait. C'est pourtant là que débuta son métier d'espion : « J'étais enchanté d'avoir un avant-goût de ce qui m'attendrait si j'appartenais au KGB. »

En fait, il en faisait déjà partie.

De retour à Moscou, on lui intima l'ordre de se présenter au KGB le 31 juillet 1962 pour prendre ses fonctions. Pourquoi accepta-t-il d'appartenir à un organisme qui imposait un dogme qu'il commençait à remettre en cause ? Pour plusieurs raisons : travailler pour le KGB était prestigieux et offrait la perspective de voyager à l'étranger ; le secret avait ses charmes ; il était ambitieux. Le KGB changerait peut-être un jour, espérait-il. Lui pourrait changer aussi. Tout comme l'URSS, d'ailleurs. Et puis le salaire et les privilèges n'étaient pas négligeables.

Olga Gordievsky fut consternée d'apprendre que son fils cadet suivait la trace de son père et de son frère. Pour une fois, elle exprima sa rancœur contre le régime et le système totalitaire qui le maintenait au pouvoir. Oleg lui fit remarquer qu'il servirait à l'étranger, à la Première Direction générale. Un organisme d'élite qui utilisait des intellectuels parlant différentes langues. Ils accomplissaient des missions sophistiquées qui demandaient des compétences rares et un haut niveau d'instruction.

— Ce n'est pas comme le KGB, lui dit-il. C'est un travail diplomatique et de renseignement.

Olga lui tourna le dos et quitta la pièce. Anton resta muet. Mais rien dans son attitude n'exprima de la fierté. Des années plus tard, quand Oleg comprit l'ampleur de la répression stalinienne, il se demanda si, à l'aube de sa retraite, son père, « honteux de toutes les atrocités commises par le KGB, avait décidé de ne pas en parler à son fils ». Plus simplement, Anton ne s'efforçait-il pas de faire taire sa conscience ? Pilier du KGB, il était trop terrorisé pour avertir Oleg de ce qu'il aurait à subir.

Son dernier été de simple civil, Oleg le passa avec Standa Kaplan dans le camp de vacances de l'Institut situé sur la mer Noire. Son copain avait décidé de demeurer un mois supplémentaire sur la côte avant de rejoindre le StB, l'exceptionnel service de renseignement tchécoslovaque. Les deux amis seraient bientôt collègues, deux espions œuvrant en faveur du bloc soviétique. Un mois durant, ils campèrent sous les pins, coururent, nagèrent, bronzèrent, discutèrent de femmes, de musique, de politique. Kaplan avait de moins en moins d'affinités avec le système communiste. Oleg était flatté d'entendre d'aussi dangereuses confidences : « Nous étions sur la même longueur d'onde. Totalement en confiance. »

Peu après son retour en Tchécoslovaquie, Kaplan écrivit à son ami. Après avoir évoqué diverses conquêtes féminines et lui avoir promis de bien s'amuser si Oleg lui rendait visite (« Nous viderons tous les cafés et toutes les caves de Prague »), il lui fit une demande lourde de sens : « Oleg, as-tu un exemplaire de la *Pravda* qui contient le poème d'Evtouchenko sur Staline ? »

Dans *Les Héritiers de Staline*, ce poète russe parmi les plus provocateurs et les plus influents attaquait de front le stalinisme en ces termes :

« Certains même qui le condamnaient du haut de leurs tribunes ont la nostalgie des temps accomplis. Je demande à nos gouvernants : Doublez, triplez la garde autour de sa tombe pour empêcher qu'il ne se redresse, et avec lui le passé.

« Par le passé, je veux parler de négliger le bien-être du peuple, de procès truqués, de l'emprisonnement d'innocents…

« Je ne trouverai pas le repos tant qu'il y aura sur cette terre des héritiers de Staline. »

Paru dans la très officielle *Pravda*, organe du Parti communiste, ce poème fit sensation. La presse tchécoslovaque le reproduisit.

« Il a eu un effet considérable sur bien des nôtres, avec son arrière-plan de mécontentement, écrivit Kaplan à Oleg. J'aimerais comparer la traduction tchèque à l'original. »

En réalité, il lui envoyait un message codé où il exprimait sa complicité avec son ami et leur communauté de vues avec Evtouchenko. Comme le poète, ils ne resteraient pas les bras croisés devant l'héritage de Staline.

L'institut de la Bannière rouge, centre de formation de l'élite du KGB, était situé en pleine forêt à près de 80 kilomètres au nord de Moscou. Le choix de son nom de code « École 101 » était à la fois ironique et certainement inconscient. Il rappelait la Salle 101 du roman de George Orwell *1984*, la chambre de torture souterraine où le Parti brisait la résistance des prisonniers en les confrontant à leurs pires cauchemars.

C'est là qu'Oleg Gordievsky et 120 autres officiers stagiaires apprirent les techniques secrètes les mieux gardées de l'espionnage du KGB : espionnage et contre-espionnage, recrutement et gestion des espions, légaux et illégaux, agents et agents doubles, armes, combat à mains nues, pistage, sciences occultes et ses langages. Une des matières les plus importantes était d'apprendre à détecter une filature. Il s'agissait de semer ceux qui vous suivent d'une façon qui peut paraître accidentelle et non préméditée. « La conduite d'un officier de renseignement ne doit pas éveiller la méfiance, leur enseignèrent les instructeurs du KGB. Si un agent ennemi montre d'une façon flagrante qu'il se sait repéré, l'officier soviétique sera d'autant plus stimulé à agir avec encore plus de discrétion, d'acharnement, d'ingéniosité. »

Être capable d'entrer en contact avec un agent sans être filé – ou même si on l'est – est au cœur de toutes les missions clandestines. Exercice après exercice, chaque stagiaire devait prendre contact dans un site précis avec une personne bien définie pour lui remettre ou récupérer un pli. Il devait essayer de détecter s'il était pisté et par qui, semer la personne qui le surveillait sans le montrer et atteindre un lieu fixé à l'avance. La surveillance était la responsabilité de la Septième Direction du KGB. Les « suiveurs » professionnels, maîtrisant parfaitement l'art de surveiller un suspect, participaient à ces exercices : à la fin de la journée, le stagiaire comparait ses notes à celles de l'équipe des suiveurs. La *proverka* – l'art de se débarrasser de ses suiveurs – était épuisante, prenante, éprouvante pour les nerfs. Et chacun se battait contre ses camarades. Oleg s'aperçut qu'il excellait dans ce genre d'activité.

Il assimila également la manière d'établir un site où laisser un signal d'alerte, un signe secret déposé dans un endroit public – par exemple une marque à la craie tracée sur un lampadaire. Un passant ne le remarquerait pas, mais il indiquerait à un espion un lieu de rendez-vous à une heure précise. On lui apprit à exécuter un « contact furtif » afin de transmettre un message ou un objet à une personne sans être repéré. À utiliser « une boîte aux lettres morte » pour y déposer un message ou de l'argent en liquide qui serait récupéré par un autre agent qu'il ne rencontrerait jamais. On lui enseigna les codes et les chiffres, les signaux de reconnaissance, l'écriture secrète, la préparation des micro-points, la photographie, les techniques de déguisement. Il suivit des cours d'économie, de politique et d'idéologie, ce dernier ayant pour but de renforcer la foi des jeunes officiers dans le marxisme-léninisme. Un des camarades de classe d'Oleg nota : « Ces clichés et ces formules ressemblaient à des incantations rituelles, répétées chaque jour et à chaque heure pour affirmer sa loyauté. » Des vétérans qui avaient servi à l'étranger donnaient des conférences sur la culture occidentale et les us et coutumes de l'Ouest afin de préparer les jeunes recrues à comprendre et à combattre le capitalisme bourgeois.

Gordievsky adopta alors son premier pseudonyme. Il est à noter que les services secrets des deux côtés du Rideau de fer utilisaient la même méthode pour choisir un pseudonyme : proche du nom de famille et comportant la même initiale. Cela pour éviter toutes sortes de malentendus. Gordievsky choisit donc « Gardietsev ».

Comme les autres étudiants, il promit fidélité éternelle au KGB : « Je jure de défendre mon pays jusqu'à ma dernière goutte de sang et de ne pas divulguer les secrets d'État. » Il prêta serment sans le moindre scrupule et s'inscrivit au Parti communiste, condition *sine qua non* pour être admis définitivement au KGB. Malgré ses doutes – il n'était pas le seul à être troublé –, il rejoignit le KGB en toute sincérité et sans arrière-pensées. D'autant que faire partie du KGB était passionnant. Loin d'être un enfer à la Orwell, l'année qu'il passa à l'École 101 fut la période la plus agréable de sa jeunesse, une époque enthousiasmante et ouverte sur l'avenir. Ses camarades étaient sélectionnés pour leur intelligence et leur soumission idéologique, mais aussi pour leur esprit d'aventure, trait commun à tous les services de renseignement. « Nos carrières au KGB promettaient de l'action. » Pour Leonid Chebarchine, un élève de l'École 101 à la même époque qu'Oleg et futur général du KGB, « faire partie de la Première Direction générale était le rêve de la majorité des jeunes officiers de la Sûreté de l'État, mais peu se montrèrent dignes de cet honneur. Le travail réunissait les officiers de renseignement dans un esprit de camaraderie unique avec ses propres traditions, sa discipline, ses conventions, son jargon professionnel. » Quand vint l'été 1963, Gordievsky fut admis au sein de la confrérie du KGB. Et quand il jura de défendre la mère-patrie jusqu'à son ultime souffle et son dernier secret, il était sincère. Ce secret, il le garda si bien que ses parents ignoraient où il se trouvait et ce qu'il faisait.

De son côté, son frère Vassili travaillait dur pour la Direction S. Il avait aussi commencé à boire sec – ce n'était pas forcément un inconvénient dans un service où l'on se glorifiait de consommer d'énormes quantités de vodka sans rouler sous la table. Spécialiste des illégaux, il voyageait beaucoup sous différents pseudonymes, apportant messages et argent frais à d'autres agents clandestins. Il ne parlait jamais à son frère de ses activités, laissant seulement entendre qu'il connaissait certains pays étrangers comme le Mozambique, le Vietnam, la Suède ou l'Afrique du Sud.

Cela faisait saliver Oleg qui espérait un jour accomplir des missions secrètes dans des pays d'outre-mer. La réalité fut bien différente. On lui donna l'ordre de se rendre à la Direction S à Moscou où il préparerait la documentation et la mise au point des « légendes » pour des illégaux. Le 20 août 1963, déçu mais le cachant, il enfila son plus beau costume et se présenta au quartier général du KGB, un grand ensemble de bâtiments à deux pas du Kremlin. Les officiers du centre de contrôle du KGB le surnommaient « le Monastère » ou plus simplement « le Centre ». À la fois prison et dépôt d'archives, c'était surtout le centre nerveux grouillant d'activités des services de renseignement soviétiques. En son cœur se nichait la sinistre et redoutée Loubianka, un palais néobaroque construit à l'origine pour la compagnie d'assurances All-Russia dont le sous-sol abritait les cellules de torture du KGB.

Au lieu d'aller espionner un pays étranger très glamour, Gordievsky se retrouva dans un bureau à classer des papiers et à remplir des formulaires – « une vraie galère ». Chaque illégal avait besoin d'emprunter la personnalité d'un inconnu, de se fondre dans son histoire, d'acquérir une nouvelle identité, de connaître sa biographie, de posséder de faux papiers. Il devait être entretenu, briefé, financé. Il avait besoin de plusieurs sites pour les signaux d'alerte, de boîtes aux lettres, des rencontres furtives.

La Grande-Bretagne était un pays de choix pour y implanter des illégaux car il n'existait ni cartes d'identité ni bureau central d'immatriculation. Les cibles principales étaient aussi l'Allemagne de l'Ouest, l'Amérique, l'Australie, le Canada et la Nouvelle-Zélande. Placé dans la section Allemagne, Oleg passa ses journées à créer des êtres qui n'existaient pas. Deux années durant, il vécut dans un monde de duplicité, envoyant des espions de contrefaçon à l'étranger et rencontrant ceux qui en revenaient.

Régnait sur le Centre une multitude de fantômes vivants, héros souvent gâteux de l'espionnage soviétique. Un jour, on lui présenta, dans les couloirs de la Direction S, Konon Trofimovitch Molody, *alias* Gordon Lonsdale, un des illégaux les plus accomplis de l'histoire. En 1943, le KGB s'était approprié l'identité d'un enfant canadien décédé du nom de Gordon Arnold Lonsdale et l'attribua à Molody, élevé en Amérique du Nord et parlant parfaitement anglais. Molody/Lonsdale s'établit à Londres en 1954. Sa couverture ? Vendeur de juke-box et de distributeurs de chewing-gums, il créa le Réseau des espions de l'île de Portland, chargé de réunir le maximum d'informations secrètes sur la marine anglaise. Avant de quitter Moscou, un dentiste du KGB avait percé plusieurs trous superflus dans ses dents. Ensuite, pour prouver son identité auprès d'espions soviétiques, il n'avait qu'à ouvrir la bouche. Grillé par une taupe de la CIA, il fut arrêté et condamné pour espionnage. Lors de son procès il refusa de dévoiler sa véritable identité. Lorsque Gordievsky fit sa connaissance, Molody venait de regagner Moscou après avoir profité d'un échange avec un homme d'affaires britannique en prison pour espionnage en faveur de l'URSS.

Viliam Genrikovitch Fisher, *alias* Rudolph Abel, était une autre figure emblématique du KGB. Illégal, il écopa de trente ans de prison pour son travail aux États-Unis. En 1962, il eut la chance d'être échangé contre Gary Powers, le pilote d'un avion de reconnaissance U2 abattu au-dessus du territoire soviétique.

Mais le plus célèbre de ces héros en semi-retraite était sans conteste un Anglais. Kim Philby, recruté par le NKVD en 1933, s'éleva dans la hiérarchie du MI6 tout en fournissant des monceaux de renseignements au KGB. Finalement, il s'était enfui en Union soviétique en janvier 1963 – une trahison qui plongea pour longtemps le gouvernement britannique dans l'embarras. Depuis, il vivait dans un appartement confortable de Moscou, entouré de gardes du corps. « Anglais jusqu'au bout des ongles » aux yeux des Russes, il lisait les résultats des matchs de cricket dans de vieux exemplaires du *Times*, dégustait de la marmelade d'Oxford, s'enivrait souvent jusqu'à ne plus savoir où il était. Vénéré telle une légende par le KGB, il continuait à accomplir quelques tâches pour les services de renseignement : il donnait des cours de formation aux officiers parlant anglais, analysait certaines missions, encourageait l'équipe soviétique de hockey sur glace.

Tout comme Molody ou Fisher, il donnait des conférences devant de jeunes recrues, littéralement aux anges. En réalité, ces vieux espions étaient malheureux, regrettant leurs années d'activité sur le terrain. Molody se mit à boire et mourut dans des circonstances mystérieuses, après avoir cueilli des champignons. Fisher vieillit dans l'amertume et la désillusion. Philby tenta de se suicider. Ultime consécration : tous trois figurèrent sur des timbres-poste soviétiques.

Pour ceux qui y regardaient de plus près (ils étaient rares parmi les Russes) le contraste entre le mythe et la réalité du KGB était immense. Le Centre abritait une bureaucratie amorale et expérimentée. C'était aussi un lieu à la fois sans pitié, bégueule, puritain où des agressions contre des puissances étrangères se forgeaient méticuleusement. En plus du renseignement et de l'analyse des informations, le KGB organisait soulèvements politiques, manipulations des médias, désinformations, contrefaçons, intimidations, enlèvements, meurtres. La Treizième Direction, ou « Direction des opérations spéciales », était la spécialiste des sabotages et des assassinats. Si l'homosexualité était illégale en URSS, des gays étaient recrutés pour piéger des étrangers et les faire chanter. Le KGB n'avait pas de principes moraux et s'en vantait. Pourtant il se montrait prude, hypocrite, moralisateur. Il était interdit aux officiers de boire pendant le service mais ils ne s'en privaient pas pendant leurs heures de loisir. Les commérages sur la vie privée de collègues allaient bon train dans les couloirs du KGB, comme partout ailleurs. Avec d'énormes conséquences, car ces cancans détruisaient des carrières et pouvaient être meurtriers. Le KGB ne se gênait pas pour fouiner dans la vie personnelle de ses employés. Rien, en effet, n'était privé, en URSS. On attendait des officiers qu'ils se marient, qu'ils aient des enfants, qu'ils restent mariés. Ce diktat n'était pas sans calcul. Un officier marié avait moins de chances de passer à l'Ouest si sa femme et sa famille étaient gardées en otages.

Après deux ans de travail de routine à la Direction S, Gordievsky conclut qu'il ne suivrait pas les traces de son frère. Il n'avait pas envie d'être un illégal. D'ailleurs il n'en avait jamais été question. Dans la logique du KGB, utiliser plus d'un membre de la même famille hors des frontières, et surtout dans le même pays, encourageait les désertions.

Oleg s'ennuyait donc. Il se sentait frustré. Au lieu de mener une existence d'aventures pimentées, il était plongé dans la pire des routines. Le monde au-delà du Rideau de fer dont il avait connaissance par les journaux occidentaux était hors de sa portée. Il décida de se marier. « Je voulais être nommé à l'étranger de toute urgence et le KGB n'envoyait jamais de célibataires. Je devais donc trouver une épouse au plus tôt. » L'idéal ? Une fille douée pour l'allemand, ce qui leur permettrait d'être nommés ensemble en Allemagne.

Elena Akopian voulait devenir professeur d'allemand. Jolie, 21 ans, moitié arménienne, les yeux sombres, intelligente, vive et spirituelle, dotée d'un fort caractère, ce qui plut à Oleg pendant un certain temps. Ils firent connaissance chez un ami commun. Ce ne fut pas la passion qui les embrasa mais une ambition partagée. À l'instar d'Oleg, Elena rêvait de voyager. Elle s'imaginait loin de cet appartement exigu où elle vivait avec ses parents et ses cinq frères et sœurs. Jusque-là, Gordievsky n'avait eu que des liaisons rares, brèves et décevantes. Avec son sens de l'humour imprévisible, Elena lui parut être une fille moderne, moins coincée que les étudiantes qu'il avait connues. Elle se disait féministe : dans la Russie de 1960, ça n'allait pas loin. Oleg se persuada qu'il l'aimait. Ils se fiancèrent « sans y avoir beaucoup réfléchi, sans beaucoup d'introspection ». Quelques mois plus tard, ils se marièrent sans fanfare. Ils s'unirent pour des raisons peu romantiques, chacun y trouvant son compte : elle améliorerait les chances de promotion d'Oleg, lui était son passeport pour sortir de Moscou. Un mariage de convenances à la sauce KGB.

Fin 1965 se produisit l'ouverture que Gordievsky espérait. Un poste se présentait au Danemark pour diriger des illégaux. Pour couverture, il serait un fonctionnaire officiel du consulat en charge des visas. En réalité, il serait employé par la « Ligne N » (c'est-à-dire *nielegalny*, ou illégaux), responsable des opérations sur le terrain pour la Direction S.

On lui proposa de diriger un réseau d'espions clandestins au Danemark. Il sauta sur l'occasion. Comme Kim Philby qui, après avoir été recruté par le KGB en 1933, déclara : « Je n'ai pas hésité. On ne réfléchit pas à deux fois quand on vous demande d'incorporer une force d'élite. »

2.

Oncle Gormsson

Oleg et Elena Gordievsky atterrirent à Copenhague par une matinée glaciale de janvier 1966. Le début d'un beau conte de fées. À l'époque, en effet, si on devait citer en exemple une ville pour prouver la supériorité de la démocratie occidentale face au communisme russe, c'était forcément Copenhague.

La capitale du Danemark était belle, propre, moderne, prospère et, aux yeux d'un couple venant tout juste d'échapper à la morne oppression de l'existence soviétique, incroyablement séduisante. Jolies voitures, immeubles de bureaux étincelants, meubles de designers, population souriante aux dents blanches. Les cafés regorgeaient de monde, les restaurants servaient des plats exotiques, les boutiques proposaient un choix phénoménal. Aux yeux affamés des Gordievsky, les Danois n'étaient pas seulement brillants et dynamiques, mais également imbibés de culture. Oleg fut enthousiasmé par la diversité des livres dont disposait la première bibliothèque où il entra, et encore plus étonné d'être autorisé à emprunter autant d'ouvrages qu'il le désirait. Et à garder le sac en plastique qu'on lui remit pour les emporter. Dans les rues, les agents de police étaient rares.

L'ambassade consistait en trois villas aux murs crépis dans Christiania, au nord de la ville. De prime abord, il se serait cru dans un grand complexe hôtelier avec ses pelouses immaculées, son centre de sport, son club de loisirs. Pas dans une enclave soviétique. Les Gordievsky emménagèrent dans un appartement neuf : hauts plafonds, parquets cirés, cuisine aménagée. En plus d'une Coccinelle Volkswagen, Oleg reçut une avance mensuelle de 250 livres pour ses frais de représentation. Copenhague vibrait au son de la musique : Bach, Haendel, Haydn, Telemann, des compositeurs qu'il n'avait jamais entendus en URSS. Il comprit vite pourquoi les citoyens soviétiques ordinaires n'avaient pas le droit de voyager à l'étranger : il fallait être un officier du KGB, un partisan inconditionnel pour goûter une telle liberté et résister à la tentation de ne pas rester dans ce pays de cocagne.

Des vingt fonctionnaires de l'ambassade, six seulement étaient de réels diplomates, les autres dépendant du KGB ou du GRU, le service de renseignement militaire. Le *rezident* Leonid Zaïtsev, un officier charmant et compétent, semblait ne pas se rendre compte que ses subordonnés étaient des incapables, des paresseux ou des voleurs, si ce n'était les trois à la fois. Ils dépensaient plus d'énergie à gonfler leurs notes de frais qu'à espionner. Pourtant leurs fonctions leur demandaient d'entretenir des relations avec leurs contacts danois, de recruter des informateurs, de démasquer d'éventuels agents ennemis. Un vaste programme qui « encourageait la corruption », constata très vite Oleg.

La majorité des agents inventaient des relations avec des Danois, établissaient de fausses factures, fabriquaient des rapports, empochaient leurs allocations. Quant au Centre, il n'avait toujours pas remarqué la bizarrerie de ce service où peu d'agents parlaient correctement danois et certains pas un mot.

Gordievsky se mit en tête de leur montrer qu'il était différent. Maîtrisant déjà le suédois, il entreprit d'apprendre le danois tout en effectuant le travail qui lui servait de couverture. Le matin, il traitait les demandes de visa. L'espionnage débutait à l'heure du déjeuner.

Son rôle était d'abord administratif. Déposer de l'argent ou des messages dans des boîtes aux lettres mortes, surveiller les sites de signaux d'alerte, maintenir des contacts clandestins avec les espions clandestins dont il ne connaissait ni le visage ni parfois le nom. Si un illégal laissait une pelure d'orange sous un banc dans un certain parc, cela signifiait « je suis en danger ». Un trognon de pomme prévenait : « je quitte le pays demain ». De temps en temps ces manèges tournaient à la farce. Un jour, Oleg posa un clou tordu sur le rebord d'une fenêtre des toilettes publiques pour indiquer à un illégal qu'il pourrait retirer de l'argent dans un lieu préétabli. L'agent, pour montrer qu'il avait reçu le message, devait placer une capsule de bouteille de bière au même endroit. Oleg, venu vérifier que tout était en ordre, trouva bien une capsule, mais de bouteille de *bière au gingembre* ! Tempête sous un crâne. Dans le langage de l'espionnage, bière et bière au gingembre étaient-elles synonymes ? Ou avaient-elles des sens différents ? Après une nuit d'intenses conciliabules avec ses collègues à la *rezidentura*, Oleg conclut que, pour l'espion, bière tout court et bière au gingembre étaient équivalentes.

Au Danemark, l'Église protestante tenait les registres des naissances et des décès. Avec l'aide d'un habile faussaire de Moscou, il était donc facile de créer de nouvelles identités en modifiant les archives. Oleg entreprit de faire ami-ami avec des pasteurs afin d'avoir accès aux registres ou d'organiser des cambriolages. « Dans ce domaine, j'innovais. » Bien des sommiers contiennent encore le nom de Danois sortis de l'imagination de Gordievsky.

Il s'occupait également de recruter des informateurs, des agents, des messagers clandestins car, en Scandinavie, le réseau des illégaux du KGB était incomplet. « C'est le but principal de notre présence ici », lui confia Zaïtsev. Après des mois d'approche, utilisant le pseudonyme de Gornov (le nom de jeune fille de sa mère), Oleg réussit à persuader un instituteur et sa femme de servir de « boîte aux lettres vivante » pour des illégaux qui leur transmettraient des messages. Ils en recevraient également de leur part. Il se lia aussi d'amitié avec un agent de police danois mais, après plusieurs rendez-vous, il se demanda qui des deux cherchait à recruter l'autre.

À peine un an après son arrivée, Gordievsky reçut en renfort un officier du KGB, un type d'une autre trempe que les autres. Mikhaïl Petrovitch Lioubimov était exubérant, gai, d'une grande intelligence. Son père avait appartenu à la Tchéka, la police secrète bolchevique. Lioubimov qui, quatre ans avant Oleg, avait terminé ses études à l'Institut d'État des relations internationales de Moscou, était l'auteur d'une thèse commandée par le KGB intitulée *Caractère national britannique et son usage sur les théâtres d'opérations.* En 1957, sur l'ordre du KGB, il séduisit une Américaine au Festival mondial de la jeunesse à Moscou. Quatre ans plus tard, il fut envoyé en Grande-Bretagne comme attaché de presse. Il en profita pour recruter des informateurs au sein des syndicats, des associations d'étudiants et de l'aristocratie. Il parlait anglais avec l'accent snob des classes supérieures qu'il émaillait de vieilles tournures. Fasciné par une certaine culture britannique, il appréciait le whisky, les cigares, le cricket, les clubs privés, les costumes en tweed, le billard et les cancans. Ce qui lui avait valu le surnom de « Smiley Mike » de la part des services de renseignement britanniques. Les Anglais étaient ses ennemis mais il les adorait. En 1965, il tenta de recruter un employé du chiffre et échoua. Aussitôt, les services britanniques cherchèrent à l'enrôler. Il refusa. Ce qui lui valut d'être déclaré *persona non grata* et d'être renvoyé à Moscou, une mesure qui ne diminua en rien son anglophilie effrénée.

À la fin de 1966, Lioubimov fut nommé à Copenhague en tant que chef du renseignement politique (la Ligne PR, dans la terminologie du KGB).

Gordievsky fut immédiatement séduit par Lioubimov, qui claironnait volontiers : « Ce n'est pas gagner qui compte, mais participer. » Il enchantait Oleg avec les récits de sa vie en Angleterre partagée entre le recrutement d'espions et la dégustation de whiskys dans des clubs lambrissés. Considérant son cadet comme son protégé, il dira de lui : « Il m'a médusé par sa vaste connaissance de l'histoire. Son goût pour Bach et Haydn inspirait le respect, surtout quand on comparait Oleg au reste de la colonie soviétique du Danemark qui perdait son temps à aller à la pêche, à faire des emplettes et à amasser le plus possible de biens de consommation. »

Tout comme Lioubimov était tombé amoureux de l'Angleterre, Gordievsky s'enticha du Danemark, de son peuple, de ses parcs, de sa musique et de sa liberté, y compris de sa liberté sexuelle qu'on trouvait normale ici. Sur ce plan, les Danois affichaient une ouverture d'esprit en avance sur le reste de l'Europe. Un soir, Oleg se promenait dans le quartier chaud de la capitale, quand sur un coup de tête il entra dans une boutique qui vendait des journaux porno, des sex-toys et autres objets érotiques. Il acheta trois magazines homosexuels pour les montrer à Elena. « J'étais intrigué. J'ignorais ce que faisaient les gays ensemble. » Il les laissa traîner sur sa cheminée, une audace impossible en Russie soviétique.

Au Danemark, il s'épanouit en tant qu'être humain : « Il y avait tant de beauté, de musique entraînante, d'excellentes écoles, de gens souriants dans les rues que l'Union soviétique me parut en comparaison n'être qu'un vaste camp de concentration, une image de l'enfer. »

Le badminton, nouveau pour lui, le conquit. Il appréciait surtout le côté retors du sport : « Le volant, en ralentissant sa course à la dernière seconde, donne au joueur la chance d'utiliser son intelligence pour changer de tactique. » Il s'efforça de perfectionner son jeu.

On ne cessa de le voir au concert, plongé dans des livres, conduisant sa voiture. Il aimait parcourir tout le pays, parfois pour des raisons professionnelles, mais surtout afin de jouir de sa liberté. Pour la première fois de sa vie, il avait le sentiment de ne pas être surveillé. Une fausse impression.

Le service de renseignement de la police danoise, *Politiets Efterretningstjeneste* ou PET, était restreint mais d'une rare efficacité. La loi lui prescrivait de « prévenir, enquêter, combattre les opérations et activités qui seraient une menace pour la liberté, la démocratie et la sûreté du Danemark ». Dès son arrivée à Copenhague, le PET eut donc à l'œil ce jeune diplomate aux goûts musicaux prononcés.

L'ambassade soviétique était soumise à une surveillance de routine qui, faute de moyens, n'était pas permanente. Certains téléphones étaient sur écoute. Mais comme les techniciens du KGB avaient pénétré les réseaux radio du PET et installé un poste d'écoute dans les locaux de l'ambassade, les services russes captaient constamment les messages émis par les équipes de surveillance danoises. Elena Gordievsky, travaillant désormais pour le KGB aux côtés de son mari, écoutait ces messages et les traduisait en russe. Ce qui permettait au Renseignement soviétique de localiser les voitures du PET et de savoir quand leurs propres officiers étaient filés.

Le PET attribuait des noms de code aux officiers soviétiques qu'il soupçonnait. Gordievsky fut baptisé « Oncle Gormsson » en référence au roi du Danemark du xe siècle, Harald Ier, fils du roi Gorm.

Les services de sécurité n'en doutaient pas : Gordievsky (*alias* Gornov, *alias* Gardietsev, *alias* Oncle Gormsson) était un espion du KGB, œuvrant sous couverture diplomatique.

Un soir, Elena et Oleg furent invités à dîner par leurs amis, le policier et sa femme. Profitant de leur absence, le PET pénétra dans leur appartement et le mit sur écoute. Mais Oleg s'était méfié et, appliquant une méthode que l'École 101 lui avait enseignée, il avait pris la précaution de placer une goutte de colle entre la porte du vestibule et le chambranle. À son retour, il constata que ce sceau invisible avait été brisé. À partir de ce moment, il fit attention à ce qu'il disait chez lui.

Des deux côtés, l'espionnage mutuel était irrégulier et fragmenté. Les officiers du KGB, entraînés à pratiquer le « nettoyage à sec », parvenaient souvent à échapper à la surveillance danoise. Souvent aussi ils se trompaient.

Ainsi, le soir où Gordievsky entra dans un sex-shop pour acheter des magazines porno homosexuels, il fut repéré. Soit par le PET qui patrouillait dans le quartier chaud de la ville, soit par les Danois qui le surveillaient. Une aubaine à saisir : un officier du Renseignement russe, marié, porté sur la pornographie homo, était vulnérable. On pouvait le faire chanter, le forcer à révéler ses secrets. Le service de renseignement danois en prit bonne note et transmit ce précieux renseignement à des alliés triés sur le volet. Pour la première fois, les dossiers occidentaux ajoutèrent un point d'interrogation devant le nom de Gordievsky. Pendant ce temps, l'agent soviétique acquérait de l'expérience. Lioubimov disait de lui : « Il se démarque franchement de ses collègues par son excellente éducation, sa soif de connaissances, son amour de la lecture et, comme Lénine, son attrait pour les bibliothèques municipales. »

Une seule ombre au tableau : son couple se détériorait aussi vite que sa vie culturelle s'épanouissait.

Leurs relations conjugales, tièdes dès le départ, se refroidissaient de jour en jour. Oleg désirait des enfants, Elena n'en voulait à aucun prix. Un an après leur arrivée à Copenhague, elle lui avoua que, sans le consulter, elle avait avorté avant de quitter Moscou. Il fut furieux d'avoir été trompé. Alors qu'il débordait d'énergie, il trouvait sa femme inerte, indifférente à son nouvel environnement. Ni la ville ni les bruits de la ville ne l'émouvaient. Il se rendait compte que son union était devenue plus « une affaire de convention que d'amour ». Le vide qu'il ressentait se creusait de plus en plus. Il disait volontiers qu'il avait « du respect » pour les femmes mais, en réalité, ses idées sur le mariage étaient vieux jeu, comme celles de la plupart des Russes de son époque : une épouse devait cuisiner et s'occuper du ménage sans rechigner. Excellente traductrice, Elena affirmait « qu'il y avait mieux à faire pour une femme que de nettoyer une maison ». Si Oleg était ouvert aux idées nouvelles de l'Ouest, il n'acceptait pas la libération des femmes. Ce qu'il appelait « les tendances antidomestiques » d'Elena devint une source d'intense déception. Il prit des cours de cuisine dans l'espoir de l'humilier et de la forcer à préparer des petits plats. En vain. Soit elle ne s'aperçut de rien, soit c'était le cadet de ses soucis. Dorénavant, ses reparties, qu'il avait trouvées spirituelles, l'irritaient. Persuadé de son bon droit, il se montrait parfois entêté, voire inflexible. Insatisfait, il courait seul, chaque jour, pendant des heures dans les parcs de la capitale et revenait le soir trop fatigué pour se quereller avec Elena.

Mais alors que des fissures apparaissaient dans sa vie matrimoniale, des tremblements de terre ébranlaient le bloc soviétique.

En janvier 1968, Alexandre Dubček, premier secrétaire du Parti communiste tchécoslovaque, entreprit de libéraliser son pays en s'émancipant du joug soviétique. Réformiste, il facilita les voyages à l'étranger, rendit à la presse une certaine liberté, abolit la censure. Partisan d'un « socialisme à visage humain », il promit de limiter les pouvoirs de la police secrète, d'améliorer les relations avec l'Ouest, d'envisager des élections libres.

Ces événements emballèrent Gordievsky : « La Tchécoslovaquie représentait notre seul espoir d'un avenir libéral. Non seulement pour elle, mais aussi pour nous. »

Si un pays frère desserrait l'emprise de Moscou, songeait-il, d'autres satellites suivraient son exemple. Au sein de la *rezidentura* de Copenhague, on discuta ferme des répercussions des réformes tchèques. Certains étaient persuadés que Moscou réagirait militairement, comme en Hongrie en 1956. D'autres, tels Gordievsky et Lioubimov, juraient que la révolution s'étendrait : « Oleg et moi étions sûrs que les tanks soviétiques n'entreraient pas dans Prague. Nous avons même parié une caisse de Tuborg. » Elena, que la politique n'intéressait pas en général, s'enfiévra.

À Moscou, le KGB vivait l'expérience tchèque comme une réelle menace pour le communisme. L'équilibre des forces risquait de pencher vers l'Ouest et de faire perdre la Guerre froide à l'URSS. Elle massa ses troupes à la frontière. Le KGB n'attendit pas le feu vert du Kremlin pour envoyer une armée d'espions combattre la « contre-révolution » tchèque. Vassili Gordievsky, spécialiste des enlèvements, était du nombre.

Tandis que l'enthousiasme d'Oleg allait grandissant, son frère se préparait à étouffer la révolution dans l'œuf.

Au début de 1968, Iouri Andropov, chef du KGB, ordonna à une trentaine d'illégaux de se glisser en Tchécoslovaquie pour saboter le mouvement de réformes, infiltrer les cercles intellectuels « réactionnaires », kidnapper les supporters les plus fervents du Printemps de Prague. La majorité des agents se déguisèrent en touristes occidentaux. En effet, le KGB était persuadé que les « agitateurs » confieraient plus librement leurs plans à des sympathisants étrangers. Dans son collimateur : intellectuels, universitaires, journalistes, étudiants, écrivains comme Milan Kundera et Václav Havel. Jamais le KGB n'avait monté une opération aussi importante contre un pays du pacte de Varsovie.

Pour voyager, Vassili utilisa un faux passeport au nom de Gourdov. Lors de précédents kidnappings comme celui d'Evgueni Ouchakov, *alias* FAUST, il avait montré qu'il ne manquait pas de courage. Cet agent opérait comme illégal en Suède depuis de nombreuses années. Il avait cartographié le pays et déployé un réseau de sous-agents devant faciliter une invasion soviétique. Mais en 1968, le Centre considéra qu'il souffrait d'un complexe de supériorité et devait être écarté. En avril 1968, Vassili Gordievsky le drogua, l'exfiltra avec succès *via* la Finlande et le ramena à Moscou. Il fut placé dans un hôpital psychiatrique, avant d'être relâché et limogé du KGB. Vassili reçut une médaille « pour cette mission impeccablement menée ».

Le mois suivant, il partit avec un collègue en Allemagne de l'Ouest capturer deux éminents émigrés qui appartenaient au mouvement réformiste tchèque : Václav Černý et Jan Procházka. Célèbre historien et romancier, le professeur Černý avait été renvoyé de l'université Charles par le régime communiste pour avoir prôné la liberté académique. Procházka, écrivain et producteur de films, avait dénoncé publiquement la censure et exigé la « liberté d'expression ». Le KGB était persuadé (à tort) qu'ils étaient à la tête d'un groupe « subversif » voué à « miner les fondations du socialisme en Tchécoslovaquie ». Ils devaient être éliminés. Le plan était simple : Vassili Gordievsky deviendrait un ami des deux hommes, les convaincrait qu'ils risquaient d'être assassinés d'un moment à l'autre par des hommes de main soviétiques et leur offrirait « une cachette temporaire ». S'ils refusaient de s'y rendre volontairement, il les droguerait avec des « substances spéciales » et les livrerait aux agents du département des Actions spéciales du KGB. Ensuite on les ferait passer en Allemagne de l'Est dans le coffre d'une voiture aux plaques diplomatiques – une convention interdisant de fouiller ces véhicules. Le plan ne fonctionna pas. Vassili eut beau insister, Černý refusa de croire « qu'il était plus exposé que d'habitude ». Procházka, toujours flanqué d'un garde du corps, ne parlait que tchèque, langue que Gordievsky ne comprenait pas. Après deux semaines de vains efforts pour les persuader de l'accompagner, Vassili renonça à les kidnapper.

C'est alors que, toujours *alias* Gromov, il quitta la RFA et pénétra en Tchécoslovaquie pour rejoindre un petit gang d'illégaux et de saboteurs parfaitement entraînés. Tout ce joli monde se faisait passer pour des touristes. Leur but était de monter une série d'« opérations provocatrices » afin de faire croire qu'une contre-révolution violente était sur le point d'éclater. Ils diffusèrent des fausses preuves montrant que des « conservateurs », soutenus par les services secrets occidentaux, préparaient un dangereux coup d'État. Ils fabriquèrent des affiches incendiaires vantant la chute du communisme. Ils planquèrent des armes habilement emballées dans des paquets estampillés *made in USA* pour les « découvrir » un peu plus tard comme preuves d'une insurrection imminente. Les autorités soviétiques allèrent jusqu'à soutenir qu'elles avaient découvert un « plan américain secret » qui visait à s'emparer du pouvoir et à installer sur place un larbin impérialiste.

Toujours en première ligne, Vassili ne ménagea pas ses efforts pour calomnier et détruire le Printemps de Prague. Et, à l'image de son père, ne remit jamais en question le bien-fondé de ses actes.

Oleg ignorait que son frère était en Tchécoslovaquie et ne savait rien de ses activités plus que douteuses. Ils n'abordèrent jamais ce sujet. Vassili gardait ses secrets pour lui et, avec le temps, Oleg se livra de moins en moins. Le printemps céda la place à l'été. Tandis que la marche vers une nouvelle Tchécoslovaquie prenait de l'ampleur, Oleg fut convaincu que Moscou n'interviendrait pas militairement : « Ils ne peuvent pas envahir le pays. Ils n'oseront pas ! »

Ils osèrent !

Dans la nuit du 20 août 1968, 2 000 tanks et 200 000 soldats, surtout des Russes mais aussi venus des contingents des pays du pacte de Varsovie, franchirent la frontière tchèque. Persuadé qu'il était impossible de s'opposer au rouleau compresseur soviétique, Dubček donna l'ordre à son peuple de ne pas résister. Au matin, le pays était occupé. L'Union soviétique avait appliqué la « doctrine de Brejnev » : tout pays du pacte de Varsovie cherchant à renoncer au communisme orthodoxe ou à le réformer serait remis de force sur le droit chemin. Le Printemps de Prague avait vécu, un nouvel hiver soviétique renaissait.

Oleg en fut ulcéré et écœuré. Et quand des manifestants en colère se massèrent devant l'ambassade soviétique de Copenhague, il en conçut une honte profonde. Déjà choqué par la construction du mur de Berlin dont il avait été témoin, il comprit la vraie nature du régime qu'il servait. Il ne lui suffisait plus d'avoir pris ses distances, il commença à le détester : « Cette attaque brutale dont un peuple innocent est victime me l'a fait haïr de tout mon cœur, de toutes mes forces. »

Utilisant le téléphone installé dans un coin du hall de l'ambassade, il appela Elena chez eux. Il se lança dans un flot de jurons qui maudissaient l'Union soviétique pour avoir écrasé le Printemps de Prague : « Ils l'ont fait. C'est incroyable. » Il était presque en larmes ; son âme était en berne, mais son esprit en alerte.

En fait, Gordievsky venait d'envoyer un message. Il savait que le téléphone de l'ambassade était écouté par le service de sécurité danois. Et que le PET surveillait celui de son domicile. Le Renseignement danois entendrait sûrement les propos semi-subversifs qu'il avait tenus à sa femme et noterait que l'Oncle Gormsson n'était pas le simple rouage dans la mécanique du KGB qu'il voulait paraître. Que cherchait-il à transmettre ? Son coup de téléphone n'était pas tout à fait un appel du pied. Plutôt une suggestion, un discret contact, un ballon d'essai afin que les Danois et leurs alliés dans le monde occidental du renseignement apprennent sa position : « Ce fut le premier signal dûment réfléchi que j'envoyai vers l'Ouest. »

L'Ouest rata ce signal. L'ouverture de Gordievsky, personne ne la remarqua. Parmi la masse de matériel intercepté et disséqué par les services danois, ce petit geste pourtant significatif passa inaperçu.

Tandis qu'il digérait les tristes nouvelles de la Tchécoslovaquie, Oleg songea à Stanislav Kaplan, son grand copain d'université. Quelle avait été sa réaction devant l'invasion de son pays par les tanks soviétiques ?

Kaplan était révolté. Après avoir quitté la Russie, il avait travaillé pour le ministère de l'Intérieur à Prague, puis avait rejoint le service de renseignement tchèque, le StB. En 1968, les événements le consternèrent mais il dissimula ses sympathies pour la dissidence. L'invasion soviétique fut suivie par une vague d'immigration, près de 300 000 personnes fuyant le régime. Kaplan recueillit autant de secrets qu'il put et s'apprêta à les suivre.

De son côté, Oleg se préparait à plier bagage, sa mission touchant à sa fin, quand un télégramme lui parvint de Moscou : « Cessez vos opérations sur le terrain. Restez à Copenhague pour analyser des documents. » Le Centre avait conclu que les Danois, l'ayant sans doute démasqué comme officier du KGB, s'intéressaient d'un peu trop près au camarade Gordievsky. En interceptant les communications danoises depuis son arrivée, il s'était rendu compte que leur agent avait été filé un jour sur deux en moyenne, nettement plus que les autres membres de l'ambassade. Moscou, voulant éviter un incident diplomatique, chargea donc Gordievsky d'établir un manuel à l'usage des officiers du KGB au Danemark.

Oleg se trouvait alors à une croisée des chemins : sa carrière était en jeu mais aussi son dévouement à la cause. Sa colère ne s'était pas apaisée mais il était loin d'avoir pris une décision. Si quitter le KGB était impensable (et sans doute impossible), il aurait aimé ne plus s'occuper des illégaux et rejoindre Lioubimov au Département du renseignement politique, un poste plus intéressant et moins sordide.

Pour le moment, il faisait du surplace. Sur le plan professionnel et sur le plan personnel. Il accomplissait ses fonctions consulaires, se chamaillait avec Elena, nourrissait sa secrète antipathie pour le communisme, se gorgeait de culture occidentale. Lors d'une soirée chez un diplomate ouest-allemand, il bavarda avec un jeune Danois, particulièrement chaleureux et légèrement ivre. Son interlocuteur, féru de musique, lui proposa de finir la soirée dans un bar. Gordievsky refusa, prétextant qu'il devait rentrer chez lui.

Ce jeune homme faisait partie du Renseignement danois. Il avait engagé la conversation, première phase d'une manœuvre qui devait piéger Oleg comme homosexuel. En effet, les services de renseignement avaient conçu ce plan après avoir vu le Russe acheter des revues pornographiques gays. Ce genre de guet-apens, vieux comme le monde, tous les services l'utilisaient. Le PET ne comprit jamais pourquoi Oleg n'avait pas mordu à l'hameçon. L'expérimenté officier du KGB avait-il flairé la manœuvre de séduction ? Ou bien l'appât n'était-il pas à son goût ? L'explication était plus simple : Gordievsky n'était pas gay. Il ne s'était même pas rendu compte de la manœuvre.

Quand on quitte l'univers de la fiction, les opérations d'espionnage se déroulent rarement comme prévu. À la suite du Printemps de Prague, Gordievsky avait envoyé un message voilé à l'Ouest qui resta lettre morte. S'appuyant sur un faux indice, le Renseignement danois tenta de le piéger et fut à mille lieues de réussir. Chacun avait lancé ses filets, chaque camp était rentré bredouille.

Et voici que Gordievsky était de retour dans son pays.

L'Union soviétique qu'il retrouva en janvier 1970 était encore plus répressive, plus paranoïaque, plus terne que celle qu'il avait quittée trois ans auparavant. L'orthodoxie communiste à la Brejnev avait éliminé tout ce qui brillait. Oleg fut dégoûté par ce qu'il voyait : « C'est miteux. » Les queues dans les magasins, la saleté ambiante, la bureaucratie étouffante, la peur et la corruption, voilà ce que la Russie avait à offrir en comparaison avec le monde enjoué et prospère qu'il avait laissé derrière lui. La propagande était omniprésente, les fonctionnaires serviles ou grossiers. Chacun espionnait son voisin. La capitale puait le chou bouilli et les égouts bouchés. Rien ne fonctionnait correctement. Personne ne souriait. Le moindre contact avec un étranger provoquait des soupçons. Mais c'était la musique qui rongeait l'âme de Gordievsky. À chaque coin de rue, on n'entendait qu'une bouillie patriotique diffusée par des haut-parleurs, des airs tonitruants et insipides composés selon le dogme communiste. Staline en stéréo.

Tous les jours, Oleg se sentait agressé par « cette cacophonie totalitaire ».

Il fut envoyé à la Direction S. Elena, promue lieutenant, rejoignit la section scandinave de la Douzième Direction, responsable de la mise sur écoute et de l'enregistrement des conversations des diplomates étrangers. Le couple n'entretenait plus qu'une « relation de travail » sans pourtant jamais parler boulot. D'ailleurs ils ne discutaient de rien dans leur sinistre appartement de l'est de Moscou.

Les deux années suivantes, aux dires d'Oleg, furent « inconsistantes, à mettre entre parenthèses ». Promu et mieux payé, il accomplissait les mêmes tâches que trois ans auparavant, quand il préparait de fausses identités pour les illégaux. Il se perfectionna en anglais dans l'espoir d'être nommé aux États-Unis, en Grande-Bretagne ou dans un pays du Commonwealth. Il fut cruellement déçu lorsqu'il apprit que les Danois avaient découvert qu'il faisait partie du KGB, ce qui lui fermait les portes de l'Ouest. Le Maroc était dans le domaine du possible. À contrecœur, il se mit au français. Noyé dans la grisaille et le conformisme de Moscou, il souffrait du manque de culture. Cette pénurie l'affectait psychologiquement : il était tourmenté, amer, de plus en plus seul et bloqué dans ses aspirations.

Au cours du printemps 1970, un officier du Renseignement britannique feuilleta un « dossier personnel » fraîchement arrivé du Canada. Geoffroy Guscott était un dur à cuire, portant des lunettes, polyglotte, d'une intelligence supérieure. Plus proche de George Smiley, le héros de John le Carré, que de James Bond, il ressemblait déjà à un vieux professeur d'université. Mais il ne fallait pas se fier aux apparences. D'après un de ses collègues, « cet homme frêle a infligé plus de pertes au Renseignement soviétique que quiconque ».

Élevé dans le sud-est de Londres, fils d'un imprimeur ayant quitté l'école à 14 ans, Guscott n'appartenait pas au même milieu que les autres officiers du MI6. Grâce à une bourse, il étudia au Dulwich College, une école anglaise renommée, fut admis à Cambridge où il étudia le russe et le tchèque. En 1961, le jour de la remise des diplômes, il lui tomba du ciel une lettre l'invitant à venir à Londres pour une réunion. Là, un joyeux vétéran du Renseignement britannique lui raconta ses exploits d'espion pendant la dernière guerre. À Vienne et à Madrid. « Je mourais d'envie de voyager et je n'ai pas voulu laisser échapper cette opportunité », se souviendra Guscott. À 24 ans, il fut enrôlé dans le *Secret Intelligence Service* ou SIS, plus connu sous le nom de MI6.

En 1965, il fut envoyé en Tchécoslovaquie, au début du dégel. Pendant trois ans, il occupa les fonctions d'officier traitant un agent du Renseignement tchèque – nom de code FREED. De retour à Londres en 1968 au moment du Printemps de Prague, on le nomma à la tête du recrutement d'agents tchèques à l'intérieur et à l'extérieur du pays. À la suite de l'invasion soviétique, son service passa en surmultipliée. « Nous devions saisir toutes les occasions qui nous étaient offertes. »

Une telle opportunité se présenta quand un dossier atterrit sur son bureau. Sous le code DANICEK, il concernait la défection d'un jeune officier du Renseignement tchèque, Stanislav Kaplan.

Après la fin du Printemps de Prague, Kaplan s'était rendu en vacances en Bulgarie. Il en avait disparu pour ressurgir en France où il s'était présenté au service du Renseignement français. Il avait déclaré vouloir s'établir au Canada. Le Renseignement canadien entretenant des liens étroits avec le MI6, ce dernier envoya un agent pour débriefer Kaplan. Nul doute que les Canadiens avertirent à leur tour la CIA. Le jeune officier tchèque se montra disposé à coopérer. Quand Guscott prit connaissance du dossier DANICEK, il était plus que fourni.

Kaplan y était décrit comme quelqu'un d'intelligent, de franc, « coureur de cross et de femmes ». Il avait fourni de précieux renseignements sur le fonctionnement du StB et sur ses années d'études à Moscou. Simple question de routine, on lui demanda, comme à tout transfuge, s'il connaissait des personnes susceptibles d'intéresser les services de renseignement de l'Ouest. Il en désigna une centaine, surtout des Tchèques. Mais, parmi les cinq « personnalités » russes citées par Kaplan, l'une d'elles sortait de l'ordinaire.

Pour Kaplan, son ami Oleg Gordievsky, comme lui un amateur de cross, était destiné à être enrôlé par le KGB, malgré « des signes tangibles de désenchantement politique ». Pendant le dégel de Khrouchtchev, les deux amis avaient discuté des limites du communisme : « Oleg n'était pas borné. Il avait réfléchi aux horreurs du passé. Il n'était guère différent de moi. »

Guscott, regroupant diverses informations, découvrit qu'Oleg Gordievsky avait servi à Copenhague en 1966 en tant que fonctionnaire consulaire. Les relations entre le PET et le MI6 étaient étroites. Le dossier danois indiquait qu'il devait appartenir au KGB, où il aurait géré les illégaux. Si on ne pouvait rien lui reprocher directement, certains indices n'étaient pas à négliger. Ainsi, il avait échappé à plusieurs reprises à des filatures d'une manière qui trahissait un entraînement professionnel. Ses contacts avec un policier et des pasteurs étaient suspects. Un micro dissimulé à son domicile avait révélé que son couple battait de l'aile. On l'avait vu entrer dans un sex-shop acheter des magazines pornographiques homosexuels. Ce qui avait conduit à une tentative de chantage qui avait échoué. Gordievsky était retourné à Moscou en janvier 1970 et s'était évanoui dans les entrailles du Centre. À faire Dieu sait quoi.

Guscott ajouta une note dans le dossier de Gordievsky : si cet officier insaisissable, talentueux, éventuellement gay, aux idées larges, refaisait son apparition à l'Ouest, il serait utile de prendre contact avec lui. Oleg fut fiché comme « une personne à cultiver ». On lui attribua un nom de code : SUNBEAM.

En attendant, les Anglais avaient du pain sur la planche : s'occuper des espions du KGB œuvrant sur leur sol.

Le 24 septembre 1971, le gouvernement britannique expulsa 105 officiers du Renseignement soviétique : du jamais-vu dans l'histoire de l'espionnage. Cette éviction de masse, du nom de code FOOT, couvait depuis un certain temps. Comme les Danois, les Anglais surveillaient les diplomates russes accrédités, les journalistes, les délégués commerciaux, cherchant à distinguer les vrais des faux. En effet, le KGB était devenu de plus en plus audacieux et le MI5 rêvait d'en découdre. L'étincelle qui mit le feu aux poudres fut la défection d'Oleg Lialine, un officier du KGB qui se disait représentant de l'industrie de la maille soviétique. Sous couvert de vendre des cardigans communistes, il était l'officier le plus gradé de la Treizième Direction du KGB, chargée du sabotage. Il avait eu pour mission de dresser des plans en cas de guerre Est-Ouest. Le MI5 lui attribua le nom de code GOLDFINCH (« chardonneret » en français). Et c'est vrai qu'il chanta comme un canari. Il révéla les plans secrets dressés pour inonder le métro londonien, assassiner les personnalités marquantes de la vie publique, faire débarquer une équipe de saboteurs sur la côte du Yorkshire. Ces révélations fournirent au MI5 le prétexte qu'il attendait. Tous les espions connus furent fichus dehors. En une nuit, une des plus importantes antennes du KGB fut réduite à néant. Après ce désastre, la *rezidentura* mettra plus de vingt ans à retrouver sa puissance d'antan.

L'Opération FOOT cueillit Moscou à froid et sema la consternation à la Première Direction générale. Avec son siège situé à Iassenevo près du périphérique de Moscou, le département responsable du renseignement extérieur avait connu sous Brejnev une expansion rapide. Le nombre de ses officiers avait bondi de 3 000 en 1960 à 10 000. L'expulsion massive des agents de Londres fut ressentie comme un terrible échec. Le chef de la section couvrant la Grande-Bretagne et la Scandinavie fut limogé (pour des raisons historiques, ces deux pays étaient regroupés tout comme l'étaient l'Australie et la Nouvelle-Zélande) et remplacé par Dmitri Iakouchine.

Connu sous son surnom de « Cardinal Gris », il était de naissance noble mais d'esprit bolchevique.

Totalement dévoué à la cause communiste, il affectait des airs d'aristocrate et parlait avec une voix de marteau-piqueur. Pendant la guerre, il avait combattu dans un régiment de chars. Rendu à la vie civile, il s'occupa de l'élevage porcin au sein du ministère de l'Agriculture. Transféré au KGB, il gravit les échelons jusqu'à devenir directeur adjoint du département Amérique. Contrairement aux autres gros bonnets du KGB, c'était un homme cultivé qui collectionnait les livres rares et disait haut et fort ce qu'il avait sur le cœur. Gordievsky n'en menait donc pas large lors de son premier et bref contact avec le Cardinal Gris.

Une nuit, en écoutant en catimini le World Service de la BBC, il avait appris que le Danemark avait suivi l'exemple de l'Opération FOOT et expulsé trois de ses anciens collègues, des officiers du KGB travaillant sous couverture diplomatique. Le lendemain, il fit part de la nouvelle à un ami de la section danoise. Cinq minutes plus tard, coup de téléphone. Une semonce assourdissante au bout du fil :

— Camarade Gordievsky, si tu continues à répandre des rumeurs sur des prétendues expulsions au Danemark, tu seras PUNI !

C'était Iakouchine.

Oleg eut peur d'être viré. Le contraire se produisit. Quelques jours plus tard, après la confirmation des dires de la BBC, le Cardinal Gris le convoqua dans son bureau. Il entra immédiatement dans le vif du sujet :

— J'ai besoin de quelqu'un à Copenhague. Nous devons reconstituer une équipe là-bas. Tu parles danois… Ça te plairait de travailler pour mon département ?

Oleg marmonna que rien ne lui plairait davantage.

— Laisse-moi faire ! conclut Iakouchine de sa voix tonitruante.

Mais le patron de la Direction S ne voulut rien entendre. Refus typique de la part d'un petit chef déterminé à garder un membre de son personnel quand un autre chef désire le débaucher.

Les choses en restèrent là, au grand dam d'Oleg. Jusqu'au jour où son frère Vassili l'aida à accélérer cette promotion d'une façon expéditive : il tomba mort !

Vassili buvait énormément depuis des années. En Asie du Sud-Est, il avait contracté une hépatite. N'écoutant pas les médecins qui lui avaient conseillé de ne plus consommer une goutte d'alcool, il avait continué de plus belle. À 39 ans, il en perdit la vie. Le KGB lui organisa des funérailles militaires solennelles. Trois officiers tirèrent une salve d'honneur. Son cercueil, entouré du drapeau national, fut descendu dans le crématorium de Moscou. Oleg, présent à la cérémonie, songea qu'il connaissait bien peu celui qu'il appelait « Vassilko ». Sa mère et sa sœur s'étreignirent, noyées de chagrin et impressionnées par la présence d'une multitude de dignitaires du KGB. Elles connaissaient Vassili encore moins qu'Oleg. Quant à Anton, revêtu de son plus bel uniforme, il confia à la ronde à quel point il était fier des services rendus par son fils à la mère-patrie.

Oleg avait toujours ressenti une certaine crainte vis-à-vis de son mystérieux frère sans toutefois connaître ses activités en Tchécoslovaquie. En public, on aurait dit que les deux hommes étaient proches, alors qu'un mur de secrets les séparait. Vassili s'était éteint en héros, décoré par le KGB. Oleg mit à profit ce « levier moral » pour s'extraire de la Direction S et retrouver

Iakouchine au Département anglo-scandinave : « Mon frère étant mort au service de la Direction S, son patron aurait du mal à refuser ma demande. » Finalement, bien que réticente, la section des illégaux accepta de le voir partir. Les Soviétiques firent une demande de visa auprès des autorités danoises : ils stipulèrent que Gordievsky retournerait à Copenhague en tant que second secrétaire d'ambassade. En réalité, il était désormais un officier du renseignement politique attaché à la Première Direction générale, un poste qu'occupait Mikhaïl Lioubimov précédemment.

Les Danois auraient pu refuser de lui délivrer un visa, sachant qu'il était sans doute un officier du KGB. Mais ils décidèrent de le laisser revenir et de l'avoir à l'œil. Ils en informèrent Londres.

On reparla de la question de sa sexualité. Apparemment, Oleg avait omis, deux ans auparavant, de signaler qu'il avait été la cible d'une tentative de séduction homosexuelle. Le MI6 en déduisit que, s'il ne s'était pas abstenu, il n'aurait pas été envoyé à l'étranger une seconde fois. En effet, dans l'esprit tordu du KGB, un officier visé par un Renseignement occidental était immédiatement suspect. En fait, le MI6 se trompait : Oleg n'avait rien signalé car il ne s'était aperçu de rien. Un officier britannique nota : « Nous avons présumé qu'il avait gardé l'incident pour lui. Si Gordievsky dissimulait un secret honteux à ses supérieurs, s'il avait des tendances politiques libérales comme le prétendait Standa Kaplan, ce Russe méritait d'être sondé à nouveau. »

Le MI6 et le PET se préparèrent à l'accueillir à bras ouverts.

3.
SUNBEAM

Richard Bromhead était l'homme du MI6 à Copenhague. Il ne s'en cachait pas.

Le chef de station du Danemark était un Anglais vieux jeu, élevé dans d'excellentes écoles privées, au tempérament joyeux, administrant volontiers de grandes claques dans le dos des gens qu'il aimait bien et qu'il appelait « ses chéris absolus ». Il qualifiait ceux qui ne lui plaisaient pas de « merdeux de première classe ». Bromhead descendait d'une lignée de poètes et d'aventuriers. Sa famille comptait de nobles ancêtres mais aucune fortune. Marlborough College l'accueillit, puis il partit pour l'Allemagne effectuer son service militaire. Dans un camp qui avait hébergé des prisonniers de guerre anglais, il se retrouva responsable d'un contingent de 250 prisonniers allemands. Parmi eux, « le *Kommandant* était un ancien champion olympique d'aviron. Un type charmant. Nous avons bien ri ensemble ». Il termina ses études à l'université de Cambridge, étudia le russe, jura qu'il aurait tout oublié en partant. Le Foreign Office ne voulut pas de lui. N'ayant pas réussi à se faire engager dans une boulangerie, il décida de devenir artiste. Il vécut d'oignons crus dans un appartement délabré de Londres. Pour gagner quelques sous, il vendait ses dessins de l'Albert Memorial. Un jour, un de ses amis lui suggéra de tenter sa chance auprès du ministère des Colonies. « Ils m'ont proposé d'aller à Nicosie. J'ai répondu : "Parfait. Où est-ce ?" » À Chypre, il servit de secrétaire particulier du gouverneur, Hugh Foot. « Je me suis bien amusé. Un officier du MI6 vivait dans le jardin. Un type sympa. Il m'a recruté. » Tout d'abord, « la Firme » l'envoya aux Nations unies à Genève sous une solide couverture, puis à Athènes : « Une révolution a immédiatement éclaté. Ha, ha ! » En 1970, à l'âge de 42 ans, il finit par décrocher un poste important au MI6 de Copenhague. « Je devais aller en Irak. Je me demande ce qui m'est arrivé. »

Grand, bel homme, tiré à quatre épingles, toujours prêt à plaisanter et à boire quelques verres de plus, Bromhead devint bientôt une des personnalités les plus en vue des soirées diplomatiques de Copenhague. « Je glandouille », disait-il pour qualifier son travail clandestin.

C'était un de ces Anglais qui s'efforcent de paraître beaucoup plus bêtes qu'ils ne le sont. En fait, c'était un prodigieux officier du renseignement.

Dès son arrivée dans la capitale, il entreprit de pourrir la vie de ses adversaires soviétiques. Il eut pour complice Jørn Bruun, le directeur adjoint du PET, un avocat farceur qui « adorait harceler le bloc soviétique, surtout les diplomates russes et leur personnel, en usant de techniques très bon marché et pratiquement indétectables ». Pour appuyer Bromhead dans ses « opérations provocatrices », Bruun lui affecta deux de ses meilleurs agents, Jens Eriksen et Winter Clausen. « Jens était petit et arborait une longue moustache blonde. Winter était énorme, de la taille d'une porte. Je les appelais Astérix et Obélix. Nous nous entendions à merveille. »

Une de leurs cibles favorites était un officier du KGB du nom de Bratsov. Chaque fois que celui-ci pénétrait dans un grand magasin, Clausen, qui le pistait, s'emparait du micro et faisait l'annonce suivante : « Monsieur Bratsov de la société KGB est prié de se rendre au bureau d'information. » Après trois appels de ce genre, Moscou décida de le rappeler. Autre victime : un jeune officier zélé du KGB avait tenté de recruter un député du Parlement danois qui en avait immédiatement averti le PET. « Ce député vivait à deux heures de voiture de la capitale. Nous lui demandions d'appeler le Russe pour lui dire : "Venez le plus vite possible. J'ai des choses de la plus haute importance à vous communiquer." » Le jeune agent se précipitait et le député le gorgeait de vodka et de sornettes. Dès son retour chez lui, il rédigeait un long rapport destiné au KGB et ne se couchait qu'à 6 heures du matin. À 9 heures, le député le rappelait : « Venez le plus vite possible. J'ai des choses de la plus haute importance à vous communiquer. » Finalement, le Russe eut une dépression nerveuse et laissa tomber. « Les Danois sont formidables, ha, ha ! »

Gordievsky reçut son visa. Le MI6 donna l'ordre à Bromhead de se rapprocher du nouvel arrivant et, au bon moment, de le sonder. Le PET serait tenu informé du déroulement des événements mais accepta de laisser le MI6 mener les opérations.

Le 11 octobre 1972, Oleg et Elena atterrirent à Copenhague. Ils eurent l'impression de rentrer à la maison. L'énorme Obélix les suivit quand ils quittèrent l'aéroport.

Dans son nouveau rôle d'officier du renseignement politique, Gordievsky ne superviserait plus les illégaux mais collecterait activement des renseignements secrets et tenterait de saboter les institutions occidentales. En clair, cela signifiait découvrir, cultiver, recruter, contrôler des espions, des contacts, des informateurs. Il viserait des fonctionnaires du gouvernement danois, des hommes politiques élus, des syndicalistes, des diplomates, des hommes d'affaires, des journalistes. Bref, toute personne ayant un accès direct à des informations qui pouvaient intéresser l'Union soviétique. Et, mieux encore, toute personne travaillant pour le Renseignement danois. Comme d'autres pays de l'Ouest, le Danemark comptait des communistes prêts à obéir aux ordres de Moscou, des individus qui troqueraient des renseignements pour de l'argent (le nerf de l'espionnage) ou qui seraient sensibles à d'autres formes de persuasion, de coercition ou d'incitation. De plus, les officiers du renseignement politique devaient prendre des mesures concrètes afin d'influencer l'opinion publique, faire de l'intox, placer des articles dans la presse qui peindraient l'URSS sous un jour flatteur (souvent imaginaire). Depuis longtemps, le KGB était passé maître dans l'art de fabriquer de « fausses informations ». Sous une terminologie précise, les contacts étrangers étaient classés selon leur importance. Au sommet, l'« agent » travaillant en toute conscience pour le KGB, soit par idéologie, soit moyennant finance. Un cran au-dessous, une « relation confidentielle », favorable à la cause soviétique, apportant une aide clandestine, mais sans forcément savoir que son charmant interlocuteur de l'ambassade appartenait au KGB. Au bas du tableau, de nombreux contacts légitimes qu'Oleg était apte à fréquenter dans son rôle de second secrétaire. Il existait néanmoins un large fossé entre une relation confidentielle et un agent disposé à trahir son pays. Mais passer de l'un à l'autre n'avait rien d'impensable.

Gordievsky se fondit avec aisance dans la vie et la culture danoises. Il se glissa dans le poste laissé vacant par Lioubimov, rentré à Moscou s'occuper du Département anglo-scandinave. Cette nouvelle forme de renseignement était passionnante mais quelque peu frustrante. Les Danois étaient trop gentils pour espionner, trop honnêtes pour être séditieux, trop polis pour l'admettre. Chaque fois qu'il tentait de recruter un habitant, il se heurtait à sa courtoisie, un mur infranchissable. Même les plus ardents communistes rechignaient à trahir.

Il y avait certes des exceptions. Gert Petersen par exemple, chef du Parti socialiste du peuple et plus tard élu au Parlement européen. Sous le nom de code ZEUS, c'était une relation confidentielle qui transmettait des renseignements militaires glanés au Comité des affaires étrangères. Bien informé, il mourait toujours de soif. Sa capacité à ingurgiter des litres de bière et de schnaps aux frais du KGB sidérait Gordievsky.

Le nouveau *rezident* à Copenhague, Alfred Moguilevtchick, prit Oleg pour adjoint : « Vous êtes intelligent, énergique, vous vous entendez avec les gens. Vous connaissez le pays et parlez la langue. Que me faudrait-il de plus ? »

Gordievsky fut promu au rang de commandant. Cet avancement allait de pair avec sa carrière. Il grimpait les échelons du KGB d'une façon très satisfaisante. Cependant, la confusion régnait dans son esprit. Ses deux ans passés à Moscou l'avaient encore plus éloigné du régime communiste. Son retour au Danemark n'avait fait qu'aggraver son malaise face à la cruauté, la corruption, l'hypocrisie des instances soviétiques. Il se plongea dans la lecture, collectionnant les livres qu'il n'aurait jamais eu le droit de posséder en Russie : Alexandre Soljenitsyne, Vladimir Maximov, George Orwell et des ouvrages d'histoire qui décrivaient l'horreur absolue du stalinisme. Puis la nouvelle lui parvint de la défection au Canada de Kaplan. Jugé par contumace pour avoir révélé des secrets d'État, il avait été condamné à douze ans de prison par un tribunal militaire tchèque. Oleg en fut bouleversé. Sous le choc, il se demanda si, après le Printemps de Prague, l'Ouest avait enregistré son cri de protestation. Si oui, pourquoi cette absence de réponse ? Et si le Renseignement occidental le sondait, quelle serait sa réaction ? Positive ou négative ? Plus tard, il affirmera qu'il s'était préparé à cette éventualité et attendait qu'on lui fasse signe. Mais, comme toujours, les souvenirs ont tendance à simplifier le passé.

Au bout d'un moment, il remarqua la présence fréquente d'un grand Anglais affable sur le circuit mondain diplomatique.

Richard Bromhead possédait deux photos de Gordievsky fournies par les Danois, l'une prise à la dérobée lors de son précédent séjour, l'autre très récente figurant sur sa demande de visa.

« J'ai étudié un visage sévère mais pas antipathique. Avec son air coriace, j'ai eu du mal à imaginer qu'il était homosexuel, malgré les circonstances décrites par Londres. Il ne m'a pas paru être le genre d'homme à se laisser approcher, dans tous les sens du terme, par un membre du Renseignement occidental. » Bromhead n'était pas le seul de son époque et de son milieu à croire dur comme fer que les homosexuels, se conduisant de manière spécifique, étaient plus faciles à repérer.

Leur premier contact direct se produisit lors d'un vernissage d'œuvres d'art à l'hôtel de ville de Copenhague, un bâtiment en briques rouges appelé le Rådhus. Bromhead savait qu'une délégation soviétique serait présente. Habitué du « club diplomatique » où vrais diplomates et vrais espions se mélangeaient, il avait fait la connaissance de plusieurs fonctionnaires soviétiques. « J'étais en assez bons termes avec un atroce petit bonhomme qui venait d'Irkoutsk, le pauvre ! » Dans une des salles, il reconnut le petit Soviétique parmi d'autres diplomates dont Gordievsky. Il sauta sur l'occasion : « Sans forcer la dose, j'ai salué tout le groupe en incluant Oleg. Je ne lui ai pas demandé son nom, il ne s'est pas présenté. »

D'un ton hésitant, les deux hommes engagèrent une conversation autour de l'art. « Quand Oleg parlait, sa sécheresse disparaissait. Il avait alors un sourire engageant, un sens de l'humour sincère, ce qui manquait aux autres officiers du KGB. La vie semblait amuser le nouvel arrivant. Il était nature. Il m'a plu. »

L'agent du MI6 envoya un rapport à Londres : cible contactée. Restait à résoudre le problème des communications. Bromhead avait oublié à peu près tout son russe et possédait de vagues notions d'allemand – mais le langage qu'il avait utilisé pour donner des ordres aux prisonniers de guerre teutons ne convenait pas aux circonstances actuelles. Gordievsky maîtrisait l'allemand et le danois, mais pas l'anglais. « Nous nous sommes débrouillés comme nous avons pu. »

Les ambassades soviétique, anglaise et américaine se tournaient le dos, formant un triangle mal fichu. Elles étaient séparées par un cimetière. Malgré l'atmosphère hivernale de la Guerre froide, la vie mondaine réunissait souvent diplomates soviétiques et occidentaux. Au cours des semaines, Bromhead s'efforça d'être invité à plusieurs réceptions où Gordievsky serait présent. « Nous échangions un petit signe de tête sans que nos collègues le remarquent. »

Recruter un officier de renseignement du camp adverse demande un *pas de deux* des plus délicats à exécuter. Une démarche trop flagrante fait fuir la cible, mais un signe trop subtil risque de ne pas être perçu. Le MI6 hésita à confier ce ballet subtil à Bromhead. La raison ? Il était un peu trop copain-copain, trop éléphant dans un magasin de porcelaine, trop connu à l'ambassade soviétique comme agent du MI6. Selon son habitude, Bromhead n'y alla pas par quatre chemins. Il organisa un cocktail où il invita Gordievsky et quelques fonctionnaires soviétiques. Le PET fournit une championne de badminton. Ainsi, Oleg et la jeune femme auraient un sujet de conversation en commun. Lene Køppen, étudiante en dentisterie, deviendrait championne du monde de badminton en simple. Ravissante, elle ignorait totalement qu'elle servait d'appât. De toute manière, selon un officier du MI6, « le but de la rencontre n'était pas sexuel ».

Mais si Gordievsky était hétérosexuel, s'il passait du volant au lit, alors ce serait tant mieux. Et tant pis s'il ne se passait rien ! Après deux verres et quelques phrases échangées avec la jeune Køppen, il s'en alla. Comme Bromhead l'avait prédit, le Russe était amical mais se montrait inaccessible sur tous les plans : mondain, sportif, sexuel.

De retour à Londres, Geoffrey Guscott collaborait désormais à la section soviétique. Il discuta du dossier SUNBEAM avec Mike Stokes, ancien officier traitant d'Oleg Penkovsky, le plus productif des espions soviétiques passés à l'Ouest. Colonel du GRU, le pendant militaire du KGB, Penkovsky travailla pendant deux ans à partir de 1960 à la fois pour la CIA et le MI6. Il leur fournit, par exemple, des renseignements de premier ordre sur la position des missiles russes à Cuba – ce qui permit au président Kennedy de prendre le dessus lors de la crise de Cuba. En octobre 1962, il fut découvert, arrêté, interrogé par le KGB. Et exécuté en mai 1963.

De Mike Stokes émanait une forte présence physique. Fin psychologue, il savait parfaitement recruter et diriger les espions soviétiques. Ensemble, Stokes et Guscott élaborèrent un « test décisif » pour sonder les penchants politiques de Gordievsky.

Le soir du 2 novembre 1973, alors qu'Oleg et Elena finissaient de dîner (sans un mot, sans un sourire), on frappa lourdement à la porte de leur appartement. Sur le seuil, tout souriant, se tenait Standa Kaplan, son vieux copain tchèque de l'université.

Oleg fut d'abord abasourdi par cette visite inattendue. Mais très vite la peur prit le dessus :

— *Boje moï !* Mon Dieu, Standa ! Qu'est-ce que tu fous là ?

Les deux hommes se serrèrent la main. Ensuite, dans un geste lourd de conséquences, il fit entrer son ami, un déserteur, chez lui. Si un des voisins du KGB le voyait pénétrer chez Gordievsky, il risquait d'avoir des soupçons. Et puis il y avait Elena. Loyal officier du KGB, elle serait obligée de signaler que son mari avait accueilli un traître connu. Et elle le dénoncerait d'autant plus facilement que leur union battait de l'aile.

Oleg versa à son ami une bonne rasade de whisky et lui présenta Elena. Kaplan leur expliqua qu'il travaillait maintenant pour une compagnie d'assurances canadienne. Venu à Copenhague pour revoir une petite amie danoise, il avait découvert le nom d'Oleg sur la liste diplomatique et avait décidé de lui faire signe. De prime abord, Standa n'avait pas changé : même visage ouvert, même air jovial. Mais Oleg nota qu'il tremblait légèrement en tenant son verre. Kaplan lui mentait. Un service de renseignement occidental lui avait donc envoyé son vieil ami. C'était un coup d'essai, particulièrement dangereux. Était-ce la réponse attendue au coup de téléphone qu'il avait passé cinq ans auparavant ? Dans ce cas, à qui Standa obéissait-il ? À la CIA ? Au MI6 ? Au PET ?

Leur conversation fut décousue, crispée. Kaplan leur raconta qu'il avait déserté la Tchécoslovaquie et atteint le Canada en passant par la France. Oleg émit quelques banalités qui ne l'engageaient en rien. Elena semblait angoissée. Au bout d'un petit quart d'heure, Standa finit son verre, se leva.

— Je vois que je vous dérange. Oleg, déjeunons ensemble et on pourra vraiment évoquer le bon vieux temps.

Il lui suggéra un petit restaurant en centre-ville.

Oleg referma derrière lui. Se tournant vers sa femme, il lui fit remarquer qu'il était bizarre que Kaplan ait débarqué à l'improviste. Elle resta muette.

— C'est quand même une drôle de coïncidence qu'il soit venu à Copenhague ! insista-t-il.

Elena demeura impénétrable, avec toutefois une lueur d'appréhension dans l'œil.

Le lendemain, Gordievsky fit exprès d'arriver en retard après s'être assuré qu'il n'était pas filé. Il avait à peine dormi. Kaplan l'attendait à une table près d'une fenêtre. Il lui parut plus détendu. Ils parlèrent de leur vie d'autrefois. Dans un café, de l'autre côté de la rue, un touriste bien bâti lisait un guide de voyage : Mike Stokes faisait le guet.

La visite de Kaplan avait été minutieusement planifiée et répétée. « Kaplan devait invoquer une bonne raison pour expliquer sa venue, dira Guscott. D'un autre côté, Gordievsky devait se rendre compte que nous le sondions. »

Kaplan avait pour instruction d'évoquer sa défection, le Printemps de Prague, le bonheur de vivre à l'Ouest. Et d'observer les réactions de son camarade.

Oleg, se sachant évalué, se crispa quand Standa lui rappela les événements dramatiques de la Tchécoslovaquie en 1968. Mais il ne fit aucun commentaire. Sauf pour avouer que l'invasion lui avait causé un choc : « Je devais être très prudent, je marchais au bord d'un précipice. » Lorsque son ami lui retraça en détail son évasion et la vie agréable qu'il menait désormais au Canada, il l'encouragea à lui en dire plus. Sans trop insister. « Il était essentiel que j'aie une attitude positive sans perdre le contrôle de la situation. » Il ignorait qui avait envoyé Kaplan pour le tester et il n'avait pas l'intention de lui poser la question.

Dans toute opération de séduction, il est primordial de ne pas paraître trop empressé. Mais si Gordievsky se montra prudent, ce n'était pas un stratagème. Depuis sa crise de conscience de 1968, il hésitait encore. Avait-il envie d'être conquis ? Et par qui ?

À la fin du déjeuner, Standa disparut dans le flot des gens qui faisaient leurs courses. Rien de définitif n'avait été prononcé. Ni déclarations ni promesses. Mais ils avaient franchi une ligne invisible. « Je savais que je m'étais livré suffisamment pour que son rapport soit positif », songea Oleg après coup.

Stokes débriefa Kaplan dans un hôtel de Copenhague avant de s'envoler pour Londres. Là, il rendit compte à Geoffrey Guscott des résultats : « Surpris par l'apparition soudaine de Kaplan, Gordievsky n'apparut ni scandalisé ni fâché. Il avait semblé être intéressé et plutôt favorable. Il n'avait pas caché sa stupéfaction devant l'invasion soviétique de la Tchécoslovaquie. » Plus important que tout : il n'avait pas laissé entendre qu'il rédigerait un rapport au KGB sur sa rencontre inattendue avec un traître et farouche anticommuniste. « C'était épatant. Exactement la réaction que nous espérions. Évidemment, Gordievsky s'était montré ultra-prudent mais, s'il s'abstenait d'écrire ce rapport, ce serait un premier pas. Et un grand pas. Nous devions lui faire savoir, sans trop le brusquer, que nous étions preneurs. Une réunion fortuite s'imposait. »

Richard Bromhead mourait de froid. Il était 7 heures, la neige était tombée dans la nuit, le thermomètre marquait - 6 °C. Une aube gris acier se levait au-dessus de Copenhague. SUNBEAM (rayon de soleil) était un nom de code bien mal choisi. Ça faisait trois matins de suite, à « cette heure impossible », qu'il était recroquevillé dans l'auto de sa femme, un véhicule minuscule et sans chauffage. Trois matins glacials que, dans une rue déserte et bordée d'arbres des faubourgs du nord de la capitale, il surveillait à travers un pare-brise embué la façade d'un grand immeuble en béton, se demandant s'il allait attraper des engelures.

Les services de surveillance danois avaient établi qu'Oleg Gordievsky jouait tous les matins au badminton dans un club de banlieue avec une jeune Anna, une étudiante membre des Jeunesses communistes danoises. Résultat ? Bromhead planquait dans la petite Austin qui passait inaperçue plutôt que dans sa Ford aux plaques diplomatiques. L'emplacement où il était garé avait une vue directe sur la porte du club. Les fumées d'échappement risquant d'attirer l'attention, il avait coupé le moteur. Les deux matins précédents, « Oleg et la fille étaient sortis vers 7 h 30, s'étaient serré la main avant de regagner leur voiture respective. Anna était jeune, le cheveu court, avec une silhouette mince et musclée. Ce n'était pas une beauté. Ils n'avaient pas l'air d'être amants – mais comment en être sûr ? Ce n'était peut-être qu'une attitude de prudence en public ».

Au troisième jour, Bromhead en eut assez. « Mes doigts de pied étaient des glaçons. » Estimant que leur match était sur le point de se terminer, il pénétra dans le club par la porte principale qui n'était pas fermée à clé. La réception était déserte. Oleg et sa partenaire devaient être seuls dans les lieux. « Si je les prends *en flagrant délit*, couchés sur le sol du court, ça pourrait être embêtant », ricana-t-il.

Gordievsky se préparait à servir pour la seconde fois quand l'espion britannique entra dans son champ de vision. Il reconnut aussitôt Bromhead. Plus anglais que Sherlock Holmes avec son costume en tweed et son lourd manteau, il détonnait dans ce complexe sportif vide. Oleg le salua avec sa raquette et reprit sa partie.

« Il n'eut pas l'air surpris de me voir. Peut-être s'attendait-il à ma visite ? se demanda Bromhead. Un officier aussi expérimenté et aussi observateur a dû repérer ma voiture. Une deuxième fois, j'ai eu droit à un sourire amical. Puis il s'est totalement concentré sur son jeu. »

En fait, Gordievsky réfléchissait à mille à l'heure. Tout se mettait en place dans sa tête : la visite de Kaplan, le cocktail chez l'homme du MI6, la présence de cet aimable officier à toutes les réceptions pendant ces trois derniers mois. Le KGB avait fiché Bromhead comme un probable officier du renseignement, réputé pour « sa nature extravertie » et pour « assister, invité ou pas, à toutes les réceptions données par les ambassades ». Si l'Anglais s'était manifesté à cette heure matinale, cela ne signifiait qu'une chose : le MI6 cherchait à le recruter.

La partie de badminton s'acheva, Anna se dirigea vers les douches, une serviette autour du cou. Les deux officiers du renseignement se jaugèrent. Selon Bromhead, Oleg ne montra aucun signe de nervosité. Gordievsky nota, lui, que l'Anglais, en général si exubérant et sûr de lui, était pour une fois sérieux comme un pape. Ils conférèrent en mélangeant le russe, l'allemand, le danois. Bromhead y ajouta quelques mots incongrus en français.

— Voulez-vous me parler en tête à tête ? J'aimerais avoir une conversation privée avec vous, dans un lieu où nous ne serons pas entendus.

— J'en serais très heureux, répondit Oleg.

— Une telle conversation avec un membre de votre service m'intéresserait beaucoup. Vous êtes une des rares personnes à pouvoir me parler en toute sincérité.

Encore une ligne de franchie : Bromhead lui avait révélé qu'il savait qu'il appartenait au KGB.

— On pourrait déjeuner ? poursuivit l'Anglais.

— Bien sûr.

— Alors, choisissez un restaurant qui vous convienne.

Bromhead s'était attendu à ce que Gordievsky préfère une obscure taverne, dans un endroit discret. Au lieu de ça, le Russe lui proposa de le retrouver dans trois jours au restaurant de l'hôtel Østerport, situé directement en face de l'ambassade soviétique. Il n'aurait qu'une grande artère à traverser.

En s'éloignant au volant de la vieille voiture pourrie de sa femme, Bromhead était ravi. Et quelque peu mal à l'aise. Gordievsky s'était montré d'un calme olympien, pas le moins du monde affecté par sa démarche. Il avait sélectionné un restaurant si proche de son ambassade qu'il était possible qu'un micro caché relayât leur conversation de l'autre côté de l'avenue. De plus, c'était un restaurant très prisé par les fonctionnaires de l'ambassade : les repérer en train de déjeuner serait pour eux un jeu d'enfant. Pour la première fois, Bromhead eut l'impression d'être la cible, plutôt que le chasseur : « Le comportement d'Oleg, le choix du restaurant ont éveillé mes soupçons. J'étais peut-être battu à mon propre jeu. Ç'avait été trop facile. Un truc clochait. »

De retour à son ambassade, il se précipita pour envoyer un télégramme au quartier général du MI6 : « Doux Jésus, *il* essaye de *me* recruter ! »

Il se trompait. Gordievsky s'efforçait de se couvrir. Lui aussi, de retour à son ambassade, demanda conseil au *rezident*, Moguilevtchik : « Ce type de l'ambassade britannique m'a invité à déjeuner. Que dois-je faire ? Accepter ? » On posa la question à Moscou. La réponse de Dmitri Iakouchine, le redouté Cardinal Gris, revint en boomerang : « OUI ! Vous devez être agressif et ne pas avoir peur d'un officier du renseignement. Pourquoi ne pas le voir ? PRENEZ UNE ATTITUDE OFFENSIVE ! La Grande-Bretagne nous intéresse beaucoup. » Cette note était la police d'assurance de Gordievsky. Ayant obtenu le feu vert officiel de poursuivre, il pouvait établir des « contacts autorisés » avec le MI6 sans que le KGB soupçonne sa loyauté.

Utiliser un agent provocateur est une des plus anciennes astuces du renseignement. Il s'agit pour un camp d'amadouer un agent adverse, l'appâter, en faire un complice, gagner sa confiance avant de le menacer de le dénoncer pour l'obliger à coopérer.

Était-il la cible d'une telle manœuvre de la part du KGB ? se demanda Bromhead. Gordievsky était-il sincère dans sa volonté de le recruter ? Et lui, Bromhead, devait-il se montrer réceptif pour voir jusqu'où les Russes étaient prêts à aller ?

Pour Gordievsky, les risques étaient élevés. La visite de Kaplan, celle de Bromhead au complexe sportif pouvaient participer d'un plan compliqué afin qu'il abatte ses cartes et soit confondu. La bénédiction de Iakouchine ne le protégerait que dans une certaine mesure. S'il était la victime d'un agent provocateur du MI6, sa carrière serait terminée. Il serait rappelé à Moscou, victime de la logique du KGB : quand l'adversaire cherche à débaucher un agent soviétique, celui-ci ne peut être que suspect.

Après la guerre, James Jesus Angleton, le chef paranoïaque du contre-espionnage de la CIA, décrivit l'espionnage comme « le prisme des miroirs ». L'affaire Gordievsky se reflétait et se réfractait d'étranges manières. Malgré la Guerre froide, Bromhead continuait de faire semblant d'organiser une rencontre improvisée entre deux officiers du renseignement de deux bords opposés. Tout en se demandant si le KGB ne cherchait pas à le recruter. Gordievsky, lui, assurait ses supérieurs que c'était un coup d'épée dans l'eau de la part du Renseignement britannique, une rencontre accidentelle suivie d'un déjeuner. Tout en se demandant s'il était victime d'un coup monté du MI6.

Trois jours plus tard, Bromhead traversa le cimetière situé derrière les ambassades et la grande avenue Dag Hammarskjöld, pénétra dans l'hôtel Østerport, s'installa dans le restaurant le dos à la fenêtre pour surveiller l'entrée principale de la salle à manger. Si le PET ayant été informé du déjeuner, Bromhead avait insisté pour que les lieux ne soient pas placés sous surveillance. Il craignait que Gordievsky ne s'en aperçût et rebroussât chemin.

« J'ai examiné avec attention toutes les personnes présentes. Je cherchais à reconnaître des membres de l'ambassade soviétique dont les photos étaient tapissées sur nos murs. Ne voyant que d'innocents Danois ou d'inoffensifs touristes, je me suis calé dans mon fauteuil, espérant la venue d'Oleg. »

Il fit son apparition à l'heure précise.

Bromhead ne décela « aucun signe de nervosité, bien qu'il parût intrinsèquement tendu, prêt à agir. Il est venu vers moi sans hésiter. *Savait-il déjà quelle table j'avais réservée ?* Je me suis posé la question, turlupiné par la fièvre de l'espionnite. Oleg m'a adressé son sourire habituel et m'a rejoint. »

« Une atmosphère amicale a prévalu dès le début », remarqua Bromhead en faisant honneur à l'excellent buffet scandinave. La conversation porta sur la religion, la philosophie, la musique. Oleg nota que son compagnon de table avait révisé ses fiches : « Il a pris soin de me parler de sujets qui m'intéressaient. » Quand Bromhead s'étonna du grand nombre d'agents déployés à l'étranger par le KGB, Gordievsky se montra réservé. Tandis que le Russe s'exprimait surtout en danois, Bromhead répondait dans un méli-mélo de danois, allemand, russe, ce qui fit rire Gordievsky mais « sans y mettre la moindre malice. Il avait l'air totalement à l'aise, sans pourtant oublier que nous étions deux officiers du renseignement ».

Après le café et le schnaps, Bromhead posa la question critique :

— Serez-vous obligé de rédiger un rapport au sujet de notre rencontre ?

La réponse fut révélatrice :

— Sans doute, mais il sera neutre.

Enfin un début de connivence. Gordievsky venait de montrer le bout de son nez.

Malgré ça, Bromhead quitta le restaurant plus perplexe que jamais. Le Russe avait dit qu'il cacherait une partie de la vérité au KGB. Mais il s'était conduit comme quelqu'un qui se prenait pour le chasseur, pas pour la proie. Bromhead envoya une note au MI6 : « À mes yeux, tout a été trop facile. Je suis persuadé que, s'il s'est montré aussi civil, c'est dans l'espoir de me recruter. »

De son côté, Gordievsky fit un rapport à ses supérieurs. Il leur envoya un long document insipide où il concluait que le rendez-vous avait été « intéressant » mais soulignait « l'importance apparente de sa propre initiative ». Le Cardinal Gris fut enchanté.

Puis il se passa une chose extraordinaire : il ne se passa rien.

L'affaire Gordievsky fut gelée. Pendant huit mois, il n'y eut aucun contact. Aujourd'hui encore la raison demeure un mystère.

Geoffrey Guscott tenta un jour une explication : « Avec du recul on se dit : "Quelle horreur !" L'affaire fut mise aux oubliettes. Nous attendions des nouvelles des Danois, nous espérions que Bromhead allait revenir vers nous. Mais rien de rien. Il cessa de s'en occuper – il travaillait sur deux ou trois autres affaires et Gordievsky n'avait rien d'urgent. On pensait que c'était fichu. » Bromhead, trop méfiant, avait peut-être freiné plus fort qu'il ne le voulait. Toujours selon les dires de Guscott : « Si vous y allez trop fort, trop vite, ça risque de dérailler. Quand tout va bien, c'est qu'on n'a pas mis trop de pression. Dans ce cas précis, le MI6 n'a pas poussé du tout : c'était une bourde. »

Mais à long terme, la bourde se révéla bénéfique. Au fil des semaines, Gordievsky s'inquiéta que Bromhead ne reprît pas contact, puis il s'en désola, puis il passa au stade de la fureur avant de finalement se rassurer. Cette pause lui donna le temps de réfléchir. Si Bromhead avait été un agent provocateur, il serait intervenu bien plus vite. Il attendrait donc, donnerait au KGB le temps d'oublier son rendez-vous. Dans l'espionnage comme en amour, une certaine distance, un léger doute, une tiédeur apparente peuvent stimuler le désir. Pendant les huit mois de frustration qui suivirent le déjeuner à l'hôtel Østerport, l'enthousiasme de Gordievsky ne cessa de grandir.

Le 1er octobre 1974, le grand Anglais réapparut au gymnase dans la lumière de l'aube.

— Revoyons-nous ! proposa-t-il.

Bromhead s'était décidé à renouer le contact car, dans quelques mois, il serait muté en Irlande du Nord en tant que clandestin pour diriger des opérations contre l'IRA. « Le peu de temps que j'avais devant moi, je ne devais pas le gâcher », écrira-t-il avec une candeur qui montrait qu'il regrettait cette période d'inaction. Ils convinrent de se retrouver à l'hôtel SAS, géré par Scandinavian Airlines, un bâtiment flambant neuf que les officiers soviétiques ne fréquentaient pas.

Bromhead attendait dans un coin du bar quand Gordievsky fit son entrée. Astérix et Obélix les avaient précédés. Ils s'étaient assis à l'autre extrémité de la salle, vaguement cachés par un palmier en pot.

« Avec sa ponctualité habituelle, Oleg passa la porte à 13 heures pile. La table où j'étais installé était peu éclairée. Oleg me chercha des yeux. Pour éviter qu'il ne repère mes deux agents, j'ai bondi sur mes pieds. Il est venu directement à moi, le sourire aux lèvres. »

L'ambiance fut tout de suite différente. « J'étais prêt à prendre l'initiative, se souviendra Gordievsky. J'étais sur des charbons ardents. Il s'en est rendu compte et, visiblement, il était dans le même état. » Bromhead le devança car le MI6 l'avait autorisé à dépasser le stade du flirt : « Après avoir éclusé un verre, je suis allé droit au but. »

— Vous appartenez au KGB. Nous savons que vous travaillez pour la Ligne N de la Première Direction générale, le service le plus secret, celui qui gère les illégaux dans le monde entier.

Gordievsky ne cacha pas sa surprise.

— Êtes-vous prêt à nous parler de ce que vous connaissez ?

Gordievsky ne répondit pas.

Bromhead insista :

— Dites-moi qui est l'adjoint de la Ligne PR de votre section, la personne qui recueille les informations pour le renseignement politique et l'administration des agents.

S'ensuivit un moment de silence. Puis le Russe se fendit d'un grand sourire.

— C'est moi !

Ce fut au tour de Bromhead d'être impressionné.

« J'avais prévu de noyer le poisson en évoquant des sujets comme la paix mondiale, mais j'ai suivi mon intuition et j'ai renoncé à blablater. Mais tout était encore trop facile. Mon esprit suspicieux m'empêchait de le prendre au premier degré. Cependant, mon instinct me soufflait que c'était un type remarquablement gentil, à qui je pouvais faire confiance. D'un autre côté, ma formation et mon expérience des officiers du KGB me hurlaient de faire attention. »

Encore un grand pas de franchi, et tous deux en eurent conscience. Ils étaient presque devenus collègues, ils « commencèrent enfin à parler en termes clairs ».

Bromhead passa à « l'épreuve de vérité » :

— Vous seriez d'accord pour me retrouver en tête à tête dans une planque sécurisée ?

Le Russe opina du bonnet.

Puis il ajouta une précision qui fit passer le feu d'orange au vert :

— Personne n'est au courant de notre rendez-vous.

Après leur première rencontre, Oleg avait informé ses supérieurs et rédigé un rapport. Il ne fut pas sanctionné. Mais si le KGB découvrait qu'il avait revu Bromhead sans les en avertir, il était fichu.

En dévoilant à l'Anglais que ses supérieurs n'étaient au courant de rien, Gordievsky prêtait clairement allégeance au MI6 et mettait son sort entre ses mains. Il avait changé de camp. « Un saut déterminant, se souviendra Guscott. C'était comme si, dans une situation d'adultère, un mari avouait : ma femme ignore que je suis ici ! »

Pour Oleg, ce fut un immense soulagement accompagné d'une poussée d'adrénaline. Les deux hommes décidèrent de se revoir à trois semaines de là, à la périphérie de la ville. Le Russe s'en alla le premier. Bromhead, quelques minutes plus tard. Ce fut enfin au tour des deux cerbères en civil d'émerger de l'ombre du palmier en pot.

Les fiançailles étaient terminées. Désormais, le commandant Gordievsky œuvrait pour le MI6. SUNBEAM entrait en action.

Ce qui venait de se passer dans un coin de ce banal hôtel de Copenhague fut pour Oleg un moment d'intense libération, l'aboutissement d'une rébellion qui couvait depuis longtemps. La fin de tout ce qui le torturait depuis des mois, depuis des années : sa rancœur contre son père qui n'avait jamais admis ses crimes, l'acceptation forcée de la résistance passive de sa mère et des croyances religieuses cachées de sa grand-mère, son horreur du système qui l'avait vu grandir et sa vénération pour les libertés qu'il avait découvertes à l'Ouest ; sa furieuse indignation face aux répressions soviétiques en Hongrie, en Tchécoslovaquie et lors de la construction du mur de Berlin ; le sentiment de son propre destin dramatique et sa foi en une meilleure Russie culturelle et politique.

À partir de ce déjeuner, Oleg Gordievsky vivra deux existences parallèles et distinctes, toutes deux secrètes, toutes deux antagonistes. Au moment de s'engager, une énergie qui lui était propre l'avait envahi : la conviction inflexible et immuable qu'il avait mille fois raison, que ce devoir moral changerait sa vie pour toujours. Sa trahison était justifiée.

Le rapport de Bromhead atterrit dans la base secrète d'entraînement de Fort Monckton, une ancienne forteresse proche de Portsmouth, sur la côte sud de l'Angleterre. Il était 22 heures. Un petit groupe d'officiers supérieurs du MI6 s'était réuni pour décider de la marche à suivre.

« Nous nous sommes demandé à plusieurs reprises s'il s'agissait d'une provocation, raconta Geoffrey Guscott. Un éminent officier du KGB risquerait-il sa vie pour un rendez-vous avec un agent connu du MI6 ? D'autre part, le KGB oserait-il utiliser un de ses officiers comme agent provocateur ? Après un débat intense, il fut décidé d'aller de l'avant. SUNBEAM était peut-être trop beau pour être vrai. Mais l'occasion était trop belle pour la laisser filer. »

Trois semaines plus tard, Bromhead et Gordievsky se retrouvèrent dans un bar sombre et désert. Ils avaient veillé à ne pas être suivis. Leur conversation, qui s'établit sur un plan professionnel, s'avéra compliquée. Une langue commune leur faisait défaut. Les deux espions avaient conclu un accord. Pourtant, ils ne comprenaient pas totalement. Tant bien que mal, l'Anglais expliqua au Russe qu'il quitterait bientôt Copenhague et transférerait la responsabilité des prochaines rencontres à un officier supérieur du renseignement parlant couramment allemand. Ce qui faciliterait les échanges. Il sélectionnerait également une planque, ferait les présentations avant de tirer sa révérence.

La secrétaire de la cellule du MI6 à Copenhague occupait un appartement dans la banlieue résidentielle de Charlottenlund, un endroit facile d'accès. À l'heure voulue, elle s'éclipserait discrètement. Bromhead proposa à Gordievsky de le retrouver, trois semaines plus tard, à 19 heures, dans l'embrasure d'une boucherie située non loin de la planque : « Ce recoin sombre vous protégera des lumières de la rue. Il sera d'autre part difficile de poster des guetteurs dans le voisinage sans qu'ils soient facilement repérés. À cette heure-là, l'endroit sera désert et les Danois bien installés au chaud devant leur télévision. »

Gordievsky arriva comme toujours à l'heure pile. Bromhead, un instant plus tard. Après lui avoir serré la main en silence, l'Anglais lui dit :

— Suivez-moi, je vous montre le chemin.

La planque n'était qu'à 200 mètres de là. Mais les deux hommes, engoncés dans leurs manteaux, firent un grand détour pour déjouer une éventuelle filature. « La nuit était glaciale, il tombait quelques flocons de neige. » Plongé dans ses pensées, Gordievsky se taisait : « Je ne craignais pas d'être kidnappé, mais je savais que ça devenait sérieux. C'était le vrai début des opérations. Pour la première fois, je pénétrais en territoire ennemi. »

Bromhead déverrouilla la porte de l'appartement, fit entrer Oleg, leur versa deux grands whisky-soda.

— Vous disposez de combien de temps ?

— Une demi-heure environ.

— Je pensais que vous me feriez faux bond. Ne courez-vous pas un grand risque en venant ici ?

Gordievsky marqua un temps d'arrêt avant de rétorquer :

— C'est peut-être dangereux mais, à ce stade, ça ne devrait pas l'être.

Dans un jargon emprunté à différents idiomes, Bromhead se lança dans des explications détaillées. Il s'envolerait dès le lendemain matin pour Londres puis pour Belfast. Il reviendrait dans trois semaines, retrouverait Gordievsky dans l'embrasure de la boucherie, l'amènerait à l'appartement, lui présenterait son nouvel officier de liaison. Un groupe limité d'officiers du PET était au courant, mais ce serait le MI6 qui le traiterait exclusivement. Bromhead le rassura sur un point précis : pour assurer sa sécurité, seule une poignée de personnes du renseignement connaîtraient son existence, la plupart ignorant même son véritable nom. Dans le jargon de l'espionnage, on dit d'une personne au courant d'une opération secrète qu'elle est « endoctrinée ». Dans ce cas, il n'y aurait qu'un nombre très restreint d'« endoctrinés » et les mesures de sécurité les plus sévères seraient appliquées. Car le PET ou le MI6 pouvaient toujours compter en leur sein des espions soviétiques, prêts à avertir Moscou. Même la CIA, pourtant le service de renseignement du plus proche allié de la Grande-Bretagne, ne serait pas incluse dans le secret des dieux.

— Ces précautions draconiennes étant prises, ajouta Bromhead, nous pouvons bâtir notre relation sur des bases solides et commencer à coopérer sérieusement.

En faisant ses adieux à Oleg, Bromhead se rendit compte qu'il ne connaissait pas grand-chose de cet officier du Renseignement soviétique, cet homme souriant, convaincu, n'hésitant pas à risquer sa vie en pactisant avec le MI6. Il n'avait jamais été question d'argent. Ni de la sécurité d'Oleg ou de sa famille ni de sa volonté de passer à l'Ouest. Ils n'avaient discuté que de culture, de musique, jamais de politique, ni d'idéologie, ni de la vie sous le joug soviétique, ni de ses motivations. « Je ne lui ai jamais demandé ce qui le poussait à agir. Je n'en ai pas eu le temps. »

Ces questions lui trottaient encore dans la tête quand le lendemain il se présenta au quartier général du MI6 à Londres. Le contrôleur du Sovbloc le tranquillisa : « C'est un expert. Il connaît par cœur les arcanes du KGB et se montre prudent dans des limites acceptables. Sa situation unique doit être exploitée à fond. C'est la première fois qu'un officier du KGB répond positivement à un contact "à froid" de notre part. Les Soviétiques sont bien trop paranos pour utiliser un agent provocateur qui aurait accès à d'importants secrets. Ils n'ont jamais sacrifié un officier actif du KGB… Ils n'ont pas suffisamment confiance en ceux de leurs membres qui risqueraient d'être séduits par un officier traitant [occidental]. »

L'optimisme régnait parmi les grands manitous du MI6. SUNBEAM pourrait se révéler une percée remarquable. Gordievsky leur semblait sincère. Bromhead avait des doutes. Le Russe n'avait pas encore produit la moindre bribe d'information exploitable, sans parler d'un soupçon d'explication sur sa conduite.

Transférer un agent d'un officier traitant à un autre est un processus complexe et parfois stressant, surtout quand l'espion a été recruté de fraîche date. En janvier 1975, trois semaines après avoir quitté Copenhague, Bromhead fut infiltré aussi discrètement que possible au Danemark. Il prit un vol pour Stockholm où l'accueillit Winter Clausen, l'officier du PET. Coincé à l'avant d'une Volkswagen par le fort gabarit d'un Obélix souriant, il traversa la frontière du Danemark et s'inscrivit à la réception d'un hôtel impersonnel et banlieusard du centre commercial Lyngby de Copenhague.

Philip Hawkins, le nouvel officier de liaison, arriva de Londres muni d'un faux passeport. Bromhead avait prévenu Gordievsky : « Vous l'aimerez bien, vous verrez. » Il n'en était pas certain : « Moi, je ne le supportais pas. À mes yeux c'était un merdeux prétentieux. » Ce jugement était aussi faux qu'injuste. Avocat de formation, Hawkins était strict et précis, l'opposé de Bromhead.

Après avoir retrouvé Gordievsky devant la boucherie, Bromhead l'escorta jusqu'à l'appartement sécurisé où Hawkins les attendait. Oleg prit la mesure de son nouvel officier traitant : « Un homme grand au physique puissant. Je me suis immédiatement senti mal à l'aise avec lui. » Hawkins s'exprimait dans un allemand rigide, protocolaire. « Il me dévisagea d'un air hostile, presque menaçant. »

Bromhead serra gravement les mains d'Oleg, le remercia pour ce qu'il faisait, lui souhaita bonne chance. En s'éloignant en voiture, il éprouvait des sentiments contradictoires : des regrets car il admirait et avait de l'affection pour le Russe, de l'angoisse à l'idée d'une manœuvre soviétique à long terme, un immense soulagement car il se sortait d'une affaire difficile.

« J'étais vraiment heureux d'en avoir terminé. Je ne pouvais m'empêcher de penser que j'avais creusé un abîme sans fond dans lequel mon département était déterminé à plonger la tête la première. »

4.

Encre verte et microfilms

Pourquoi devient-on espion ? Pourquoi troquer la sécurité d'une famille, ses amis, un emploi stable pour les dangers cachés d'un monde de secrets ? Pourquoi, plus précisément, s'engager auprès d'un service de renseignement et le trahir plus tard en faveur d'une agence ennemie ?

Une seule affaire proche de celle de Gordievsky vient à l'esprit. Kim Philby, un Anglais diplômé de Cambridge qui emprunta le même parcours mais en sens inverse, puisqu'il était officier du MI6 travaillant en secret pour le KGB. Tout comme Philby, Gordievsky changea profondément d'idéologie : le premier se convertit au communisme, le second s'en dégoûta. Mais la conversion de Philby eut lieu avant qu'il soit engagé par le MI6 en 1940, alors qu'il avait déjà la ferme intention d'œuvrer pour le KGB et contre le capitalisme occidental. Gordievsky, lui, en entrant au Renseignement soviétique, était un loyal citoyen qui n'imaginait pas de trahir.

Il n'existe pas de portrait-robot d'espions. L'idéologie, la politique, la fibre patriotique en motivent certains. La cupidité en fait agir d'autres, attirés par des gratifications substantielles. Pour d'autres encore, le moteur s'appelle sexe, chantage, orgueil, esprit de revanche ou de camaraderie, déceptions, complexe de supériorité, complicité que le secret confère. Certains ont des principes et sont courageux. D'autres sont des rapaces et des lâches.

Pavel Soudoplatov, un des maîtres-espions de Staline, donnait ce conseil à ses officiers qui voulaient recruter des agents de l'Ouest : « Cherchez des gens que le destin ou la nature a blessés – ceux qui sont laids, qui souffrent d'un complexe d'infériorité, qui rêvent de pouvoir et d'influence mais que des circonstances défavorables ont brimés… En coopérant avec nous, ils trouvent une forme de compensation. Appartenir à une puissante organisation leur permettra de regarder d'en haut les beaux et les riches. » Pendant plusieurs années, le KGB utilisa l'acronyme MICE (AICE : Argent, Idéologie, Coercition, Ego) pour désigner les quatre mobiles d'un espion.

Un certain romantisme, l'occasion de vivre une seconde existence cachée entrent aussi en jeu. Deviennent également espions des individus portés à l'intrigue et à la fabulation. Comme Malcolm Muggeridge, ancien officier du MI6 et journaliste, le remarqua : « Les agents du renseignement sont, selon mon expérience, encore plus menteurs que les journalistes. » L'espionnage attire plus que sa part de mutilés, de solitaires, de rigolos. Ils ont tous en commun une soif cachée de domination, un besoin impitoyable d'exercer un pouvoir secret. Ils partagent souvent un snobisme intellectuel, le plaisir de savoir des choses qu'ignore la personne debout à côté d'eux à l'arrêt du bus. L'imagination occupe aussi beaucoup l'esprit de l'espion.

La décision d'espionner son propre pays en faveur d'un pays ennemi résulte du choc entre un monde extérieur, souvent conçu d'une façon rationnelle, et d'un monde intérieur dont l'espion peut être inconscient. Des exemples ? Philby jurait qu'il était uniquement guidé par la pure idéologie, alors qu'il n'était qu'un brave petit soldat de la cause communiste. Il refusait d'admettre qu'il était motivé par un narcissisme démesuré, un sentiment d'infériorité, l'influence de son père et le besoin obsessionnel de duper son entourage. Eddie Chapman, gangster et agent double opérant pendant la Seconde Guerre mondiale sous le nom de code justifié ZIGZAG, se considérait comme un héros patriotique (ce qu'il était) mais oubliait l'aspect cupide, opportuniste et versatile de sa personnalité. Oleg Penkovsky, l'espion russe qui fournit à l'Ouest des informations cruciales pendant la crise des missiles de Cuba, espérait éviter une guerre nucléaire. En échange, il voulait qu'on lui amenât à son hôtel londonien des prostituées, du chocolat. Rencontrer la reine faisait partie de ses exigences.

Le monde extérieur qui poussa Oleg Gordievsky dans les bras du MI6 fut politique et idéologique. Profondément influencé et démoralisé par la construction du mur de Berlin et l'écrasement du Printemps de Prague, imprégné de littérature occidentale et de l'histoire authentique de la Russie, il avait suffisamment expérimenté la démocratie des pays libres pour savoir que le nirvana socialiste dépeint par la propagande communiste n'était qu'un tissu de monstrueux mensonges. Il avait été élevé dans un monde d'obéissance aveugle à un dogme. Mais après avoir rejeté cette idéologie, il se vit forcé de l'attaquer avec toute la force d'un converti opposé à jamais au communisme de son père, de son frère, de ses contemporains. Créature née de ce système, il comprit la cruauté impitoyable du KGB qu'il connaissait de première main. À la vulgarité culturelle s'ajouta la répression politique : avec la fureur passionnée d'un aficionado, il détesta l'ersatz de musiquette soviétique et l'impossibilité d'entendre les noëls venus de l'Ouest. Il voulait pour lui une bande-son différente, de meilleure qualité.

Le monde intérieur d'Oleg est plus difficile à cerner. C'était un romantique épris d'aventures. Et certainement en rébellion contre l'asservissement de son père, ce béni-oui-oui du KGB rongé par la culpabilité. Plusieurs autres influences inconscientes le menèrent sans doute à se révolter : une grand-mère croyante en secret, une mère non conformiste qui ne faisait pas de vagues, un frère mort au service du KGB à 39 ans. Il avait peu de respect pour ses collègues, des larbins ignares, des fainéants qui avançaient dans la carrière à force d'intrigues politiques et de flatteries. Il était plus intelligent qu'eux et le savait. À cette époque, sa vie conjugale battait de l'aile ; il avait du mal à se lier d'amitié. Il était en quête de revanche, d'épanouissement mais aussi d'amour.

Tous les espions veulent se sentir aimés. Un des plus puissants moteurs de l'espionnage et du renseignement (un de leurs mythes fondamentaux) est le lien émotionnel qui se tisse entre espion et chef des services secrets, entre agent et officier traitant. Être désirés, chouchoutés, récompensés, faire partie d'une communauté secrète, savoir qu'ils inspirent confiance, voilà l'important. Eddie Chapman avait établi une relation étroite avec ses officiers de liaison, anglais ou allemands. Philby fut recruté par Arnold Deutsch, un découvreur de talents au célèbre charisme, qu'il décrivit comme « un homme merveilleux… Il vous regardait comme si vous étiez l'être le plus important dans sa vie et, à ce moment, seul comptait pour lui le fait de vous parler ».

L'aptitude à exploiter et manipuler cette frénésie d'affection et de reconnaissance fait partie des principaux talents d'un officier traitant. Tout bon espion ressent que son lien avec son traitant est plus profond qu'un mariage de convenance, de profit ou de pure politique. C'est une communion authentique et durable dans un océan de mensonges et de supercheries.

Pour Philip Hawkins, Gordievsky se sentit des atomes crochus, voire de l'affection, mais pas de l'amour.

Le bouillant et excentrique Richard Bromhead avait séduit Oleg avec son air « terriblement anglais ». Il avait ce brio que Lioubimov lui avait décrit avec tant d'enthousiasme. Hawkins était écossais et nettement plus froid. Droit, sec, rigide et distant. Selon un de ses collègues, « il pensait que son devoir était de ne pas sourire, de ne pas être aimable, d'afficher l'attitude tranchante d'un procureur ».

Pendant la guerre, il eut pour responsabilité d'interroger des prisonniers allemands. Ensuite, il suivit des dossiers de Tchèques et de Soviétiques, y compris d'un certain nombre de transfuges. La plus importante de ses affaires fut de traiter un espion du KGB. En 1967, une Anglaise vivant à Vienne contacta l'ambassade britannique pour l'aviser qu'elle avait pris un nouveau pensionnaire, un jeune diplomate russe sensible aux idées occidentales et détracteur de l'idéologie communiste. Elle lui apprenait à skier. Sans doute couchait-elle avec lui. Le MI6 lui attribua le nom de code PENETRABLE. En effectuant quelques recherches, il découvrit que le Renseignement allemand, le BND, avait déjà contacté ce stagiaire du KGB et obtenu une réponse favorable. Il fut convenu que PENETRABLE serait traité conjointement par les services britannique et allemand. Du côté anglais, ce fut à Philip Hawkins de s'en charger.

« Philip connaissait par cœur le KGB, confia un de ses collègues. Il était payé pour être sceptique. Il était de son devoir de découvrir si Oleg mentait, ce qu'il était prêt à divulguer, ce qu'il souhaitait en retour. À l'évidence, il était la personne de choix pour s'occuper de Gordievsky : il parlait allemand et il était disponible. »

Il était également nerveux et dissimulait son anxiété sous un extérieur agressif. Hawkins fit asseoir Gordievsky et se lança dans un contre-interrogatoire digne d'une instruction judiciaire :

— Qui est votre *rezident* ? Combien d'officiers du KGB compte votre antenne ?

Gordievsky s'était attendu à être accueilli à bras ouverts, félicité de son choix capital. Au lieu de ça, il était harcelé et interrogé comme un prisonnier ennemi et non avec le respect dû à une nouvelle recrue prête à collaborer :

« L'inquisition se poursuivit assez longtemps, ce que je n'ai pas apprécié. »

Une pensée lui traversa alors l'esprit : « Je ne peux pas croire qu'il représente vraiment l'esprit du Renseignement britannique. »

Il profita d'une pause pour mettre les points sur les « i » : il ne collaborerait qu'à trois conditions.

— Premièrement, je refuse que mes collègues de l'antenne pâtissent de mes agissements. Deuxièmement, je ne veux pas être photographié ou enregistré en secret. Troisièmement, je ne désire pas d'argent. Je veux travailler pour l'Ouest par conviction idéologique et non par appât du gain.

Ce fut au tour de Hawkins de s'offusquer. Dans son tribunal personnel, ce n'était pas aux témoins en cours de contre-interrogatoire de fixer les règles. Il trouva sa deuxième condition inconsistante. Si le MI6 décidait de l'enregistrer, il ne le saurait pas car, par définition, ce serait en secret. Plus préoccupant était son refus de principe d'accepter une compensation financière. Dans le monde du renseignement, il est un axiome primordial : on doit encourager les informateurs à recevoir des cadeaux ou de l'argent – dans des proportions qui ne les pousseraient pas à en vouloir toujours plus ou qui les inciteraient à de folles dépenses, au risque d'être repérés. Les paiements en espèces remplissent plusieurs rôles : donner à l'agent le sentiment d'être une personne de valeur, établir le principe d'un échange, servir éventuellement de moyen de pression.

Et pourquoi Gordievsky voulait-il protéger ses collègues ? Était-il toujours loyal au KGB ? En fait, il voulait d'abord se protéger. Si un jour le Danemark expulsait des officiers du KGB, le Centre pourrait rechercher un traître parmi les siens et le soupçonner.

Hawkins répliqua :

— Nous connaissons désormais la position que vous occupez dans votre antenne. Nous et nos alliés y réfléchirons à deux ou à trois fois avant de décider d'expulser qui que ce soit.

Mais le Russe demeura inflexible : il n'était pas question pour lui d'identifier les officiers du KGB, ses agents ou ses illégaux. Le MI6 devait les laisser tranquilles.

— Ils ne sont pas importants. On les appelle des agents mais ils ne font aucun mal. Je ne veux pas leur attirer d'ennuis.

À son corps défendant, Hawkins accepta de transmettre ces conditions au sommet et exposa son *modus operandi*. Il atterrirait à Copenhague une fois par mois, resterait dans la capitale un long week-end. Ils se rencontreraient deux fois pour des réunions de deux heures. Elles se dérouleraient chaque fois dans une planque différente (fournie par les Danois, mais il le cacha à Gordievsky) de Ballerup, une banlieue nord. C'était un quartier paisible, au bout d'une ligne de métro, à l'opposé de l'ambassade soviétique. Il pourrait venir en métro ou en voiture et se garer dans les parages. Il y aurait peu de risque d'être repéré par ses collègues. De toute façon, si les Soviétiques patrouillaient le quartier, il serait sûrement au courant. Plus délicate était la surveillance danoise. Gordievsky, connu pour être un officier du KGB, avait été pisté dans le passé par le PET. Si les Danois découvraient qu'il se rendait à un rendez-vous secret en banlieue, ce serait le branle-bas de combat. Seule une demi-douzaine de gens du PET savaient que le MI6 traitait un agent soviétique et uniquement deux d'entre eux connaissaient son nom. Jørn Bruun était un de ces privilégiés. Chef du contre-espionnage du PET et vieil allié de Bromhead, il s'assurerait que ses hommes ne le filent pas le jour où il rencontrait son agent de liaison. Avant de se séparer, Hawkins lui remit un numéro de téléphone d'urgence, de l'encre secrète et une adresse londonienne où, entre deux réunions, il pourrait envoyer des messages urgents.

Les deux hommes se quittèrent mécontents. Ils n'étaient pas tombés dans les bras l'un de l'autre.

Cependant, malgré le côté bourru et peu amène de l'Écossais, ce premier rendez-vous eut des suites positives. Tout comme Gordievsky, Hawkins était un vrai pro. Le Russe se trouvait entre les mains d'un homme qui prenait son boulot et la sécurité du Russe très au sérieux. Pour citer une phrase favorite de Bromhead, « Philip n'était pas un glandeur ».

Ainsi débuta une série de réunions mensuelles dans un deux pièces, au troisième étage d'un immeuble anonyme de Ballerup. L'ameublement danois était d'une grande simplicité. La cuisine bien aménagée. Les services de renseignement anglais et danois partageaient le loyer. Quelques jours avant leur première rencontre, deux techniciens du PET, déguisés en employés de la compagnie d'électricité locale, installèrent des micros dans les lampes du plafond et dans les prises de courant, firent courir des fils sous les plinthes jusqu'à la chambre, installèrent un magnétophone derrière un panneau au-dessus de la tête de lit. En violation de la deuxième condition de Gordievsky.

Les premiers tête-à-tête furent tendus, puis quand l'atmosphère se relâcha, ils devinrent exceptionnellement fructueux. Ce qui commença dans une ambiance de méfiance évolua lentement en une relation d'une grande efficacité. Pas de sympathie entre les deux hommes mais un respect mutuel. Au lieu d'affection,

Oleg se contenta de l'approbation professionnelle de Hawkins.

La meilleure façon de découvrir si votre interlocuteur vous ment est de lui poser une question dont vous connaissez la réponse. Hawkins l'attaqua sur le KGB. Gordievsky décrivit avec une incroyable précision directions, sections, services, sous-départements et la bureaucratie tentaculaire du Centre de Moscou. Hawkins en savait déjà pas mal. Mais certainement pas tous ces noms, fonctions, techniques, méthodes de formation, rivalités et disputes internes, promotions et déclassements. Gordievsky lui fournit tellement de détails qu'il ne pouvait être autre chose que sincère. Aucun agent provocateur n'aurait osé en livrer autant. En revanche, pas une seule fois il ne posa de questions sur l'organisation du MI6 et n'eut la conduite d'un agent double cherchant à infiltrer un service ennemi.

Bientôt, les chefs du MI6 furent convaincus qu'ils pouvaient faire confiance à Gordievsky. « SUNBEAM, c'est du solide, conclut Guscott. Il ne triche pas. »

La confiance redoubla quand il commença à décrire dans les moindres détails les activités de la Direction S à laquelle il avait appartenu pendant une dizaine d'années avant d'être muté au service politique. Il ne leur cacha rien : la façon dont Moscou plantait ses espions dans le monde entier en les faisant passer pour des citoyens ordinaires, les opérations hautement sophistiquées pour créer des couvertures : contrefaçon de pièces d'identité, manipulation des registres d'état civil. Il leur indiqua comment étaient enterrées les taupes. Et surtout, il leur dévoila la méthodologie complexe mise au point pour contacter, contrôler, financer une armée d'illégaux.

Avant chaque rendez-vous, Hawkins insérait une nouvelle cassette dans le magnétophone caché derrière la tête du lit et le mettait en marche. Pendant ses tête-à-tête, il prenait des notes puis il traduisait par écrit d'allemand en anglais la conversation enregistrée. Il lui fallait trois ou quatre heures de travail par heure de conversation. Le rapport et la cassette étaient ensuite transmis à Londres par la valise diplomatique grâce aux bons soins d'un officier junior du MI6 de l'ambassade. Au quartier général londonien du MI6, on attendait les rapports avec fébrilité. Et pour cause : le Renseignement britannique n'avait jamais disposé d'un espion aussi bien placé à l'intérieur du KGB. Ni de renseignements d'une telle qualité. Officier hautement qualifié, Gordievsky savait pertinemment ce que le MI6 recherchait. À l'École 101, il avait appris les techniques de mémorisation de grandes quantités de documents. Et il disposait d'une mémoire prodigieuse.

Les réunions se déroulaient toujours de la même façon. Gordievsky et Hawkins s'asseyaient de chaque côté d'une table basse. Le Russe buvait du thé très fort, parfois une bière. Le Britannique, rien. Pas d'échange de banalités. Gordievsky avait du mal à encaisser cet Écossais collet monté « avec ses airs de pasteur presbytérien » mais il le respectait. « Il n'était pas d'une approche facile, pas le genre de type avec lequel on a envie de blaguer. Mais il était très consciencieux, toujours à prendre des notes, à réfléchir, à poser de bonnes questions. »

Il arrivait à chaque réunion avec une liste de demandes (à la façon d'une liste de shopping) que le Russe apprenait par cœur et auxquelles il s'efforçait d'apporter les réponses le mois suivant. Un jour, Hawkins le pria de relire un de ses rapports, une description exhaustive en allemand d'un système de traitement des illégaux. Le Russe fut impressionné : Hawkins maîtrisait parfaitement la sténo. Il n'avait rien omis. Plus tard, Gordievsky comprit d'où venait une telle perfection : l'appartement était sur écoute ! Au lieu d'en faire une histoire, il laissa filer. À sa place, songea-t-il, j'aurais agi de la même manière.

« Je me sentais beaucoup mieux. Ma nouvelle fonction donnait un but à mon existence. » Une fonction qu'il jugeait primordiale. Elle consistait à saper le système soviétique dans un combat manichéen entre le bien et le mal qui finirait par apporter la démocratie à la Russie et permettre à la population de vivre librement, de lire ce qu'elle voulait, d'écouter du Bach. Dans sa routine quotidienne pour le KGB, il continuait à prendre des contacts avec des Danois, à préparer des articles pour des journalistes prosoviétiques, à fournir des informations éparses et confidentielles à la *rezidentura* de Copenhague. Plus il donnait l'impression de se remuer, plus il avait de chances d'être promu et d'accéder à des dossiers plus importants. Sa situation était des plus curieuses : afficher son efficacité vis-à-vis du KGB sans nuire aux intérêts danois ; d'une main, monter des opérations d'espionnage et, de l'autre, les faire avorter en prévenant Hawkins en temps voulu ; être aux aguets pour collecter des renseignements utiles ou des potins sans avoir l'air de trop fouiner.

Elena ne se doutait pas une seconde des activités de son mari. « Un espion doit tromper les êtres les plus chers et les plus proches. » Mais Elena ne faisait plus partie de ces catégories. En réalité, Oleg était persuadé que, si elle découvrait la vérité, elle réagirait en fidèle officier du KGB : elle le dénoncerait. Et il savait parfaitement comment le KGB se comportait avec les traîtres. En faisant fi des lois danoises ou internationales, les sbires des Actions spéciales le kidnapperaient, l'embarqueraient sur une civière après l'avoir drogué, le visage entouré de bandages pour dissimuler son identité, et le fourreraient dans un avion – destination Moscou. Là-bas, il serait torturé et tué. Les Russes usaient d'un euphémisme pour définir une mort rapide : *vyshaïa mera* – « la mesure suprême ». On emmenait le traître dans une pièce, on le forçait à s'agenouiller, on lui tirait une balle dans la nuque. Parfois le KGB faisait preuve de plus d'imagination. On racontait que Penkovsky avait été incinéré vivant sous l'œil d'une caméra. Une façon efficace de prévenir d'éventuels transfuges.

Malgré la pression de sa double vie et les dangers qu'elle comportait, Gordievsky était heureux de mener son combat solitaire contre la tyrannie soviétique. Puis il rencontra le grand amour.

Leïla Aliieva travaillait comme dactylo pour l'Organisation mondiale de la santé à Copenhague. Fille d'une mère russe et d'un père originaire d'Azerbaïdjan, elle était grande, d'une beauté saisissante, avec d'épais cheveux noirs, des yeux noisette foncé bordés de longs cils. Elle adorait chanter. Comme Oleg, Leïla était née dans le sérail : son père Ali avait obtenu le grade de major général du KGB d'Azerbaïdjan avant de prendre sa retraite à Moscou. Née dans une famille musulmane, elle fut une enfant choyée, une adolescente sérieuse dont les rares petits amis étaient sélectionnés par ses parents. D'abord dactylo chez un designer, elle fut engagée en tant que journaliste dans la revue de la Ligue de la jeunesse communiste. Elle postula ensuite un emploi à l'OMS, par l'intermédiaire du ministère de la Santé. Comme tout citoyen soviétique désirant travailler dans une organisation étrangère, on pesa et soupesa sa foi dans le communisme. Sans doute rassurées, les autorités lui permirent de se rendre à Copenhague. Elle avait 28 ans, onze ans de moins qu'Oleg. Peu de temps après son arrivée au Danemark, elle fut invitée à une réception par la femme de l'ambassadeur qui lui demanda ce qu'elle faisait à Moscou.

— J'étais journaliste. J'aimerais écrire quelque chose sur le Danemark.

— Alors vous devez rencontrer l'attaché de presse de l'ambassade, M. Gordievsky.

C'est ainsi qu'Oleg et Leïla commencèrent à travailler ensemble sur un article pour la revue de la Jeunesse communiste. Le sujet : les bas quartiers de Copenhague. Il ne fut jamais publié. Mais, très vite, leur collaboration fructifia. « Leïla était agréable, intéressante, originale, spirituelle, avide d'être appréciée. Ce fut le coup de foudre. Notre amour s'est enflammé en un instant. » Loin du strict contrôle familial, Leïla se jeta de toutes ses forces dans cette aventure : « À première vue, il semblait insignifiant. Dans la rue, il serait passé inaperçu. Mais en commençant à bavarder avec lui, j'ai eu le souffle coupé. Il savait tellement de choses. Il était passionnant et débordait d'humour. Et je suis tombée amoureuse de lui. »

Après le mépris acide d'Elena, la charmante personnalité et la simple douceur de Leïla étaient faites pour régénérer Oleg. Alors qu'il avait pris l'habitude de soupeser ses rapports humains, de mesurer ses actes et ses paroles et ceux des autres, il fut subjugué par le naturel, la franchise, la spontanéité de cette nouvelle conquête. Pour la première fois de sa vie, il se sentit aimé. Gordievsky fit découvrir à Leïla un nouveau monde littéraire rempli d'idées et de faits bannis en Russie. Il l'incita à lire *L'Archipel du goulag* et *Le Premier Cercle* de Soljenitsyne où rien n'était caché de la brutalité du stalinisme. « Il m'a donné des livres de sa bibliothèque. Cette cascade de vérités m'a transpercé le cœur. Il a fait mon éducation. » Sans en avoir été avertie, elle comprit très vite qu'Oleg était un officier du KGB. Mais il ne lui traversa jamais l'esprit que l'intérêt qu'il portait à ces livres dissimulait une profonde rébellion. Au cours de leurs rendez-vous galants, ils dressaient des plans extravagants. Ils imaginaient avoir des enfants. Ils savaient pourtant que le KGB voyait l'adultère d'un mauvais œil et avait le divorce en horreur. « Nos rencontres étaient clandestines. Une photo qui prouverait une relation extraconjugale serait utilisée contre Oleg. Des sanctions sévères s'ensuivraient. Et il serait expulsé dans les vingt-quatre heures. » Il leur faudrait donc être patients. Rien de nouveau pour Oleg : il était habitué aux périodes de séduction longues et secrètes.

Son emploi du temps était chargé. Sa profession d'agent, son métier de traître lui donnaient beaucoup de travail. Il jouait régulièrement au badminton. Elena étant souvent à leur domicile et Leïla partageant un appartement avec deux colocataires, il devait retrouver cette dernière dans des lieux confidentiels. C'était palpitant ! Mais tromper doublement son épouse légitime, sur le plan professionnel et personnel, avait un prix : il vivait dans l'angoisse. Si son infidélité, si sa trahison étaient découvertes, c'était le désastre assuré. Il prenait toutes les précautions possibles pour couvrir ses traces. Une ou deux fois par semaine, il envoyait un message codé à Leïla pour la retrouver dans un hôtel de Copenhague, différent chaque fois. Toutes les quatre semaines, il s'acheminait vers un appartement ordinaire de la morne banlieue danoise pour trahir son pays. Au cours d'une année, il mit au point un système de dissimulation afin d'échapper à la surveillance soviétique et aux soupçons d'Elena. Ses relations avec Leïla et avec le MI6 se renforcèrent. Il se crut en sécurité. Il ne l'était pas.

Un soir d'hiver, un jeune officier danois du renseignement rentrait chez lui à Ballerup quand il remarqua les plaques diplomatiques d'une voiture garée dans une petite rue, loin du quartier des ambassades. Cela éveilla sa curiosité. Plein de zèle, il voulut en savoir plus. En s'approchant, il découvrit que la voiture appartenait à l'ambassade soviétique. Que fabriquait un diplomate soviétique dans une banlieue à 19 heures en fin de semaine ?

Il était tombé une neige poudreuse. Des empreintes de pas récentes partaient de la voiture. L'officier du PET les suivit sur près de 200 mètres, jusqu'à un immeuble d'habitation. À ce moment, un couple en sortit et lui tint la porte ouverte. Des traces humides le guidèrent jusqu'à l'escalier puis au deuxième étage. De l'intérieur de l'appartement lui parvinrent des voix basses, en langue étrangère. Il nota l'adresse et le numéro de la plaque d'immatriculation.

Le lendemain matin, un rapport atterrissait sur le bureau de Jørn Bruun, le chef du contre-espionnage danois : un diplomate russe, soupçonné d'appartenir au KGB, avait été localisé dans un appartement de Ballerup. Il parlait dans une langue étrangère, sans doute en allemand, avec une ou plusieurs personnes non identifiées. Le rapport concluait : « Voilà qui est suspect. Il faudrait intervenir. »

Mais avant que la machine de la surveillance danoise ne se mette en route, Jørn Bruun coupa le moteur. On expurgea le rapport du dossier. Le jeune officier trop consciencieux fut félicité pour sa perspicacité et son zèle fut stoppé sous le vague prétexte qu'il était inutile d'aller plus loin. Ce n'était pas la première fois qu'un service de sécurité trop consciencieux avait failli mettre en péril une affaire.

Être passé si près de la catastrophe ébranla Gordievsky : « Ce pépin nous a tous secoués et les séquelles ont perduré. » À partir de là, il prit le métro pour se rendre à Ballerup.

Son refus de livrer des noms lui fut peu à peu pardonné. Non pas qu'il y eût une telle quantité de noms. Le réseau des agents et informateurs soviétiques au Danemark était pitoyable, révéla-t-il. Il y avait Gert Petersen, l'homme politique au gosier en pente, un policier obèse du service de l'immigration qui, à l'occasion, transmettait des miettes d'information, plusieurs illégaux implantés sur tout le territoire en attente d'une Troisième Guerre mondiale. Les officiers du KGB en poste à Copenhague, précisa Oleg, étaient plus occupés à inventer des contacts pour justifier leurs notes de frais qu'à en créer. Ces renseignements apaisants furent communiqués au PET. Les Danois prirent donc soin de ne pas éliminer les rares espions désignés par Gordievsky, ce qui aurait révélé la présence d'un informateur à l'intérieur du KGB. Le PET préféra avoir à l'œil les contacts du KGB et voir venir.

Si le KGB ne comptait que peu d'espions dignes de ce nom au Danemark, cela n'était pas vrai pour les autres pays scandinaves.

Gunvor Galtung Haavik était employée au ministère des Affaires étrangères de Norvège. Petite, gentille, plutôt timide, proche de la retraite, on ne la remarquait pas. Avant d'occuper un poste de secrétaire et d'interprète, elle avait été infirmière. C'était aussi une espionne chevronnée qui fut grassement payée au cours de ses trente années au service du KGB. En grand secret, elle avait été décorée de l'Ordre soviétique de l'Amitié « pour avoir renforcé la compréhension internationale ». Ce qui était relativement exact : elle avait fourni au KGB des milliers de documents confidentiels.

Son histoire était typique des manipulations du KGB. À la fin de la guerre, alors que la Norvège était encore occupée par les nazis, elle était infirmière à l'hôpital de Bodø. C'est là qu'elle tomba amoureuse de Vladimir Kozlov, un prisonnier de guerre russe. Il négligea de lui avouer qu'il était déjà marié et qu'il avait une famille à Moscou. Elle l'aida à s'évader de Suède. Après la guerre, parlant couramment russe, elle fut engagée par le ministère des Affaires étrangères norvégien et envoyée à Moscou comme secrétaire de l'ambassadeur de Norvège. Là, son histoire de cœur reprit de plus belle. Le KGB en eut vent et leur fournit un nid d'amour. Puis il les menaça de divulguer leur relation adultère aux Norvégiens et d'exiler Kozlov en Sibérie. À moins que ? À moins que Haavik ne consente à espionner pour l'URSS. Pendant huit ans, elle transmit des tonnes de documents ultra-secrets, puis continua quand elle fut nommée au ministère des Affaires étrangères à Oslo. La Norvège, flanc nord de l'OTAN, partageait dans l'Arctique une frontière de 200 kilomètres avec l'URSS que le KGB considérait être « la clé du Nord ». Un territoire où la Guerre froide se déroulait avec une extrême férocité. Haavik, de son nom de code GRETA, rencontra huit différents officiers traitants en pas moins de 270 occasions. Elle continua à recevoir de Moscou des paiements en espèces et des messages de Kozlov (en fait, des faux produits par le KGB). Crédule, vieille fille au cœur brisé, forcée de collaborer avec le KGB, elle ne fut jamais communiste.

Arne Treholt était le contraire de Haavik : tape-à-l'œil jusqu'au bout des ongles. Fils d'un ministre norvégien très populaire, ce beau garçon flamboyant, célèbre journaliste et membre du Parti socialiste, défendait avec ferveur les idées de gauche. Il volait de succès en succès. En épousant Kari Storækre, une star de la télévision norvégienne, sa célébrité s'accrut. Le *New York Times* le décrivit comme « un des golden boys de la vie publique norvégienne ». Un futur Premier ministre, imaginaient même certains.

En 1967, sa vive opposition à la guerre du Vietnam attira l'attention du KGB. Evgueni Beliaïev, un officier du renseignement, soi-disant fonctionnaire de l'ambassade soviétique, le contacta. Plus tard, Treholt avoua à la police (avant de se rétracter) qu'il avait été recruté après une orgie à Oslo. « C'était un chantage sexuel. » Beliaïev le poussa à accepter de l'argent en échange de renseignements. En 1971, au restaurant *Le Coq d'Or* d'Helsinki, il lui présenta Guennadi Fiodorovitch Titov, le nouveau *rezident* d'Oslo. Sa cruauté lui avait valu le surnom de « Crocodile ». Pourtant, ses lunettes rondes et sa démarche de canard le faisaient ressembler à un hibou malicieux. Titov avait la réputation d'être l'agent le plus flatteur de la Première Direction générale. Or Treholt aimait être flatté. Il adorait aussi déjeuner aux frais de la princesse. C'est ainsi que, pendant les dix années qui suivirent, Titov l'invita cinquante-neuf fois. « Nos déjeuners étaient somptueux, nous discutions de politique nationale et internationale. »

Si la Norvège ne se trouvait pas dans les attributions de Gordievsky, aux yeux du KGB les pays scandinaves étaient liés et chaque antenne tenue relativement au courant des activités des autres. En 1974, Vadim Tcherny, un nouvel officier du KGB, fut envoyé au Danemark depuis Moscou où il avait travaillé dans la section Scandinavie-Angleterre de la Première Direction générale. Officier médiocre, Tcherny avait la langue bien pendue. Un jour, il glissa que le KGB disposait d'un agent au nom de code GRETA au sein du corps diplomatique norvégien. Quelques semaines plus tard, il raconta que le KGB avait recruté un agent encore plus important à l'intérieur du gouvernement norvégien, quelqu'un qui avait appartenu au monde de la presse.

Gordievsky en informa Hawkins qui le répercuta au MI6 et au PET.

Ces deux indices furent transmis au contre-espionnage norvégien. Mais leur source fut habilement camouflée : la Norvège apprit seulement que le rapport était fiable, mais sans savoir d'où il émanait ni à qui il était adressé.

« Au cours de ses activités, Gordievsky n'étant pas censé posséder ce genre d'information, seulement ce qu'il aurait pu glaner de-ci de-là, nous avons décidé qu'on ne pourrait pas remonter jusqu'à lui. Les Norvégiens furent terriblement reconnaissants mais tout aussi inquiets. Gunvor Haavik, la discrète secrétaire supérieure du ministère des Affaires étrangères, était soupçonnée depuis longtemps. L'avertissement de Gordievsky apporta une confirmation cruciale. Le jeune Arne Treholt, si chic et si lancé, était surveillé après avoir été repéré en compagnie d'un agent actif du KGB. Désormais tous deux seraient surveillés. »

La connexion norvégienne illustrait un défi au cœur de l'affaire Gordievsky et plus généralement le casse-tête de l'espionnage : comment utiliser des renseignements de haut niveau sans griller sa source. Un agent, profondément introduit au cœur du camp adverse, peut démasquer des traîtres dans son propre camp. Mais en les arrêtant et en les neutralisant, on alerte *de facto* l'autre camp et on met en danger la source. Dans le cas précis de Gordievsky, comment le Renseignement britannique pouvait-il exploiter ce que le Russe lui révélait sans le brûler ?

Dès le départ, le MI6 préféra opérer à long terme. Gordievsky était encore jeune. Il fournissait d'excellentes informations dont le nombre augmenterait avec le temps. Trop de hâte, trop de pression risquaient de tout faire capoter et de conduire le Russe à sa perte. Sa sécurité était d'une importance capitale. Le désastre signé Philby avait appris aux Britanniques le danger d'une trahison interne. Ils avaient retenu la leçon. Le petit groupe d'officiers du MI6 au courant du secret ne savait que le nécessaire. À l'intérieur du PET, un nombre encore plus restreint connaissait l'existence de Gordievsky. Les renseignements qu'il fournissait étaient transmis au compte-gouttes aux alliés en utilisant parfois des « coupe-circuit ». En tout état de cause, leur source était si bien camouflée que leur provenance était indétectable. C'était à pleines mains que Gordievsky les livrait mais le MI6 s'assurait qu'il ne laisse aucune empreinte digitale.

La CIA ne fut pas informée de l'existence de SUNBEAM. Malgré l'étroitesse de « la relation privilégiée » dans la sphère du renseignement, le principe de « l'intérêt de savoir » s'appliquait dans les deux sens. Les Britanniques décidèrent que la CIA n'avait pas besoin de savoir que l'Angleterre disposait d'un espion important profondément inséré dans le KGB.

Les services de renseignement n'aiment pas que leurs officiers restent au même poste trop longtemps de peur qu'ils ne s'y sentent trop à l'aise. De même, ils font tourner les agents traitants pour s'assurer qu'ils ne perdent pas leur objectivité ou qu'ils ne se sentent pas trop impliqués dans leur relation avec un seul espion ou un seul dossier.

Selon ce principe, Moguilevtchik, le *rezident* de Copenhague, fut remplacé par un vieux camarade de Gordievsky, Mikhaïl Lioubimov, ce charmant anglophile amateur de whisky et de costumes en tweed bien taillés. Immédiatement, leur profonde amitié reprit de plus belle. Lioubimov en était à son second mariage.

La rupture du premier avait causé un arrêt dans sa carrière mais elle était repartie de plus belle. Oleg admirait ce type sympathique, décontracté, et sa vision matérielle et ironique du monde. Ils passaient de longues soirées à bavarder et à boire, à discuter littérature, art, musique et espionnage.

Lioubimov ne se faisait pas de souci pour l'avenir de son ami : il irait loin. Ses supérieurs le considéraient comme quelqu'un de compétent, d'érudit et de doué. « Oleg se conduisait parfaitement. Il évitait les querelles internes, était toujours prêt à fournir ce que je lui demandais, se montrait modeste comme un vrai communiste, ne cherchait pas de promotion… certains à l'ambassade ne l'aimaient pas, le traitant d'"arrogant" ou de "bien trop malin". Mais pour moi ce n'était pas des défauts. »

Rétrospectivement, il se souvint de quelques signes révélateurs. Gordievsky se faisait rare dans les réceptions diplomatiques et fréquentait peu les autres officiers du KGB. Il s'enterrait dans la littérature dissidente : « Son appartement regorgeait de livres dont les auteurs étaient interdits dans notre pays et, étant son supérieur, je lui ai conseillé de les cacher. » Les deux couples dînaient souvent ensemble, l'occasion pour Oleg de raconter des blagues, de boire un peu trop et d'afficher son bonheur conjugal. Un soir, Elena fit une remarque que Lioubimov n'oublia pas : « Il n'est pas si extraverti que ça. Ne croyez pas qu'il soit sincère avec vous. » Sur le moment, il n'en tint pas compte, sachant que le ménage allait mal.

Un soir de janvier 1977, Gordievsky arriva à la planque pour trouver Philip Hawkins en compagnie d'un homme plus jeune, portant des lunettes, qu'il présenta : « Nick Venables. » Hawkins lui expliqua qu'il allait bientôt rejoindre un nouveau poste à l'étranger et que cet homme le remplacerait.

Ce nouvel officier traitant était Geoffrey Guscott, ce personnage de haute volée qui, sept ans plus tôt, avait lu le dossier de Kaplan et fiché son camarade soviétique comme une cible potentielle. Depuis, en tant qu'officier administratif de ce dossier, il connaissait sur le bout des doigts les détails de l'affaire Gordievsky. Mais il était nerveux. « J'en savais suffisamment pour le traiter mais j'étais encore jeune. Le MI6 m'avait dit : "Tu t'en tireras", mais je n'en étais pas convaincu. »

Séance tenante, Gordievsky et Guscott s'entendirent à merveille. L'Anglais parlait parfaitement le russe et dès le départ ils se tutoyèrent. Tous deux pratiquaient le cross. Plus important et à l'inverse de Hawkins, Guscott appréciait Oleg en tant qu'individu et pas seulement comme source de renseignements. « Passionnant dans tous les domaines, toujours gai, s'excusant en toute sincérité des erreurs qu'il commettait », Guscott devint l'âme sœur de Gordievsky et fut désormais attaché à plein temps et en grand secret à sa personne. Au sein du MI6, seuls sa secrétaire et ses supérieurs directs savaient ce qu'il faisait. SUNBEAM venait de gravir un échelon.

Le MI6 lui proposa un appareil photo miniature. Gordievsky pourrait alors photographier des documents à l'intérieur de la *rezidentura* et lui remettre la pellicule. Oleg refusa. Le risque d'être pris était trop grand : « On m'apercevrait par une porte entrouverte, et tout s'écroulerait. » Rien n'aurait été plus compromettant qu'un appareil de fabrication britannique.

Heureusement, il existait une autre façon de faire sortir des papiers de l'antenne du KGB.

Messages et instructions en provenance de Moscou arrivaient par la valise diplomatique sous la forme de longues bobines de microfilms. Le *rezident* ou plus généralement les préposés au code découpaient les bobines et distribuaient les bandes aux sections concernées ou « Lignes » : Illégaux (N), Politiques (PR), Contre-espionnage (KR), Techniques (X), etc. Chaque bande contenait une douzaine ou plus de lettres, de notes ou de documents divers. Si Gordievsky parvenait à sortir ces microfilms durant l'heure du déjeuner pour les transmettre à Guscott, celui-ci les copierait avant de les lui rendre. L'opération devrait durer moins de trente minutes.

Guscott adressa une demande au service technique du MI6 à Hanslope Park, un manoir du Buckinghamshire entouré d'un parc boisé, d'une clôture en fer barbelé et de postes de garde. Hanslope était (et demeure) un des avant-postes les plus secrets et les mieux gardés du Renseignement britannique.

Pendant la guerre, les experts de Hanslope inventèrent un nombre étonnant de gadgets pour le monde de l'espionnage : radios sécurisées, encre invisible, chocolat au goût d'ail – cette friandise très spéciale était distribuée aux espions parachutés en France afin que leur haleine soit à l'unisson des populations locales. Si « Q », le génie technique des James Bond, avait existé, il aurait travaillé à Hanslope Park.

La requête de Guscott était simple mais mettait les chercheurs au défi : il avait besoin d'un petit appareil portable qui pouvait copier une bande de microfilms rapidement et sans laisser de traces.

La place Sainte-Anne, bordée d'arbres, se situe au centre de Copenhague, non loin du Palais royal. À l'heure du déjeuner, surtout par beau temps, elle est noire de monde. Un jour du printemps de 1977, un homme solidement bâti pénétra dans la cabine téléphonique à une extrémité de la place. Alors qu'il composait un numéro, un touriste portant un sac à dos, s'arrêta pour lui demander son chemin puis continua sa route. Il ne fallut pas plus de temps à Gordievsky pour glisser une bobine de microfilms dans la poche de la veste de Guscott. De plus, Jørn Bruun s'était assuré que les lieux n'étaient pas surveillés par le PET et un officier subalterne du MI6 traînait sur un banc voisin.

Guscott fonça dans une planque du MI6 qui se trouvait à proximité, s'enferma à clé dans une pièce, sortit de son sac une paire de gants de soie et une petite boîte plate de 15 centimètres de long et de 7 centimètres de large, de la taille d'un carnet. Il tira les rideaux, éteignit la lumière, déroula la bobine, inséra une extrémité dans la petite boîte et la fit passer de bout en bout.

« J'avais les paumes moites, à tâtonner dans le noir. Je savais que, si je n'étais pas dans les temps, il me faudrait laisser tomber. Si j'abîmais le film, c'était grave. »

Trente-cinq minutes après le premier échange furtif, les deux hommes s'adonnèrent au même scénario à l'autre coin du parc. Le film regagna la poche de Gordievsky. Impossible de détecter leur manœuvre à moins d'être un agent de surveillance parfaitement entraîné. Le flot de documents sortis de la *rezidentura* pour gagner le MI6 devint vite un torrent. Au début, ce ne furent que des instructions de la Ligne PR provenant du Centre et destinées à Gordievsky. Suivirent peu à peu des microfilms pour d'autres officiers qui les oubliaient souvent sur leurs bureaux ou dans leurs mallettes à l'heure du déjeuner.

Le jeu en valait la chandelle. Pourtant, c'était un sport dangereux. À chaque opération, Oleg savait qu'il en allait de sa vie. Un officier du KGB pouvait rentrer à l'improviste pendant sa pause-déjeuner et ne plus trouver ses microfilms. On pouvait le surprendre en train de visionner des documents qui ne lui étaient pas destinés. Et au cas où il serait pris en possession d'un microfilm en dehors de l'ambassade, il était condamné d'avance. À chaque échange furtif, un Guscott angoissé notait une atmosphère « lourdement pesante ».

Il est vrai qu'Oleg était terrifié mais toujours aussi déterminé. Après chaque contact, il se sentait comme un joueur qui gagne à la roulette, mise de plus en plus gros tout en se demandant à quel moment la chance l'abandonnerait. Même au plus froid de l'hiver, il retournait à la *rezidentura* en nage, terrorisé et agité, espérant que ses collègues ne remarqueraient pas que ses mains tremblaient. Les lieux des rencontres variaient : un parc, un hôpital, les toilettes d'un hôtel, une gare. Guscott garait sa voiture à proximité pour le cas où la copie des microfilms devrait s'effectuer à l'intérieur du véhicule, dans un sac étanche qui ne laissait pas passer la lumière. Malgré l'abondance de précautions, un accident était toujours possible. Un jour, Guscott fixa le rendez-vous dans une gare de chemin de fer au nord de la ville. Il s'assit près d'une fenêtre dans la buvette, but un café en attendant que

Gordievsky déposât la bobine sur le rebord d'une cabine téléphonique. Le Russe apparut, agit comme prévu, s'éloigna. Mais, sans laisser à Guscott le temps d'atteindre la cabine, un homme le devança et commença une longue, très longue conversation. Les minutes s'écoulaient, le bavard continuait à jacasser et à nourrir le taxiphone de pièces de monnaie. Guscott ne disposait que d'une fenêtre de trente minutes pour saisir le film, le copier et l'apporter dans un second lieu. L'opération courait à l'échec. Guscott tenta une petite danse pour montrer son impatience mais en vain. L'homme ne lui prêtait pas plus d'attention qu'à une mouche. Guscott fut sur le point d'entrer de force dans la cabine et de s'emparer du film quand le type raccrocha enfin. Lorsqu'il atteignit l'endroit du contact furtif, il n'avait plus qu'une minute de battement.

Adjoint et confident de Lioubimov, Gordievsky avait accès à une foule de microfilms et le volume des bandes grossit encore. Furent sortis et copiés des vingtaines puis des centaines de documents contenant noms de code, opérations, directives et même la totalité d'un rapport confidentiel de 150 pages dressé par l'ambassade précisant la stratégie de l'Union soviétique au Danemark. Ce document fut soigneusement divisé en plusieurs lots et transmis à Londres, puis maquillé et distribué selon les sujets : au MI5 pour ce qui touchait à la sûreté nationale et parfois au Foreign Office si c'était suffisamment important. Parmi les alliés de la Grande-Bretagne, seul le Danemark reçut des informations émanant de SUNBEAM. David Owen, ministre des Affaires étrangères, et James Callaghan, Premier ministre, eurent accès mais sans en connaître la source à une partie du matériel concernant par exemple l'espionnage soviétique en Arctique.

Guscott se rendit plus souvent au Danemark et résida dans l'appartement de Ballerup, parfois trois jours de suite. Les deux espions échangeaient les microfilms le vendredi puis se retrouvaient le samedi soir et le dimanche matin. Ses rendez-vous galants avec Leïla, ses rencontres avec Guscott obligeaient Gordievsky à écourter le temps passé au domicile conjugal. Il racontait à Elena qu'il avait un supplément de travail à effectuer pour le KGB qui ne la concernait pas. Le croyait-elle ? Pas certain.

Oubliées, les trois conditions qu'il avait énoncées lors de sa première rencontre avec Hawkins. Il savait qu'il était sur écoute. Il abandonna son refus de révéler les noms des officiers du KGB, des illégaux, des informateurs. Et finalement, il accepta de recevoir de l'argent. Guscott lui annonça que de temps en temps des livres sterling seraient mises à sa disposition sur un compte dans une banque de Londres : une sorte de fonds de prévoyance, un témoignage de la gratitude de la Grande-Bretagne et, bien que cela appartînt au non-dit, un trésor de guerre pour le jour où il ferait défection. Gordievsky n'aurait sans doute jamais la possibilité de dépenser ces revenus, mais il apprécia le geste et accepta les paiements.

Gordievsky valait plus que de l'argent et il existait une façon symbolique de le lui prouver : une lettre personnelle de remerciement signée du chef du MI6.

Maurice Oldfield, l'espion au grade le plus élevé d'Angleterre, signait « C » à l'encre verte, une habitude contractée par Mansfield Cumming, fondateur du MI6. Il l'avait importée de la marine royale où les capitaines de navire de guerre utilisaient cette couleur dans leur correspondance. Tous les chefs du MI6 suivirent son exemple. Guscott composa en anglais une lettre de remerciement et de félicitation d'Oldfield à Gordievsky, lettre qu'il tapa à la machine sur du papier crème foncé avant de la faire signer par le chef du Service d'un « C » plein de fioritures. Guscott la traduisit ensuite en russe et offrit les deux versions à Gordievsky lors de leur rencontre suivante. Les louanges firent rougir le Russe. Inutile de dire que Guscott les récupéra en partant : ce n'était pas le genre de document que Gordievsky pouvait conserver. « C'était la preuve que nous prenions Oleg au sérieux, que notre relation reposait sur des bases solides, c'était une façon d'établir un lien personnel et de lui montrer qu'il avait affaire à toute l'organisation. Ce geste contribua à le calmer et à lui faire sentir que nous avions évolué et mûri. » Lors de leur rencontre suivante, Gordievsky fournit sa réponse à Oldfield. La correspondance entre SUNBEAM et « C » demeure dans les archives du MI6, exemple d'un ancrage personnel dont dépend souvent la réussite de l'espionnage.

La lettre de Gordievsky était son testament :

> « Je dois souligner que ma décision n'est pas le résultat de mon manque de responsabilité ou d'une instabilité de mon caractère. Elle fut précédée d'un long combat spirituel, de douloureuses réflexions et de profondes désillusions devant l'évolution de mon pays. Mes propres expériences m'ont amené à croire que la démocratie, et la tolérance vis-à-vis de l'humanité qui en découle, représentent la seule

voie pour mon pays qui, malgré tout, est européen. Le régime actuel est l'antithèse de la démocratie à un point que les Occidentaux ne peuvent saisir. Si un homme s'en rend compte, il doit avoir le courage de ses opinions et agir pour empêcher que l'esclavage n'empiète toujours davantage sur le domaine de la liberté. »

*

Gunvor Haavik organisa un rendez-vous avec son contrôleur du KGB, Alexandre Printsipalov, dans la soirée du 27 janvier 1977. Le Russe l'attendait quand elle arriva dans une petite rue d'une banlieue d'Oslo. Il n'était pas le seul. Trois officiers de la Sécurité norvégienne bondirent sur Printsipalov. Après un violent combat, l'officier russe fut maîtrisé. Les Norvégiens trouvèrent dans sa poche 2 000 couronnes, paiement destiné à GRETA. Haavik n'opposa pas de résistance. Elle commença par n'avouer que son histoire d'amour avec Kozlov avant de s'effondrer :

— Je vais vous dire toute la vérité. J'espionne pour la Russie depuis trente ans.

Elle fut inculpée d'espionnage et de trahison. Six mois plus tard, avant l'ouverture de son procès, elle mourut d'une crise cardiaque.

Les retombées diplomatiques ne tardèrent pas. Guennadi Titov, le *rezident* du KGB, fut expulsé d'Oslo. Les nouvelles de l'arrestation en Norvège d'un agent important parvinrent finalement jusqu'à l'antenne du KGB au Danemark, déclenchant un déluge de spéculations parmi les officiers et, pour l'un d'entre eux, des sueurs froides. Gordievsky supposa que son cafardage avait conduit à la capture de Haavik. Toute personne en rapport avec l'affaire allait être questionnée. Si ce bavard de Tcherny se souvenait de lui avoir parlé de GRETA quelques mois auparavant et avait le courage de le signaler, les chasseurs de taupes du KGB risquaient de remonter la piste. Les semaines passèrent sans qu'il fût inquiété et il se détendit peu à peu. Mais l'alerte avait été chaude : si l'on tirait parti sans précaution des renseignements qu'il fournissait, cela mènerait à sa perte.

Elena n'était pas née de la dernière pluie : son mari magouillait quelque chose. Rares étaient les nuits et les week-ends où il rentrait dormir auprès d'elle, ne lui fournissant que de vagues explications. Elle fut vite persuadée qu'il la trompait. Folle de rage, elle l'en accusa. Il nia mollement. Suivirent une succession de périodes de silence lourdes de reproches et de scènes désagréables qui n'échappèrent pas à leurs voisins du KGB. Leur mariage était moribond mais Oleg et Elena se trouvaient piégés. Comme son mari, elle ne voulait pas que le scandale affectât sa carrière et elle désirait rester au Danemark. S'ils rompaient, ils se retrouveraient dans le premier avion à destination de Moscou. Ils s'étaient mariés selon les règles du KGB et ils devaient le rester, du moins en apparence, pour la même raison. Fin du débat.

Un jour, Guscott demanda à Oleg s'il était particulièrement stressé. À l'évidence, l'équipe qui écoutait ce qui se passait chez les Gordievsky avait rapporté au MI6 les tempêtes conjugales et le bruit de vaisselle cassée. Oleg rassura son officier traitant : si son couple craquait, lui était solide au poste. Il retint pourtant la leçon : il était surveillé par ceux dont il était désormais l'ami.

Leïla était un havre de paix. Comparés aux tristes compromis de sa vie maritale en ruine, leurs moments d'intimité lui paraissaient encore plus tendres car volés au temps, saisis d'une chambre d'hôtel à une autre. « Nous faisions des plans pour nous marier dès que je pourrais me libérer. » Elena était une furie, la brune et gracieuse Leïla douce, affectueuse, drôle. Elle avait été nourrie au sein du KGB. Ali, son père, fut recruté dès ses 20 ans dans sa ville natale de Shaki au nord-ouest de l'Azerbaïdjan. Sa mère, d'une famille pauvre de sept enfants de Moscou, appartenait aussi au KGB : elle avait rencontré son futur mari lors d'un stage de formation, peu après la guerre. Leïla, à l'inverse d'Elena, ne donnait jamais l'impression à Oleg qu'elle l'épiait, qu'elle le jaugeait. Sa naïveté même était l'antidote de sa vie plus que compliquée. Il l'aimait comme il n'avait jamais aimé personne. Mais il était également impliqué dans une tumultueuse histoire secrète avec le MI6. Ses émotions étaient en conflit direct avec ses activités d'espion. Un divorce, un remariage ne compromettraient pas seulement sa carrière, mais aussi la chance de recueillir des renseignements plus importants pour le MI6. L'amour naît souvent d'une immense franchise, d'une mise à nu de l'âme. Leïla était jeune et dénuée de tout esprit soupçonneux. Elle avait une confiance sans bornes en son bel et délicat amant : « Je n'ai jamais senti que je le volais à Elena. Leur histoire était terminée. Il était mon idole. Je le mettais sur un piédestal. Il était parfait. »

Mais, sans qu'elle le sache, Oleg n'était jamais totalement présent. « La moitié de mon existence et de mes pensées devait rester secrète. » Il se demandait si sa double vie rendait impossible une vraie communion d'esprit. « Pourrais-je établir la chaude et étroite relation que mon cœur désire ? »

Finalement, il s'en ouvrit à Mikhaïl Lioubimov et lui avoua qu'il avait une liaison avec une jeune secrétaire de l'Organisation mondiale de la santé. Il espérait l'épouser. Son patron et ami se montra compatissant et réaliste. Son expérience personnelle lui avait appris que la carrière de son protégé souffrirait le jour où les puritains du KGB découvriraient le pot aux roses. À la suite de l'échec de son mariage, Lioubimov avait été rétrogradé et oublié pendant plusieurs années : « Un Oleg divorcé serait forcément mis au placard. » Le *rezident* lui promit de plaider sa cause auprès des hautes sphères.

Gordievsky et Lioubimov étaient devenus de plus en plus proches. Pendant l'été 1977, ils allèrent passer un week-end sur la côte danoise. Un après-midi, sur la plage, Lioubimov raconta à son ami que, jeune officier du KGB à Londres dans les années 1960, il avait cultivé des relations avec plusieurs personnalités de gauche dont Michael Foot, le fougueux député travailliste. Moscou le voyait comme un potentiel « agent d'influence », quelqu'un susceptible d'avaler des idées prosoviétiques et de les régurgiter dans des articles ou des discours. Son nom ne disait rien à Gordievsky.

Lioubimov n'était pas seulement son ami pour la vie mais aussi une source de renseignements de premier ordre. Tout ce qu'il glanait, Oleg le transmettait au MI6, y compris des documents adressés au *rezident* sous son nom de code KORIN. Mais leur amitié était minée par la trahison. Plus tard, Lioubimov devait admettre qu'Oleg s'était joué de lui comme d'un pipeau.

Après chaque réunion, Guscott faisait un rapport personnel à Oldfield. Pendant une de ces sessions de débriefing, il relata que le nouveau chef de station britannique de Copenhague faisait du plat à Lioubimov et que les deux hommes semblaient être très amis. « Un jour, SUNBEAM finira par quitter le Danemark. Nous devons lui chercher un remplaçant. Et pourquoi pas Lioubimov ? Il est très anglophile, il a déjà été approché une fois. Vous l'apprécierez, j'en suis certain. C'est un affreux snob et il serait sans doute flatté d'être contacté par un officier supérieur. » Ainsi naquit un projet plus qu'audacieux. Maurice Oldfield, patron du MI6, se rendrait en avion à Copenhague et tenterait de recruter le *rezident* du KGB en personne. Mais le directeur du contre-espionnage ne voulut pas entendre parler de cette manœuvre : pas question que « C » se retrouve impliqué dans une mission active, qui, si elle échouait, attirerait l'attention sur Gordievsky. « Dieu merci, on a abandonné ce plan. Il était complètement fou », déclara un officier de renseignement.

Gordievsky, selon ses termes, se sentait soulagé et euphorique de ne plus être un malhonnête homme au service d'un régime totalitaire. Sa franchise avait toutefois un prix : duper son monde, tricher pour une noble cause, faire preuve d'une sacrée dissimulation. Il rapportait au MI6 tous les secrets qu'il collectait tout en mentant à ses collègues et à ses supérieurs, à sa famille, à son meilleur ami, à son épouse détestée et à la femme qu'il aimait.

5.

Un sac plastique et un Mars

Century House s'élevait sur Westminster Bridge Road, non loin de la gare de Waterloo. C'était un immeuble de vingt-deux étages, en béton et en verre. Aussi laid que banal. Les hommes et les femmes qui entraient et sortaient du bâtiment ressemblaient aux autres employés du quartier. Mais un observateur rigoureux aurait noté que les agents de sécurité du hall étaient plus musclés, plus vigilants qu'ailleurs. Il se serait également demandé pourquoi tant de camionnettes de surveillance téléphonique étaient garées devant la porte aux heures les plus bizarres de la journée. Il remarquerait que le personnel avait des horaires irréguliers et que les plots électriques du parking souterrain étaient particulièrement massifs. Mais si cet observateur avait traîné trop longtemps dans les parages, il aurait été arrêté.

Century House abritait le quartier général du MI6, le lieu le plus secret de Londres. Officiellement, il n'existait pas, pas plus d'ailleurs que le MI6. L'endroit était si discret, si anodin que les nouvelles recrues s'inquiétaient d'avoir été envoyées à une mauvaise adresse. Comme l'avait fait remarquer un ancien officier : « Certaines de ces recrues ne se rendaient compte de ce qui s'y passait qu'au bout d'une ou deux semaines. » Le grand public ignorait ce qu'abritait cet immeuble ordinaire. Quant aux quelques hauts fonctionnaires et journalistes au courant, ils ne pipaient mot.

Les contrôleurs du Sovbloc occupaient l'intégralité du douzième étage. À une extrémité étaient regroupés les nombreux bureaux de la section P5, responsable des opérations et des agents en Union soviétique en liaison avec le bureau du MI6 de Moscou. Seules trois personnes du P5 connaissaient le nom de Gordievsky. L'une d'elles s'appelait Veronica Price.

En 1978, à 48 ans, Price était toujours célibataire. Vive, réaliste, quintessence de l'Anglaise typique qui ne s'en laisse pas conter, surtout par les hommes, elle avait dédié sa vie au Service. Elle fut élevée dans le respect de la droiture patriotique par un père avocat gravement blessé pendant la Première Guerre mondiale par des shrapnels qu'il conserva toute sa vie. De sa mère, une ancienne actrice, elle hérita le sens du drame : « Je ne voulais pas devenir avocate. Je désirais voyager. » Incapable d'entrer au Foreign Office faute d'être assez bonne sténographe, elle rejoignit le MI6 comme secrétaire. Elle travailla en Pologne, Jordanie, Irak et au Mexique. Au bout de vingt ans, le MI6 se rendit compte que Veronica Price perdait son temps à taper à la machine ou à faire du classement. En 1972, après avoir réussi un examen, elle devint une des premières femmes nommées au poste d'officier du renseignement. Cinq ans plus tard, elle accéda au rang d'adjointe du chef du P5. Chaque matin, elle quittait la grande banlieue des Home Counties et le domicile qu'elle partageait avec sa mère devenue veuve, sa sœur Jane, plusieurs chats et une grande collection de porcelaines, pour rejoindre son bureau. Perfectionniste, elle était aussi très réaliste et, selon les termes d'une de ses collègues, « totalement déterminée ». Elle adorait trouver des solutions. Au printemps 1978, Veronica Price fut « endoctrinée » dans l'affaire Gordievsky et confrontée à un problème que le MI6 n'avait jamais eu à résoudre : exfiltrer clandestinement un espion d'Union soviétique.

Quelques semaines auparavant, Gordievsky était arrivé à la planque, l'air fatigué et préoccupé.

— Nick, je dois penser à ma sécurité. Pendant trois ans ça ne m'a pas préoccupé mais je serai bientôt rappelé à Moscou. Si je suis soupçonné, pourrez-vous m'aider à m'évader ? Si je retourne là-bas, aurai-je les moyens de m'enfuir ?

Effectivement, d'inquiétantes rumeurs commençaient à circuler. Le Centre avait des soupçons : un espion ennemi opérait à l'intérieur du KGB, sans qu'on sût si la fuite provenait du Danemark ou même de Scandinavie. Mais la seule mention d'une enquête interne donnait à Gordievsky la chair de poule. Et si le MI6 était infiltré ? Un autre Philby était-il tapi parmi les gens du MI6, prêt à le dénoncer ? Autre sujet d'inquiétude : obtiendrait-il un nouveau poste à l'étranger s'il divorçait ? Sinon il serait piégé pour toujours au fond de l'Union soviétique ? Dans ce cas, Oleg voulait être sûr d'avoir une chance d'en sortir.

Escamoter un espion russe hors du Danemark aurait été un jeu d'enfant. Un appel à un numéro de secours, une nuit dans une planque, un faux passeport, un billet d'avion pour Londres, et le tour était joué. L'extraire de Moscou avec le KGB à ses trousses était un exploit si difficile qu'il semblait même impossible.

Aussi, en répondant à Gordievsky, Guscott fut loin d'être optimiste :

— Nous ne pouvons pas vous faire de promesses ni vous garantir à 100 % que vous réussirez à vous enfuir.

Réaction de Gordievsky qui estimait les chances de réussite à peu près nulles :

— Je comprends. C'est parfaitement clair. Mais laissez-moi au moins un espoir.

L'Union soviétique était une immense prison, où 280 millions d'individus étaient enfermés derrière des frontières lourdement gardées par un million d'officiers et d'informateurs du KGB. La population se trouvait sous surveillance constante et aucune branche de la société n'était plus épiée que le KGB lui-même. La Septième Direction, responsable de cette surveillance interne, comptait 1 500 hommes concentrés dans le seul Moscou. Sous le joug inflexible du communisme à la Brejnev, la paranoïa rattrapait les niveaux staliniens : un État-espion où on dressait les habitants les uns contre les autres, où les téléphones étaient sur écoute, le courrier ouvert, la dénonciation encouragée partout et tout le temps. L'invasion soviétique en Afghanistan, le pic de tension internationale qui en découla intensifièrent l'action du KGB. « Terreur la nuit, efforts effrénés de jour pour faire croire qu'un système basé sur le mensonge était reçu avec enthousiasme : tel était le mode de vie permanent du citoyen soviétique », écrivit l'historien Robert Conquest.

Pour le MI6, il était extrêmement difficile d'infiltrer, de recruter et de maintenir le contact avec ses espions en Union soviétique. Les rares agents actifs derrière le Rideau de fer avaient tendance à disparaître sans crier gare ou sans explication. Dans une société sans cesse sur le qui-vive, l'espérance de vie d'un agent secret ne pouvait être que brève.

Quand le KGB refermait ses filets, il le faisait vite et brutalement. Cependant, en tant qu'officier du KGB, Gordievsky pouvait avoir vent d'une menace imminente et disposer d'un certain délai pour s'enfuir.

Spécialiste des exfiltrations, Veronica Price appréciait cette sorte de défi. Au milieu des années 1970, elle organisa l'Opération INVISIBLE afin de permettre à un couple de savants tchèques de traverser la frontière autrichienne. Elle réussit aussi à sortir de Hongrie un officier du renseignement, nom de code DISARRANGE. « Mais les Tchèques et les Hongrois n'étaient pas sous la férule du KGB. De Russie, c'était infiniment plus difficile. » Il y avait d'immenses distances à parcourir avant d'être en sécurité. Et, en plus de perdre un agent, une évasion ratée devenait pain bénit pour la propagande soviétique.

S'échapper par mer ? C'était une possibilité. Price se lança dans des recherches afin de déterminer si un fuyard muni de faux papiers pourrait embarquer sur un paquebot ou sur un cargo. Elle comprit vite que les docks et les ports étaient aussi sévèrement surveillés que les frontières et les aéroports. De plus, la contrefaçon de documents officiels était vouée à l'échec car les Soviétiques utilisaient du papier filigrané comme celui des billets de banque. Autre solution ? Une vedette à moteur qui emmènerait le fugitif à travers la mer Noire vers la Turquie ou à travers la mer Caspienne vers l'Iran. Sauf qu'il y avait de fortes chances qu'elle soit interceptée par un patrouilleur soviétique et coulée.

Par terre ? Les immenses frontières qui séparaient la Russie de la Turquie ou de l'Iran se trouvaient à des centaines de kilomètres de Moscou : elles étaient étroitement défendues par des gardes, des champs de mines et des fils barbelés.

La valise diplomatique ? Utilisée pour transporter au-delà des frontières documents, drogues, armes et parfois des personnes, elle ne pouvait être ouverte par les autorités sans être en violation de la convention de Vienne. Des terroristes libyens avaient usé de ce privilège pour faire entrer des armes en Grande-Bretagne. Les Soviétiques eux-mêmes avaient tenté, sans succès, d'étendre la notion de « valise diplomatique » à un camion de neuf tonnes rempli de caisses qu'ils voulaient faire pénétrer en Suisse. En 1984, un diplomate qui s'était réfugié à Londres, beau-frère d'un président du Nigeria récemment déposé, fut drogué, eut les yeux bandés, enfermé dans une caisse marquée *EXTRA CARGO* adressée au ministère des Affaires internationales à Lagos. Découvert par les douanes de l'aéroport anglais de Stansted, il fut libéré. C'est dire qu'une valise diplomatique de la taille d'un homme et sortant de l'ambassade britannique de Moscou ne passerait certainement pas inaperçue.

Une à une, chaque option fut rejetée, soit parce que trop difficile à mettre en œuvre, soit parce que follement risquée.

Il existait pourtant une autre tradition diplomatique qui pourrait être appliquée en faveur de Gordievsky.

D'après cette ancienne convention, les véhicules conduits par du personnel d'ambassade et portant des plaques d'immatriculation diplomatiques ne sont pas fouillés aux frontières : cette inviolabilité diplomatique garantit le libre passage et protège le personnel des ambassades de poursuites judiciaires par le pays hôte. Mais il ne s'agit que d'une convention et pas d'une loi. En conséquence, les gardes-frontières soviétiques fouillaient sans scrupule les voitures qui leur semblaient suspectes. Cependant, c'était mieux que rien, une brèche dans le mur fortifié entourant la Russie. Un espion caché dans une voiture diplomatique avait une chance de se faufiler à travers le Rideau de fer.

Bien qu'à douze heures de route de la capitale soviétique, la frontière entre la Russie et la Finlande était le passage Est-Ouest le plus proche de Moscou. Les diplomates occidentaux se rendaient souvent en Finlande pour se reposer ou se distraire, faire des emplettes ou se soigner. Les gardes-frontières soviétiques étaient donc habitués à voir passer des véhicules diplomatiques.

Fourrer un fugitif dans une voiture posait un autre casse-tête. L'ambassade britannique, le consulat et les domiciles du corps diplomatique étaient surveillés comme le lait sur le feu par les officiers du KGB déguisés en policiers. Ils stoppaient tout Russe qui cherchait à entrer, le fouillait, le soumettait à un interrogatoire serré. De plus, les véhicules de l'ambassade étaient généralement suivis dans leurs pérégrinations et entretenus par des mécaniciens du KGB qui, bien sûr, en profitaient pour les mettre sur écoute ou installer du matériel de repérage.

Après avoir étudié le problème sous tous les angles, Veronica Price proposa un plan subordonné à plusieurs conditions. Gordievsky devrait d'abord avertir la station du MI6 de Moscou de l'urgence de s'enfuir et se débrouiller pour rejoindre un point de rendez-vous près de la frontière finlandaise sans avoir été suivi. Ensuite, la voiture diplomatique conduite par un officier du MI6 se débarrasserait de la surveillance du KGB le temps de le prendre en charge et de le dissimuler soigneusement dans le coffre. Il faudrait, enfin, que les gardes-frontières soviétiques appliquent la convention diplomatique et la laissent passer sans l'arrêter… Il lui serait alors possible d'atteindre la Finlande, où il pouvait encore être arrêté par les autorités finnoises et renvoyé en Russie.

C'était loin d'être gagné. Mais c'était le meilleur plan que Veronica Price avait concocté. Il n'y avait donc pas mieux.

Le chef de la station du MI6 à Moscou reçut ainsi l'ordre de trouver un lieu favorable à un rendez-vous près de la frontière finlandaise où il serait possible de récupérer un transfuge. Il s'exécuta aussitôt. Passant par Leningrad, il prit la route en direction de la Finlande, se comportant comme s'il partait faire des courses. Il sélectionna une petite aire de repos à 55 kilomètres de la frontière, près d'un panneau marqué *MOSCOU 836 KILOMÈTRES*. La milice avait implanté un poste de garde – appelé GAI, pour Inspection automobile d'État – tous les 16 kilomètres qui filtrait le trafic et surtout les voitures étrangères. L'aire de repos choisie était située à équidistance de deux postes. Si la voiture du MI6 s'arrêtait pendant quelques minutes, si le KGB ne la filait pas, le poste de garde suivant ne remarquerait pas le retard. Des bois épais couvraient la région. Un chemin bifurquant à la droite de l'aire et masqué par une rangée d'arbres formait un grand arc en forme de D avant de rejoindre la route principale. Un rocher massif de la taille d'une grande maison en marquait l'entrée. Sans sortir de sa voiture, l'officier du MI6 le photographia avant de rebrousser chemin vers Moscou. S'il avait été suivi, le KGB se serait demandé pourquoi un diplomate britannique prenait des clichés d'un gros rocher planté au milieu de nulle part.

Le plan de Veronica Price exigeait un « lieu de signal d'alerte » où Gordievsky indiquerait qu'il avait un message à envoyer ou qu'il avait besoin de s'enfuir.

La plupart des membres du corps diplomatique britannique de Moscou, y compris les deux officiers du MI6 et une secrétaire, logeaient dans un immeuble de la perspective Koutouzov, dit Koutz, une grande avenue à l'ouest de la Moskova. Un immeuble sous haute surveillance. En face, à l'ombre du gratte-ciel stalinien de l'hôtel Ukraine, se trouvaient une boulangerie et des panneaux d'affichage où étaient placardés les horaires de bus, les programmes de concert et des numéros de la *Pravda*. Généralement, la place se trouvait envahie par des lecteurs de journaux. Les étrangers de l'immeuble du Koutz, quant à eux, étaient de fidèles clients de la boulangerie.

Le plan prévoyait que chaque mardi à 19 h 30, quand Gordievsky se trouvait à Moscou, un membre de la station du MI6 inspecterait le lieu du signal d'alerte, c'est-à-dire la boulangerie visible de toutes parts depuis l'immeuble du Koutz. À l'heure fixée, soit il entrerait acheter du pain, soit il s'arrangerait pour passer devant en rentrant de son bureau.

Le plan d'exfiltration ne serait déclenché que d'une seule façon : un mardi, Gordievsky devrait se trouver près de la boulangerie à 19 h 30 et tenir un sac à provisions du supermarché Safeway. Ces sacs étaient ornés d'un grand S rouge, facilement reconnaissables dans la grisaille moscovite. Gordievsky ayant vécu et travaillé à l'Ouest, rien de plus normal qu'il possédât un tel sac. En Russie soviétique, les sacs en plastique demeuraient une denrée rare, surtout s'ils provenaient de l'étranger. En outre, précaution supplémentaire, il devrait porter une casquette en cuir gris et un pantalon gris. Lorsque l'officier du MI6 aurait repéré Gordievsky près de la boulangerie et se serait assuré qu'il était bien muni de son précieux sac Safeway, il ou elle indiquerait que le signal de la fuite avait été perçu en passant à côté de lui avec un sac vert de Harrods à la main. De plus, il/elle mangerait une barre chocolatée, soit un KitKat, soit un Mars, « un signal qui ne mangeait pas de pain », comme un officier le remarqua. L'amateur de friandises porterait aussi quelque chose de gris – pantalon, jupe, foulard – et croiserait son regard sans s'arrêter. « La couleur grise avait l'avantage d'être banale et de ne pas attirer l'attention d'éventuels guetteurs. Un inconvénient : elle était presque invisible dans l'obscurité d'un long hiver moscovite. »

Le « signal de fuite » ayant été identifié, on pourrait mettre en œuvre la seconde partie de l'opération. Trois jours plus tard, un vendredi après-midi, Gordievsky prendrait le train de nuit pour Leningrad. Rien n'était prévu pour Elena. Il changerait de gare et se ferait conduire en taxi à la gare de Finlande, célèbre pour avoir accueilli Lénine en 1917 et point de départ de la Révolution. De là, Oleg monterait dans le premier train à destination de Zelenogorsk sur la côte de la Baltique. Il ne lui resterait plus ensuite qu'à grimper dans un bus qui se rendait à la frontière finlandaise et en descendre le plus près possible du point de rendez-vous, soit à 25 kilomètres au sud de la ville frontière de Vyborg et à une quarantaine de kilomètres de la frontière elle-même. Il se cacherait dans les sous-bois de l'aire de repos et attendrait.

Pendant ce temps, deux officiers du MI6 au volant d'une voiture diplomatique auraient quitté Moscou pour passer la nuit à Leningrad. Cet emploi du temps précis était dicté par une bureaucratie soviétique des plus compliquées : deux jours avant le départ envisagé, il était nécessaire d'obtenir un permis de transport. Et il fallait fixer des plaques d'exportation spéciales à côté des plaques diplomatiques. Le seul garage à même d'effectuer ce travail n'ouvrait que les mercredis et les vendredis. Si Gordievsky arborait le signal de la fuite un mardi, les formalités pour la voiture pouvaient s'achever le vendredi à 13 heures. Les hommes du MI6 partiraient un peu plus tard, à temps pour arriver au lieu de rendez-vous à exactement 14 h 30 le samedi. Ils rangeraient leur véhicule sur l'aire de repos, comme s'ils désiraient pique-niquer. Si la voie était libre, un des officiers ouvrirait le capot : le feu vert pour Gordievsky de sortir de sa cachette. Il se glisserait alors immédiatement dans le coffre et s'enroulerait dans une couverture de survie destinée à neutraliser les caméras à infrarouge et les détecteurs de chaleur déployés – c'est en tout cas ce qu'on croyait – le long des frontières soviétiques. Il avalerait un anxiolytique. Puis la voiture le déposerait en Finlande.

PIMLICO fut le nom de code attribué à ce plan (voir la carte, page 403).

Il faut savoir que le MI6, comme la plupart des services secrets, attribue les noms de code pris au hasard dans une liste approuvée au préalable. En général, des mots réels et anodins pour ne pas donner d'indication quant à la nature de l'opération. Cependant, les espions ont du mal à résister à la tentation de choisir un nom qui fasse écho à la réalité. Ou qui s'en approche d'une façon plus ou moins subtile. La gardienne de la précieuse liste s'appelait Ursula (son vrai nom). « On appelait Ursula pour lui demander le premier nom disponible de la liste. S'il ne nous convenait pas, on la rappelait pour en obtenir un autre plus satisfaisant. Ou alors on sollicitait un groupe de codes pour divers aspects de l'opération et on choisissait le meilleur. »

Pendant la dernière guerre, le MI5 avait attribué à Staline, l'homme de fer, le code GLYPTIC qui signifiait une image gravée dans la pierre. Pour les Allemands, la Grande-Bretagne, c'était GOLFPLATZ, ou parcours de golf. Les codes contenaient parfois une insulte voilée. Century House n'apprécia pas qu'un télégramme de la CIA révélât que, pour les Américains, le MI6 était surnommé UPTIGHT (autrement dit : cul serré).

PIMLICO, célèbre quartier londonien, avait une consonance typiquement anglaise et c'était en Angleterre que Gordievsky devait terminer son voyage si tout se passait bien.

Lors de leur réunion suivante, il écouta poliment les explications fournies par Guscott au sujet de PIMLICO. Il étudia les photos du lieu de rendez-vous, considéra avec attention les signaux d'alerte de la perspective Koutouzov.

Puis il réfléchit longuement au plan de Veronica Price avant de rendre son verdict : « C'est totalement irréalisable. »

Plus tard, il déclara : « Très intéressant, très inventif mais trop compliqué. Les signaux d'évasion comportaient trop de détails, de conditions irréelles. Je ne l'ai pas pris au sérieux. »

Néanmoins, il fit l'effort de l'apprendre par cœur tout en priant de ne jamais avoir à s'en souvenir. Les sceptiques de Century House ne cachaient pas leurs doutes. À l'inverse de Veronica Price : « Moi, je le prenais très au sérieux. Beaucoup n'y croyaient pas. »

Au cours de juin 1978, Mikhaïl Lioubimov fit entrer Gordievsky dans son bureau de l'ambassade soviétique de Copenhague pour lui notifier son prochain retour à Moscou. Après deux affectations de trois ans chacune au Danemark, si ce rappel ne fut pas une surprise pour Oleg, il soulevait un certain nombre de problèmes. Qu'adviendrait-il de son mariage, de sa carrière, de ses activités d'espion ?

Elena, au courant de la longue liaison de son mari avec une secrétaire, avait accepté de divorcer quand ils seraient à Moscou. Dans quelques mois, Leïla, dont le job à l'OMS approchait de la fin, devrait également retourner en URSS. Oleg désirait se remarier le plus vite possible mais il n'avait aucune illusion : ce serait au détriment de sa carrière. Après une ascension rapide au sein du KGB, il était à 40 ans sur le point de décrocher une importante promotion : le poste d'adjoint du chef du Troisième Département, responsable de la Scandinavie. Mais au cours des années, il avait accumulé nombre d'ennemis et de rivaux, sans compter les puritains de Moscou qui rêvaient de lui rogner les ailes. « Ils voudront votre peau, l'avertit Lioubimov parlant en connaissance de cause. Non seulement ils vous feront payer votre divorce, mais ils vous accuseront d'avoir eu une liaison alors que vous étiez *en poste*. »

Le *rezident* adressa un rapport à Moscou dans lequel il recommandait Gordievsky, « un officier rigoureux, bien-pensant, efficace dans tous les domaines, bon linguiste et très apte à rédiger des rapports ». Dans l'espoir d'amortir le coup, il accompagna ces louanges d'une lettre au chef du département expliquant les problèmes conjugaux d'Oleg et sollicitant son indulgence. Ni Gordievsky ni Lioubimov n'avaient trop d'espoirs : étant donné la mentalité furieusement étriquée du Centre, Oleg risquait la mise au placard pour une longue période.

Vu son retour imminent et son avenir professionnel incertain, Gordievsky avait de bonnes raisons de mettre fin à sa carrière d'espion. Et de se terrer. Le MI6 lui avait répété à maintes reprises qu'il avait la possibilité d'abandonner la partie quand il le désirerait et de se réfugier en Angleterre. Pourquoi ne choisit-il pas cette option plutôt que de retourner à une vie de privations et de répressions en Union soviétique ? Il aurait pu faire défection à l'Ouest et emmener sa maîtresse. Mais cette possibilité ne lui traversa pas l'esprit. Il retournerait en Russie, cultiverait en secret sa nouvelle allégeance envers l'Angleterre, collecterait autant de secrets que possible et attendrait son heure.

— Quelles sont vos ambitions quand vous serez à Moscou ? lui demanda Guscott au cours de ce même entretien.

— Je veux percer les secrets les plus importants, les plus essentiels du leadership soviétique. Je veux découvrir comment fonctionne le système. Je ne démasquerai pas tout car le Comité central a des secrets pour le KGB. Mais je ferai de mon mieux.

En cela réside l'explication de la rébellion de Gordievsky : explorer ce système qu'il haïssait afin de le détruire.

À l'instar de la course de fond, l'espionnage demande de la patience, de l'énergie, un timing précis. À Moscou, Gordievsky travaillerait au Troisième Département qui couvrait la Grande-Bretagne et la Scandinavie. Il aurait la possibilité d'étudier le KGB de l'intérieur et de recueillir toutes les informations utiles à l'Ouest. Une fois le tapage autour de son divorce et de son remariage apaisé, il recommencerait à grimper les échelons du KGB, tout comme Lioubimov l'avait fait. Il était même possible qu'il soit envoyé à l'étranger au bout de trois ans seulement. En attendant, il s'adapterait et, quoi qu'il advienne, ne lâcherait pas prise. Il resterait dans la course.

Avoir un espion bien introduit dans le KGB, c'était le souhait le plus cher de tout service de renseignement occidental. Mais aux yeux de Richard Helms, chef de la CIA, infiltrer un agent à l'intérieur du KGB était « aussi impossible que de placer des espions sur Mars ». Les pays de l'Ouest ne comptaient qu'« un très petit nombre d'agents dignes de ce nom en

URSS », ce qui signifiait qu'ils « ne disposaient pas ou presque de renseignements fiables concernant les plans à long terme de l'ennemi ou ses intentions ». Seule la Grande-Bretagne avait désormais l'occasion d'exploiter à fond leur homme infiltré dans le KGB en tirant le maximum de profit de toutes les informations confidentielles qu'il leur livrerait.

Pourtant le MI6 décida de ne plus utiliser cette source.

Par pure abnégation et autodiscipline, deux qualités rarissimes dans le monde de l'espionnage, ses chefs britanniques n'encouragèrent pas Gordievsky à garder le contact ni à leur communiquer des renseignements. Century House choisit de laisser leur espion en jachère. Quand il serait à Moscou, on le laisserait tranquille.

La raison en était simple et indiscutable. En Russie, il serait impossible de le traiter comme au Danemark. À Moscou, il ne posséderait pas de planque, pas d'équipe locale de soutien qui veillerait sur ses arrières ; si les choses tournaient mal, le plan de secours paraissait trop aléatoire. Les diplomates britanniques étaient constamment surveillés – et pas seulement ceux soupçonnés d'appartenir au renseignement. Les agents actifs qui faisaient du zèle étaient en danger mortel, comme l'exemple de Penkovsky l'avait tristement montré. Tôt ou tard (et souvent plus tôt que tard), l'État inquisiteur repérait l'espion, le capturait, le liquidait.

Comme le déclara un officier du MI6 : « Oleg est trop bon, trop précieux pour risquer d'être exposé. Nous ne devons l'utiliser qu'à très bon escient. Bien sûr, la tentation était grande de poursuivre notre relation avec lui, mais le risque était trop important. »

Guscott en informa Gordievsky : le MI6 n'avait pas l'intention de rester en communication avec lui à Moscou. Il ne chercherait pas à organiser de réunions clandestines ou à collecter des informations. Si, en revanche, il désirait contacter Century House, il le pourrait. Il lui détailla la procédure à suivre.

À 11 heures, le troisième samedi de chaque mois, le MI6 enverrait un officier flâner sous la pendule du Marché central de Moscou, une place animée où les étrangers passaient inaperçus. Il ou elle porterait un sac Harrods et un vêtement gris. Ceci aurait deux fonctions : si Oleg désirait seulement être rassuré que nous avions toujours ses intérêts à cœur, il pourrait repérer notre agent tout en restant invisible. S'il cherchait un contact furtif afin de transmettre un message, il se ferait voir en exhibant une casquette grise et son sac Safeway.

Dans ce dernier cas, le plan entrerait dans sa seconde phase. Trois dimanches plus tard, il devrait se rendre à la cathédrale Saint-Basile sur la place Rouge et monter les marches de l'escalier en colimaçon situé à l'arrière, ceci à 15 heures précises. Une fois encore, pour être facilement identifié, il porterait une casquette grise et un pantalon gris. Un officier du MI6, sans doute une femme vêtue d'un vêtement gris et tenant quelque chose de gris dans chaque main, s'arrangerait pour descendre de l'étage supérieur à l'heure dite. Elle croiserait Oleg dans l'étroit passage, ce qui permettrait à ce dernier de lui glisser un message écrit.

Oleg n'aurait recours à ce contact furtif qu'à une condition : avoir découvert un renseignement essentiel à la sécurité nationale de la Grande-Bretagne, comme l'existence d'un espion soviétique à l'intérieur du gouvernement. Le MI6 n'aurait pas la possibilité de lui répondre.

S'il avait besoin de fuir, il activerait le plan d'exfiltration en se tenant près de la boulangerie située sur la perspective Koutouzov, un mardi à 19 h 30. Il aurait à la main son sac Safeway. Chaque semaine, le MI6 surveillerait les lieux.

Après lui avoir fait répéter ces différentes instructions, Guscott remit à Oleg un exemplaire relié des sonnets de Shakespeare dans l'édition de l'Oxford University Press, livre qui pouvait passer pour un banal souvenir rapporté de l'Ouest par un touriste russe. En fait, c'était un aide-mémoire très ingénieux, cadeau de Veronica Price. Sous la page de garde était dissimulée une mince feuille de Cellophane où toute l'Opération PIMLICO était rédigée en russe : horaires, vêtements de reconnaissance, signaux d'exfiltration, lieux de rendez-vous après le poteau *836 KILOMÈTRES*, distances entre les points principaux. Gordievsky devrait le ranger dans la bibliothèque de son appartement de Moscou. Pour se rafraîchir la mémoire avant de s'enfuir, il plongerait le livre dans l'eau, décollerait la page de garde, retirerait la feuille de Cellophane. Par ultime mesure de sécurité, les noms de lieu étaient traduits du russe en français. Moscou était « Paris », Leningrad « Marseille », etc. Une façon de brouiller les pistes.

Avant de se séparer, Guscott lui fournit un numéro de téléphone à Londres. À n'utiliser que s'il se trouvait à l'extérieur de l'Union soviétique et jugeait qu'il pouvait le faire en toute sécurité. Il y aurait toujours quelqu'un au bout du fil. Le Russe nota le numéro dans son carnet en prenant soin de l'inscrire à l'envers et de le noyer dans un fatras de notes.

Quelques mois plus tôt, Gordievsky avait transmis à Guscott une information de première importance qu'il avait recueillie grâce à une indiscrétion : le KGB ou le GRU – ou même les deux – avait recruté un espion de premier ordre en Suède. Les détails étaient un peu vagues mais la taupe travaillerait pour une des agences civiles ou militaires du renseignement. Le MI6 en discuta avec les Danois, des recherches discrètes furent entreprises. « Il n'a pas fallu longtemps pour le repérer, confia Guscott. Très vite, nous avons recueilli suffisamment d'éléments pour l'identifier presque à coup sûr. » Nous ne pouvions garder pour nous une telle information. Nous avons donc averti la Suède, un allié essentiel, que les Soviets avaient infiltré leurs services d'espionnage. Guscott expliqua ensuite à Oleg que les renseignements avaient été transmis sans révéler leur origine. Il ajouta que Stockholm en tirerait profit. Gordievsky ne fit pas d'objection. « Il avait confiance en nous. Il savait que nous ne le trahirions pas. »

Les deux hommes se dirent adieu. Depuis vingt mois, ils s'étaient rencontrés au moins une fois par mois pour échanger des centaines de documents secrets. « C'était une véritable amitié, une réelle affinité », dira Guscott des années plus tard. Pourtant, cette chaleureuse entente ne s'était développée qu'en respectant de strictes limites. Gordievsky ne sut jamais le vrai nom de Nick Venables. L'espion et son officier traitant ne prirent jamais un repas ensemble. « J'aurais aimé faire un cross avec lui, confiera Guscott, mais c'était impossible. » Leurs rapports ne se déroulèrent qu'entre les quatre murs d'une planque, leurs conversations toujours enregistrées. Leurs relations, comme celles de tous les espions, étaient compromises et faussées par une volonté de duperie et de manipulation. Gordievsky sapait un régime politique qu'il abhorrait tout en acquérant une honorabilité à laquelle il aspirait, tandis que Guscott contrôlait à long terme un agent introduit au centre d'une citadelle ennemie. Mais ce n'était pas tout : ils partageaient une charge émotionnelle nourrie dans le secret, le danger, la loyauté et la trahison.

Pour la dernière fois, Gordievsky quitta la planque et s'évanouit dans la nuit danoise. Il avait placé le livre des sonnets de Shakespeare dans un sac Safeway.

À partir de cet instant, tout contact se ferait à distance. Depuis Moscou, Gordievsky aurait la possibilité de communiquer à sa convenance avec le Renseignement britannique, mais le MI6 s'interdisait la réciproque. En cas de besoin, il pouvait essayer de s'enfuir, mais les Britanniques n'étaient pas à même d'en prendre l'initiative. Désormais il était seul. Le Renseignement britannique n'avait que deux possibilités, observer et attendre.

Si Gordievsky était prêt à s'engager dans la course sans connaître où se situait la ligne d'arrivée, le MI6 aussi.

Au quartier général de la Première Direction générale, Gordievsky se présenta au chef du Troisième Département, un Ukrainien petit et gros du nom de Viktor Grouchko. À cet homme gai, cynique et fidèle serviteur de la culture puritaine du KGB, Oleg expliqua qu'il souhaitait divorcer puis se remarier et vit au même moment sa carrière s'écrouler devant lui.

— Ça change tout ! s'exclama Grouchko.

L'avenir de Gordievsky, officier de haute volée, s'effondra. Tout comme Lioubimov l'avait prédit. Adieu son poste de directeur adjoint ! Avant d'être exilé à la section du personnel, il dut écouter le prêchi-prêcha de ses supérieurs : « Vous avez eu une liaison alors que vous étiez en poste. » Un de ses collègues jubila : « Un comportement *pas du tout* professionnel ! » Puni, il dut se contenter d'un travail aussi routinier qu'inutile et assurer de nombreuses gardes de nuit. Dorénavant, c'était un officier supérieur sans « fonction définitive ». Une fois encore, il se retrouva coincé.

Le divorce fut expédié à grande vitesse et sans émotion. Typiquement à la russe. Le juge s'adressa à Elena :

— Votre mari souhaite divorcer parce qu'il désire des enfants et pas vous. Est-ce exact ?

Elena répliqua furieuse :

— Pas du tout ! Il est tombé amoureux d'une jolie fille. Rien d'autre.

Considérant qu'elle était la partie lésée, le KGB ne s'opposa pas à son avancement. Promue au rang de capitaine, elle retourna à son ancien poste, l'écoute des ambassades étrangères. Cependant, elle ne pardonna jamais à Oleg et ne se remaria pas. Lorsqu'elle prenait le thé avec des officiers supérieurs du KGB, Elena profitait de ce cénacle féminin pour déblatérer sur son ex-mari volage :

— C'est une merde hypocrite, un imposteur, un homme qui trompe son monde. Il est capable de toutes les trahisons.

Ces racontars firent le tour du KGB. Mais la majorité du personnel les mit sur le compte d'une femme aigrie. « La vindicte d'une épouse délaissée, railla un collègue du Troisième Département. Tout ça ne mérite pas d'être rapporté aux hautes autorités. » Quelqu'un pourtant s'en chargea.

Un mois après le retour d'Oleg, son père mourut à 82 ans. Seuls quelques anciens officiers du KGB assistèrent à sa crémation. Lors de la veillée funéraire dans l'appartement de ses parents, il fit un discours devant une trentaine de membres de la famille : il vanta le dévouement paternel pour le Parti communiste et l'Union soviétique – une idéologie et un système politique qu'il cherchait à détruire. Des années plus tard, il se dit que la mort de son père avait libéré sa mère. En fait, la personne la plus libérée fut Oleg lui-même.

Anton Lavrentievitch n'avait jamais dévoilé à sa famille ses agissements pendant les famines et les purges des années 1930. Ce ne fut que des années après sa mort qu'Oleg apprit que son père avait été marié une première fois et qu'il avait peut-être eu des enfants avant de connaître Olga. De même, Oleg n'expliqua jamais à son père la nature de ses fonctions au KGB. Et encore moins sa nouvelle loyauté envers l'Ouest. Le vieux stalinien aurait été horrifié et terrorisé. Les non-dits qui truffèrent la relation père-fils se poursuivirent au-delà de la tombe. Gordievsky détestait ce dont son père se vantait, son obéissance aveugle à une idéologie des plus cruelles, la lâcheté de l'*Homo sovieticus*. Mais il adorait le vieillard et respectait même son opiniâtreté, un trait de caractère qu'ils partageaient. Entre le père et le fils, l'amour et la dissimulation étaient allés de front.

Le remariage de Gordievsky fut aussi rapide et efficace que son divorce. Leïla ayant regagné Moscou en janvier 1979, la cérémonie eut lieu quelques semaines plus tard au bureau de l'état civil, suivie d'un dîner de famille chez les parents de la jeune femme. Olga fut ravie de voir son fils si heureux. Elle n'avait jamais porté dans son cœur cette Elena, une arriviste au regard perçant. Le couple s'installa dans un nouvel appartement au huitième étage du 103, perspective Lénine, un immeuble appartenant à une coopérative du KGB : « Nous étions proches et amoureux. Tout ce que j'avais toujours souhaité. » Il n'en restait pas moins que ce mariage souffrait d'un faux-semblant, la face cachée d'Oleg. Heureusement, elle était masquée par des plaisirs domestiques simples, l'achat de meubles, l'installation de bibliothèques, l'accrochage de tableaux acquis au Danemark. Manquaient à Oleg la musique et les libertés dont il jouissait à l'Ouest. Leïla retrouva le mode de vie russe sans se plaindre ni se poser de questions : « Le vrai bonheur, c'est de faire la queue toute une nuit et d'obtenir enfin ce qu'on désire. » Bientôt, elle attendit un bébé.

Gordievsky fut chargé de rédiger une histoire du Troisième Département, un passe-temps qui lui ouvrait les archives de l'espionnage soviétique mais ne lui apportait aucune information sur les opérations en cours. Une seule fois, il réussit à jeter un coup d'œil à un dossier sur le bureau d'un collègue de la section norvégienne. Le nom se terminait par OLT, la première partie de TREHOLT étant cachée par des papiers. Un indice supplémentaire qui prouvait qu'Arne Treholt était un agent actif du KGB. Cela valait-il la peine d'en informer les Britanniques qui seraient certainement intéressés ? Il décida que le risque était trop grand et ne tenta pas de contacter le MI6.

Exilé dans son propre pays, il était fier d'entretenir la flamme de son allégeance secrète. Une seule personne, dans toute la Russie, aurait pu le comprendre.

Kim Philby prenait de la bouteille dans tous les sens du mot : il vieillissait seul, buvait beaucoup trop, mais son esprit était toujours aussi aiguisé. Personne ne comprenait mieux que lui, grâce à son expérience personnelle, les affres de la vie d'un agent double, l'acharnement à ne pas être repéré, l'art de démasquer une taupe. À l'intérieur du KGB, c'était encore une légende. Gordievsky, qui avait rapporté un livre danois sur l'affaire Philby, lui demanda de le dédicacer. L'ouvrage revint avec ces mots : « *À mon cher ami Oleg – Ne croyez pas ce que vous lisez ! Kim Philby.* »

Malgré leurs nombreux points communs, ils n'étaient pas amis. Pendant trente ans, l'agent double Philby avait travaillé en secret pour le KGB. Il menait désormais une vie confortable de semi-retraité à la disposition de ses maîtres soviétiques.

Peu après le retour de Gordievsky, le Centre demanda à Philby d'étudier l'affaire Gunvor Haavik dite GRETA et d'en évaluer les failles. Pour quelles raisons cette espionne expérimentée avait-elle été arrêtée ? Pendant des semaines, Philby éplucha les dossiers et, comme cela fut souvent le cas dans sa longue carrière, arriva à la bonne conclusion : « La fuite qui l'a trahie n'a pu venir que du KGB lui-même. »

Gordievsky et d'autres officiers supérieurs furent convoqués dans le bureau de Viktor Grouchko : « Il y aurait des fuites chez nous », déclara-t-il avant de présenter les conclusions méticuleusement réunies par Philby dans l'affaire Haavik. « C'est d'autant plus inquiétant que l'enchaînement des événements tend à prouver que *le traître peut se trouver dans cette pièce à l'heure présente*. Il peut être assis dans ce bureau. »

Secoué par la peur, Gordievsky se pinça la cuisse jusqu'au sang à travers la poche de son pantalon. Si Haavik avait été en contact avec une douzaine d'agents traitants du KGB, Oleg n'eut jamais de lien direct avec elle ni avec l'affaire, la Norvège n'étant pas de sa compétence. Il était cependant persuadé que les tuyaux qu'il avait transmis à Guscott étaient directement responsables de l'arrestation de GRETA. Aujourd'hui, à cause du flair d'un espion britannique vieillissant, un nuage de soupçons planait dangereusement au-dessus de sa tête. Il eut envie de vomir. De retour à son bureau dans un état de choc qu'il était parvenu à dissimuler, il se demanda quelles autres informations livrées au MI6 pourraient le trahir.

Stig Bergling décrivit la vie d'un agent secret comme « grise, noire, blanche et terne, entourée de brouillard et d'une fumée charbonneuse et brune ». Sa propre carrière de policier suédois, d'officier du renseignement et de taupe soviétique fut tout sauf blafarde.

Au commencement, il n'était qu'un policier avant d'incorporer le SÄPO, le service de contre-espionnage suédois responsable de surveiller les activités des agents soviétiques en Suède. En 1971, il fut nommé à l'état-major de la Défense pour assurer la liaison avec le SÄPO. C'est là qu'il eut accès à des informations ultra-secrètes concernant la totalité des défenses militaires suédoises. Deux ans plus tard, observateur des Nations unies au Liban, il prit contact avec Alexandre Nikiforov, attaché militaire et officier du GRU à Beyrouth. Le 30 novembre 1973, il vendait aux Soviétiques un premier lot de documents secrets pour la somme de 3 500 dollars.

Bergling plongea dans l'espionnage pour deux raisons : « gagner de l'argent » dont il était très friand et se venger de l'attitude dominatrice de ses supérieurs. Au cours des quatre années suivantes, il fournit aux Soviétiques 14 700 documents divulguant les fortifications de la défense suédoise, les systèmes d'armement, les codes secrets et les opérations de contre-espionnage. Il communiquait avec ses officiers traitants en utilisant de l'encre invisible, des micro-points et une radio à ondes courtes. Il signa même un reçu « Paiement pour renseignements fournis au service du Renseignement russe ». Récépissé que les Soviets pourraient utiliser pour le faire chanter. La preuve que Bergling était assez stupide.

Puis vinrent les tuyaux de Gordievsky faisant état d'un agent soviétique qui avait infiltré le Renseignement suédois. Le directeur du contre-espionnage du MI6 prit un vol pour Stockholm afin d'en avertir ses collègues suédois.

À ce stade de sa carrière, Bergling était officiellement chef des recherches du SÄPO, officier de réserve de l'armée suédoise et, secrètement, colonel du contre-espionnage militaire soviétique.

Les autorités suédoises entrèrent en action. Le 12 mars 1979, sur ordre la Suède, il fut arrêté à l'aéroport de Tel-Aviv par le Shin Bet, l'agence de sécurité intérieure d'Israël, et livré à ses anciens collègues du SÄPO.

Neuf mois plus tard, jugé pour espionnage, il fut condamné à la prison à vie : si ses maîtres soviétiques lui avaient versé une petite fortune, il causa à son pays des dégâts qui étaient estimés à 29 millions de livres.

Ainsi, un par un, les espions dénoncés par Gordievsky étaient éliminés. L'Ouest y gagna sans doute en sécurité. Mais lui continua à trembler. À l'intérieur du Troisième Département où sa carrière partait à vau-l'eau, la méfiance l'entourait. N'était-il temps pour lui de rompre avec le passé, d'interrompre tout contact avec le MI6, d'espérer que le KGB n'apprît jamais la vérité ? Et de se tenir tranquille pour le reste de sa vie, profiter de son bonheur conjugal et de son futur enfant ? Au lieu de ça, il préféra aller de l'avant. Professionnellement, il avait besoin de se relancer.

Il allait apprendre l'anglais.

Le KGB offrait 10 % d'augmentation de salaire aux officiers qui s'initieraient à une langue étrangère, sans dépasser le nombre de deux. Gordievsky qui parlait déjà allemand, danois et suédois s'inscrivit à tout hasard. Il fut accepté. À 41 ans, il devint le plus vieil élève du cours d'anglais qui devait prendre quatre ans. En deux ans, il en eut terminé.

Si ses collègues du KGB l'avaient mieux surveillé, ils se seraient demandé pourquoi Oleg était si pressé d'en finir avec ses leçons. Et pourquoi il mettait tant de zèle à se renseigner sur l'Angleterre.

Il acheta un dictionnaire russe-anglais en deux volumes et se plongea dans la culture britannique – dans les limites autorisées par l'URSS. Il lut *L'Histoire de la Seconde Guerre mondiale* de Churchill,

Chacal de Frederick Forsyth et *Histoire de Tom Jones* de Fielding. Mikhaïl Lioubimov, de retour de Copenhague pour occuper le prodigieux poste de chef du groupe de réflexion de la Première Direction générale, se souviendra de la façon dont son ami « passait à l'improviste pour bavarder et lui demander de sages conseils sur le Royaume-Uni ». Lioubimov était ravi de lui exposer les plaisirs du quartier des clubs de Londres et du whisky écossais. « Sacrée ironie ! écrira-t-il. Je guidais un espion anglais ! » Leïla l'aidait également : le soir, elle lui faisait réviser son vocabulaire tout en en profitant pour apprendre la langue. « Je lui enviais ses facilités. Il pouvait retenir trente nouveaux mots par jour. Il était brillant. »

Lioubimov lui suggéra la lecture des romans de Somerset Maughan. Officier du Renseignement britannique pendant la Première Guerre mondiale, Maughan avait capté la moralité fluctuante de l'espionnage. Gordievsky fut particulièrement fasciné par *Mr. Ashenden, agent secret*, un espion britannique envoyé en Russie pendant la Révolution bolchevique. Somerset Maughan le décrivait en ces termes : « Ashenden admirait la bonté mais n'était pas révolté par la cruauté. Parfois, on le croyait sans cœur car il était plus intéressé par les autres qu'attaché à leur personne. »

Pour améliorer son anglais, Gordievsky aidait Philby à traduire ses rapports. Comme les hauts fonctionnaires de sa génération, Philby écrivait et s'exprimait dans une langue alambiquée propre à la haute bourgeoisie britannique. Appelé par dérision le « Mandarin de Whitehall » à cause de ses voyelles allongées et sa lenteur délibérée, il était difficile à rendre en russe. Mais pour Oleg, c'était une bonne introduction à l'hermétisme des officiels anglais.

À l'intérieur du Troisième Département, les sections Angleterre et Scandinavie opéraient côte à côte. Gordievsky redoubla d'efforts pour cultiver ceux qui pourraient l'aider à traverser la frontière. En avril 1980, Leïla donna naissance à une petite fille, Maria. Ce fut l'occasion pour le fier papa de convier Viktor Grouchko, le chef du département, et Lioubimov à venir célébrer l'heureux événement. Ce dernier n'oublia pas la fête : « Nous fûmes invités, Grouchko et moi, à déguster des spécialités d'Azerbaïdjan, préparées par sa belle-mère. Elle nous a raconté les exploits de son mari, qui avait travaillé pour la Tchéka (la police secrète bolchevique). Gordievsky exhiba ses peintures rapportées du Danemark. »

Cirer les pompes du patron n'est pas de tout repos : quand il est muté, tout est à recommencer.

C'est ce qui arriva à Lioubimov, viré sans préavis et sans ménagement du KGB. Comme Gordievsky, il avait été victime des moralisateurs du Centre, mais son péché était encore plus grave. Sa seconde vie conjugale n'étant pas heureuse, il était tombé amoureux de l'épouse d'un officier et avait omis de le signaler à temps aux hautes instances. Il fut congédié sans autre forme de procès. Une lourde perte pour Oleg. Lioubimov n'avait pas seulement été une source importante de secrets, mais son parrain, son conseiller, son allié et un de ses très proches amis. L'infatigable Lioubimov décida de devenir romancier, le Somerset Maughan russe.

Viktor Grouchko, promu adjoint du chef de la Première Direction générale, fut remplacé à la tête du

Troisième Département par Guennadi Titov, dit « le Crocodile », ancien *rezident* d'Oslo et officier traitant d'Arne Treholt. Nikolaï Gribine fut nommé chef de la section Scandinavie-Grande-Bretagne, personnage brillant qui servit à Copenhague en 1976 sous les ordres de Gordievsky avant de le dépasser. Gribine était mince, beau, toujours impeccable. Dans les soirées, son numéro favori était de gratter de la guitare et de chanter des vieilles et tristes ballades russes jusqu'à ce que son auditoire éclatât en sanglots. Terriblement ambitieux, il était passé maître dans l'art de faire du gringue aux officiers supérieurs. Ses patrons le trouvaient épatant. Gordievsky était d'un avis contraire : « le fayot typique, lèche-bottes, carriériste ». Mais il avait besoin de son soutien. Aussi se bouchait-il le nez en l'encensant.

L'été 1981, il décrocha son ultime diplôme. Son anglais était loin d'être parfait mais, en théorie, il était apte à occuper un poste en Grande-Bretagne. En septembre, Leïla mit au monde Anna, une seconde fille. Elle se montrait une « mère de tout premier ordre », une épouse attentive et dévouée. Sa vie à la maison était merveilleuse.

Fini le temps du scandale ! On commençait à le réhabiliter. La preuve : on lui demanda de rédiger le rapport annuel du département. On l'invita à des réunions plus importantes. Importantes certes, mais pas au point de lui donner accès à des secrets suffisamment remarquables pour qu'il reprenne contact avec le MI6. Un jour peut-être ?

Au douzième étage de Century House, l'équipe SUNBEAM se posait la même question. Depuis trois ans, pas un murmure en provenance de Gordievsky. Ce silence forcé n'empêchait pas le MI6 de surveiller la boulangerie de la perspective Koutouzov ni de maintenir l'Opération PIMLICO en état de fonctionner. Il organisa même une répétition générale : le chef de la station de Moscou et sa femme se rendirent en voiture à Helsinki en empruntant l'itinéraire d'exfiltration. Guscott et Veronica Price les retrouvèrent en Finlande et gagnèrent la frontière avec la Norvège. La routine continuait. À Moscou, tous les mardis à 19 h 30, qu'il pleuve ou qu'il neige, un membre de l'antenne du MI6 ou son épouse surveillait le trottoir devant la boulangerie. Prêt à exhiber un Mars ou un KitKat au cas où il verrait un homme à casquette grise portant un sac Safeway. Chaque troisième samedi du mois, un officier du MI6 muni d'un sac Harrods se tenait près de l'horloge du Marché central : les sens en alerte, il semblait faire des achats mais guettait le signal d'un contact furtif. L'un d'eux se souvient : « Le gouvernement de Sa Majesté me doit toujours 10 livres pour l'achat d'une tomate en plein hiver, sans doute le seul spécimen disponible dans la ville de Moscou. »

Gordievsky ne se montra jamais.

Cette année-là, Geoffrey Guscott fut nommé à la tête de l'antenne du MI6 à Stockholm dans l'espoir, entre autres, que, si Gordievsky était envoyé un jour à l'étranger, il le serait en Suède, dont il parlait la langue. Peine perdue. L'affaire Gordievsky était plongée dans un lourd sommeil. Et pas un battement de cils n'annonçait un prochain réveil.

Pourtant, grâce à l'obligeance du service de renseignement danois, apparut un indice démontrant que rien n'était perdu. Le PET, toujours fiable, se demandait également ce qu'était devenu l'espion russe. Il chargea un diplomate danois qui se rendait souvent à Moscou de se renseigner. Au cours de son voyage suivant, sans avoir l'air d'y toucher, il alla aux nouvelles : où se terrait donc ce charmant fonctionnaire russe du consulat qui parlait si bien le danois ? La réponse ne se fit pas attendre. À la prochaine réception à laquelle il assista, il eut le plaisir de voir apparaître un Gordievsky sûr de lui et en bonne santé. Le diplomate danois s'empressa d'adresser un rapport au PET précisant qu'Oleg s'était remarié et avait deux filles. L'information fut relayée au MI6.

Le point le plus important du rapport du PET tenait en une seule remarque mais elle souleva l'enthousiasme de l'équipe SUNBEAM : Gordievsky la lâcha entre un cocktail et un petit sandwich.

L'air parfaitement décontracté, il se tourna vers le diplomate danois et lança :

— Je suis en train d'apprendre l'anglais.

6.

L'agent BOOT

Guennadi Titov avait un gros souci. Le chef du Troisième Département de la Première Direction générale avait un poste à pourvoir à l'ambassade soviétique de Londres. Et personne en vue. Ou, plus précisément, personne qui s'aplatirait suffisamment devant lui, qualité essentielle pour en être digne.

Le Crocodile était un de ces individus – assez courant dans les grandes administrations – qui n'offrait sa protection qu'aux subalternes à sa botte. Un homme grossier, combinard, obséquieux avec ses supérieurs, méprisant avec ses sous-fifres. Gordievsky ne le tenait pas en haute estime : « Un des officiers les plus désagréables et les plus impopulaires de tout le KGB. » Un des plus puissants aussi, avec la réputation d'être un chef hors pair. Expulsé de Norvège après l'arrestation de Gunvor Haavik, il n'en continuait pas moins à contrôler Arne Treholt à distance, ne le rencontrant que pour des repas pantagruéliques à Vienne, Helsinki ou ailleurs. De retour à Moscou en 1977, Titov gravit les marches du pouvoir en jouant à fond des intrigues de bureau, encensant ses chefs et nommant ses âmes damnées à des postes clés. Gordievsky le haïssait.

Depuis 1971, année où plus de 100 officiers du KGB furent expulsés de Londres lors de l'Opération FOOT, le Centre se battait pour reconstruire son antenne. Mais il ne disposait pas d'un nombre suffisant d'officiers compétents, parlant anglais, pour combler le vide. Dans les années 1930, il avait totalement infiltré les services britanniques, leur infligeant des pertes énormes grâce à Philby et la soi-disant bande de Cambridge. Depuis, le KGB se désespérait de n'avoir jamais renouvelé un tel exploit. Il devait se contenter de quelques illégaux et d'un nombre restreint d'officiers se faisant passer pour des journalistes ou pour des représentants de commerce, mais peu d'espions capables d'œuvrer sous couvert diplomatique.

Pendant l'automne 1981, l'adjoint du chef de la Ligne PR en Angleterre retourna à Moscou. Auparavant, il avait ouvertement opéré comme conseiller de l'ambassade soviétique à Londres. Le premier candidat à être proposé pour le remplacer fut rejeté par le Foreign Office car le MI5 le soupçonnait à juste titre d'activités clandestines. Pour ce poste en or, le KGB recherchait quelqu'un d'expérience, parlant anglais, avec un passé de diplomate et qui ne serait pas écarté d'office par les Britanniques.

Gordievsky commença à faire courir le bruit qu'il était le seul qualifié. Nikolaï Gribine, nouvellement promu chef de la section Grande-Bretagne, était favorable à sa candidature. Titov, lui, exigeait de placer une de ses serviles créatures, ce que Gordievsky n'était pas. S'ensuivit un duel intense où Titov manœuvra pour imposer son chouchou tandis que Gordievsky exhiba ce qu'il espérait être la bonne dose d'enthousiasme, d'obséquiosité et de feinte humilité. Il fit sa campagne sans trop insister, dénigra tranquillement ses rivaux, flatta le Crocodile. Jusqu'à la victoire. Pour finir, Titov lâcha prise, persuadé que les Britanniques ne lui octroieraient pas de visa. « L'Ouest connaît bien Gordievsky, dit-il. Ils vont l'exclure d'emblée. Mais on peut toujours essayer. »

Sans attendre la réponse, Oleg montra à Titov une reconnaissance éperdue. En même temps, il savourait sa future revanche.

Leïla, épouse d'un officier du KGB en pleine ascension, exultait déjà à l'idée de déménager à Londres qu'elle se représentait comme un lieu enchanteur et mythique. Ses deux petites filles grandissaient vite : Maria une robuste gamine, énergique et indépendante, Anna qui bredouillait ses premiers mots de russe. Leïla s'imaginait menant ses élégantes gamines dans une école de langue anglaise, faisant ses courses dans d'immenses supermarchés débordant de nourriture succulente, explorant les trésors de la ville. Alors que la propagande soviétique décrivait la Grande-Bretagne comme le pays de travailleurs exploités et de capitalistes rapaces, elle s'était rendu compte au Danemark de la réalité de la vie en Occident. De plus, en tant que membre d'une délégation russe à une conférence de l'OMS, elle avait eu l'occasion de se rendre à Londres en 1978 pour un bref séjour.

À l'instar de nombreux couples qui s'embarquent pour une aventure commune, la chance de construire une nouvelle vie de famille à l'étranger rapprocha Oleg et Leïla. Ensemble, ils s'imaginèrent déambuler dans de larges avenues, assister à des concerts de musique classique, dîner dans des restaurants chics, se promener dans des parcs. Ils pourraient explorer la ville, lire ce qui leur plaisait, se faire de nouveaux amis. Oleg décrivit à sa femme les Anglais qu'il avait rencontrés à Copenhague : spirituels, sophistiqués, généreux, gais. S'ils avaient trouvé le Danemark passionnant, il lui prédit qu'ils seraient encore plus heureux à Londres. Quatre ans auparavant, au début de leur rencontre, il lui avait promis de l'emmener dans le monde entier : brillant officier, il serait accompagné de sa belle et jeune femme et de leurs nombreux enfants. Ce jour était arrivé et Leïla ne l'en aima que davantage. Pourtant Gordievsky ne lui dévoila pas la face cachée de sa prochaine existence. La *rezidentura* de Londres étant l'une des plus actives de la planète, des secrets d'une extrême importance lui passeraient entre les mains. Dès qu'il pourrait le faire en toute sécurité, il reprendrait contact avec le MI6. Il espionnerait pour les Anglais à l'intérieur de la Grande-Bretagne jusqu'au jour, proche ou très lointain, où il leur dirait qu'il en avait terminé. Il ferait alors défection, avouerait sa double vie à Leïla et ils demeureraient pour toujours dans le pays de Shakespeare. Mais, bien sûr, il lui cacha ses projets.

Vivre à Londres représentait pour le mari et la femme l'accomplissement d'un rêve. Sans partager la même vision.

Gordievsky reçut un nouveau passeport diplomatique. Une demande de visa fut envoyée à l'ambassade britannique à Moscou. De là elle fut transmise à Londres.

Deux jours plus tard, James Spooner, chef de la section soviétique du MI6, était assis à son bureau de

Century House quand une assistante hors d'haleine fit irruption : « J'ai une grande nouvelle à vous annoncer ! » Elle lui tendit une feuille de papier. « Regardez cette demande de visa en provenance de Moscou ! » La lettre d'accompagnement précisait que le camarade Oleg Antonovitch Gordievsky était nommé conseiller de l'ambassade soviétique.

Spooner exulta. Sans toutefois le montrer. Fils d'un médecin et d'une mère écossaise directrice d'un service social, il se distingua à l'école en appartenant à un club réservé aux élèves particulièrement doués et sortit d'Oxford avec un diplôme émérite en histoire et une passion pour l'architecture médiévale. « D'une intelligence supérieure, d'une précision exceptionnelle dans ses jugements, il ne laissait jamais apparaître le fond de sa pensée », déclara un de ses contemporains. En 1971, Spooner rejoignit un autre club de surdoués : le MI6. D'aucuns prédirent qu'il avait l'étoffe d'un futur chef du Service. Les gens du contre-espionnage britannique avaient la réputation de fanfaronner, de prendre trop de risques, de suivre leurs intuitions. Spooner était tout le contraire. Il abordait les tâches les plus complexes à la manière d'un historien et d'un théoricien (il serait à l'origine de la première histoire autorisée du MI6), réunissant les preuves, passant les faits au crible, ne concluant qu'après avoir tourné et retourné le problème dans tous les sens. Il ne fallait pas lui demander un avis rapide : il prenait tout son temps, procédait par étapes, allait au fond des choses. En 1981, à 32 ans, il avait déjà espionné à Nairobi et à Moscou en bénéficiant de l'immunité diplomatique. Il parlait bien le russe, et la culture du pays le fascinait. Le KGB avait profité de son séjour dans la capitale pour lui mettre un agent provocateur entre les pattes : il fut approché par un officier de la marine soviétique qui proposait d'espionner en faveur de la Grande-Bretagne. Du coup, il fut rappelé à Londres. Au début de 1980, il prit la direction du P5, l'équipe opérationnelle qui incluait Veronica Price. Le P5 contrôlait les agents soviétiques à l'intérieur et à l'extérieur du bloc communiste. De bien des manières, il était aux antipodes de Guennadi Titov, son homologue du KGB : allergique aux manigances de bureau, réfractaire à la flatterie, professionnel jusqu'au bout des ongles.

Dès sa prise de fonctions, SUNBEAM fut un des premiers dossiers à atterrir sur son bureau. Il constata qu'un Gordievsky injoignable et professionnellement encalminé à Moscou aurait pu aussi bien se trouver sur une île déserte. « Le MI6 a eu raison de ne pas tenter de le joindre, déclara Spooner. Bien sûr, nous ne pouvions prévoir la suite des événements. Comment imaginer qu'il débarquerait un jour à Londres ? »

Après trois ans d'inactivité et d'inquiétude, savoir qu'il allait bientôt venir du froid donna des ailes à James Spooner, à Geoffrey Guscott, à Veronica Price et à toute l'équipe SUNBEAM. Spooner rendit visite à Price pour lui montrer la demande de visa. Elle lui déclara :

— Juste ce que nous avions espéré. Je suis contente.

Sa façon à elle d'exprimer son enthousiasme.

— Il faut que je me retire pour réfléchir, ajouta-t-elle.

— Ne tardez pas trop, je dois montrer le papier à « C ».

En fait, délivrer un visa à Gordievsky n'était pas évident. En principe, tout officier soupçonné d'appartenir au KGB était interdit d'entrée. Normalement, le Foreign Office diligenterait une enquête qui montrerait qu'il avait été deux fois en poste à Copenhague. Puis une banale demande de renseignements auprès des Danois révélerait qu'il était soupçonné d'appartenir au Renseignement soviétique. Sa demande de visa irait à la poubelle. Mais il n'y avait pas de normalement qui tînt. Le MI6 avait besoin que Gordievsky fût admis sans délai et sans soulever de questions. Donner l'ordre à l'Immigration de délivrer un visa ? C'était prendre le risque d'éveiller des soupçons. Car en quoi ce Russe était-il si différent ? Or, le MI6 ne pouvait s'offrir le luxe d'une telle éventualité. Alerté, le PET fut heureux de rendre service. Prévenus par le MI6 que le Foreign Office poserait des questions indiscrètes, les Danois « maquillèrent » le dossier. Ils répondirent qu'aucune preuve n'établissait, malgré quelques soupçons, son appartenance au KGB. « Pour que le visa suive la voie normale, nous avons laissé planer un vague doute. Nous avons dit : "Oui, les Danois l'ont repéré, mais rien n'est certain." » Finalement, pour le Foreign Office et l'Immigration, Gordievsky n'était qu'un diplomate soviétique parmi d'autres, peut-être un peu mystérieux mais peut-être pas. En tout cas, il ne méritait pas qu'on en fasse tout un foin. Alors que le bureau des passeports mettait au moins un mois pour délivrer un visa diplomatique, il ne lui fallut que vingt-deux jours pour autoriser Gordievsky à pénétrer en Grande-Bretagne avec le statut dc diplomate accrédité.

À Moscou, tant de hâte sembla louche. Un haut fonctionnaire du ministère des Affaires étrangères s'en ouvrit à Gordievsky quand il vint chercher son passeport : « C'est anormal que vous ayez obtenu votre visa aussi vite. Ils *doivent* vous connaître, savoir que vous allez beaucoup à l'étranger. Quand on a soumis votre demande, j'étais certain qu'elle serait refusée. Dernièrement, ils en ont rejeté des masses. Vous faites partie des *heureux* élus. »

La bureaucratie du KGB était des plus lentes. Trois mois plus tard, Gordievsky attendait toujours l'autorisation de sortir d'URSS. Le Cinquième Département de la Direction K, responsable des enquêtes internes, prenait son temps pour fouiller son passé. Oleg commença à se demander s'il y avait un problème. Century House était également fiévreux. Geoffrey Guscott fut prévenu à Stockholm de se tenir fin prêt à prendre un avion – destination Londres – afin de réceptionner Gordievsky à son arrivée. Mais il n'arrivait toujours pas. Qu'est-ce qui avait déraillé ?

Bloqué à Moscou dans l'attente du précieux feu vert, Gordievsky en profita pour examiner les dossiers conservés par les états-majors du KGB – lieux les plus impénétrables de la planète si on n'avait pas un pied à l'intérieur. Le service de sécurité du Centre était à la fois complexe et sommaire. Le chef de département conservait dans son bureau les dossiers opérationnels les plus secrets, des documents bouclés à l'intérieur de coffres fermés à clé. Les officiers qui supervisaient les différents aspects d'une opération gardaient dans un coffre individuel les autres documents. Chaque soir, ils fermaient à clé coffres et armoires, plaçaient les clés dans un petit coffret en bois qu'ils scellaient avec un morceau de pâte à modeler. Pour plus de sécurité, ils y apposaient leur cachet individuel, à la manière dont les sceaux à la cire étaient utilisés autrefois. Un officier de permanence collectait les boîtes et les rangeait dans un autre coffre du bureau de Guennadi Titov. La clé était alors placée dans une cassette scellée avec le cachet de l'officier de permanence. Il ne restait plus qu'à la placer dans le bureau – surveillé jour et nuit – du secrétariat de la Première Direction générale. Une procédure qui exigeait beaucoup de temps et beaucoup de pâte à modeler.

Gordievsky occupait le bureau 635, la section politique du Département britannique. Les dossiers d'individus que le KGB considérait comme des agents, agents potentiels ou relations confidentielles, étaient rangés dans trois armoires métalliques. Alors que les documents concernant des affaires périmées partaient pour les archives principales, le bureau 635 ne conservait que les dossiers en activité. Ils étaient stockés dans des cartons, trois par étagère, deux dossiers par carton ficelé et scellé à la pâte à modeler. Ouvrir un dossier exigeait la signature du chef du département. L'armoire « Grande-Bretagne » contenait six dossiers d'« agents » et une douzaine de « relations confidentielles ».

Gordievsky commença à les étudier afin de se faire une idée des opérations politiques du KGB. Un jour, Dmitri Svetanko se moqua de lui :

— Arrêtez de bachoter ! Ne perdez pas trop de temps à les lire. Quand vous serez en Angleterre, vous vous rendrez compte de ce qu'il en est.

Comptant sur sa réputation de bûcheur afin d'écarter les soupçons, Gordievsky continua ses recherches. Chaque jour, il récupérait un nouveau dossier, rompait le sceau, découvrait des Anglais que le KGB cherchait à ferrer ou qui avaient déjà mordu à l'appât.

À dire vrai, ce n'était pas des espions. La Ligne PR cherchait surtout à recruter des hommes d'influence détenteurs de secrets politiques. Elle avait pour cibles des leaders d'opinions, hommes politiques, journalistes, détenteurs de pouvoir. Parmi eux, elle différenciait les « agents » conscients de fournir clandestinement des renseignements secrets et les « relations confidentielles » qui n'étaient que d'utiles informateurs, plus ou moins complices. Certains acceptaient de l'argent, des vacances gratuites, un hébergement. D'autres enfin, simples sympathisants de la cause soviétique, ignoraient que le KGB les cajolait. Ils seraient tombés des nues s'ils avaient appris qu'ils méritaient un nom de code et un dossier parqué dans une armoire blindée de l'état-major du KGB.

En tout cas, ils étaient d'une pointure au-dessus des nullités que le KGB avait courtisées au Danemark. La Grande-Bretagne représentait un objectif de premier ordre. Certains dossiers remontaient à des dizaines d'années et contenaient des noms souvent au-dessus tout soupçon.

Jack Jones était un des personnages les plus respectés du monde syndical, un fervent socialiste que Gordon Brown, le Premier Ministre britannique, avait qualifié « d'un des plus grands syndicalistes au monde ». Il était également un agent du KGB.

Ancien docker du port de Liverpool, il s'engagea dans les Brigades internationales et combattit aux côtés des républicains pendant la guerre civile espagnole. Trente ans plus tard, il accéda au poste de secrétaire général du Syndicat des transports et des travailleurs (TGWU), qui fut un temps le plus grand syndicat du monde occidental avec ses deux millions de membres. Il garda ce poste pendant dix ans. Un sondage de 1977 montra que, selon 54 % des personnes interrogées, Jack Jones jouissait d'une plus grande influence que le Premier Ministre. Avenant, direct, intransigeant, il représentait l'image publique des syndicats. Son monde personnel était moins reluisant.

Après avoir rejoint le Parti communiste en 1932, il en resta membre jusqu'en 1949. Le Renseignement soviétique le contacta une première fois alors qu'il se rétablissait de ses blessures récoltées pendant la guerre civile espagnole. Une mise sur écoute du siège du Parti communiste par le MI5 de Londres révéla que Jones était « prêt à communiquer au Parti des renseignements gouvernementaux et autres informations dont il avait connaissance à titre confidentiel dans sa capacité de syndicaliste ». Le KGB lui attribua entre 1964 et 1968 le nom de code DRIM (altération russe de *dream*, « rêve » en anglais) après qu'il lui eut transmis des « documents confidentiels concernant le Parti travailliste obtenus en tant que membre du National Executive Committee, son instance dirigeante. Ces documents révélaient aussi les délibérations du Comité international du Parti et des informations sur ses collègues et ses contacts ». Il acceptait des dons « pour couvrir ses dépenses de vacances ». Le KGB le considérait comme « un agent utile et très discipliné » qui « l'informait sur ce qui se passait au 10, Downing Street, sur les dirigeants du Parti travailliste et sur les mouvements syndicalistes ». Si le Printemps de Prague amena Jones à rompre avec le KGB, les dossiers gardaient la trace de contacts sporadiques pendant les années suivantes. En 1978, il démissionna du Syndicat des transports et des travailleurs, refusa en fanfare d'être anobli, mais demeura une des personnalités les plus en vue de la gauche.

Le deuxième dossier étudié par Gordievsky concernait Bob Edwards, un député de l'aile gauche du Parti travailliste, lui aussi ancien docker, ancien vétéran de la guerre civile espagnole, leader syndicaliste et agent de longue date du KGB. Dans sa jeunesse, en 1926, il conduisit une délégation de jeunes en URSS, rencontra Staline et Trotski. Tout au long de sa carrière politique, Edwards fut un informateur motivé ayant accès à des secrets de premier ordre. Selon un rapport du MI5, « il n'y a pas de doute que ce député aurait communiqué tout ce qu'il pouvait dénicher au KGB ». En reconnaissance de son travail clandestin, il fut décoré en grand secret de l'Ordre de l'Amitié des peuples, la troisième plus haute récompense soviétique. Son officier traitant de l'époque était Leonid Zaïtsev (l'ex-patron de Gordievsky à Copenhague) : il rencontra Edwards à Bruxelles pour lui montrer la médaille avant de la mettre en sécurité à Moscou.

En plus des grosses prises, les dossiers recelaient bon nombre de menus fretins comme lord Fenner Brockway, ancien député et secrétaire général du Parti travailliste. Au cours des années de coopération avec le KGB, cette « relation confidentielle » profita beaucoup de l'hospitalité du Renseignement soviétique sans lui rapporter grand-chose en échange. Un autre dossier concernait Richard Gott, un journaliste du *Guardian*. En 1964, alors qu'il travaillait pour l'Institut royal des affaires internationales, il fut approché par un membre de l'ambassade soviétique de Londres, le premier d'une série de contacts avec le KGB. Se frotter au monde de l'espionnage l'excitait : « J'adorais cette ambiance que connaissent bien les amateurs de romans d'espionnage de la Guerre froide. » Les contacts reprirent en 1970.

Le KGB lui donna le nom de code de RON. Il accepta des voyages payés à Vienne, Nicosie, Athènes. « Comme de nombreux journalistes, diplomates ou hommes politiques, j'ai déjeuné avec des Russes durant la Guerre froide... J'ai accepté de l'or rouge, même si ce n'était que sous la forme de notes de frais pour moi et ma compagne. Aujourd'hui, ça paraît stupide et répréhensible mais à l'époque c'était une agréable plaisanterie. »

Toutes les agences de renseignement du globe, le KGB inclus, prennent leurs désirs pour la réalité quand elle les contrarie. Plusieurs noms, perçus comme des prosoviétiques en devenir, n'étaient que des gens de gauche. Pour le KGB, la Campagne pour le désarmement nucléaire fut pain bénit : un fertile terrain de recrutement. À la lecture des dossiers, Gordievsky conclut : « La plupart des cibles étaient des idéalistes qui lui donnèrent leur aide involontairement. » Un nom de code n'en faisait pas des espions. Comme c'était souvent le cas en matière d'espionnage, les fichiers politiques contenaient beaucoup d'éléments puisés dans les journaux et les magazines, puis trafiqués par le KGB de Londres pour leur donner un air secret et donc important.

Un dossier sortait du lot. Le carton, clos avec une vieille ficelle et scellé à la pâte à modeler, contenait deux chemises, une de 300 pages, l'autre de 150. Nom de code : BOOT. Sur la couverture, on avait rayé le mot « agent » et l'avait remplacé par « relation confidentielle ». Gordievsky découvrit BOOT ce jour de décembre 1981 quand il brisa le sceau. La page de garde contenait une note d'introduction d'un ton protocolaire : « Moi, major Ivan Alexeïevitch Petrov, officier supérieur chargé des opérations, ouvre le dossier ci-joint concernant l'agent Michael Foot, citoyen britannique et lui attribue le pseudonyme Boot. »

L'agent BOOT n'était autre que l'Honorable Michael Foot, éminent écrivain, orateur, ancien député et chef du Parti travailliste. Et futur Premier Ministre si son parti gagnait les prochaines élections. Le chef de la Loyale Opposition de Sa Majesté était un agent payé par le KGB.

Gordievsky se souvint qu'en 1960, alors qu'il résidait au Danemark, Mikhaïl Lioubimov lui avait raconté ses efforts pour attirer l'étoile montante des députés travaillistes. Dans ses Mémoires, où il insistait sur les personnalités en vue, l'auteur mentionnait un pub de Londres comme sa base de recrutement. Il l'avait surnommé à la manière d'un pub traditionnel « Le Lioubimov et le Boot ».

Gordievsky n'ignorait pas que Michael Foot était devenu un des hommes politiques les plus célèbres d'Angleterre. Aussi, son pouls s'emballa quand il feuilleta le dossier.

Michael Foot occupait une place à part dans l'histoire politique. À la fin de sa carrière, on le tourna en ridicule, l'affublant du sobriquet de « Worzel Gummidge », célèbre épouvantail de fiction, pour son apparence débraillée, ses vestes de travail, ses épaisses lunettes, ses cannes noueuses. Figure imposante de la gauche du Parti travailliste pendant vingt ans, il devint ce très étrange animal britannique, un trésor national. 1913 le vit naître. 1945 fut l'année où il entra au Parlement après avoir touché au journalisme et dirigé la *Tribune*, un magazine socialiste. En 1974, il obtint son premier poste ministériel de secrétaire d'État pour l'Emploi. Harold Wilson était alors Premier Ministre. James Callaghan, chef des travaillistes, fut battu en 1979 par Margaret Thatcher, ce qui amena Foot à démissionner. Le 10 novembre 1980, il fut élu chef du Parti travailliste. « Mes convictions socialistes sont toujours aussi fortes », déclara-t-il. La Grande-Bretagne plongea dans une profonde récession. Thatcher devint impopulaire. Les sondages prédirent que les travaillistes arriveraient au pouvoir avec 10 % de voix de plus que les conservateurs. La prochaine élection générale devant se tenir en mai 1984, Michael Foot se vit déjà Premier Ministre.

Le dossier BOOT, s'il avait été rendu public, aurait mis un terme à cet espoir.

Le major Petrov ne devait pas manquer d'humour. En cherchant un nom de code, il n'avait pas résisté à ce jeu de mots FOOT/BOOT, en français PIED/BOTTE. Pour le reste, le dossier était d'un sérieux à toute épreuve. Au fil des pages, Gordievsky découvrit l'évolution d'une relation de vingt-quatre ans qui débuta à la fin des années 1940, quand le KGB classa Foot dans la catégorie des « progressistes ». Au cours de leur première réunion dans les locaux de la *Tribune*, des officiers du KGB se faisant passer pour des diplomates glissèrent 10 livres dans la poche de Foot, l'équivalant aujourd'hui d'environ 300 euros. Il ne fit aucune objection.

Une feuille du dossier énumérait les sommes versées à Foot pendant ces années. C'était un formulaire standard donnant la date, le montant et le nom de l'officier payeur. Gordievsky étudia les chiffres : entre dix et quinze paiements furent effectués au cours des années 1960 pour des versements de 100 à 150 livres, donc 1 500 livres au total, soit plus de 45 000 euros par an.

Qu'advint-il de cet argent ? C'est peu clair. Lioubimov apprendrait à Gordievsky qu'il soupçonnait Foot de l'avoir gardé pour lui. Mais le député travailliste n'était pas vénal. Il serait donc plausible que ces sommes aient été investies dans la *Tribune*, perpétuellement fauchée.

Une autre liste de noms et de codes énumérait les officiers de liaison qui contrôlèrent l'agent BOOT depuis la *rezidentura* de Londres. Gordievsky remarqua immédiatement que KORIN s'appliquait à Lioubimov : « J'ai parcouru rapidement la liste. Un de mes objectifs était de découvrir si je connaissais des officiers capables de manipuler un tel personnage. » Il y avait également un index de cinq pages répertoriant toutes les personnes que Foot mentionnait pendant ses entretiens avec le KGB.

Les rendez-vous se tenaient environ une fois par mois, à l'heure du déjeuner, au *Gay Hussar*, un célèbre restaurant de Soho. Rien n'était laissé au hasard. Trois jours auparavant, Moscou envoyait les grandes lignes des sujets à discuter. Un rapport, rédigé après chaque réunion, était examiné par le chef de la Ligne PR de Londres, puis par le *rezident*, avant d'être envoyé au Centre. À chaque étape, son évaluation.

Gordievsky lut deux rapports de la première à la dernière page et en parcourut une demi-douzaine. « J'étais intéressé par leur façon de s'exprimer, leur style et ce qu'ils laissaient entendre de la relation entre Foot et son officier traitant. J'avoue qu'elle était meilleure que je ne pensais. Les rapports manquaient d'imagination mais étaient intelligents et bien écrits.

Ils montraient une relation aboutie, loyale, avec une obligation de confidentialité réciproque. Ils se parlaient cordialement, creusaient les sujets. » Lioubimov avait excellé dans la manière de traiter Foot et de le payer. « Il mettait l'argent dans une enveloppe qu'il glissait dans sa poche – il avait des manières si élégantes qu'il pouvait le faire d'une façon convaincante. »

Qu'est-ce que le KGB en retira ? Gordievsky répond : « Foot leur livra un flot d'informations sur le Parti travailliste. Il leur communiqua les noms des hommes politiques et des chefs de syndicats prosoviétiques, allant jusqu'à suggérer qui méritait des vacances sur la mer Noire. Grand supporter de la Campagne pour le désarmement nucléaire, il leur transmit ce qu'il savait de l'armement nucléaire. En échange, le KGB lui fournissait des ébauches d'articles encourageant le désarmement britannique qui, sans divulguer leur provenance, pourraient être repris et publiés par la *Tribune*. Non seulement Foot ne protesta pas à la suite de l'invasion soviétique de la Hongrie en 1956, mais il continua à se rendre en URSS où on lui déroulait le tapis rouge. »

Foot disposait de formidables informations. Ce qui lui permit de fournir des précisions sur les machinations internes du Parti travailliste ainsi que son attitude vis-à-vis d'autres sujets de grande actualité : la guerre du Vietnam, les conséquences politiques et militaires de l'assassinat de Kennedy, le développement de la base militaire américaine de Diego Garcia, les discussions de la conférence de Genève de 1954 pour résoudre les problèmes encore en souffrance de la guerre de Corée. Proche de la ligne soviétique, jouissant d'une position unique, il apportait aux Soviétiques une vision politique globale.

Foot était habilement manipulé. « On lui disait : “Monsieur, nos analystes sont arrivés à la conclusion qu'il serait utile que le public soit au courant de ceci et de cela.” » Puis l'officier ajoutait : « Je vous ai préparé différents éléments… prenez-les et utilisez-les si bon vous semble. » Ils discutaient aussi de futures publications dans son journal et dans la presse en général. Il ne fut jamais évoqué que Foot était nourri à la source de la propagande soviétique.

BOOT était un agent à part qui ne collait pas avec les critères habituels du KGB. Il ne dissimulait pas ses réunions avec des officiels soviétiques (sans pour autant les claironner), d'autant qu'il était trop connu pour les tenir secrètes. « Créateur d'opinion », il était plus un agent d'influence (terme littéraire) qu'un agent (terme spécifique à l'espionnage). Foot ignora que le KGB l'avait classé parmi les agents, selon leur propre définition. Il conserva son indépendance d'esprit. Il ne livra aucun secret d'État (à l'époque ils étaient hors de sa portée). Nul doute qu'il crut épauler les politiques progressives et contribuer à la paix en acceptant les largesses soviétiques en faveur de la *Tribune*. Eut-il conscience que ses interlocuteurs appartenaient au KGB, le gavaient d'informations et rapportaient à Moscou tout ce qu'il leur livrait ? S'il l'ignora, il était vraiment naïf.

En 1968, l'affaire BOOT changea de niveau. Dans le sillage du Printemps de Prague, Foot critiqua Moscou abondamment. Lors d'un meeting à Hyde Park, il déclara : « Les actes des Russes confirment que les pires menaces envers le socialisme proviennent du Kremlin lui-même. » Les transferts d'argent cessèrent. BOOT fut rétrogradé d'« agent » à « relation confidentielle ». Les rendez-vous s'estompèrent jusqu'à s'arrêter totalement le jour où Foot brigua la tête du Parti travailliste. Mais BOOT n'était pas mort. En 1981, le KGB songea à le ressusciter.

La lecture du dossier ne laissa aucun doute dans l'esprit de Gordievsky : « Jusqu'en 1968, le KGB estima que Michael Foot était un véritable agent. En acceptant directement notre argent, nous pouvions le considérer, en toute conscience, comme un agent. Il est excellent qu'un agent se fasse payer, cela renforce la relation. »

Foot n'avait pas enfreint la loi. Ce n'était pas un espion soviétique. Il n'avait pas trahi son pays. Mais il avait reçu en secret des instructions et accepté de l'argent pour fournir des renseignements à une puissance ennemie, une dictature totalitaire. Si ses liens avec le KGB avaient été découverts par ses rivaux politiques (à l'intérieur et à l'extérieur de son propre pays), sa carrière aurait volé en éclats, le Parti travailliste aurait été décapité et cela aurait déclenché un scandale qui aurait secoué la vie politique britannique. Au minimum, Foot aurait perdu la prochaine élection.

On attribua à Lénine l'invention du terme « idiot utile », *poleznyi dourak* en russe : il décrit une personne qui peut être utilisée pour diffuser de la propagande sans en être consciente ou pour servir les intérêts d'un manipulateur.

Utile au KGB, Michael Foot fut un idiot total.

Gordievsky lut les dossiers BOOT en décembre 1981. Le mois suivant, il les relut, s'efforçant d'apprendre par cœur des passages entiers.

Dmitri Svetanko, adjoint du chef du département, fut surpris de trouver Gordievsky encore plongé dans des dossiers britanniques alors qu'il lui avait dit de laisser tomber.

— Qu'est-ce que vous fabriquez ? lui demanda-t-il brutalement.

— Je parcours des dossiers, répondit-il l'air le plus détaché possible.

— C'est vraiment nécessaire ?

— Je cherche à être au point.

Svetanko ne fut pas impressionné.

— Vous devriez rédiger des rapports utiles au lieu de perdre votre temps avec ces vieux dossiers ! fit-il d'un ton cassant avant de quitter la pièce.

Le 2 avril 1982, l'Argentine envahit les îles Malouines, l'avant-poste britannique en Atlantique-Sud. En réponse à cette agression, même Michael Foot, chef de l'opposition et apôtre de la paix, appela à « des actes, pas de mots ». Margaret Thatcher envoya une force d'intervention pour chasser l'envahisseur. Au Centre de Moscou, la guerre des Malouines provoqua un violent regain antibritannique qui n'était pas nouveau : Thatcher était déjà haïe en Union soviétique et le conflit des Malouines un autre exemple de l'arrogance de l'impérialisme britannique. « Au sein du KGB, l'hostilité frisait l'hystérie », se souvint Gordievsky. Ses collègues étaient persuadés que la courageuse petite Argentine vaincrait l'Angleterre.

Une Angleterre en guerre. Seul du KGB, Gordievsky se tenait à son côté. Atteindrait-il jamais les rivages du pays à qui il avait, en secret, juré fidélité ?

Enfin ! Enfin le Cinquième Département donna à Gordievsky l'autorisation de se rendre en Grande-

Bretagne. Le 28 juin 1982, il prit le vol Aeroflot à destination de Londres, accompagné de Leïla et de leurs deux filles, âgées de 2 ans et de 9 mois. Soulagé de partir, pressé de reprendre contact avec le MI6, il appréhendait l'avenir. Si sa collaboration était fructueuse, il serait obligé de faire défection et de ne jamais retourner en Russie. De ne jamais revoir sa mère et sa jeune sœur. S'il était dénoncé, il serait ramené de force en URSS pour y être interrogé et exécuté. Quant à son cerveau, il était arrivé à saturation : pendant quatre mois, il avait dû absorber les secrets les mieux gardés des dossiers du KGB. Noter ce qu'il découvrait aurait été bien trop dangereux. Il avait donc ingurgité les noms de tous les agents de la Ligne PR de Grande-Bretagne, de tous les espions de l'ambassade soviétique à Londres. Et les preuves de l'identité du « Cinquième Homme », des activités en exil de Kim Philby, de nouveaux éléments accablants pour Arne Treholt à la solde de Moscou. Plus important que tout, il avait mémorisé des éléments des dossiers BOOT : un cadeau surprise pour le Renseignement britannique et une bombe politique à retardement.

DEUXIÈME PARTIE

DEUXIÈME PARTIE

7.

La planque

À première vue, Aldrich Ames faisait partie des officiers de la CIA mécontents de leur sort. Il buvait trop. Son mariage allait à vau-l'eau, lentement mais sûrement. Il était toujours à court d'argent. Sa fonction à Mexico ? Ennuyeuse : en marge de la Guerre froide, il essayait de recruter des espions soviétiques et, vu ses maigres résultats, le siège de la CIA situé à Langley en Virginie se montrait de plus en plus exigeant. Ames se sentait sous-estimé, sous-payé et frustré sexuellement. Récemment, il avait été réprimandé à plusieurs reprises pour s'être soûlé lors d'une fête de Noël, avoir oublié de fermer à clé un coffre et laissé dans un train une mallette contenant des photos d'un agent soviétique. Son dossier indiquait clairement qu'il n'était rien d'autre qu'un fonctionnaire médiocre, moins que fiable et remarquablement flemmard. Grand et sec, pourvu d'épaisses lunettes et d'une moustache maigrichonne, il était difficile à repérer dans un groupe et invisible dans une foule. En bref, il n'avait rien de spécial, et c'était bien là le problème.

Rick Ames couvait un cynisme virulent qui avait grandi si lentement que personne – et lui moins que quiconque – ne s'en était aperçu.

À une époque, il avait entretenu de grandes espérances. Né à River Falls dans le Wisconsin en 1941, son enfance ressemblait aux illustrations du rêve américain figurant sur les boîtes de céréales, des images qui dissimulaient dépression, alcoolisme et désespoir rentré. Son père avait d'abord été professeur d'université avant de travailler pour la CIA en Birmanie où il versait des fonds aux publications locales que les États-Unis finançaient en secret. Jeune, Rick Ames avait pour idole Simon Templar, dit « le Saint », héros des romans policiers de Leslie Charteris. Il s'imaginait dans la peau d'un « aventurier anglais, fringant et débonnaire ». Pour parfaire son personnage d'espion, il portait un trench-coat et faisait des tours de magie. Il se plaisait à berner les gens.

Il était certes intelligent et plein d'imagination, mais son existence n'atteignait jamais le niveau de ses attentes. De plus, ses efforts n'étaient pas récompensés. Recalé à l'université de Chicago, il devint acteur à mi-temps. Un de ses problèmes ? Il détestait les ordres : si on lui demandait de faire quelque chose qu'il ne voulait pas faire, il ne discutait pas, il ne le faisait pas. Finalement, il décrocha un diplôme et il entra à la CIA, comme son père le lui suggérait. « Fiston, c'est mal de mentir mais c'est OK si c'est pour une grande cause », lui déclara ce dernier dans des vapeurs de bourbon.

Le cours de formation des jeunes officiers de la CIA devait leur inculquer le sens du dévouement patriotique face à la complexité et aux exigences de la recherche du renseignement. Mais il pouvait avoir d'autres conséquences. Ames apprit : a) la moralité est élastique, les lois des États-Unis prévalant sur celles des autres pays ; b) un espion zélé vaut plus que ceux imbus d'idéologie ; c) une fois qu'il a mordu à l'appât financier, il est plus facile de le tenir.

Agent de recrutement, il en vint à croire que tout dépendait de la capacité à juger la vulnérabilité d'une personne. Une fois connues les faiblesses d'un agent, il était plus facile de le piéger et de le manipuler. Se montrer déloyal n'était pas un péché, mais un outil. D'après lui, l'espionnage reposait avant tout sur l'abus de confiance. Il se trompait : le succès d'un agent traitant accompli a pour base une confiance de *longue haleine*, une grande loyauté réciproque.

Envoyé en poste en Turquie, au cœur de l'espionnage entre l'Est et l'Ouest, Ames eut l'occasion de mettre en pratique ce qu'il avait appris en recrutant des agents soviétiques à Ankara. Il s'octroya le titre de maître-espion : « J'étais doué de la capacité de me concentrer sur un objectif, d'établir une relation, de manipuler ma cible pour la coincer là où je le souhaitais. »

Ses supérieurs, loin de l'encenser, le jugeaient tout juste satisfaisant. Après le Printemps de Prague, il reçut l'ordre de coller de nuit des centaines d'affiches proclamant *SOUVENEZ-VOUS DE 68*, afin de donner l'impression que la population turque était révoltée par l'invasion soviétique. Il fourra les affiches dans une poubelle et alla boire un verre.

De retour à Washington en 1972, il prit des leçons de russe et passa les quatre années suivantes dans le Département URSS-Europe de l'Est. Le navire sur lequel il embarqua prenait l'eau de toutes parts. Un scandale énorme secoua la CIA quand il fut révélé que Richard Nixon s'était servi de l'Agence pour bloquer une enquête fédérale sur le cambriolage du Watergate, siège du Parti démocrate. Une série d'investigations examinèrent les activités de la CIA des vingt années précédentes. Les rapports qui en résultèrent, connus sous le nom de « Bijoux de famille », furent accablants. On reprocha à l'Agence d'avoir outrepassé ses droits : mise sur écoute de journalistes, cambriolages, assassinats, expérimentations sur des êtres humains, collusion avec la Mafia, surveillance systématique de civils.

Le climat délétère qui régnait alors, on le devait aussi à James Angleton, cadavérique chef du contre-espionnage et grand collectionneur d'orchidées. Obsédé, à tort, par l'idée que Kim Philby avait organisé une infiltration massive du Renseignement occidental, il faillit détruire la CIA avec ses chasses aux taupes internes. Finalement, obligé de démissionner en 1974, il laissa, hélas, sa paranoïa régner après lui. La CIA perdait aussi la guerre des espions, comme le constata Robert M. Gates, recruté en même temps qu'Ames et futur chef de la CIA : « À cause du zèle excessif d'Angleton et de son personnel du contre-espionnage, nous disposions en URSS de très peu d'agents doubles dignes de ce nom. » Pendant la décennie suivante, l'Agence mit en œuvre d'immenses réformes, mais Ames n'en profita pas. Il avait intégré la CIA au creux de la vague : elle était démoralisée, désorganisée et n'inspirait plus confiance.

Envoyé en 1976 à New York pour recruter des agents soviétiques, Ames fut muté, cinq ans plus tard, à Mexico. Ses supérieurs notèrent qu'il buvait, qu'il remettait ses tâches au lendemain ou à plus tard, qu'il se plaignait beaucoup, mais il ne fut jamais question de le limoger. Après avoir travaillé vingt ans pour la CIA, il en connaissait les rouages. Sa carrière piétinait, ce dont il blâmait tout le monde. Ses tentatives d'enrôler des agents restant infructueuses, il se consolait en traitant d'idiots la plupart de ses collègues et tous ses chefs. Il devait avouer : « Ce que j'entreprenais ne débouchait sur rien. » Il avait épousé trop vite et sans réfléchir Nancy Segebarth, également officier du renseignement. Comme celle de Gordievsky, cette union se révéla stérile et sans amour. Nancy ne l'accompagnant pas à Mexico, il dut se contenter de liaisons peu satisfaisantes avec des femmes qui ne lui plaisaient guère.

Et il se laissa aller : mécontent, solitaire, irritable et frustré, il était trop paresseux et trop imbibé d'alcool pour arrêter sa chute. Soudain, au milieu de 1982, Rosario entra dans sa vie et son existence s'éclaircit.

Maria de Rosario Casas Dupuy était l'attachée culturelle de l'ambassade de Colombie. Elle avait 29 ans. Née dans une famille colombienne d'aristocrates pauvres d'origine française, elle était cultivée, charmeuse, vive, dotée d'une chevelure noire bouclée et d'un sourire dévastateur. D'après un employé du Département d'État à Mexico, « quand elle pénétrait dans une pièce enfumée, c'était comme un souffle d'air frais ». Elle était également enfantine, intéressée, en manque d'affection. Autrefois, sa famille possédait de vastes terres à la campagne. Élève des meilleures écoles privées européennes, elle avait poursuivi ses études en Europe et aux États-Unis. Membre de l'élite, elle n'en était pas moins la fille d'une famille fauchée. « J'ai été élevée parmi des gens riches mais nous n'avions pas un sou. » Elle se mit en tête d'y remédier.

Leur rencontre eut lieu au cours d'un dîner diplomatique. Leur discussion de littérature moderne se termina chez Rick. Rosario pensa qu'Ames était un véritable diplomate, donc plutôt riche. Il la trouva belle et brillante et décida qu'il avait le béguin. « Nous avons fait l'amour comme des dieux. »

Rosario perdit sans doute une partie de son enthousiasme quand elle découvrit que son nouvel amant américain était marié, sans le sou et espion de la CIA.

— Que fais-tu avec ces pauvres mecs ? lui demanda-t-elle. Pourquoi perds-tu ton temps et tes talents ?

Ames lui promit de divorcer très vite, de l'épouser et d'entamer ensemble une nouvelle vie « où ils seraient heureux à jamais ». Pour quelqu'un aux maigres émoluments, c'était une promesse déraisonnable. Divorcer de Nancy serait ruineux, entretenir Rosario et ses goûts de luxe, hors de prix. Il lui expliqua qu'il quitterait la CIA et se lancerait dans une nouvelle carrière. Mais à 41 ans, il n'en avait ni le désir ni l'énergie. Au lieu de ça, un plan germa dans son esprit turbulent pour améliorer sa médiocre situation de façon beaucoup plus lucrative.

Pendant qu'Ames songeait à un avenir en or, un homme trapu entrait en action de l'autre côté du monde. Il sortit furtivement de l'ambassade soviétique au 13, Kensington Palace Gardens à Londres, se dirigea vers l'ouest en direction de Notting Hill Gate. Au bout de quelques centaines de mètres, il rebroussa chemin, tourna à droite puis à gauche avant de se glisser dans un pub pour en ressortir une minute plus tard par l'issue de service. Finalement, il entra dans la cabine téléphonique d'une petite rue, ferma la lourde porte et composa le numéro qui lui avait été remis à Copenhague, quatre ans auparavant.

— Bonjour ! Bienvenue à Londres, dit en russe la voix enregistrée de Geoffrey Guscott. Merci de nous appeler. Nous serons heureux de vous voir. En attendant, reposez-vous pendant quelques jours et installez-vous. Nous reprendrons contact au début du mois de juillet.

Le message l'invita à passer un coup de fil le 4 juillet au soir. Entendre Guscott lui fut d'un immense réconfort.

Après avoir couvé Oleg Gordievsky pendant huit ans, le MI6 disposait désormais d'un agent expérimenté et passionné, implanté à l'intérieur de l'antenne londonienne du KGB. Pas question donc de risquer de tout anéantir par un excès d'empressement.

Oleg et sa famille s'installèrent rapidement dans un appartement comportant deux chambres à coucher dans un immeuble de Kensington High Street occupé entièrement par le personnel de l'ambassade. Si Leïla était aux anges de découvrir son nouvel environnement, Oleg était légèrement déçu. Depuis qu'il avait été recruté par Richard Bromhead, la Grande-Bretagne était devenue son pays fétiche, séduit qu'il était par son prestige et sa sophistication. Des qualités imaginaires qui ne correspondaient pas avec la réalité. Londres était plus sale que Copenhague et guère plus propre que Moscou. « Je pensais que tout serait mieux ordonné et plus alléchant. » En y réfléchissant, il admit que parvenir en Angleterre était une sacrée victoire pour le Renseignement britannique et pour lui. Prudemment, au cas où il aurait été surveillé par le KGB, il préféra attendre quelques jours avant de contacter le MI6.

Le lendemain de son arrivée, Gordievsky parcourut les 400 mètres qui séparaient son domicile de l'ambassade soviétique, présenta au portier son laissez-passer flambant neuf. Il fut escorté jusqu'à la *rezidentura* du KGB : perchée au cinquième étage, c'était une enclave exiguë, enfumée et imprégnée de soupçons sur laquelle régnait un chef au nom brutal et peu mélodieux de Gouk.

Le général Arkadi Vassilievitch Gouk, *rezident* du KGB, portait le titre officiel de premier secrétaire d'ambassade. En poste depuis deux ans, il s'était mis en tête de ne pas s'assimiler. Fier de son ignorance, follement ambitieux, souvent ivre, il abominait toute forme de culture qu'il assimilait à du snobisme intellectuel. Livres, pièces de théâtre, musique, art, rien n'avait grâce à ses yeux. Gouk s'était élevé à un grade supérieur de la Direction KR du contre-espionnage en liquidant les mouvements nationalistes qui s'opposaient à la soviétisation des pays baltes. Partisan de la manière forte et fin connaisseur en matière d'assassinat, il se vantait d'avoir proposé de liquider les renégats qui avaient fui à l'Ouest, dont la fille de Staline et le président de la Ligue de défense juive, tous deux réfugiés à New York. Il ne mangeait, mais en grandes quantités, que de la nourriture russe et ne baragouinait que quelques mots d'anglais. Avant de venir à Londres, il avait été le chef de l'antenne municipale du KGB à Moscou. À l'inverse de Lioubimov, il détestait l'Angleterre et les Anglais. Mais l'homme qu'il haïssait le plus était Viktor Popov, l'ambassadeur soviétique, un diplomate un peu maniéré qui représentait tout ce que Gouk méprisait. Reclus dans son bureau, Gouk buvait de la vodka, fumait comme un pompier, passait son temps à déblatérer sur Popov et cherchait de nouveaux moyens pour saper son autorité.

La plupart des informations qu'il envoyait au Centre étaient de pure invention, intelligemment présentées pour nourrir les théories du complot de ses collègues moscovites. Il avança par exemple l'idée que le Parti social-démocrate anglais (SDP) de centre gauche avait été créé en 1981 par la CIA. Gordievsky ne mit pas longtemps pour jauger son nouveau patron : « gros, boursouflé, d'une intelligence moyenne, bassement roublard ». Plus intelligent et donc plus dangereux était Leonid Efremovitch Nikitenko, le bras droit de Gouk. Beau, charmant quand il le voulait, c'était un tueur. Rien n'échappait à ses yeux jaunâtres enfoncés dans son crâne. Très tôt, il s'était rendu compte que, pour grimper dans la hiérarchie, il lui fallait lécher les bottes de Gouk. Au demeurant, Nikitenko était un habile officier du contre-espionnage, méthodique et sournois. Après trois ans à se frotter aux Londoniens, il avait beaucoup appris sur le Renseignement britannique. Trois ans à combattre le MI5 et le MI6 l'amenèrent à conclure : « Je ne connais rien qui arrive à la cheville du renseignement. Il n'existe pas de boulot comparable. Nous sommes des politiques. Nous sommes des soldats. Surtout, nous sommes des acteurs évoluant sur une scène merveilleuse. » Si quelqu'un risquait de poser des problèmes à Gordievsky, c'était Nikitenko.

Chef de la Ligne PR, le supérieur immédiat d'Oleg s'appelait Igor Fiodorovitch Titov (aucun lien avec Guennadi). Déplumé, gros fumeur, ce despote avait un goût insatiable pour les magazines porno qu'il achetait à Soho : il les envoyait par la valise diplomatique à Moscou pour régaler ses copains. Titov ne faisait pas officiellement partie du personnel de l'ambassade mais jouissait d'une couverture de journaliste en tant que correspondant de l'hebdomadaire russe *Temps nouveaux*. Gordievsky, qui l'avait connu à Moscou, le considérait comme le diable incarné.

Gordievsky était attendu de pied ferme par ses trois patrons. Ils lui serrèrent mollement la main. Leurs souhaits de bienvenue furent des plus conventionnels. Gouk ne perdit pas de temps pour s'en prendre au nouveau venu, lui reprochant d'être cultivé. Nikitenko le toisa avec la réserve d'un homme qui n'a confiance en personne. Et Titov vit en son subordonné un rival potentiel. Le KGB fonctionnait comme une tribu. Gouk et Nikitenko, produits de la Ligne KR, partageaient la mentalité des hommes du contre-espionnage : ils le considérèrent comme une menace qui avait joué des coudes afin d'obtenir un job pour lequel il était à peine qualifié.

La paranoïa est la fille de la propagande, de l'ignorance, du secret et de la peur. L'antenne de Londres en 1982 était un des lieux les plus paranoïaques du globe. Une organisation souffrant d'un état d'esprit d'assiégé qui ne relevait en fait que du pur fantasme. Consacrant d'immenses efforts et un temps énorme à espionner les diplomates étrangers en poste à Moscou, le KGB était certain que le MI5 et le MI6 agissaient de même à Londres. En réalité il se trompait : si le Service de sécurité surveillait et filait les agents soupçonnés d'appartenir au KGB, il le faisait à petites doses.

N'empêche que le KGB en était convaincu : l'ambassade était la cible d'une gigantesque et permanente mise sur écoute ; n'avoir vu personne fouiner dans les parages était la preuve de l'expertise anglaise ; les ambassades du Népal et d'Égypte qui flanquaient celle de l'URSS ne pouvaient être que des postes d'écoute. Il était donc interdit aux officiers de parler près des murs mitoyens. Des espions invisibles munis de téléobjectifs devaient sûrement photographier les personnes entrant et sortant de l'ambassade. Une rumeur assurait que les Anglais avaient construit un tunnel sous Kensington Palace Gardens dans le seul but d'installer du matériel d'écoute sous l'ambassade. De peur qu'elles ne soient entendues et déchiffrées, les machines à écrire électriques étaient prohibées, les machines manuelles tout juste tolérées au cas où les frappes trahiraient quelque chose. Des affiches sur les murs proclamaient : *PAS DE NOMS NI DE DATES À HAUTE VOIX*. Les fenêtres étaient murées sauf celles du bureau de Gouk qui étaient équipées de haut-parleurs miniatures diffusant de la musique russe entre les doubles vitrages : son étrange gazouillis ajoutait à l'atmosphère surréaliste. Les conversations secrètes se tenaient dans une pièce du sous-sol aux murs tapissés de plaques d'acier et dépourvue de fenêtres. Elle était humide toute l'année et brûlante en été. L'ambassadeur Popov pensait (probablement à juste titre) que le KGB avait installé un système d'écoute dans son plafond pour surprendre ses conversations.

Gouk avait une obsession toute personnelle : le métro londonien. Il n'y mettait jamais les pieds, persuadé que certains panneaux publicitaires masquaient des miroirs sans tain que le MI5 utilisait pour suivre les agents soviétiques à la trace. Lors de ses déplacements, Gouk n'utilisait que sa Mercedes ivoire.

Gordievsky se retrouva dans un état stalinien miniature, coupé du reste de Londres, enfermé dans un monde de défiance tous azimuts, de jalousies mesquines et de médisances. « L'envie, les opinions viciées, les intrigues, les dénonciations atteignaient une telle échelle qu'en comparaison le Centre de Moscou avait l'air d'une école de filles. »

L'antenne de Londres était un lieu de travail épouvantable. Peu lui importait ! Gordievsky ne considérait plus le KGB comme son principal employeur.

Le 4 juillet 1982, il appela le MI6 d'une cabine téléphonique différente. Prévenu, le standard le dirigea immédiatement vers un bureau du douzième étage. Cette fois-ci, Geoffrey Guscott lui répondit en personne. Une conversation gaie, rapide et utile : ils se fixèrent rendez-vous le lendemain après-midi dans un lieu où les espions russes avaient peu de chances de rôder.

Le *Holiday Inn* de Sloane Street avait la réputation méritée d'être l'hôtel le plus ennuyeux de Londres. Sauf quand il abritait le Concours d'amaigrissement de l'année.

À l'heure dite, Gordievsky traversa le hall et avança vers Guscott. Celui-ci était flanqué d'une femme blonde, élégante, la petite cinquantaine, portant des chaussures de marche. Pendant cinq ans, Veronica Price s'était occupée du Russe mais ne l'avait vu que sur des photos floues ou des Photomaton de passeport. Elle donna un petit coup de coude à Guscott en murmurant : « Le voilà ! » L'Anglais trouva le Russe âgé de 43 ans un peu vieilli mais en bonne forme. En s'approchant, le visage d'Oleg s'éclaira d'un léger sourire. S'abstenant de le dévisager, Guscott et Price se levèrent, empruntèrent le couloir menant à l'arrière de l'hôtel. Comme convenu, Gordievsky les suivit à distance, traversa une petite cour et monta au premier étage du parking de l'hôtel. Un Guscott rayonnant lui ouvrit la portière arrière d'une voiture. La veille au soir, en prévision d'une fuite éventuelle, Veronica Price l'avait garée tout près de la porte de l'escalier mais non loin de la rampe de sortie. C'était une Ford, achetée spécialement pour l'occasion : ses plaques d'immatriculation ne permettaient pas de remonter jusqu'au MI6.

Quand le Russe et l'Anglais furent installés sur la banquette arrière, ils commencèrent par exprimer le plaisir de se revoir. Pendant que Veronica conduisait d'une main sûre, les deux vieux amis échangèrent dans un russe rapide des nouvelles familiales. Puis Guscott annonça à Gordievsky qu'il était revenu spécialement de l'étranger pour l'accueillir, établir des plans pour l'avenir, organiser sa rencontre avec son nouvel officier traitant. Le Russe opina du bonnet. Ils longèrent Harrods et le Victoria and Albert Museum, tournèrent dans l'avant-cour d'un nouveau bloc d'appartements de Bayswater, s'engagèrent dans le parking souterrain.

Veronica avait passé des semaines à parcourir l'ouest de Londres en compagnie d'agents immobiliers qui ne se doutaient de rien avant de dénicher la planque idéale. Situé au troisième étage, protégé des regards indiscrets par une haie d'arbres, l'appartement ne comportait qu'une chambre à coucher. Le parking donnait directement dans le sous-sol de l'immeuble : si quelqu'un filait Gordievsky et voyait sa voiture entrer dans le parking, il serait incapable de savoir où il logeait. Une grille ouvrait sur une petite rue et permettait, en cas de besoin, de s'éclipser par l'arrière de l'immeuble et de se retrouver sur Kensington Palace Gardens. L'appartement était situé suffisamment loin de l'ambassade pour éviter que des officiers du KGB ne tombent sur lui par hasard, mais assez proche pour s'y rendre, se garer, rencontrer son officier de liaison et retourner à son bureau, le tout en moins de deux heures. Un traiteur voisin fournirait des repas gastronomiques à emporter.

Veronica Price avait insisté sur ce point : « L'appartement devait être agréable et posséder une certaine classe. Pas question de choisir un taudis à Brixton. » Les meubles modernes étaient de bon goût. Bien sûr, l'appartement était sur écoute.

Les deux hommes s'assirent dans le salon tandis que Veronica préparait le thé. Le KGB ne possédant que très peu d'officiers actifs de sexe féminin, Gordievsky n'avait jamais eu l'occasion de rencontrer une collègue en jupon. « Elle lui plut immédiatement, nota Guscott. C'était un amateur de femmes. » Autre expérience inédite : la cérémonie du thé. Comme bien des femmes de son milieu et de son âge, Veronica considérait que c'était un rituel patriotique sacré. Guscott la lui présenta sous le nom de « Jany ». Son visage, dira Gordievsky, « incarnait le tact et le sens de l'honneur, deux qualités tellement britanniques ».

Guscott lui indiqua la suite des opérations. Si Oleg y consentait, il retrouverait ses officiers traitants une fois par mois, à l'heure du déjeuner, dans cet appartement.

L'antenne du KGB se vidait à ce moment-là : les officiers invitaient leurs contacts à boire et à manger dans de bons restaurants (et ils en profitaient pour se régaler). Personne ne remarquerait l'absence de Gordievsky.

Puis l'Anglais lui remit la clé d'une maison sise entre Kensington High Street et Holland Park. En cas de danger, ce refuge lui servirait à s'y terrer avec ou sans sa famille.

S'il désirait annuler une réunion, voir un officier du MI6 de toute urgence, réclamer une aide quelconque, il utiliserait le numéro de téléphone qu'il avait utilisé à son arrivée. Le standard fonctionnant vingt-quatre heures sur vingt-quatre, une opératrice le dirigerait vers l'équipe de garde.

Guscott le rassura sur un point crucial. L'Opération PIMLICO, conçue pour l'évacuer de Moscou en cas de danger, serait activée toute l'année, même lorsqu'il résidait à Londres. Le KGB étant généreux en termes de vacances, ses officiers profitaient de leurs congés annuels – quatre semaines l'hiver et six semaines l'été – pour retourner en Russie. Il était également possible qu'il soit soudain rappelé dans la capitale. En tous les cas, quand il serait à Moscou, des officiers du MI6 continueraient à vérifier les signaux d'alerte près de la boulangerie de la perspective Koutouzov et du Marché central, à l'affût d'un homme portant un sac Safeway. En l'absence d'Oleg, ils suivraient la même procédure. La raison en était simple : le KGB épiait les diplomates britanniques en poste à Moscou, mettait leur appartement sur écoute, suivait leurs déplacements depuis le sommet de l'hôtel Ukraine ou du toit du bloc d'immeubles occupés par les étrangers.

Si le MI6 interrompait sa routine, cela risquait d'être remarqué. Ses agents ne devaient donc pas cesser de déambuler devant la boulangerie en l'absence d'Oleg ni de recommencer à son retour. Pendant plusieurs semaines, avant ou après ses visites, le MI6 continuerait à surveiller les points d'alerte. Les règles du métier exigeaient que PIMLICO demeurât opérationnel pendant des mois ou des années.

Une nouvelle phase venant de débuter, un nom de code différent lui fut attribué : NOCTON remplaça SUNBEAM.

Le MI6 n'ayant encore jamais traité d'espion à Londres, la situation engendra de nouvelles difficultés. Parmi elles, la menace constituée par son frère et parfois rival, le MI5 ! En effet, son service de sécurité avait parmi ses responsabilités la tâche de contrôler les déplacements des officiers suspectés d'appartenir au KGB. Si les membres de la section A4, connus sous le nom de « chouffes », repéraient Gordievsky assistant à une réunion clandestine dans un immeuble suspect de Bayswater, ils se livreraient forcément à une enquête. Mais si le MI6 donnait l'ordre de *ne pas* surveiller Gordievsky, ça serait avouer qu'il était protégé. D'une façon ou d'une autre, il y avait un risque de tout faire capoter. Ajoutons qu'en Grande-Bretagne, un dossier de cette importance ne pouvait être géré sans en informer le Service de sécurité. Il fut donc décidé de traiter l'affaire conjointement avec le MI5 et « d'endoctriner » une poignée de leurs officiers supérieurs, dont le directeur général. Ainsi, le MI6 serait informé des heures où Gordievsky était pisté et s'assurerait que les « chouffes » n'étaient pas de faction.

Cette collaboration était totalement inédite. Les deux branches ne partageaient pas toujours le même point de vue, ce qui n'avait rien de surprenant : arrêter des espions et les contrôler n'étaient pas nécessairement des tâches compatibles. Elles se chevauchaient parfois, entraient parfois en conflit. De plus, les deux organisations possédaient leurs propres traditions, leurs codes de bonne conduite, leurs techniques. Leur rivalité remontait à loin, avec des résultats souvent négatifs. Historiquement, certains officiers du MI6 méprisaient le service de sécurité interne, qu'il considérait comme une annexe de la police, sans imagination ni brio. Le MI5 n'était pas en reste : pour lui, les officiers du renseignement extérieur n'étaient que des mondains, des baroudeurs peu fiables. Chaque camp trouvait que l'autre était plutôt peuplé de « toquards ». La longue enquête menée par le MI5 sur Kim Philby, un agent du MI6, avait aggravé leur méfiance mutuelle. Elle se termina par une franche hostilité. Mais pour NOCTON, les deux parties décidèrent de travailler en tandem. MI6 se chargerait de la routine quotidienne, le MI5, grâce à des agents triés sur le volet, serait tenu au courant de la progression de l'affaire et veillerait à la sûreté de Gordievsky. En élargissant le cercle des « endoctrinés », le MI6 rompait avec la tradition et jouait avec le feu. Les renseignements partagés reçurent le nom de code de LAMPAD (les Lampades étaient des nymphes des Enfers dans la mythologie grecque). Restreint était le nombre de personnes du MI6 au courant de NOCTON. Plus petit encore celui des gens du MI5 ayant connaissance de LAMPAD. En fait, seul une douzaine de privilégiés puisaient aux deux sources.

Le plateau du thé desservi, les règles de leur collaboration approuvées mutuellement, Gordievsky se pencha en avant et commença à débiter quatre années de secrets accumulés dans sa tête. Ce fut une longue tirade de renseignements collectés à Moscou et appris par cœur : noms, dates, plans, noms d'agents et d'illégaux. Guscott griffonna des notes, l'interrompant parfois pour éclaircir un point. Gordievsky n'avait pas besoin d'encouragement. Il énuméra ce qu'il avait gardé en mémoire, pas à pas, sujet par sujet. Pendant ce premier rendez-vous, il ne parcourut rapidement qu'une infime portion des trésors enregistrés. Puis, au fil du temps, il se détendit et de son prodigieux cerveau jaillit un torrent de secrets.

Nous ressassons nos souvenirs, persuadés que, plus nous y pensons, plus ils s'approchent de la réalité. Ce n'est pas toujours exact. Nous racontons une certaine version des événements passés et, soit nous nous y tenons, soit nous les enjolivons. Gordievsky fonctionnait autrement. Il n'était pas seulement cohérent, il reconstruisait le passé avec logique. Veronica en témoigna : « À chaque réunion, il ajoutait davantage de détails, consolidant ce que nous savions. » Une mémoire photographique enregistre des images précises, en noir et blanc. Celle de Gordievsky était pointilliste. « Oleg avait ce don précieux de se rappeler les conversations. Il se souvenait du temps, du contexte, des mots… Inutile de le piloter. » Il avait même mémorisé les échanges qu'il avait eus avec d'autres officiers pendant des gardes de nuit. Officier du contre-espionnage hautement qualifié, il faisait la différence entre l'essentiel et le superflu. Les informations qu'il livrait étaient analysées et prêtes à l'emploi.

Sa perspicacité, sa compréhension du secret le différenciaient des autres espions.

Le rythme des rendez-vous varia : une fois par mois, puis deux fois par mois, enfin chaque semaine. Quand il arrivait à la planque, Guscott et Price l'accueillaient avec chaleur, puis ils partageaient un déjeuner léger. « Il souffrait encore du choc culturel et du fait de travailler dans une antenne du KGB qui lui était hostile, se souvint Guscott. Il recelait encore des tonnes d'informations. Qu'il puisse déclarer forfait nous inquiétait. Nous devions le rassurer. »

Le 1er septembre 1982, il découvrit dans la planque une troisième personne : un homme jeune, soigné, le regard intense, le crâne légèrement déplumé. « Je vous présente Jack », lui annonça Guscott en russe. Oleg et lui se serrèrent la main pour la première fois.

Parlant couramment russe, doté de nombreux talents opérationnels, James Spooner était le candidat idéal pour remplacer Guscott rappelé à Stockholm. Jack aurait dû rejoindre un poste en Allemagne quand on lui proposa de contrôler NOCTON : « Il me fallut seulement deux minutes pour accepter. » L'agent et l'agent traitant se jaugèrent. « On m'avait soigneusement briefé et je n'ai pas eu de surprise, dira Spooner. Oleg était jeune, vigoureux, réagissant au quart de tour, discipliné, concentré. » Ces qualificatifs, Spooner les méritait également. Tous deux avaient passé leur vie dans le renseignement. Ils voyaient leur métier dans la même perspective historique, partageaient le même langage, au propre et au figuré.

« Je n'ai jamais eu le moindre soupçon à son sujet, avoua Spooner. Pas un instant. C'est difficile à expliquer, mais on sait à qui faire confiance ou pas. Oleg était totalement fiable, honnête. Ses motivations étaient authentiques. »

Dès le premier regard, Gordievsky reconnut en Spooner un « officier de renseignement de tout premier ordre, toujours aimable, délicat et sensible, honnête personnellement et dans ses principes ». Plus tard, il le décrira ainsi : « Ma meilleure nounou ! »

L'Angleterre continuait à lui paraître « étrangère et inconnue » mais, réunion après réunion, il apprécia de plus en plus la routine de ses contacts avec le MI6. L'appartement de Bayswater représentait un refuge après les querelles intestines et brutales, les antagonismes paranos de la *rezidentura* de Gouk. Veronica préparait une sorte de pique-nique avec les plats du traiteur qu'elle agrémentait de spécialités russes, harengs marinés, bortsch et une ou deux bouteilles de bière. Spooner mettait toujours en route un magnétophone posé sur une table basse : à la fois par précaution si le système d'écoute caché tombait en panne et par preuve de son professionnalisme. Les réunions ne duraient pas plus de deux heures ; avant de se séparer, les deux hommes prenaient un nouveau rendez-vous. De retour à son bureau, Spooner retranscrivait et traduisait les propos de Gordievsky avant de rédiger un rapport complet. Afin d'éviter de rester trop tard à Century House, il achevait souvent ce travail chez lui. Et pour que ses collègues n'aient aucun soupçon, on disait qu'il s'occupait d'une affaire à l'étranger qui l'obligeait à de nombreux voyages internationaux.

Ses notes, véritable mine d'informations, étaient la base de rapports individuels destinés à des « clients » variés – chacun d'entre eux ne traitant que d'un seul sujet à la fois. Une pratique courante du MI6. Une réunion pouvait donner lieu à vingt rapports, certains se résumant en une ligne. À la tête d'une petite cellule, un spécialiste de la Guerre froide bourré de talents était responsable de collecter, d'analyser, de maquiller et de distribuer les renseignements de NOCTON.

Gordievsky se creusait les méninges et livrait tout ce qu'il avait appris, mémorisé, classé. Après trois mois de débriefing, il avait révélé tout ce qu'il avait appris. Cela représentait le plus important « transfert opérationnel » dans l'histoire du MI6. Une plongée incroyablement méticuleuse au sein du KGB. Un panorama complet de son passé, de son présent et de ses plans d'avenir.

Un par un, il réussit à exorciser les démons du MI6. Kim Philby, par exemple : s'il continuait d'être à la solde du KGB, expliqua-t-il, ce n'était qu'un analyste à mi-temps et certainement pas le cerveau superpuissant imaginé par James Angleton de la CIA. Autre cas : pendant des années, l'establishment britannique s'était demandé si un autre espion comme Philby se dissimulait dans ses rangs. La presse à scandale avait traqué inlassablement ce « Cinquième Homme », livrant en pâture des noms d'innocents et détruisant des carrières et des vies. Ou encore le cas de Peter Wright, ex-officier du MI5 et auteur du best-seller *Spycatcher*. Obsédé par la théorie selon laquelle Roger Hollis, ancien chef du MI5, était une taupe soviétique, il avait provoqué des enquêtes internes aux résultats dévastateurs. Gordievsky réussit à éliminer la théorie du complot et à laver Hollis de tout soupçon. Il confirma que le « Cinquième Homme » était John Cairncross, un ancien agent du MI6 qui avait avoué appartenir au KGB vers 1964. À Moscou, révéla

Oleg, le Centre s'était bien amusé à voir les Anglais se prendre les pieds dans les pédales avec cette histoire et il la trouva si bizarre qu'il soupçonna un piège. Guennadi Titov, après avoir lu dans un journal britannique un article sur cette chasse aux sorcières, aurait même demandé : « Pourquoi parler de Roger Hollis ? Quelle bêtise ! Je ne comprends pas. Ça doit être une ruse des Anglais dirigée contre nous. » Cette chasse à la taupe qui dura vingt ans fut finalement une formidable perte de temps.

Les recherches de Gordievsky dans les archives du KGB dévoilèrent d'autres mystères : vers 1946, un espion au service des Soviets du nom d'ELLI, mais jamais identifié, s'appelait en fait Leo Long. Attiré par le communisme, il avait été recruté avant la guerre. Autre secret : Bruno Pontecorvo, un atomiste italien, offrit ses services au KGB sept ans avant de passer à l'Est, en 1950. Autre importante confirmation apportée par Oleg ? Il fut en mesure d'affirmer qu'Arne Treholt, un espion norvégien, était toujours en activité. De retour en Norvège après avoir fait partie de la délégation norvégienne auprès des États-Unis, il poursuivit des études au Collège interarmées où il eut accès à des documents sensibles qu'il transmit au KGB. Depuis que Gordievsky avait signalé ses activités en 1974, la Sécurité norvégienne l'avait à l'œil. Toutefois, ils ne l'avaient pas arrêté : en partie à la demande des Anglais qui ne voulaient pas mettre en danger leur source dont les Norvégiens ignoraient l'identité. Désormais, la corde se resserrerait autour du cou de Treholt.

Un petit groupe d'officiers supérieurs du MI6 se réunit à Century House pour entendre les premiers résultats du débriefing des officiers traitants de NOCTON. Un air d'excitation et d'attente fiévreuse régnait dans la salle où ces messieurs n'étaient pourtant ni très démonstratifs ni très émotifs. Ces grands de l'espionnage s'attendaient à apprendre que le KGB avait tissé un vaste réseau d'agents en Angleterre, des espions communistes tels les Cinq de Cambridge[1] qui s'étaient incrustés dans la société anglaise en vue de la détruire de l'intérieur. Ils étaient persuadés que le KGB de 1982 était toujours aussi puissant. Gordievsky leur prouva le contraire.

Découvrir que Moscou n'avait qu'une poignée d'agents, de contacts et d'illégaux, en tout rien d'effrayant, les soulagea et les déçut. Ils apprirent également que les archives du KGB contenaient des dossiers « vivants » sur Jack Jones, le chef syndicaliste, et sur Bob Edwards, député travailliste. Il livra l'identité des « sympathisants » qui avaient accepté de l'argent ou des vacances du KGB, tels Richard Gott, le journaliste du *Guardian*, ou Fenner Brockway, un vieux militant pour la paix. Les chasseurs d'espions comprirent qu'ils n'avaient que du menu fretin à se mettre sous la dent. Une chose les inquiéta pourtant : Gordievsky n'avait jamais entendu parler de Geoffrey Prime, un analyste du GCHQ, le Quartier général des communications du gouvernement, une branche du Renseignement britannique, qui venait d'être arrêté : c'était un espion soviétique. Si Gordievsky avait épluché tous les dossiers, pourquoi n'avait-il rien vu sur Prime qui espionnait pour l'URSS en 1968 ? La réponse était simple : Prime dépendait directement du

---

1. Un groupe de cinq étudiants anglais de Cambridge qui avaient espionné en faveur de l'URSS de 1930 à 1951. *(N.d.T.)*

contre-espionnage du KGB et pas de la section anglo-scandinave.

En revanche, Gordievsky donna d'importantes précisions sur les opérations du KGB à Londres et en Scandinavie. Bref, au lieu d'être le géant mythique qu'il avait été à la génération précédente, le Centre n'était plus qu'un service imparfait, maladroit et inefficace. La ferveur idéologique des années 1930 que possédaient les agents recrutés alors avait fait place à un conformisme terrifiant qui produisait une tout autre catégorie d'espions. Encore immense, bien financé et sans pitié, le KGB pouvait toujours faire appel à de brillantes recrues. Mais ses rangs pullulaient d'opportunistes, de lèche-cul, d'arrivistes sans beaucoup d'imagination. Le MI6 connaissait désormais les points faibles et les carences de ce dangereux adversaire. Or, au moment où le KGB amorçait une période de déclin, une nouvelle vie, une ambition toute neuve animaient le Renseignement occidental. Le MI6 se relevait de la position affaiblie que les scandales des années 1950 et 1960 lui avaient imposée.

Une vague de confiance et d'enthousiasme l'emportait : il vaincrait le KGB.

Tout n'était pourtant pas rose. Les pontes eurent du mal à avaler les révélations sur un certain dossier.

Le flirt de Michael Foot avec le KGB appartenait à un lointain passé. Gordievsky avait pris la précaution de ne pas exagérer l'importance de l'agent BOOT et Geoffrey Guscott l'évalua avec modération : Foot n'avait été utilisé, il y a longtemps, que « dans un but de désinformation ». Il n'avait été ni un espion ni un « agent conscient ». Mais depuis 1980, il était devenu le chef de l'opposition travailliste, le rival de Margaret

Thatcher pour gouverner le pays. Une élection générale, prévue au plus tard en 1984, pouvait en faire le prochain Premier Ministre. Si ses liens financiers avec le KGB étaient dévoilés, cela détruirait la crédibilité de Foot, anéantirait ses chances d'accéder au pouvoir, changerait sans doute le cours de l'histoire. Nombreux étaient déjà les Anglais qui le trouvaient dangereusement à gauche : s'ils apprenaient ses contacts avec le KGB, sa position idéologique prendrait un tour sinistre. En vérité, Foot avait été surtout naïf et terriblement imprudent. Mais dans la fièvre d'une élection, il serait facile de le faire passer pour un espion à part entière, payé par le KGB.

Spooner se souvint du risque : « Nous avons craint que ces révélations ultra-sensibles fussent utilisées à des fins électorales. Le pays étant profondément divisé, nous savions qu'il ne fallait pas les diffuser auprès du pouvoir en place. Nous devions les garder sous le coude de peur qu'elles ne fussent déformées. »

Pas seulement. La sécurité nationale était également affectée. Le MI6 transmit le dossier à John Jones, le directeur général du MI5. Le Service de sécurité devait décider de l'étape suivante. « La balle était dans son camp. »

Haut conseiller, sir Robert Armstrong était à la tête du Service civil et premier conseiller politique du Premier Ministre : à ce titre, il supervisait les services de renseignement et leurs relations avec le gouvernement. Politiquement neutre, incarnation vivante de la probité de Whitehall, il avait aussi bien servi le travailliste Harold Wilson que le conservateur Edward Heath. S'il avait la totale confiance de Margaret Thatcher, il ne lui racontait pas tout.

Le directeur général du MI5 informa Armstrong que Michael Foot avait été l'agent BOOT, un contact rémunéré par le KGB. Cette information – ils en furent d'accord – était une bombe politique trop incendiaire pour être transmise au Premier Ministre.

Des années plus tard, quand on lui demanda de s'expliquer sur cet épisode, Armstrong se montra circonspect et impénétrable, dans la grande tradition gouvernementale : « Je savais que Michael Foot était soupçonné d'avoir eu des contacts avec le KGB avant d'être le chef du Parti travailliste et que la *Tribune*, fortement à gauche, aurait reçu une aide financière de Moscou, sans doute du KGB… Gordievsky l'a confirmé. J'ignore ce qui fut révélé au ministre des Affaires étrangères ou au Premier Ministre. »

Plus tard, alors que le gouvernement britannique cherchait à bloquer la publication du livre de révélations de Peter Wright, Armstrong se retrouvera le témoin principal dans le procès du *Spycatcher*.

Membre du Cabinet, il avait inventé la formule « économe avec la vérité ». Et c'est vrai qu'il se montra fort discret à propos de Michael Foot. Il n'en parla ni à Margaret Thatcher ni à ses proches conseillers ; il cacha le dossier au Service civil, au Parti conservateur et au Parti travailliste. Il ne dit rien aux Américains ni autres alliés britanniques. En fait, il ne dit rien à personne.

En possession de la précieuse bombe, sir Robert Armstrong s'assit dessus dans l'espoir que Foot perdrait les élections et que le problème disparaîtrait. Veronica Price fut plus directe : « Nous l'avons enterrée. » Malgré tout, les discussions allèrent bon train à l'intérieur du MI6 sur les implications constitutionnelles de l'élection de Foot : il fut convenu que, dans ce cas, la reine devait en être avertie.

Parmi la masse d'informations révélées par Gordievsky, l'une d'elles était plus dangereuse que le dossier BOOT : un secret du KGB qui avait le potentiel non seulement de changer le monde mais de le détruire.

En 1982, la Guerre froide était si brûlante qu'une guerre nucléaire était plausible. Gordievsky annonça que le Kremlin croyait, à tort mais avec la plus ferme conviction, que l'Occident était prêt à appuyer sur le bouton nucléaire.

8.
Opération RYAN

En mai 1981, Iouri Andropov, président du KGB, réunit ses officiers supérieurs en un conclave secret pour leur annoncer une nouvelle stupéfiante : l'Amérique projetait de lancer une attaque nucléaire préventive qui anéantirait l'Union soviétique.

Depuis plus de vingt ans, l'Est et l'Ouest avaient repoussé l'éventualité d'une guerre nucléaire, persuadés qu'un tel conflit conduirait à une destruction mutuelle assurée, un anéantissement total des deux camps, quel que soit le pays qui appuierait le premier sur le bouton. À la fin des années 1970, l'Ouest prit la tête de la course aux armements et la détente céda le pas à une autre sorte de confrontation psychologique : l'URSS redouta d'être anéantie par une attaque préventive. Au début de 1981, le KGB analysa la situation géopolitique grâce à un nouveau programme informatique. La conclusion ? L'interaction des forces mondiales se déplaçait en faveur de l'Ouest. L'intervention soviétique en Afghanistan se révélait ruineuse, Cuba pompait les fonds russes, la CIA lançait des opérations secrètes contre l'URSS, les États-Unis musclaient leurs armements. Bref, l'Union soviétique craignait de perdre la Guerre froide et, tel un boxeur épuisé par des années d'entraînement, elle redoutait qu'un direct à l'estomac ne l'envoyât au tapis.

Si Andropov était convaincu de la vulnérabilité de son pays, cela tenait plus à son expérience personnelle qu'à une analyse rationnelle des relations internationales. Ambassadeur soviétique en Hongrie en 1956, il avait vu à quel point un régime apparemment puissant s'était retrouvé K-O. Il avait d'ailleurs joué un rôle clé dans l'écrasement du soulèvement hongrois. Et douze ans plus tard, il avait poussé à des mesures extrêmes pour mater le Printemps de Prague. Le « Boucher de Budapest » croyait dur comme fer dans la force armée et la répression à la sauce KGB. Le chef de la police secrète de Roumanie disait de lui que « c'était un homme qui, pour gouverner la Russie, remplaçait le Parti communiste par le KGB ». L'attitude sûre d'elle et va-t-en-guerre de l'administration nouvellement élue de Reagan mettait en lumière cette menace imminente.

Et c'est ainsi que, en bon paranoïaque, Andropov rechercha des preuves pour étayer ses craintes.

RYAN (un acronyme de *Raketno-Iadernoïe Napadenie*, c'est-à-dire « attaque de missiles nucléaires » en russe) fut l'opération de renseignement soviétique la plus importante jamais lancée en temps de paix. Flanqué de Leonid Brejnev, devant un auditoire ébahi, Andropov annonça que les États-Unis et l'OTAN « se préparaient activement à une guerre nucléaire ». Le KGB devait trouver les preuves que cette attaque était imminente et donner l'alerte suffisamment tôt pour que l'Union soviétique ne soit pas prise de court. Par conséquent, si une attaque imminente était avérée, elle pourrait lancer une offensive préventive. En étouffant tout souffle de liberté dans les États satellites, Andropov avait appris que l'attaque était la meilleure des défenses. Plutôt que d'être victime d'une intervention surprise, mieux valait frapper le premier.

L'Opération RYAN naquit de l'imaginaire enfiévré d'Andropov. Elle prit peu à peu de l'ampleur, se métastasant jusqu'à devenir la principale obsession du KGB et du GRU. Elle exigea des milliers d'heures de recherches et fit monter à un niveau terrifiant la tension entre les superpuissances. RYAN eut même son propre slogan : « *Nie Prozerot !* » (« Ne le ratez pas ! »)

En novembre 1981, les premières directives RYAN furent envoyées aux antennes du KGB stationnées aux États-Unis, en Europe de l'Ouest, au Japon et dans les pays du tiers-monde. Au début de 1982, toutes les *rezidentura* reçurent l'ordre de donner la priorité absolue à RYAN.

Lorsque Gordievsky rejoignit Londres, l'opération allait déjà bon train. Elle était en mode autopropulsion. Pourtant, elle avait pour base un profond malentendu. L'Amérique ne préparait aucune première frappe. Et le KGB avait beau chercher la preuve tous azimuts, « de tels plans n'existaient pas », comme l'affirma plus tard un historien du MI5.

En lançant l'Opération RYAN, Andropov brisait la première règle du renseignement : ne pas chercher la confirmation de ce dont on est déjà convaincu. On se souvient que Hitler était persuadé que le débarquement aurait lieu à Calais, et c'est ce que lui garantirent ses espions (avec l'aide d'agents doubles anglais). Tony Blair et George W. Bush étaient certains que Saddam

Hussein possédait des armes de destruction massive, et leurs services de renseignement certifièrent cette version. Tyrannique et tatillon, Andropov était totalement convaincu que ses larbins du KGB lui dégoteraient l'évidence d'une attaque nucléaire imminente. Ce qu'ils firent.

Avant de quitter Moscou, Gordievsky fut mis au courant de l'Opération RYAN. Mais quand il révéla au MI6 cette initiative à longue portée du KGB, les experts de Century House l'écoutèrent d'une oreille sceptique. Les vieillards du Kremlin méconnaissaient-ils le sens de l'honneur occidental au point de croire que les États-Unis et l'OTAN attaqueraient les premiers ? N'était-ce que la vision alarmiste d'un vieil hurluberlu ? Ou alors, était-ce un stratagème de désinformation délibérée afin de persuader l'Ouest de faire machine arrière et de réduire son armement ? Le Renseignement britannique était plus que dubitatif. James Spooner se posa la question : « Le Centre était-il à ce point déconnecté du monde réel ? »

En novembre 1982, Andropov succéda à Leonid Brejnev à la tête de l'URSS : la première fois qu'un président du KGB était élu secrétaire général du Parti communiste. Peu après, toutes les *rezidentura* furent informées que l'Opération RYAN devait être considérée comme « de la plus haute importance et particulièrement urgente ». L'antenne de Londres reçut aussitôt un télégramme *STRICTEMENT PERSONNEL* et *TRÈS SECRET* adressé à Arkadi Gouk, sous son *alias* « Ermakov ». Gordievsky le fourra dans sa poche et le remit à Spooner.

Sous le titre « Mission opérationnelle permanente afin de découvrir les préparatifs de l'OTAN en vue d'une attaque de missiles nucléaires visant l'URSS », c'était le schéma directeur, au détail près, des divers indicateurs qui alerteraient le KGB d'une attaque nucléaire occidentale. Ce document prouvait que les Soviets redoutaient véritablement une attaque préventive, une peur bien ancrée dans leurs esprits et qui allait grandissant. Il précisait : « L'objectif de cette mission est de s'assurer que les *rezidentura* œuvrent en priorité pour RYAN afin de découvrir les plans en préparation par le principal adversaire [USA] et d'organiser une veille permanente afin de déceler tout indice qui montrerait que la décision est prise d'utiliser des armes nucléaires contre l'URSS ou de préparatifs imminents d'une attaque de missiles nucléaires. » Le document énumérait vingt indices d'une attaque potentielle, du plus logique au plus ridicule.

Les officiers du KGB devaient surveiller attentivement « les décideurs en matière atomique » qui incluaient – et c'était bizarre – les hautes instances religieuses et les grands banquiers. Ils devaient avoir également à l'œil les bâtiments où de telles décisions pouvaient être prises, ainsi que les dépôts nucléaires, les routes d'évacuation et les abris antiaériens. Il était indispensable de recruter de toute urgence des agents à l'intérieur du gouvernement et des organismes de l'armée, du renseignement ou de la protection civile. Il fallait même demander aux officiers de compter le nombre de lampes allumées la nuit dans les principaux bureaux du gouvernement hostile, ce qui indiquerait que des fonctionnaires travaillaient tard à la préparation d'une attaque. Comptabiliser les voitures garées dans les parkings officiels était important : une soudaine demande de places dans celui du ministère de la Défense indiquerait également une prochaine attaque. Observer les hôpitaux car l'ennemi devait s'attendre à une contre-attaque après sa première frappe et donc prévoyait de nombreux blessés. De même pour les abattoirs : si le nombre de bœufs abattus augmentait dans de grandes proportions, cela indiquerait que l'Ouest entreposait des *hamburgers* avant l'Armageddon.

L'ordre le plus saugrenu concernait la surveillance « de l'importance des réserves dans les banques de sang » : il faudrait rédiger un rapport si le gouvernement commençait à acheter des suppléments de sang et à stocker du plasma. « Un signe important des préparatifs de RYAN serait l'augmentation des achats de sang auprès de donneurs et le prix payé… la découverte des sites où l'on prélève le sang de milliers de donneurs professionnels et le prix du sang… En cas de hausses flagrantes, il sera urgent d'en avertir le Centre. »

Or, tout le monde sait qu'à l'Ouest le public fait don de son sang. Le paiement ne consiste, au mieux, qu'en un biscuit, un sandwich et une tasse de thé ou de café. Mais le Kremlin, convaincu que le capitalisme pénétrait tous les aspects de la vie occidentale, s'était persuadé qu'une « banque de sang » était une véritable banque où le sang était acheté et vendu. Personne, dans les avant-postes du KGB, n'eut le courage de dénoncer cette méprise élémentaire. Dans un organisme vertical et veule, une chose est plus dangereuse que de révéler sa propre nullité : attirer l'attention sur la stupidité de son supérieur.

Au début, Gordievsky et ses collègues prirent à la légère la liste des indications à fournir, voyant dans l'Opération RYAN une nouvelle corvée inutile concoctée par un Centre mal informé. Les officiers du KGB les plus expérimentés et les plus perspicaces savaient que les pays de l'Ouest n'avaient aucune envie d'une guerre nucléaire et encore moins d'une attaque surprise déclenchée par l'OTAN ou les États-Unis. Gouk, lui-même, répondit du bout des lèvres aux requêtes du Centre qu'il jugeait « ridicules ». Mais dans l'univers du Renseignement soviétique, l'obéissance primait le bon sens. Et les antennes du KGB de par le monde firent consciencieusement leur devoir en cherchant les preuves de plans belliqueux. Et, comme de bien entendu, ils en dénichèrent. Tout comportement humain, si on le regarde à la loupe, peut paraître suspect : une lumière laissée allumée au Foreign Office, un manque de places dans le parking du ministère de la Défense, un évêque trop combatif. À mesure que s'accumulaient les prétendus indices d'un plan inexistant, le Kremlin vit ses pires craintes se confirmer et se montra encore plus avide de nouvelles confirmations. C'est ainsi que les mythes se perpétuent. Pour Gordievsky, « c'était une spirale vicieuse de collecte de renseignements et d'évaluations où les antennes étrangères se trouvaient dans l'obligation de rapporter des informations alarmantes, même si elles n'y croyaient pas ».

Pendant les mois qui suivirent, l'Opération RYAN occupa le KGB à temps complet. D'autant que, à entendre les menaces voilées du gouvernement de Reagan, le Kremlin conclut que l'Amérique était sur le sentier d'une guerre nucléaire. Au début de 1983, Reagan qualifia même l'Union soviétique d'« empire du mal ». L'annonce de l'installation de missiles balistiques intermédiaires Pershing II en Allemagne de l'Ouest ajouta aux craintes soviétiques. Ces armes capables de frappes surprises à une super-vitesse pouvaient atteindre des cibles soviétiques, y compris des silos nucléaires, en tout juste quatre minutes. Et toucher Moscou en six minutes. Si le Kremlin était prévenu suffisamment en avance par le KGB, cela lui donnerait « le temps d'anticiper… et de prendre des mesures de représailles ». En d'autres termes, il pourrait frapper le premier.

Au mois de mars, Ronald Reagan fit une annonce à la télévision où il menaçait de neutraliser toute mesure préventive de représailles. L'initiative de la Défense stratégique, mieux connue sous le nom de « guerre des Étoiles », prévoyait d'utiliser des satellites et des armes basées dans l'espace pour détruire en vol des missiles nucléaires soviétiques. L'Ouest deviendrait invulnérable et les États-Unis seraient capables de lancer une attaque contre l'URSS, sans risques de représailles. Furieux, Andropov accusa Washington d'« inventer de nouveaux projets afin de déclencher une guerre nucléaire, dans l'espoir de la gagner… Washington met le monde entier en danger ».

Le programme RYAN s'étendit : pour Andropov et ses sbires du KGB, la survie de la Russie était en jeu.

Pour le MI6, RYAN était une nouvelle preuve de l'incompétence du KGB : un organisme totalement occupé à découvrir un complot fantôme n'avait plus de temps pour s'occuper d'espionnage. Mais au cours des mois, à mesure que les échanges verbaux se faisaient plus violents, le Renseignement britannique fut bien obligé de prendre au sérieux les craintes du Kremlin au lieu de les traiter de fantasmes chronophages. En effet, un pays qui redoute un conflit imminent peut choisir de frapper le premier. RYAN démontrait, de façon la plus éloquente, à quel point la confrontation de la Guerre froide pouvait déboucher sur une guerre nucléaire.

Les faucons de Washington alimentaient les faucons du Kremlin qui voyaient venir la fin du monde. Les analystes américains de politique étrangère avaient tendance à négliger les peurs soviétiques, à les trouver totalement exagérées dans un but de servir leur propagande. Pour eux, c'était à qui bluffait le mieux. Mais Andropov ne plaisantait pas quand il répétait que les États-Unis se préparaient à déchaîner une guerre nucléaire. Et cela, grâce à Gordievsky, les Anglais le savaient.

Ils devraient donc avertir l'Amérique que les craintes du Kremlin étaient réelles, bien que reposant sur l'ignorance et la paranoïa.

La relation entre les services de renseignement anglais et américains ressemble un peu au rapport entre un aîné et son cadet : proches mais rivaux, amis mais jaloux, s'entraidant mais se bagarrant. Dans le passé, la Grande-Bretagne et les États-Unis ayant souffert au plus haut niveau de l'infiltration d'agents communistes, ils continuaient à se soupçonner mutuellement de ne pas être totalement fiables.

Selon leurs accords, les signaux interceptés étaient mis en commun, mais ce qui découlait de sources humaines était partagé avec plus de modération. L'Amérique disposait d'espions inconnus du Royaume-Uni et vice versa. Le « produit » de ces sources était dévoilé « au cas par cas », quand la nécessité l'exigeait. Mais cette notion était assez floue.

Les révélations de Gordievsky sur RYAN furent transmises, en partie seulement, à la CIA : elle eut droit uniquement à ce qui pouvait lui être utile. Mais c'était déjà beaucoup. Car jusque-là, les informations de NOCTON n'avaient été diffusées, et encore, sur une base *ad hoc*, qu'aux « endoctrinés » du MI5 et du MI6, au PET, au Premier Ministre, au bureau du Cabinet et au Foreign Office. Un pas essentiel fut franchi lorsqu'il fut décidé d'élargir le cercle des « initiés » pour inclure le Renseignement américain. Néanmoins, le MI6 ne lui révéla pas de quel pays émanaient ces informations ni qui les avait fournies. Il prit soin de camoufler la source, de minimiser son rôle et de conditionner le tout pour dissimuler son origine. « Il fut décidé de fournir les renseignements par petits lots et de les éditer selon la norme CX [en vigueur dans le renseignement]. Nous avions l'obligation d'en masquer la provenance. Nous avons déclaré que tout venait d'un responsable peu élevé dans la hiérarchie et ne vivant pas à Londres. Nous voulions que ça paraisse aussi anodin que possible. » Les Américains ne mirent pas en doute l'authenticité, le sérieux et la qualité exceptionnelle de ce qu'ils apprenaient. Le MI6 cacha également à la CIA que l'information provenait du KGB. Les Américains s'en doutaient bien !

Ainsi débuta une des plus importantes mises en commun d'informations du vingtième siècle.

Prudemment, le MI6 dévoila au compte-gouttes les secrets de Gordievsky. Sans tambour ni trompette et sans trop se pousser du col. Depuis longtemps, le Renseignement britannique était fier de ses agents. Si l'Amérique disposait d'argent et de technologie, les Anglais avaient un bon contact avec les gens ou, tout au moins, le croyaient. L'affaire Gordievsky compensait dans une certaine mesure la honte des années Philby. Les Américains étaient impressionnés, intrigués, reconnaissants mais légèrement irrités d'être chaperonnés par un petit frère. La CIA n'avait pas l'habitude qu'on choisît pour elle ce dont elle avait besoin ou pas.

Avec le temps, alors que la moisson de Gordievsky s'enrichissait, ses informations atteignirent les plus hauts sommets du gouvernement américain et influencèrent la politique de la Maison Blanche. Mais seuls quelques rares officiers de la CIA savaient que les Anglais disposaient d'une taupe soviétique haut placée : Aldrich Ames était l'un d'eux.

Dès son retour au Mexique, sa carrière prit une meilleure tournure. Il emménagea avec Rosario à Falls Church en Virginie et, en 1983, malgré des résultats en dents de scie, il fut promu chef du contre-espionnage de l'aile soviétique de la CIA. S'il progressait dans la hiérarchie, il était toujours aussi mécontent de sa situation. Divorcer pour épouser Rosario allait lui coûter une fortune. Ames prit une nouvelle carte bancaire et emprunta immédiatement 5 000 dollars pour acheter du mobilier. Rosario, déçue et grincheuse, se consolait en appelant sa famille en Californie et dépensait 400 dollars par mois en téléphone. L'appartement était exigu. Ames roulait dans une vieille Volvo délabrée.

Son esprit calculateur estimait qu'un salaire de 45 000 dollars par an était minable vu la valeur des secrets qui passaient chaque jour entre ses mains. Sous Bill Casey, le nouveau directeur de la CIA nommé par Reagan, la division soviétique avait repris du poil de la bête et contrôlait désormais une vingtaine d'espions derrière le Rideau de fer. Ames connaissait leurs identités. Il savait aussi que la CIA avait mis sur écoute un câble en dehors de Moscou qui recueillait une masse d'informations. Il savait que les hommes du service technique avaient trafiqué un container pour espionner les trains transportant des ogives nucléaires sur la ligne du Transsibérien. Finalement, on lui apprit que le MI6 disposait d'un agent important, sans doute à l'intérieur du KGB, dont l'identité n'était pas divulguée. Bref, Ames était dans le secret des dieux. Et tandis qu'il sirotait son bourbon dans divers bars de Washington, il savait surtout une chose : il n'avait pas un sou. Pas un centime pour s'acheter la voiture de ses rêves.

Après six mois en Angleterre, la double vie d'Oleg avait évolué en une agréable routine. Nullement consciente des activités clandestines de son mari, l'âme en paix, Leïla explorait avec bonheur son nouveau pays. Ses filles s'étaient muées en un clin d'œil en parfaites petites Anglaises, parlant même anglais à leurs poupées. Oleg adorait les parcs et les pubs de Londres, les restaurants orientaux de Kensington aux spécialités épicées et parfumées. À l'opposé d'Elena, Leïla aimait cuisiner et ne cessait de s'extasier devant la diversité des produits proposés dans les boutiques. Elle s'occupait des soins du ménage et de l'éducation des enfants et ne se plaignait jamais. Au contraire, elle soulignait la chance qu'elle avait de vivre à l'étranger. Certes, ses parents et ses amis lui manquaient, mais elle savait qu'elle retournerait bientôt à Moscou, car généralement les postes diplomatiques n'excédaient pas trois ans. Quand elle avait le mal du pays, son mari changeait de sujet. Un jour, il devrait lui avouer qu'il espionnait pour le compte du Royaume-Uni et qu'ils ne retourneraient jamais en Russie. Mais pourquoi la ferait-il souffrir dès maintenant ? Il se dit que Leïla était solide : le jour où il lui révélerait son double jeu, elle serait choquée et malheureuse mais, assez vite en bonne épouse, elle accepterait la situation. Néanmoins, mieux valait retarder ce jour le plus possible.

Ils plongèrent dans la vie artistique londonienne, assistant à des concerts de musique classique, à des vernissages, à des pièces de théâtre. Il aimait à croire qu'en espionnant pour l'Ouest, il agissait en dissident et non en renégat : « De même que Chostakovitch s'était battu avec de la musique, Soljenitsyne avec des mots, moi, membre du KGB, je n'opère qu'au sein de mon monde, le renseignement. » Il luttait avec des secrets.

Le matin il faisait de la course à pied dans Holland Park. Une fois par semaine ou presque, à une date fixée d'avance, il avertissait ses collègues qu'il avait un rendez-vous à l'heure du déjeuner. Puis il montait dans sa voiture et se rendait à la planque de Bayswater. Au sous-sol du parking, il déployait une bâche en plastique sur son véhicule afin de dissimuler ses plaques diplomatiques.

Le Centre n'envoyant plus ses instructions sous forme de microfilms, il était dans l'obligation de sortir les documents papier, parfois par liasses. Pour cela, il attendait que le bureau soit vide afin de les glisser dans une poche. Il n'avait que l'embarras du choix. Les services du Centre bombardaient de demandes les différents services de la *rezidentura* londonienne. Son nombreux personnel comptait vingt-trois officiers du KGB, huit clandestins dans la délégation commerciale soviétique, quatre pseudo-journalistes, des illégaux et un groupe à part de quinze officiers du GRU : « Le Centre diffusait un énorme volume de renseignements, une source inépuisable dans laquelle je puisais à mon gré. »

Une fois installé dans l'appartement, Spooner le débriefait pendant que Veronica préparait le déjeuner et que Sarah Page, une secrétaire du MI6 pleine de charme et d'une efficacité redoutable, photographiait des documents dans la chambre à coucher. Après avoir pressé la mémoire d'Oleg comme un citron, Spooner passait à l'actualité : « Très vite, nous abordions les événements présents. Il nous mettait au courant de ce qui venait de se passer : activités locales, conversations avec ses collègues de la *rezidentura.* » Observateur expérimenté, il stockait en mémoire tout ce qui pouvait être utile : instructions émanant du Centre, dernières requêtes et derniers rapports de RYAN, agissements des illégaux et leurs éventuelles identités, cibles à exploiter, recrutements d'agents et mutations du personnel. Il livrait également des ragots et des rumeurs qui révélaient ce que ses collègues pensaient, complotaient, faisaient en dehors de leurs heures de service, ce qu'ils buvaient, avec qui ils couchaient, les filles dont ils rêvaient.

— Spooner, avec ce que vous savez, vous appartenez désormais à la *rezidentura*, lui dit Gordievsky.

Parfois, au cas où Oleg serait rappelé d'urgence à Moscou et aurait besoin de s'enfuir, Veronica Price revoyait l'Opération PIMLICO en détail. En effet, depuis sa première mouture, le plan avait subi de nombreuses modifications : Gordievsky s'était marié et il avait deux petites filles. MI6 devrait prévoir deux voitures au lieu d'une ; un adulte et un enfant seraient cachés dans chaque coffre ; on injecterait aux gamines un puissant somnifère pour qu'elles dorment et ne soient pas traumatisées. Encore fallait-il qu'Oleg sache faire des piqûres ! Pour qu'il s'exerce, Veronica lui fournit une seringue et une orange. Trois ou quatre fois par an, il pesait ses filles et leurs poids étaient transmis au MI6, afin d'ajuster les doses.

Malgré l'instauration d'une certaine routine, Gordievsky ne cessait d'être sur ses gardes. Bien lui en prit. Après une réunion dans la planque, il était allé récupérer sa voiture sur Connaught Street toute proche. En effet, pour une raison inconnue, il ne l'avait pas garée dans le parking de l'immeuble. Au moment de se glisser à l'intérieur, horreur ! La Mercedes ivoire fonçait sur lui, le gros *rezident* tenant le volant. Craignant d'avoir été repéré, il se mit à transpirer et à inventer des excuses pour expliquer sa présence dans ce quartier éloigné de l'ambassade. Précaution inutile : Gouk ne l'avait pas vu.

Une chose aurait pu le rassurer : savoir que seules trois hautes personnalités politiques, le Premier Ministre, le ministre de l'Intérieur et le ministre des Affaires étrangères, partageaient le secret le mieux gardé du MI6. Le 23 décembre 1982, six mois après l'arrivée de Gordievsky en Grande-Bretagne, Margaret Thatcher apprit l'existence de NOCTON. L'essentiel de l'information était contenu dans un dossier dit la « chemise rouge » et placé dans un coffret bleu dont elle seule, son conseiller extérieur et son secrétaire privé, William Whitelaw, possédaient la clé. On l'informa aussi que le MI6 disposait d'un agent à l'intérieur du KGB de Londres sans toutefois lui divulguer son nom. Geoffrey Howe, ministre des Affaires étrangères, fut impressionné par les renseignements de NOCTON concernant RYAN : « La direction soviétique croit à sa propre propagande. Elle est terrifiée à l'idée que l'Ouest comploterait son renversement et pourrait, au conditionnel, prendre toutes les mesures dans ce but. »

Tandis que Gordievsky coopérait de plus en plus fructueusement avec le MI6, il travaillait de moins en moins pour le KGB. Gouk et Nikitendo, le *rezident* et son adjoint, lui étaient franchement hostiles. Igor Titov, son patron immédiat, était constamment inamical. Heureusement, tous ses collègues n'étaient pas des béotiens paranos. Certains étaient ouverts. Comme Maksim Parchikov. Officier de la Ligne PR âgé d'une trentaine d'années, fils d'un artiste de Leningrad, il partageait les goûts culturels d'Oleg. Ils écoutaient la musique classique diffusée par Radio 3, tout en occupant des bureaux voisins de la section politique. Parchikov le trouvait « plaisant et intelligent, doté d'une éducation et d'un niveau de culture qui le différenciaient des autres ». Parchikov ayant attrapé froid, Gordievsky lui fit connaître l'Otrivine, un spray nasal qu'il avait découvert dans une pharmacie anglaise. Reconnaissant, il remarqua que son nouvel ami avait un problème :

« La musique classique et l'Otrivine nous unissaient. Mais pour moi et pour d'autres proches d'Oleg durant ses premiers mois à Londres, il était évident que sa vie était perturbée par quelque chose de grave – il était terriblement nerveux et sous pression. Dès le départ, les chefs de la *rezidentura* le prirent en grippe. Il ne buvait pas comme les autres, était trop intellectuel, n'était pas des nôtres. Imaginez par exemple une réception typique afin de marquer une fête soviétique. Tout est en place dans une petite salle de la résidence : des sandwichs et des fruits sur une table, de la vodka et du whisky pour les hommes, du vin pour les quelques femmes présentes. Chacun, en commençant par le chef, porte un toast. Gordievsky, volontaire pour faire le service, remplit les verres vides, sauf le sien qui ne contient que du vin rouge.

« Il ne fraternisait pas. Certains le trouvaient bizarre. Moi je pensais : "Qu'est-ce qu'on s'en fout ! Parmi nous, il y a des tas de gens différents." La femme d'un officier ne pouvait pas le supporter. Elle ne savait pas pourquoi, mais elle le jugeait faux jeton, pas naturel, hypocrite. »

Ces médisances n'affectaient pas Parchikov : « J'étais trop paresseux pour calomnier mon aimable collègue. »

À ses yeux, Gordievsky avait un gros problème : son travail était insuffisant. Son anglais ne s'améliorait pas. Il partait déjeuner régulièrement mais en revenait à peu près bredouille. Bientôt, une rumeur alla bon train, Oleg n'était pas à la hauteur.

Gordievsky savait qu'il piétinait. Les contacts qu'il avait hérités de ses prédécesseurs à la Ligne PR étaient stériles. Il prit rendez-vous pour des déjeuners avec un diplomate européen identifié par le Centre comme agent mais, « s'il était ravi de faire de bons repas, il ne lui confiait rien d'intéressant ».

Autre recrue potentielle : Ron Brown, député travailliste d'Edinburg Leith, ancien syndicaliste repéré par le KGB à la suite de ses discours en faveur des régimes communistes d'Afghanistan, d'Albanie et de Corée du Nord. D'un naturel bagarreur, il avait souvent des ennuis avec les autorités parlementaires et fut même expulsé du Parti travailliste : il faut dire qu'il avait dérobé la lingerie intime de sa maîtresse et saccagé son appartement. Né à Leith, il s'exprimait avec un accent écossais épais comme du porridge. S'il était coloré et chaleureux, son élocution était impossible à comprendre. Gordievsky, qui avait déjà du mal avec l'accent distingué de la BBC, ne pigeait qu'un mot sur dix des propos de Brown lors de leurs déjeuners. Le Russe se contentait de hocher la tête d'un air entendu et laissait son interlocuteur pérorer : « Pour le peu que je saisissais, il aurait pu parler arabe ou japonais. » De retour à la *rezidentura*, il rédigeait des rapports hautement imaginaires, s'inspirant de ce qu'il avait cru entendre. En réalité, l'Écossais aurait pu aussi bien lui dévoiler des informations d'une importance suprême que lui donner des résultats de football. Brown était-il coupable de trahison ou blanc comme neige ? Le mystère n'a jamais été éclairci, faute d'élucider ce qui se cachait derrière son accent incompréhensible.

Ranimer ou consolider d'anciens contacts était aussi frustrant que d'en dénicher de nouveaux. Gordievsky tenta sa chance auprès de Bob Edwards, maintenant âgé de plus de 80 ans et doyen de la Chambre des communes. Ami impénitent du KGB, il fut ravi d'évoquer le passé, mais n'apporta rien de neuf à Oleg.

Même déconvenue avec Jack Jones, un ancien chef syndicaliste qu'il alla voir dans son logement social. Retraité de longue date, Jones fut ravi d'être invité à déjeuner et d'accepter quelques subsides en argent liquide, mais en tant qu'informateur, il se montra nul.

Le Centre signalait souvent d'éminents « progressistes », tels Joan Ruddock, propagandiste de la Campagne pour le désarmement nucléaire, ou Melvyn Bragg, animateur radio. Il était persuadé qu'en les approchant habilement ils pourraient espionner pour les Soviétiques. Comme sur bien des points, le KGB se trompait. Ça n'empêcha pas Gordievsky de traîner ses guêtres jour après jour à la périphérie du Parti travailliste, des Mouvements pour la paix, du Parti communiste et des syndicats. Cependant, au bout de six mois, sa moisson n'était pas à la hauteur de ses efforts.

Le chef analyste de la *rezidentura*, un autre copain de Gouk, se mit à déblatérer sur Oleg, l'accusant de travailler comme un cochon. Gordievsky confia alors à Parchikov qu'il avait peur de prendre son congé annuel à Moscou :

— On risque de me reprocher mes piètres résultats.

Celui-ci le rassura :

— Arrête de paniquer et continue à bosser.

C'est vrai que Gordievsky était en mauvaise posture : pris en grippe par le *rezident*, peu populaire parmi les gens de l'ambassade, il s'efforçait en vain de faire bonne impression, d'améliorer son anglais, de s'habituer à sa nouvelle ville. En fait, il passait tellement d'heures à collecter des informations pour les Britanniques qu'il n'avait plus de temps pour ses tâches quotidiennes au service du KGB.

Cette situation précaire inquiéta le MI6 et lui posa un sacré dilemme. Si Oleg était renvoyé en URSS, l'Ouest perdrait un espion qui commençait à fournir des informations de nature à changer le monde. Tout dépendait donc de ses progrès professionnels car, plus il remporterait de succès, plus il aurait de chances d'être promu et d'accéder à des documents sensationnels. Sa carrière nécessitait donc un bon coup de pouce. Le MI6 décida de l'aider de deux façons révolutionnaires : en espionnant à sa place et en le débarrassant de ses gêneurs.

Martin Shawford, jeune officier du MI6 appartenant à la cellule NOCTON, fut chargé de faire briller Gordievsky aux yeux de ses pairs et de ses patrons. Parlant russe et revenu récemment d'un poste à Moscou, Shawford s'occupait déjà de la couverture politique de l'affaire. Il commença par réunir des renseignements que Gordievsky pourrait faire passer au KGB comme s'il les avait recueillis lui-même. Ils prouveraient qu'il était expert en ce domaine, mais ils ne seraient d'aucune utilité aux Soviétiques. Ces informations « fumeuses » ont pour but d'établir la sincérité d'un agent. Elles sont volumineuses, bourratives mais sans valeur nutritionnelle véritable. Pendant la Seconde Guerre mondiale, les Britanniques étaient passés maîtres dans l'art de fabriquer et de véhiculer des tonnes d'informations sans intérêt par l'entremise d'agents doubles. À leurs officiers traitants de discerner le *vrai*, le *à moitié faux*, le *totalement faux qui semblait plus vrai que nature*. Shawford passa journaux et magazines au peigne fin pour collecter des renseignements que Gordievsky aurait pu obtenir auprès de ses contacts ou de sources diverses : résumés de la situation en Afrique du Sud soumise à l'apartheid, stade de la relation anglo-américaine, rumeurs internes glanées lors de conférences du Parti conservateur. Avec un peu d'imagination, ils pouvaient passer pour le fruit d'un vrai travail de renseignement. « Nous avions besoin de matériel dont il approvisionnerait la *rezidentura*, justifiant ainsi ses absences, ses réunions, etc. Il était primordial d'étayer sa crédibilité et de justifier ses déplacements. Nous étions au courant des papotages qu'il entendait auprès des gens qu'il fréquentait. »

Le MI6 était tellement avide de matériel que le K6, département du MI5 responsable du dossier, avait du mal à suivre. « Dans toute l'affaire Gordievsky, ce fut le seul moment de friction entre les services. » Shawford tapait chaque semaine un résumé : Gordievsky le rapportait à la *rezidentura*, le traduisait en langage KGB, ajoutait quelques détails de son cru et le livrait à ses patrons. Le brouillon d'origine, il le déchirait en mille morceaux qu'il jetait dans les toilettes.

Mais ces informations fumeuses n'étaient qu'une façon d'améliorer ses chances professionnelles. Afin de convaincre ses supérieurs de la qualité de son travail, il devait rencontrer des personnes en chair et en os aptes à lui fournir de vraies informations, vraies mais dénuées de la moindre valeur. En effet, s'il continuait à livrer des informations anonymes, il serait vite suspect. Il lui fallait absolument ses propres « relations confidentielles ». Le MI6 lui en fournit donc.

À l'intérieur du MI5, le département K4 s'occupait du contre-espionnage visant des cibles soviétiques, officiers du KGB et du GRU, leurs recrues, leurs illégaux : il les identifiait, les filait et, si possible, neutralisait leurs activités en Grande-Bretagne. Cela nécessitait la participation d'un « agent d'accès », une personne ordinaire qui dans la vie civile contacterait un agent suspect, gagnerait sa confiance, lui soutirerait des informations, semblerait être favorable à la cause, serait prête à être recrutée. Si l'espion se démasquait, il serait arrêté en tant qu'illégal ou expulsé sous statut diplomatique. Mais le but ultime d'une telle opération était, une fois sa complicité acquise, qu'il espionne *contre* l'Union soviétique. Pour y parvenir, tous les moyens étaient bons, la persuasion, l'incitation financière, la menace. Ces agents d'accès étaient recrutés en grand secret par le K4 afin de leur prêter main-forte. En fait, ils étaient des agents provocateurs, des gens que, par définition, un officier du KGB aimerait embrigader. Au début de 1980, le K4 lança des dizaines d'opérations contre des cibles soviétiques s'appuyant sur des dizaines et des dizaines d'agents d'accès.

Grande, brune, impressionnante, Rosemary Spencer ne passait pas inaperçue dans le Cercle conservateur, centre nerveux du parti situé au 32, Smith Square, au cœur de Westminster. Miss Spencer, 42 ans, travaillait dans la section internationale du département de recherche où elle collabora à la rédaction du célèbre rapport Franks établi à la suite de la guerre des Malouines. Les gens disaient d'elle, assez méchamment, qu'elle avait épousé le Parti conservateur. Amicale, intelligente, sans doute esseulée et très férue de politique politicienne, elle était le genre de femme que le KGB avait dans le collimateur. D'autant que la jolie célibataire était avant tout un agent clandestin du MI5.

Gordievsky fit sa connaissance pendant une réception à Westminster. Rien d'improvisé. On lui avait dit de chercher une jolie documentaliste conservatrice. On l'avait prévenue, elle, qu'un officier du KGB, se faisant passer pour un diplomate, chercherait à l'approcher. Dans ce cas, elle ne devait pas l'éconduire. Ils se revirent pour déjeuner. Oleg fut tout charme. Si elle savait qu'il appartenait au KGB, elle ignorait qu'il travaillait pour le MI6. L'officier de liaison de Rosemary lui indiqua ce qu'elle pouvait dire ou ne pas dire : pas d'information sensible mais des renseignements intéressants puisés dans son travail, des bribes de rumeurs du Parti. Gordievsky en fit un rapport tapé à la machine auquel il ajouta ce que Rosemary lui avait raconté ainsi que du matériel fourni par le MI6 qui aurait pu venir d'un membre du Parti conservateur. Le KGB fut fortement impressionné : il s'avérait que Gordievsky cultivait une source importante à l'intérieur du Bureau central du Parti conservateur et que cette source pourrait devenir une relation confidentielle ou même un agent.

Oleg et Rosemary nouèrent des liens de solide amitié, mais là encore, ce n'était que supercherie. Elle croyait le duper, il la dupait en le lui laissant croire. Il l'utilisait afin d'améliorer sa réputation à la *rezidentura*. Elle était persuadée qu'elle portait un grand coup à l'Union soviétique. C'était un exemple typique du mélange de tromperie et de tendresse propre à l'espionnage : une vraie amitié entre une documentaliste conservatrice anglaise et un diplomate soviétique, en réalité deux espions. Ils se mentaient en s'aimant bien.

Les actions de Gordievsky étaient en constante hausse. Même Gouk se montrait plus affable. Les rapports qu'il envoyait à Moscou commençaient à faire leur effet. Parchikov nota un net changement dans l'attitude d'Oleg : « Il s'habituait à l'équipe, établissait de bonnes relations avec les gens. » Il était plus confiant et plus détendu. Pourtant, s'il y avait quelqu'un qui voyait d'un mauvais œil les succès de Gordievsky, c'était son supérieur direct, Igor Titov. Après l'avoir toujours craint, il se mit en tête de faire obstacle à ses chances de promotion. Le MI6 décida de s'en débarrasser.

En mars 1983, déclaré *persona non grata*, Titov reçut l'ordre de quitter immédiatement le Royaume-Uni.

Gordievsky en avait été informé à l'avance. Pour noyer le poisson, deux officiers du GRU furent expulsés en même temps en raison « d'activités incompatibles avec leur statut diplomatique », un euphémisme signifiant espionnage. Titov fut fou de rage : « Je ne suis pas un espion ! » s'exclama-t-il en mentant aux journalistes. À la *rezidentura*, rares furent ceux qui regrettèrent de le voir partir, encore plus rares ceux qui furent surpris. Il faut dire que, depuis des mois, les expulsions d'espions des pays occidentaux s'étant multipliées, il était normal que Titov, officier notoire du KGB, fût du lot.

Titov éliminé, Gordievsky prit évidemment sa place à la tête du renseignement politique. Dans la foulée, il fut promu au grade de lieutenant-colonel.

Le MI6 avait bel et bien gagné son pari. Son protégé, agent méprisé en passe de perdre son job, était devenu vers juillet 1983 la star montante de la *rezidentura*, l'as du recrutement d'agents et de la collecte d'informations. Et, surtout, pas une once de soupçon n'avait entaché sa promotion. D'après Parchikov, « tout semblait naturel ».

Dans ses nouvelles fonctions, Gordievsky eut désormais accès à tous les dossiers de la Ligne PR (renseignement politique). Il fut en mesure de confirmer ce que le MI6 pressentait : la pénétration soviétique était pitoyable au sein de l'establishment avec une demi-douzaine « d'agents recrutés » (en général très vieux) et une douzaine de « relations confidentielles » (de faible importance). La plupart n'étaient que des agents « alibis » dont les noms figuraient dans les registres pour faire croire à Moscou que l'antenne londonienne était superactive. En tout cas, il n'existait aucun nouveau Philby prêt à surgir de l'ombre.

Dorénavant, Gordievsky pouvait également plonger dans d'autres départements ou lignes : la Ligne X (science et technique), Ligne N (illégaux) et Ligne KR (contre-espionnage et sécurité). Peu à peu, il débusquait les secrets les mieux gardés du KGB pour les transmettre au MI6.

Lorsque Leïla fut embauchée comme employée à mi-temps par l'antenne du KGB, Gordievsky profita d'une nouvelle source d'information. Voilà ce qui s'était passé. Arkadi Gouk eut besoin d'une secrétaire. Leïla tapait vite et bien. On lui dit de déposer ses enfants le matin à la crèche et de venir travailler à la *rezidentura*. C'est elle qui serait chargée de dactylographier les rapports de Gouk. Son patron l'impressionnait : « Il faisait le paon. Avoir accédé au rang de général du KGB, c'était quelque chose. Je ne posais jamais de question, me contentant de taper ce qu'on me donnait. » Elle ne remarqua pas non plus l'intérêt soudain que son mari portait à ses bavardages pendant le dîner. Particulièrement quand elle évoquait les rapports qu'elle avait tapés pour son général ou les potins entre secrétaires.

Gordievsky s'épanouissait de plus en plus, il devenait plus généreux. Il haranguait ses troupes : « Allons, utilisez à fond les frais de représentation. Cette année nous n'avons pas dépensé suffisamment pour régaler nos contacts et leur offrir des cadeaux. Sinon, on nous coupera notre allocation. » Une invitation à bidouiller les notes de frais ! Cela ne tomba pas dans l'oreille de certains sourds.

Gordievsky avait des tas de bonnes raisons d'être confiant et satisfait. Il s'élevait dans la hiérarchie et n'avait pas de rival. Sa moisson d'informations atterrissait régulièrement sur le bureau du Premier Ministre. Enfin, il attaquait de l'intérieur le système communiste qu'il détestait ! Qu'est-ce qui pouvait mal tourner ?

Le dimanche de Pâques 3 avril 1983, Arkadi Gouk rentra chez lui au 42, Holland Park après minuit. Quelqu'un avait glissé un paquet dans sa boîte aux lettres. À l'intérieur d'une enveloppe, un document ultra-secret : le dossier établissait la base juridique de l'expulsion de Titov et de deux officiers du GRU le mois précédent et la façon dont avait été confirmée leur appartenance au Renseignement soviétique. Dans une note jointe, l'envoyeur proposait de livrer d'autres secrets et, si on le désirait, il fournirait des instructions détaillées pour le joindre. Signé « Koba », un des premiers surnoms de Staline.

C'était clair. À l'intérieur du Renseignement britannique, quelqu'un se proposait d'espionner pour le compte de l'Union soviétique.

9.

Koba

Menaces et complots cernaient Arkadi Gouk. Il en voyait partout. Ils grouillaient dans les cerveaux de ses collègues, derrière les panneaux publicitaires du métro londonien, dans les machinations invisibles du Renseignement britannique.

En lisant la lettre de Koba, il crut devenir fou. Les instructions étaient détaillées et catégoriques : le *rezident* devait montrer sa volonté de poursuivre en enfonçant une punaise au sommet de la rampe de droite de l'escalier des quais 3 et 5 de la ligne Piccadilly à la station de métro Piccadilly ; Koba y répondrait en enveloppant d'un morceau de papier collant bleu le câble du téléphone de la cabine du milieu d'une rangée de cinq sur l'Adam and Eve Square, à proximité d'Oxford Street ; il déposerait ensuite une boîte de film contenant des renseignements secrets qu'il collerait avec du ruban adhésif sous le couvercle d'un réservoir des toilettes pour hommes du cinéma *Academy* d'Oxford Street.

Gouk avait jusqu'au 25 avril pour accepter son offre, c'est-à-dire vingt-deux jours à partir de ce dimanche.

Après un coup d'œil à cette lettre extraordinaire, il décida qu'il était victime d'une machination, d'un agent provocateur du MI5, d'une tentative délibérée pour le piéger, pour le faire expulser ou encore pour perturber le KGB. Il décida de ne pas en tenir compte.

D'un autre côté, comme il était sûr que le MI5 surveillait sa maison (ce en quoi il avait raison), il se disait qu'un authentique espion britannique n'aurait sûrement pas pris le risque d'être repéré au moment où il déposait une enveloppe devant sa porte. Pas une seconde il ne songea que Koba avait accès aux horaires de surveillance du MI5 et avait ainsi choisi d'agir un dimanche de Pâques, après minuit, heure où les « chouffes » n'étaient pas de garde.

Gouk se félicita d'avoir déjoué ce piège et rangea le paquet dans un coin.

Mais Koba refusa de laisser tomber. Le 12 juin en pleine nuit, après deux mois de silence, il déposa un nouveau paquet dans la boîte aux lettres de Gouk. Encore plus fascinant, il contenait un document de deux pages du MI5 énumérant tous les agents soviétiques à Londres ; chaque espion étant noté comme « totalement identifié », ou « soupçonné d'appartenir à l'antenne du KGB ». Une fois encore, une note jointe proposait d'autres documents ultra-secrets et suggérait un nouveau signal d'alarme et une nouvelle boîte aux lettres morte. Si Gouk désirait le contacter, il garerait sa Mercedes ivoire à l'heure du déjeuner le 2 ou 4 juillet sur une place payante du nord de Hanover Square. Dans ce cas, l'envoyeur laisserait une boîte de bière Carlsberg verte contenant un film au pied d'un lampadaire cassé, penchant d'un côté et auquel il manquait un globe, lampadaire situé sur un sentier parallèle à la Horsenden Lane dans West London. Pour accuser réception de la boîte de bière, Gouk placerait une pelure d'orange au pied de la barrière de la première entrée de St James Gardens de Melton Street, près de la gare d'Euston. Une fois encore, c'était signé Koba.

Gouk convoqua Leonid Nikitenko, son chef du contre-espionnage, dans le grenier de l'ambassade. Après avoir fermé les portes à double tour, bu quelques verres de vodka et fumé un demi-paquet de cigarettes, ils en vinrent aux choses sérieuses. Gouk répéta qu'il avait affaire à un complot maladroit. Un espion qui offre ses services, appelé « volontaire », est tout de suite plus suspect que celui qu'on cherche à recruter. Le document ne révélait rien de neuf, ne livrait que des renseignements exacts mais sans valeur.

Une fois encore, il ne lui était pas venu à l'esprit que Koba faisait preuve de sa bonne foi en livrant du matériel qu'il pouvait vérifier. Nikitenko n'en était pas aussi convaincu : ce n'était pas une provocation du MI5, le document lui semblait authentique car il contenait « l'ordre de bataille » complet de la *rezidentura* établi par le Service de sécurité. Quant aux instructions données à Gouk, elles étaient suffisamment complexes pour montrer que l'envoyeur ne voulait pas être pris la main dans le sac. Aux yeux jaunâtres de Nikitenko, l'offre paraissait sincère ; mais il était bien trop malin et trop ambitieux pour contredire son patron. Consulté, le Centre donna un ordre simple : ne rien faire et voir ce qui arriverait.

Au même moment, Gordievsky eut l'impression qu'« il se passait un truc pas ordinaire dans l'antenne ». Gouk et Nikitenko ne cessaient de discuter en tête à tête, d'envoyer des télégrammes urgents à Moscou. Le *rezident* avait son air de conspirateur des grands jours. Pour un homme macérant dans la paranoïa et le secret, il surprenait son monde par ses indiscrétions. C'était également un fanfaron. Dans la matinée du 17 juin, il appela Gordievsky dans son bureau, referma la porte, lui demanda sur un ton qui n'annonçait rien de bon :

— Vous voulez voir quelque chose d'exceptionnel ?

Gouk poussa deux photocopies dans sa direction.

— *Boje moï !* murmura Oleg. Mon Dieu ! D'où ça vient ?

Il se plongea dans la lecture de la liste et tomba sur son nom. Il était inscrit comme « plus ou moins identifié ». Il en comprit immédiatement les implications : la personne qui avait dressé la liste n'était pas certaine qu'il appartînt au KGB. Et la personne qui avait transmis le document ne pouvait savoir qu'il espionnait pour la Grande-Bretagne, sinon il se serait trahi auprès de Gouk. Une chose était claire : Koba avait accès à un certain nombre d'informations mais il ignorait que Gordievsky était un agent double. Pour le moment tout au moins.

Il rendit les feuilles à Gouk.

— C'est assez exact.

— Oui, ils ont fait du bon boulot.

Gordievsky examina une seconde fois le document quand Slava Michoutine, l'adjoint chargé des rapports, sollicita son aide pour le traduire. Celui-ci fut surpris par la précision des renseignements recueillis par les Britanniques. Oleg, lui, connaissait la réponse.

Plus intrigué qu'inquiet, il eut tendance à partager le point de vue de Gouk : il s'agissait d'une provocation plutôt que d'une offre réelle. Le Renseignement anglais devait manigancer quelque chose. Mais si c'était un agent provocateur, Spooner aurait dû le prévenir, non ? Et pour quelle raison le MI5 désirait-il que le KGB sache qu'il avait correctement identifié ses officiers opérant au Royaume-Uni ?

Profitant de l'heure du déjeuner, il se glissa à l'extérieur et appela le numéro d'urgence. Veronica décrocha tout de suite.

— Qu'est-ce qui se passe ? demanda-t-il.

Il lui décrivit les documents livrés chez Gouk qu'il avait pu lire.

Veronica ne dit rien pendant quelques secondes. Puis elle répondit :

— Oleg, il faut qu'on parle.

Une heure plus tard, lorsque Gordievsky fit son apparition à la planque, James Spooner et Veronica Price l'attendaient.

— Je sais que ce n'est pas de *votre* fait, mais quelqu'un flanque la pagaille.

Puis il vit la tête que faisait Spooner.

— Mon Dieu ! Ça ne serait pas une blague ?

— D'après nos informations, intervint Veronica, nous ne nous livrons à aucune opération de ce genre.

Gordievsky dira plus tard que les gens du MI6 avaient réagi avec leur flegme habituel. En réalité, les rares personnes au courant furent consternées d'apprendre qu'un agent britannique s'était engagé à espionner pour le compte des Soviétiques. Cela leur rappela aussi de très mauvais souvenirs. Comme il l'avait fait auparavant pour Philby, Hollis et quelques autres, le renseignement allait tenter de démasquer le traître sans perdre de vue le danger qu'il faisait courir à Gordievsky si le « volontaire » se rendait compte que quelqu'un de la *rezidentura* avait averti les Britanniques. En tout cas, la taupe était bien placée, avait accès à des documents secrets et s'y connaissait en techniques d'espionnage. Homme ou femme, il fallait l'arrêter avant que les dommages ne deviennent irréparables. Le MI5 et le MI6 employaient des milliers de personnes. Koba faisait partie du lot.

Dans la traque frénétique qui débuta, le MI6 possédait un avantage déterminant.

Le mystérieux personnage ignorait que Gordievsky était un espion britannique. Si Koba avait appartenu à l'équipe NOCTON, il n'aurait jamais tenté ce coup, de peur que Gordievsky n'en avertît le MI6, ce qui s'était effectivement produit. Pour assurer ses arrières, il aurait commencé par le dénoncer à Gouk. Ce qui n'avait pas eu lieu. En conséquence, seuls des officiers de toute confiance et au courant du secret de Gordievsky participèrent à la chasse, baptisée ELMEN, du nom d'un village autrichien. Ils furent placés sous les ordres de John Deverell, directeur de K, la section du contre-espionnage du MI5. Se tenant à l'écart du reste du MI5, ils constituèrent une cellule secrète à l'intérieur d'un service secret au sein d'une organisation secrète. Sans qu'on sache pourquoi, ils se surnommèrent les « Nadgers », un très vilain mot d'argot signifiant maladie ou encore testicule.

Après avoir été recrutée lors d'une réception, Eliza Manningham-Buller rejoignit le Service de sécurité en 1974. Elle avait ça dans le sang. Son père, ancien procureur général, avait dirigé les réquisitoires des procès de plusieurs espions dont George Blake, un agent double du MI6. Quant à la mère d'Eliza, durant la Seconde Guerre mondiale, elle avait dressé des pigeons voyageurs destinés à être largués au-dessus de la France occupée et utilisés par la Résistance pour transmettre des messages à Londres. Eliza, sélectionnée pour son sérieux et sa discrétion, fut « endoctrinée » et admise dans la petite équipe de LAMPAD. En 1983, elle était attachée au département du personnel du MI6 et donc idéalement placée pour découvrir la taupe. En devenant directrice générale du MI5 en 2002, elle atteindra le sommet de sa vie professionnelle dans un monde dominé par des hommes.

Boute-en-train, adorant le sport, c'était également une femme directe, sûre d'elle et extrêmement intelligente. Malgré le sexisme et les préjugés de ces messieurs, elle était si loyale au MI5 qu'elle l'appelait « mon domaine ». Aussi fut-elle affreusement choquée de découvrir un traître dans le Renseignement britannique : « Ce fut un des pires moments de ma carrière, surtout au début quand nous ignorions qui c'était. Nous montions dans l'ascenseur et regardions à gauche et à droite en nous posant des questions. »

Pour éviter d'éveiller des soupçons parmi leurs collègues (ils y réussirent parfaitement), les Nadgers se retrouvaient souvent en fin de journée dans l'appartement de la mère d'Eliza Manningham-Buller. Une femme de l'équipe étant proche d'accoucher, son futur nouveau-né fut baptisé « Petit Nadger ».

Pour un service de renseignement, rien n'est plus douloureux et harassant que de traquer un traître inconnu dans ses rangs. Les dommages causés par Philby à la fierté du MI6 furent plus importants et plus durables que les dégâts occasionnés par l'espionnage qu'il fit au profit du KGB. Une taupe n'engendre pas seulement la méfiance. Tel un hérétique, elle mine la confiance.

Eliza Manningham-Buller et ses Nadgers réunirent tous les dossiers personnels afin d'établir une liste de traîtres potentiels. Le document établissant la base juridique de l'expulsion de Titov et de deux officiers du GRU avait été envoyé au Foreign Office, au ministère de l'Intérieur et au Premier Ministre. La liste des agents soviétiques établie par le K4 avait été tirée à cinquante exemplaires et distribuée à différents services du monde de l'espionnage. Les chasseurs commencèrent à identifier les personnes qui avaient eu accès aux deux documents.

L'enquête battait son plein lorsque, à la fin juin, les Gordievsky retournèrent à Moscou. Oleg n'était pas d'humeur folâtre, mais il ne pouvait refuser de prendre ses vacances annuelles sans éveiller les soupçons. Pourtant il courait un risque énorme. Koba était toujours en liberté. À tout instant, il risquait de découvrir les activités de Gordievsky et de le dénoncer à Gouk. Si cela arrivait pendant son séjour en URSS, il aurait peu de chances de repartir. À Moscou, le poste du MI6 fut mis en état d'alerte au cas où il aurait besoin de prendre un contact ou de déclencher le plan de fuite.

Pendant ce temps, l'étau des Nadgers se resserrait autour d'un individu dont la présence dans le MI6 sembla, rétrospectivement, une mauvaise plaisanterie.

Michael John Bettaney était un type solitaire, malheureux, instable. À Oxford, il marchait au pas de l'oie dans la cour de son université, jouait des marches hitlériennes à tue-tête sur son gramophone. Il portait des vestes en tweed et des chaussures de marche. D'après un étudiant, « il s'habillait comme un directeur de banque tout en rêvant de faire partie des troupes de choc allemandes ». Un soir, après une fête, il tenta de s'immoler par le feu. Puis il se laissa pousser une moustache en brosse, ce qui ne plut pas aux filles. Il modifia son accent du Nord pour prendre la voix traînante de la haute société. Une enquête plus poussée révéla un fort complexe d'infériorité et un manque total de confiance en soi. Pas de quoi faire un formidable officier du renseignement ! Pourtant, alors qu'il était encore à Oxford, il fut recruté et rejoignit le MI5 en 1975.

On acheva son initiation en le plongeant dans le grand bain : il fut envoyé en Irlande du Nord pour combattre le terrorisme. Profondément catholique, il se demanda si c'était son rôle. Ses supérieurs balayèrent ses doutes. Il s'attela donc à une tâche sinistre, complexe et affreusement dangereuse : contrôler des agents à l'intérieur de l'IRA, mettre des téléphones sur écoute, parler à des gens peu sympathiques dans des cafés hostiles. Avec la hantise de savoir que le moindre faux pas serait sanctionné par une balle dans la nuque, un soir, au fond d'une sombre allée. Il vivait dans l'angoisse et faisait mal son travail. Son père mourut en 1977, sa mère un an plus tard. Malgré cette double perte, il fut maintenu à Belfast. En épluchant son dossier, Eliza Manningham-Buller fut horrifiée : « Nous avons fabriqué ce qu'il est devenu. Il ne s'est jamais remis de ce qu'il a vécu en Irlande du Nord. Ce n'était pas quelqu'un de sincère. » Avec son faux accent, des tenues et une image qui n'étaient les siennes, sans famille, sans amis, sans amour, sans principes bien établis, à la recherche d'une cause, il accomplissait une tâche qui ne lui convenait pas. La tension particulière du monde du renseignement, le secret ambiant durent l'éloigner encore de la réalité. S'il avait choisi un mode de vie différent, il aurait sans doute mené une existence tranquille qui l'aurait comblé.

Après avoir quitté Belfast, il regagna Londres et passa deux ans au service de la formation des cadres. Puis, en 1982, il intégra le K4, la section du MI5 chargée d'analyser et de combattre l'espionnage soviétique en Grande-Bretagne mais aussi de traiter les agents d'accès. Il vivait seul, en compagnie d'une grande figurine en plastique de la Vierge Marie, d'icônes russes, d'un tiroir plein de médailles nazies et d'une collection très fournie de publications pornographiques. Renfermé et esseulé, il cherchait, en vain, à coucher avec ses collègues féminines du MI5. Aucune n'accepta de le suivre dans sa modeste maison de la banlieue sud de Londres.

Parfois, pendant des soirées, quand il avait trop bu, il criait : « Je travaille pour le mauvais côté », ou encore : « Quand je serai à la retraite, venez me voir dans ma datcha. » Six mois avant de déposer son premier paquet chez Gouk, on l'avait trouvé, écroulé sur le trottoir, trop ivre pour tenir debout. Lorsque la police de l'ouest de Londres l'emmena au commissariat, il cria : « Vous ne pouvez pas m'arrêter, je suis un espion ! » On lui infligea une amende de 10 livres. Le MI5 n'accepta pas sa démission. Ce fut une erreur.

La sagesse aurait voulu que personne ne le laissât approcher d'un secret d'État à moins d'un kilomètre. Or, à 32 ans, il avait déjà passé huit années au Service de sécurité et atteint un grade assez enviable d'officier du contre-espionnage.

En 1983, on avait noté qu'il déraillait mais sans réagir : sa foi catholique s'était évaporée, il buvait une bouteille d'alcool par jour. Un supérieur lui conseilla amicalement de réduire la dose. Il n'y eut pas d'autres remontrances.

Bettaney, pendant ce temps, préparait l'avenir. Il apprit par cœur des documents secrets ou les recopiait avant de les taper à la machine et de les photographier chez lui. De garde de nuit au MI5, il apportait un appareil photo et prenait des clichés de tout ce qu'il trouvait. Personne ne le fouilla jamais. Ses collègues le surnommaient « Smiley », le héros des romans de John le Carré, et notaient son air suffisant. Comme de nombreux espions, il cherchait à découvrir et à cacher un plus gros secret que son voisin.

Le K4 disposait de quatre officiers. Deux d'entre eux étaient des « initiés » et connaissaient donc l'existence de Gordievsky. Bettaney ne l'était pas. Mais, littéralement ou symboliquement, il était assis tout près du plus important secret de l'organisation : un espion du MI6 travaillait à l'intérieur de la *rezidentura* de Londres.

Plus tard, il prétendit s'être converti au marxisme en 1982. Il insista pour faire croire que son désir d'espionner pour le KGB découlait de convictions purement idéologiques. Dans un long exposé d'autojustification, il évoqua à grands traits colorés son martyre politique, ses rancœurs diverses, une théorie du complot et son indignation ô combien justifiée. Il accusa le gouvernement de Mme Thatcher d'« adhésion servile à la politique agressive et provocante de l'administration Reagan » qui avait volontairement augmenté le chômage afin d'amener « de plus grandes richesses à ceux qui en ont déjà trop ». Il affirma qu'il agissait pour la paix mondiale et accusa le MI5 d'utiliser « des méthodes immorales et corrompues… non seulement afin d'éliminer le gouvernement soviétique et le Parti mais aussi pour détruire le tissu de la société de l'URSS ». Il enfourcha la pompeuse rhétorique révolutionnaire : « J'en appelle à mes camarades où qu'ils soient à rester déterminés et à redoubler d'efforts pour parvenir à la victoire, une victoire désormais inévitable. »

Le credo marxiste de Bettaney était aussi artificiel que son accent ampoulé. Ce ne fut jamais un communiste convaincu à la manière de Philby. Il est difficile de prouver qu'il eût un quelconque attachement pour l'Union soviétique, le triomphe du marxisme, le prolétariat opprimé. Un jour, il se laissa aller et se trahit : « J'avais un terrible besoin d'influencer les événements. » En fait, il ne cherchait ni la fortune, ni la révolution, ni la paix dans le monde. Il voulait attirer l'attention sur lui.

Aussi fut-il cruellement blessé lorsque le KGB ne remarqua même pas son existence. Et sa surprise fut grande lorsque sa première livraison n'eut aucun écho. Il retourna souvent à la station de métro de Piccadilly et, s'apercevant qu'il n'y avait jamais de punaise sur la rampe, il en conclut qu'il avait choisi un site d'alerte trop proche de l'ambassade soviétique. En conséquence, les instructions contenues dans le second paquet spécifiaient-elles des sites éloignés du centre de Londres et une réponse remise à plusieurs semaines. Il avait également inclus les documents secrets les plus récents du K4. Puis il attendit, se creusa les méninges, but de l'alcool en quantité.

A posteriori, il est facile de se dire que Bettaney aurait dû être identifié plus tôt. Il faut cependant se souvenir que les trois plus importantes agences de renseignement au monde – la CIA, le MI6 et le KGB – eurent toutes affaire, à un moment ou à un autre, à des traîtres potentiels qui, à y voir de près, étaient plus que douteux. Ces agences, comme toutes les grandes organisations, ont la réputation de filtrer minutieusement leurs candidats. Mais, malgré leur perspicacité et leur froide efficacité, elles embauchent et gardent en leur sein des brebis galeuses. Dans le monde de l'espionnage, que ce soit à l'Est ou à l'Ouest, on boit énormément pour chasser le stress et estomper la réalité. La relation très particulière entre espion et agent traitant nécessite souvent beaucoup d'alcool pour bien fonctionner. À l'inverse d'autres départements gouvernementaux, les agences de renseignement recrutent des gens pleins d'imagination qui possèdent ce que Winston Churchill appelait « des esprits aussi droits que des tire-bouchons ». Si être intelligent, excentrique ou soiffard vous avait désigné comme un traître en devenir, alors la moitié des espions anglais ou américains de la Seconde Guerre mondiale auraient été suspects. Dans ce domaine, le KGB était différent : l'ivresse et l'individualisme étaient mal vus. La trahison de Gordievsky passa inaperçue parce qu'il était sobre et conformiste ; Bettaney ne fut pas repéré parce qu'il n'était ni l'un ni l'autre.

Entre-temps, les Nadgers avaient établi une liste de trois suspects : Bettaney y figurait en tête. Mais le faire suivre n'était pas facile. Les gens du service A4 de surveillance lui étaient familiers et on lui avait appris à repérer les filatures ; de plus, s'il reconnaissait un des

« chouffes », c'était la fin de la partie. Autre danger : les « chouffes » risquaient de raconter aux gens du MI5 qu'un de leurs collègues était suivi. Aussi, au lieu d'utiliser les pros du MI5, il fut décidé de déployer les membres de l'équipe NOCTON du MI6, inconnus de Bettaney. Mais le directeur général du MI5 mit son veto à l'usage d'officiers du MI6 dans une opération du MI5. Deverell passa outre. Les officiers du MI6 fileraient Bettaney et tenteraient de l'attraper la main dans le sac.

On donna à Bettaney le nom de code PUCK, un personnage du *Songe d'une nuit d'été*, un choix que les Nadgers réprouvèrent. « Le lien avec le personnage de Shakespeare était déplacé et le mot lui-même trop proche d'un juron américain trop connu. »

Le matin du 4 juillet, un couple débraillé vêtu de vêtements en loques errait au bout de Victoria Road à Coulsdon, dans la banlieue sud de Londres. L'homme était Simon Brown du P5, le chef des opérations du bloc soviétique du MI6, la femme Veronica Price, la créatrice de PIMLICO. Vivant dans les Home Counties, les environs chics de Londres, très BCBG, elle n'était pas habituée à ce genre de camouflage. « J'ai emprunté le chapeau de la femme de ménage. »

À 8 h 05, Michael Bettaney émergea du numéro 5, marqua un temps d'arrêt à la porte de sa maison, épia les deux côtés de la rue. « À cet instant, j'ai su que c'était lui, dira Brown. Il faut être coupable pour prendre de telles précautions. »

Bettaney ne s'attarda pas sur les deux miséreux. Il ne repéra pas la femme enceinte dans son wagon du train de 8 h 36 de Coulsdon Town. Ni le chauve qui le suivit pendant dix minutes entre la gare

Victoria et le bâtiment du MI5 sur Curzon Street. Il sortit déjeuner pendant deux heures mais se perdit dans la foule. Le MI5 fut donc incapable de s'assurer qu'il s'était rendu à Hanover Square afin de vérifier si le *rezident* avait finalement accepté de jouer le jeu en garant sa voiture dans le nord de Londres. En réalité, Gouk n'avait pas bougé.

Mécontent et de plus en plus angoissé, Bettaney se résolut à faire un dernier effort pour embobiner le KGB. Le 10 juillet, peu après minuit, il déposa une troisième lettre dans la boîte aux lettres de Gouk. Il voulait savoir si les Soviétiques avaient reçu les deux précédents paquets et quelle était leur réponse. Il se proposait d'appeler le standard téléphonique de l'ambassade le 11 juillet à 8 h 05 et de demander Gouk en personne. Le *rezident* devrait lui répondre en utilisant des mots spécifiques : la mine de secrets de Koba l'intéressait-elle ou non ?

Un mystère demeure : pourquoi le MI5 n'a-t-il pas mieux surveillé le domicile de Gouk et pris sur le fait l'espion lors de sa troisième livraison ? Il est vrai que Gordievsky se trouvait à Moscou et incapable de tuyauter ses amis britanniques sur les événements présents. En tout cas, Bettaney s'incrimina lui-même en montrant des signes de tension mentale ou d'une éventuelle dépression nerveuse. Ainsi, le 7 juillet, il discuta de Gouk avec ses collègues dans des termes qu'ils trouvèrent proches de l'obsession. Il alla jusqu'à suggérer que le *rezident* fût recruté par le MI5. Le lendemain, il revint à la charge en remarquant que, si on offrait au KGB une source « magique », il n'en voudrait pas. Puis il posa des tas de questions à propos de certains officiers du KGB et s'intéressa à des dossiers en dehors de sa compétence. Il discourut aussi longuement sur les motivations des espions d'antan, dont Kim Philby.

Un matin de juillet, il appela l'ambassade soviétique depuis une cabine, dit s'appeler M. Koba et demanda à parler à Gouk. Le *rezident* refusa de le prendre au téléphone. À trois reprises Bettaney avait offert un cadeau royal au chef du KGB. Chaque fois, Gouk l'avait refusé. Dans l'histoire de l'espionnage, il y a peu d'exemples d'un tel gâchis.

Trois jours plus tard, Bettaney interrogea un de ses collègues du MI5 : « À ton avis, comment réagirait Gouk si un officier anglais du renseignement glissait une lettre sous sa porte ? » Bettaney venait de se démasquer : Koba, c'était lui !

Mais il ne s'agissait encore que de présomptions. La mise sur écoute de son téléphone n'avait rien donné. Une fouille sommaire de sa maison n'avait rien révélé. Bettaney couvrait ses arrières en bon professionnel. Pour le faire condamner, le MI5 devait le prendre sur le fait ou l'obliger à avouer.

Le 10 août, la famille Gordievsky revint de vacances. Au cours de sa première réunion clandestine, Oleg apprit que la taupe avait été identifiée mais restait en liberté. D'un air innocent, il se renseigna à la *rezidentura* : l'agent provocateur proposé par le mystérieux Koba avait-il progressé en son absence ? Il n'apprit rien de neuf. Il reprit donc sa routine, prenant des contacts pour le KGB, collectant des informations pour le MI6. Mais il n'avait pas le cœur à l'ouvrage sachant qu'un espion évoluait en liberté à l'intérieur du Renseignement britannique. Quand Koba déposa sa première lettre chez Gouk, il était évident qu'il ignorait que Gordievsky espionnait pour les Anglais. Mais en quatre mois, Koba avait-il découvert le pot aux roses ? Gouk désirait-il le coincer ? Ses collègues le surveillaient-ils, prêts à bondir au premier faux pas ? À chaque jour qui passait, la menace grandissait. Pourtant, il s'efforçait de paraître serein tandis que son anxiété augmentait : il déposait les filles à l'école, sortait dîner avec Leïla, écoutait du Bach, lisait des livres. Une question le taraudait : ses amis du MI6 appréhenderaient-ils Koba avant que l'espion ne l'identifie ?

En attendant, Bettaney, lassé de poireauter, décida de trouver un autre acheteur. Au bureau, il laissa entendre qu'il envisageait de prendre des vacances à Vienne – centre de l'espionnage durant la Guerre froide et lieu d'une importante *rezidentura*. Lors de la perquisition de son armoire de bureau était apparu un dossier ayant trait à un officier du KGB expulsé de Grande-Bretagne pendant l'Opération FOOT : il habitait désormais à Vienne. Bettaney était-il sur le point de mettre les voiles ?

Le MI5 prit la décision de l'arrêter et de l'obliger à avouer. Opération au nom de code COE. C'était prendre un énorme risque. Si Bettaney niait en bloc et donnait sa démission, rien légalement ne l'empêchait de quitter le pays. L'affronter en tête à tête pouvait mal tourner. Si Bettaney se défendait bien, avertit le MI6, « il serait finalement libre d'agir à sa guise ». De toute façon, il n'était pas question de le laisser remonter jusqu'à Gordievsky.

Le 15 septembre, on convoqua Bettaney à une réunion urgente au quartier général du MI5 sur Gower Street pour discuter d'une affaire de contre-espionnage.

Dès son arrivée, il fut amené à l'appartement du dernier étage. Là, John Deverell et Eliza Manningham-Buller étalèrent devant lui les documents qui l'accusaient. Également un cliché de la porte de Gouk indiquant qu'il avait été photographié lors d'une de ses livraisons (ce qui était faux). Bettaney accusa le choc, parut nerveux, mais capable de dominer la situation. Il parla de ce que cet espion aurait pu faire – en théorie – sans toutefois admettre son implication. Il fit remarquer que ce ne serait pas dans son intérêt d'avouer – un aveu implicite, pas une confession. D'ailleurs, même une véritable confession n'aurait pas été admise devant un tribunal car il n'avait pas été appréhendé dans les règles et qu'il était interrogé sans la présence d'un avocat. Qu'il raconte toute l'affaire, qu'il soit ensuite arrêté, qu'il répète ses aveux selon la procédure officielle, voilà ce que désirait le MI5. Mais Bettaney résista.

Un système d'écoute relayait la conversation à l'étage en dessous où quelques officiers triés sur le volet du MI5 et du MI6 ne perdaient pas un mot de l'interrogatoire : « L'entendre manœuvrer pour ne rien admettre fut pénible. Nous avions peur qu'il réussisse à s'en sortir en bluffant. » Bettaney était peut-être déséquilibré, mais pas bête pour un sou. Le soir venu, les participants étaient éreintés, l'affaire au point mort. Il accepta de passer la nuit dans l'appartement, bien que rien ne l'y forçât. Il avait refusé de déjeuner, renvoyé son dîner. Il ne voulut qu'une bouteille de whisky qu'il but tranquillement. Eliza Manningham-Buller et deux gardes du corps demeurèrent auprès de lui. De temps en temps, il posa des questions fourbes, félicita le MI5 pour la masse de preuves qu'il avait réunies – sans jamais dire la vérité. Un peu plus tard, il parla des Anglais en disant « vous » et des Russes en disant « nous ». Il avoua seulement qu'il avait voulu avertir les officiers du KGB qu'ils étaient surveillés. Mais sans rien confesser. Finalement, à 3 heures, il s'écroula sur un lit.

Le lendemain matin, Eliza Manningham-Buller lui prépara un petit déjeuner auquel il ne toucha pas. Privé de sommeil, souffrant d'une belle gueule de bois, affamé et de mauvaise humeur, il annonça qu'il n'avait pas l'intention de se confesser.

Soudain, il cessa de s'exprimer sur le mode théorique pour parler à la première personne. Et dire tout le bien qu'il pensait de Philby et de George Blake.

À 11 h 42, Deverell était sorti de la pièce quand Bettaney fit face à ses interrogateurs et leur déclara : « J'aimerais décharger ma conscience. Prévenez le directeur de K, je passe aux aveux. » Cette annonce était bien dans le caractère impulsif de Bettaney : longtemps, il avait tenu bon pour craquer tout d'un coup. Dans l'heure qui suivit, il fut emmené au commissariat de Rochester Row où il vida son sac.

Une perquisition plus approfondie de sa maison dévoila une abondance de preuves : l'étui d'un rasoir électrique contenait les coordonnées des officiers du KGB qu'il devait contacter à Vienne. L'armoire de la buanderie renfermait des films de documents secrets pas encore développés. Des notes manuscrites concernant d'autres documents ultra-secrets étaient dissimulées dans une boîte en carton placée sous des verres. Des coussins recelaient des notes dactylographiques. Un équipement photographique était enfoui sous une pile de charbon dans la cave.

Bettaney fit un acte de contrition surprenant : « J'ai mis le Service en mauvaise posture – ce n'était pas mon intention. »

La découverte d'une taupe amena le Service de sécurité à pavoiser. Margaret Thatcher félicita le directeur général du MI5 « pour la façon exemplaire dont l'affaire avait été menée ». Les Nadgers envoyèrent à Gordievsky un mot personnel exprimant « leurs sentiments les plus chaleureux ». Par l'entremise de Spooner, Gordievsky leur répondit en espérant qu'un jour il pourrait les remercier en personne : « J'ignore si ce jour viendra ou pas. En tout cas, j'aimerais qu'il reste une trace de ma reconnaissance. Vous représentez les vrais défenseurs de la démocratie dans le sens le plus clair du terme. »

Margaret Thatcher fut seule parmi les membres du Cabinet à avoir été au courant du rôle primordial de Gordievsky. En interne, seuls les Nadgers surent ce qui s'était vraiment passé. La presse en ébullition publia un certain nombre de désinformations : le tuyau qui avait révélé la traîtrise de Bettaney émanait de « tables d'écoute » ou bien c'étaient les Russes eux-mêmes qui avaient prévenu le Service de sécurité qu'il recelait un espion en son sein. Un journal annonça, à tort : « Les Russes de Londres en ont eu assez des avances de Bettaney qu'ils ont pris pour un *agent provocateur* et prévenu le MI5 qu'il perdait son temps. »

Au cas où une autre taupe serait encore active et pour détourner l'attention de la véritable source, le MI5 rédigea un faux rapport : la fuite émanait d'un diplomate accrédité de l'ambassade soviétique. Les Russes nièrent tout en bloc, jurèrent que les rumeurs concernant l'espionnage du KGB n'étaient que de la propagande de bas étage ayant pour but de « nuire au bon développement des relations URSS-Royaume-Uni ». Gouk ne changea jamais de point de vue : il avait eu affaire à une comédie du MI5 destinée à le discréditer. Il n'aurait pu prétendre le contraire sans avouer une bourde ahurissante. Quant à Gordievsky, personne ne le soupçonna : « À mon avis, ni Gouk ni Nikitenko n'ont fait le lien entre Koba et moi. »

Malgré toutes les spéculations, malgré les milliers de pages de journaux consacrées à cette affaire sensationnelle, personne ne soupçonna la vérité : l'homme qui attendait son procès à la prison de Brixton pour dix violations du Secret Act n'était pas là par hasard. Il devait son sort à Oleg Gordievsky.

10.

M. Collins et Mme Thatcher

La Dame de fer avait un faible pour son espion russe.

Margaret Thatcher n'avait jamais rencontré Oleg Gordievsky. Elle ne connaissait pas son nom et ne l'appelait, d'une manière insistante autant qu'inexplicable, que « M. Collins ». Sachant qu'il agissait depuis l'ambassade soviétique, elle se faisait du souci pour la pression qu'il subissait, songeait qu'un jour il « sauterait le pas » et ferait défection. « À ce moment-là, il faudra bien s'occuper de lui et de sa famille. Cet agent russe n'est pas seulement une poule pondeuse de renseignements mais un être héroïque, presque fantastique, qui œuvre pour la liberté au péril de sa vie. » Ses rapports, numérotés et estampillés *Très Secret et Personnel* et *Réservé au Royaume-Uni*, signifiaient qu'ils ne devaient pas être diffusés à l'étranger. Ils lui parvenaient par l'entremise de son secrétaire particulier. Elle en était très friande : « Elle les lisait minutieusement, les annotait, posait des questions. Les rapports revenaient annotés, soulignés, truffés de points d'exclamation et de commentaires. » Selon

Charles Moore, son biographe, Mme Thatcher « était surexcitée par l'atmosphère de secret et le romantisme de l'espionnage », tout en étant consciente que le Russe lui fournissait une vision politique tout à fait unique : « Les dépêches de Gordievsky [...] lui faisaient comprendre, comme jamais aucune information auparavant, la façon dont les dirigeants soviétiques réagissaient à la politique occidentale et vis-à-vis de sa personne. » L'espion lui faisait découvrir la pensée du Kremlin. Fascinée, elle lui en était reconnaissante. « Il est probable qu'aucun Premier Ministre n'a suivi les faits et gestes d'un agent britannique avec autant d'attention que Mme Thatcher. »

Pendant que le Renseignement britannique traquait Koba, le KGB ne ménageait pas ses efforts pour faire perdre à Margaret Thatcher les élections générales de 1983. Aux yeux du Kremlin, elle était la « Dame de fer », un surnom péjoratif inventé par un journal militaire soviétique. Détail amusant : cette appellation lui plaisait. En fait, le KGB tentait depuis 1979, date de son accession au pouvoir, de miner son autorité par des mesures énergiques en plaçant, par exemple, des articles négatifs auprès de journalistes de gauche. Le Kremlin s'accrochait toujours à l'idée qu'il pourrait influencer les élections en faveur du Parti travailliste dont le chef apparaissait dans les dossiers du KGB en tant que « relation confidentielle ». Il se faisait fort d'utiliser toutes sortes de coups tordus et de manœuvres en douce pour pervertir une élection démocratique en faveur d'un candidat de son choix.

Si les travaillistes gagnaient, Gordievsky se trouverait dans une position bizarre : il transmettrait des secrets du KGB à un gouvernement dont le Premier

Ministre avait, par le passé, reçu de l'argent des Russes. Finalement, personne ne sut que derrière l'agent BOOT officiait Michael Foot. Les efforts du KGB pour faire basculer les élections ne furent que des coups d'épée dans l'eau. Le 9 juin, Margaret Thatcher remporta une victoire éclatante, aidée par le succès de la guerre des Malouines de l'année précédente. Forte d'un nouveau mandat et profitant des lumières de Gordievsky sur la psychologie du Kremlin, quand elle décida de s'atteler à la Guerre froide, elle trouva une situation terriblement inquiétante.

Pendant la seconde moitié de 1983, l'Est et l'Ouest semblèrent foncer vers un conflit armé sans doute mortel, propulsés par « une combinaison potentiellement mortelle de rhétorique à la Reagan et de paranoïa soviétique ». Devant le Congrès, le président américain promit de « laisser le marxisme-léninisme sur un champ de cendres historique ». Les Américains continuaient à renforcer leur armement et à utiliser diverses « opérations psychologiques », telles des intrusions de l'espace aérien soviétique et des opérations navales clandestines afin de prouver que l'OTAN était capable de s'approcher des bases militaires russes. Destinées à faire trembler les Russes, elles réussirent parfaitement. Ces derniers renforcèrent le programme RYAN, bombardèrent d'ordres les antennes du KGB afin qu'elles prouvent que les États-Unis et l'OTAN préparaient une attaque nucléaire surprise. En août, Vladimir Krioutchkov (le futur chef du KGB), alors à la tête de la Première Direction générale, donna pour instruction aux *rezidentura* de surveiller les préparatifs de guerre, en particulier « l'infiltration secrète sur le territoire soviétique d'équipes de sabotage munies d'armes nucléaires, bactériologiques ou chimiques ».

Étaient félicitées les antennes qui rendaient compte consciencieusement d'activités suspectes ; celles qui n'étaient pas assez vigilantes étaient vertement blâmées et sommées de mieux faire. Gouk fut obligé d'avouer des faiblesses dans ses recherches. Si Gordievsky trouvait personnellement que l'Opération RYAN était une farce, ses rapports au MI6 ne laissaient pas de place au doute : les gouvernants soviétiques étaient véritablement terrifiés. Au point de se préparer au combat mais surtout de croire que leur survie dépendait d'une frappe préventive. La situation ne fit qu'empirer à la suite d'un accident tragique au-dessus de la mer du Japon.

Aux premières heures du 1er septembre 1983, un chasseur soviétique abattit un Boeing 747 de Korean Air Lines avec à son bord 269 passagers et membres d'équipage. L'avion de ligne avait pénétré par erreur dans l'espace aérien soviétique. Les relations Est-Ouest atteignirent leur plus bas niveau. Moscou commença par nier tout rôle dans l'accident puis prétendit que l'avion était un avion-espion qui avait violé l'espace aérien soviétique, une provocation délibérée des États-Unis. Ronald Reagan condamna « le massacre aérien, un acte barbare… d'une violence inhumaine », attisant l'indignation nationale et internationale et se complaisant dans la volupté de ce qu'un dignitaire américain appellerait plus tard « la joie d'être dans son bon droit ». Le Congrès accepta d'augmenter les dépenses militaires de défense. Moscou prit la colère occidentale pour de l'hystérie collective, prélude à une attaque. Il ne présenta pas d'excuses mais accusa la CIA d'un « acte provocateur et criminel ». Une volée de télégrammes « flash » atterrirent à la *rezidentura* de Londres lui enjoignant de protéger les biens et les citoyens soviétiques en cas d'attaque. Elle devait également collecter des informations tendant à appuyer les théories d'un complot. Un peu plus tard, le Centre félicita l'antenne londonienne « pour ses efforts en vue de contrecarrer la campagne antisoviétique autour de l'avion sud-coréen ». En phase terminale, cloué au lit, Andropov se déchaîna contre « la psychose militaire américaine ». Gordievsky parvint à sortir les télégrammes de l'ambassade et à les communiquer au MI6.

La chute du KAL 007 fut la conséquence de l'incompétence de deux pilotes, un Russe et un Coréen. Mais les rapports transmis par Gordievsky montrèrent qu'une regrettable tragédie avait évolué en une situation politique explosive due à une dangereuse escalade oratoire et à une incompréhension mutuelle.

Dans cette atmosphère de méfiance acerbe et de mésentente, la Guerre froide fut sur le point de se muer en une guerre nucléaire.

ABLE ARCHER 83 était le nom de code d'un exercice militaire de l'OTAN qui se déroula entre le 2 et le 11 novembre 1983. Son but était de simuler un conflit qui s'envenimerait et déboucherait sur une attaque atomique. Ce genre de répétition générale, les deux côtés la pratiquaient depuis de nombreuses années. ABLE ARCHER impliquait 40 000 hommes de troupe américains ou venus des armées européennes de l'OTAN, commandés et coordonnés au moyen de messages codés. Le commandement de l'exercice avait imaginé une situation où les Forces « Bleu »

(OTAN) défendaient leurs alliés après l'envoi des Forces « Orange » (pays du pacte de Varsovie) en Yougoslavie, précédant l'invasion de la Finlande, de la Norvège puis de la Grèce. Alors que ce simulacre de conflit s'intensifiait, une guerre conventionnelle dégénérerait jusqu'à utiliser des armes chimiques et nucléaires. Cela permettrait à l'OTAN de tester ses processus d'engagement nucléaire. Bien sûr, ce n'était qu'un exercice. Aucune arme réelle ne fut jamais déployée. Ce n'était qu'un galop d'essai, mais dans l'atmosphère fébrile du drame du vol KAL 007, les faucons du Kremlin y virent une ruse qui cachait les préparatifs d'un conflit nucléaire : l'attaque surprise prédite par Andropov et recherchée par l'Opération RYAN depuis trois ans. La coïncidence annonçait le pire. Au moment où l'OTAN simulait un conflit nucléaire, le KGB cherchait à en détecter un. Et il trouva des débuts de preuves qui renforcèrent ses soupçons : le mois précédent, une multiplication de communications secrètes entre la Grande-Bretagne et les États-Unis (en raison de l'invasion de la Grenade par l'Amérique) ; la participation initiale des dirigeants occidentaux ; diverses mutations d'officiers américains en Europe. Plus tard, sir Robert Armstrong, haut conseiller à l'Intérieur, expliqua à Margaret Thatcher : « Si les Russes ont tellement paniqué, c'est que l'exercice se déroula pendant une grande fête soviétique et qu'il avait la forme d'activités militaires réelles et non d'un jeu de guerre. »

Le 5 novembre, la *rezidentura* de Londres reçut un télégramme du Centre l'avertissant qu'à partir du moment où les États-Unis et l'OTAN décideraient de lancer une première attaque, leurs missiles prendraient l'air dans les sept à dix jours suivants. Gouk reçut l'ordre de surveiller de toute urgence les points stratégiques pour déceler des activités inhabituelles : bases nucléaires, centres de communications, bunkers gouvernementaux et surtout le 10, Downing Street où l'on travaillerait d'arrache-pied à la préparation de la guerre sans en avertir la presse. Dans une note annexe qui en disait long sur ses priorités, le KGB exigeait de ses officiers qu'ils surveillent les membres de l'élite politique, économique et militaire. Pour quelle raison particulière ? Découvrir s'ils évacuaient leurs familles de Londres.

Ce télégramme, transmis au MI6 par Gordievsky, indiquait pour la première fois que les Soviétiques réagissaient à cet exercice d'une façon inhabituelle et très inquiétante. Deux (ou peut-être trois) jours plus tard, un second télégramme flash du KGB avertit les *rezidentura* que les bases américaines avaient été placées en état d'alerte. C'était faux. Néanmoins, le Centre en donnait plusieurs explications dont « une qui précisait que le compte à rebours d'une attaque nucléaire avait commencé sous la couverture d'ABLE ARCHER ». En réalité, à la suite d'un attentat terroriste visant le personnel américain à Beyrouth, les bases avaient renforcé leurs mesures de sécurité. Les informations relayées à l'Ouest par Gordievsky arrivèrent trop tard pour arrêter l'exercice. L'Union soviétique préparait déjà son propre arsenal : elle équipait d'armes nucléaires ses forces aériennes basées en Allemagne de l'Est et en Pologne, elle plaçait en alerte près de 70 missiles SS-20 pointés vers l'Europe de l'Ouest, elle déployait des sous-marins porteurs de missiles balistiques nucléaires sous les glaces de l'Arctique pour éviter qu'ils ne soient détectés. La CIA constata une recrudescence d'activités militaires dans les États baltes et en Tchécoslovaquie. Certains analystes estiment que l'Union soviétique avait mis en alerte les silos des Missiles balistiques intercontinentaux (ICBM). Elle aurait même été prête à les lancer mais y avait renoncé au dernier moment.

Le 11 novembre, ABLE ARCHER ralentit, les deux parties baissèrent leurs armes, leur duel fatal prit fin. Le monde, qui ne s'était aperçu de rien, l'avait sans doute échappé belle.

Les historiens ne sont pas d'accord entre eux : une guerre mondiale avait-elle été sur le point d'éclater ? L'histoire officielle du MI5 affirme qu'ABLE ARCHER fut « l'épisode le plus dangereux depuis la crise des missiles de Cuba en 1962 ». Pour d'autres spécialistes, Moscou savait dès le départ que ce n'était qu'un exercice et, en mettant son armement nucléaire sur le pied de guerre, ne faisait que brasser du vent.

Gordievsky ne perdit jamais son flegme : « C'était une preuve de plus de la paranoïa grandissante de Moscou, mais, en l'absence d'autres indices, il n'y eut pas de raison de s'inquiéter outre mesure. »

Cependant, les privilégiés qui eurent accès aux rapports de Gordievsky et aux flots de télégrammes émanant de Moscou crurent dur comme fer que le monde avait échappé de peu à une catastrophe nucléaire. Geoffrey Howe, ministre des Affaires étrangères, déclara : « Gordievsky ne laisse pas planer le doute : les Russes ont eu une peur bleue d'une véritable attaque nucléaire. L'OTAN s'est efforcée de modifier certains aspects de l'opération pour bien faire comprendre aux Russes qu'il ne s'agissait que d'un exercice. » En réalité, il est possible que l'OTAN se soit écartée des procédures habituelles afin de donner l'impression qu'il était sérieux. Le Comité conjoint du renseignement (JIC, *Joint Intelligence Committee*) conclut son rapport ainsi : « Nous ne pouvons éliminer la possibilité que certains officiers ou personnalités aient mal interprété ABLE ARCHER... ils y auraient vu une vraie menace. »

Margaret Thatcher fut terriblement inquiète de s'apercevoir que l'Amérique n'avait pas conscience de la situation dramatique qu'elle avait contribué à créer. Elle intervint : « On doit faire quelque chose pour éviter que l'Union soviétique ne réagisse de façon excessive en se méprenant sur les intentions de l'Ouest. » Elle donna l'ordre au Foreign Office de « trouver une façon d'approcher les Américains sur la question des malentendus soviétiques portant sur une attaque surprise de l'OTAN ». Le MI6 accepta de partager les révélations de Gordievsky avec les États-Unis. La diffusion des informations de NOCTON s'élargit d'un cran. Le MI6 informa clairement la CIA que le KGB croyait que l'exercice avait été un prélude délibéré à une entrée en guerre.

« Je ne vois pas comment ils ont pu croire une chose pareille, mais il faut en tenir en compte », déclara Ronald Reagan quand il fut mis au courant.

En fait, le président américain avait déjà longuement réfléchi à la perspective d'une apocalypse nucléaire. Un mois auparavant, il avait été terriblement déprimé en voyant *Le Jour d'après,* un film où une ville du Midwest américain était détruite par une bombe atomique. Peu de temps après ABLE ARCHER, il assista à un briefing au Pentagone qui décrivait l'« horreur fantastique » de l'impact d'une guerre nucléaire. Même si les États-Unis remportaient un tel conflit, 150 millions de vies américaines seraient perdues. Reagan sortit de la réunion en disant : « Ce briefing a de quoi faire réfléchir. » Le même soir, il nota dans son journal : « J'ai l'impression que les Soviétiques sont [...] tellement paranos au sujet d'une attaque que [...] nous devons leur dire que personne ici n'a l'intention de faire une chose pareille. »

Reagan et Thatcher avaient appréhendé la Guerre froide en termes de menace communiste envers une démocratie pacifique occidentale. Grâce à Gordievsky, ils se rendaient désormais compte que l'angoisse des Russes représentait un plus grand danger qu'une agression. Dans ses Mémoires, Reagan écrivit : « Trois années m'ont appris une chose surprenante au sujet des Russes : beaucoup de gens au sommet de la hiérarchie ont véritablement peur de l'Amérique et des Américains... J'ai commencé à comprendre que plusieurs hauts personnages soviétiques nous craignaient non seulement en tant qu'adversaires, mais comme des agresseurs potentiels qui pourraient prendre l'initiative d'une frappe nucléaire. »

ABLE ARCHER marqua un tournant, un épisode terrifiant de la Guerre froide, une confrontation dissimulée aux médias et au grand public. Mais aussi le début d'un lent dégel. L'administration de Reagan mit la sourdine à ses discours antisoviétiques. Mme Thatcher décida de tendre la main à Moscou : « Le temps est venu de laisser derrière soi l'idéologie de "l'empire du mal" et de songer à la manière dont l'Ouest peut mettre fin à la Guerre froide. » La paranoïa du Kremlin baissa d'un ton, surtout après la mort d'Andropov en février 1984. Et bien que le KGB continuât de donner l'ordre à ses officiers de rester en alerte et de rechercher des signes de préparatifs nucléaires, l'Opération RYAN perdit de sa virulence.

Gordievsky en fut un des acteurs principaux. Jusque-là, ses rapports secrets, triés sur le volet, avaient été distribués à faibles doses aux Américains. Désormais, la CIA en reçut de plus grosses portions, mais toujours habilement camouflées. Ainsi, les informations sur la réaction soviétique à ABLE ARCHER furent attribuées à « un officier du renseignement tchèque [...] chargé de suivre les principales manœuvres de l'OTAN ». Gordievsky était ravi que le MI6 partageât ses informations avec la CIA. Selon un de ses agents de liaison : « Il le désirait. Il voulait laisser sa marque. » Et il y parvint parfaitement.

La CIA disposait de plusieurs agents en URSS, mais aucun n'était capable de lui fournir un aperçu réel de la psychologie soviétique ou des « documents trahissant sa nervosité à l'idée d'une attaque survenant à l'improviste ». Robert Gates, directeur adjoint du Renseignement de la CIA, prit connaissance des rapports de Gordievsky et se rendit compte que l'Agence avait raté une marche : « Ma première réaction fut de nous blâmer pour notre grave échec. Surtout le plus terrifiant fut d'avoir frôlé, à cause d'ABLE ARCHER, une guerre nucléaire sans même nous en être rendu compte. » Des années plus tard, un résumé réservé à la CIA et consacré à ABLE ARCHER précisait : « Les informations fournies par Gordievsky furent une révélation pour le Président Reagan... Seul l'avertissement de Gordievsky transmis à Washington par le MI6 arriva à temps pour que les choses n'aillent pas trop loin. »

À partir d'ABLE ARCHER, un résumé des rapports de Gordievsky fut retransmis régulièrement à Ronald Reagan, comme émanant d'un seul agent. Gates insista sur son importance : « Nos sources en Union soviétique nous fournissaient des renseignements sur l'état de ses armées et de ses recherches militaires. Ce que Gordievsky nous apporta, ce fut des informations sur la pensée des gouvernants – un domaine qui ne nous aurait été accessible que le jour où les poules auraient des dents. »

Reagan fut très impressionné par ce qu'il lisait, sachant que « l'auteur » risquait sa vie dans les profondeurs du système soviétique. Pour la CIA, ces rapports émanant du MI6 « étaient parole d'Évangile ». Seul un petit groupe pouvait les consulter dans la version papier, et encore, dans des conditions de haute sécurité, avant d'être conditionnés et envoyés à la Maison Blanche. Leur lecture « étayait la conviction de Reagan qu'il fallait déployer de plus grands efforts non seulement pour réduire la tension mais pour mettre un terme à la Guerre froide ».

Si la CIA appréciait ce flot d'informations, elle était frustrée de ne pas en connaître la source. Elle aurait donné cher pour la découvrir.

Les espions ont tendance à exagérer leur influence alors que la réalité montre qu'ils ne changent rien à la marche du monde. Les hommes politiques adorent les documents secrets parce qu'ils sont entourés de secret : en fait, ils ne sont pas plus fiables que s'ils étaient publics, et parfois moins. Si l'ennemi disposait d'espions dans votre camp et vous dans le sien, le monde serait un peu plus sûr. Surtout, la boucle serait bouclée et vous vous retrouveriez dans un territoire obscur et inchiffrable du « je sais que vous savez que je sais… »

Et pourtant ! Parfois des espions ont un impact considérable sur l'histoire. Casser le code Enigma[1] permit d'écourter la Seconde Guerre mondiale d'au moins un an. Des actions d'espionnage réussies, des bluffs stratégiques facilitèrent l'invasion alliée en Sicile et le débarquement en Normandie. Staline profita grandement de ses taupes établies à l'Ouest pendant les années 1930-1940.

On compte sur les doigts de la main les espions qui ont changé le monde : Oleg Gordievsky est du nombre. Il dévoila les rouages du KGB à un moment charnière de l'histoire, révéla non seulement ce que le Renseignement soviétique faisait ou ne faisait pas, mais ce que le Kremlin pensait et planifiait. Résultat ? Il transforma la façon dont l'Occident appréhendait l'URSS. Il risqua sa vie en trahissant son pays et, ainsi, améliora les chances de survie de l'humanité. Comme un rapport confidentiel de la CIA l'a souligné : « ABLE ARCHER marqua le paroxysme de la Guerre froide. »

Le 14 février 1984, par un froid intense, des milliers de personnes se tassèrent sur la place Rouge pour les funérailles de Iouri Andropov. Parmi les hauts dignitaires internationaux présents, on remarqua Margaret Thatcher, vêtue d'une tenue de deuil particulièrement chic. Et on se demanda pourquoi elle avait soudain grossi. C'était la faute de la bouillotte qu'elle portait

1. Enigma était une machine à coder de l'armée allemande.

sous son manteau. « Cet enterrement, dit-elle au vice-président George Bush, est une bénédiction pour les relations Est-Ouest. » Et elle décida de se comporter avec brio. Alors que d'autres dirigeants occidentaux papotaient entre eux et ricanèrent quand les porteurs laissèrent tomber le cercueil, elle demeura de marbre. Son garde du corps, un Anglais trapu aux poches gonflées, la suivait comme son ombre. Était-il fortement armé ? s'interrogèrent des agents du KGB. Ils eurent la réponse dans le vestibule d'une salle des fêtes du Kremlin, quand il tendit au Premier Ministre une paire de souliers à hauts talons. Pendant la conversation de quarante minutes qu'elle eut avec Konstantin Tchernenko, le successeur d'Andropov, un homme âgé et malade, elle lui déclara : « Nous avons une chance, peut-être la dernière, d'établir un accord fondamental de désarmement. »

Dans l'avion du retour, elle eut l'occasion de se plaindre de Tchernenko, incroyablement vieux, un fossile témoin du passé communiste. « Bon sang, trouvez-moi un jeune Russe ! » ordonna-t-elle à ses adjoints.

Ils l'avaient devancée et avaient repéré un interlocuteur soviétique adéquat, une étoile montante du Politburo : Mikhaïl Gorbatchev.

Passons de l'autre côté du décor : Thatcher avait tenu à merveille le rôle écrit en partie par Gordievsky. Avant les funérailles, Spooner lui avait demandé des tuyaux sur la façon dont Margaret Thatcher devait se conduire. Et Gordievsky avait recommandé un mélange de protocole et de gentillesse, en précisant que les Russes étaient susceptibles et sur la défensive.

« Oleg nous livra la marche à suivre, confia un officier du MI6 chargé d'analyser et de transmettre ses conseils. Sur l'estrade, elle portait une robe noire et un chapeau de fourrure. Elle affichait un air grave. Briefée sur la psychologie russe, elle entonna l'air de la séduction. Sans Oleg, elle aurait joué les dures. Grâce à lui, elle sut comment tirer profit de ses atouts. Ils s'en rendirent compte. »

Dès que Popov eut regagné son ambassade de Londres, il convoqua une réunion du personnel et quelques officiers supérieurs du KGB afin de leur rendre compte des funérailles : « La présence de Mme Thatcher fut un succès. Sa délicatesse et sa formidable intelligence politique ont fait grande impression. Elle a mis beaucoup du sien pour charmer ses hôtes. »

Ce fut la conclusion d'un cycle parfait : Gordievsky donna au Premier Ministre la clé pour répondre aux Soviets puis il lui rapporta la réaction russe. En général, les espions se contentent de fournir des faits, laissant à leurs interlocuteurs le soin de les analyser. Gordievsky, profitant de sa situation privilégiée, était capable d'interpréter ce que le KGB concevait, espérait, craignait. « C'est en ça que sa contribution était unique, précisa l'analyste du MI6. Il était en mesure de pénétrer l'esprit des autres, entrer dans leur logique, disséquer leur rationalité. »

Le travail de Gordievsky fut à la fois positif et négatif. La livraison d'importants secrets, les mises en garde, la connaissance approfondie de l'ennemi, voilà pour le positif. Négative, mais également utile, son action auprès de l'antenne du KGB de Londres pour la rendre aussi inefficace, aussi lourdaude, aussi malhonnête que l'homme qui la dirigeait. Arkadi Gouk se moquait de ses chefs mais s'empressait de satisfaire leurs exigences, même les plus saugrenues. Le jour où il apprit par la BBC que les Anglais avaient lancé un missile de croisière au cours d'un exercice depuis l'aérodrome de Greenham Common, il se hâta de fabriquer un rapport jurant qu'il était au courant depuis longtemps. De même, il se vanta d'avoir contribué au succès des manifestations antinucléaires, grâce aux « mesures actives » du KGB. Un pur mensonge. Déjà d'un naturel méfiant, Gouk crut devenir fou quand deux citoyens soviétiques se suicidèrent à Londres : l'un appartenait à une délégation commerciale, l'autre était la femme d'un fonctionnaire. Il envoya les corps à Moscou afin de vérifier qu'ils avaient bien été empoisonnés. Obéissants, les spécialistes se firent un plaisir de le confirmer – pourtant l'un s'était pendu et l'autre s'était jetée du haut d'un balcon ! Ce qui amena ce commentaire de Gordievsky : « La preuve que la paranoïa soviétique se nourrit de ses propres névroses. » Quant à son rôle dans l'affaire Bettaney, le *rezident* tenta de masquer son incompétence en certifiant à Moscou que ce n'était qu'une ruse élaborée par le Renseignement britannique.

Gouk conservait jalousement ses secrets. Malgré tout, Gordievsky fut capable de récupérer un nombre considérable d'informations utiles, potins de l'ambassade ou renseignements politiques de portée nationale. Le KGB traitait un certain nombre d'illégaux en Grande-Bretagne sous la responsabilité de la Ligne N. Bien qu'elle ne dépendît pas directement de la *rezidentura*, Gordievsky informa le MI5 des agissements des réseaux clandestins. Au plus fort de la grève des mineurs de 1984-1985, Gordievsky apprit que le Syndicat national des mineurs (NUM) avait demandé une aide financière à Moscou. Le KGB, sollicité lui aussi, refusa toute contribution, suivant ainsi les conseils de Gordievsky qui jugeait inopportun et contre-productif que Moscou intervînt dans un conflit industriel. Mais le Comité central du Parti communiste en décida autrement. Il approuva le transfert d'un million de livres depuis la Banque soviétique pour le commerce extérieur. Finalement, les mineurs n'obtinrent jamais ce pactole, la banque suisse intermédiaire ayant bloqué les fonds. Margaret Thatcher en profita cependant pour les traiter d'« ennemis de l'intérieur », s'appuyant sur la tentative de se faire financer par un ennemi de l'extérieur.

Les ondes chercheuses de Gordievsky détectèrent d'autres ennemis, loin de Moscou. Un exemple ? Le 17 avril 1984, une policière du nom d'Yvonne Fletcher fut abattue par balle : le tir provenait de l'ambassade de Libye située à St James Square dans le centre de Londres. Le lendemain, la *rezidentura* du KGB reçut un télégramme du Centre : « Selon des sources bien informées, la fusillade a été commandée personnellement par Kadhafi » et précisait qu'« un tueur à gages appartenant au Renseignement libyen avait été envoyé depuis l'antenne de Berlin-Est pour surveiller l'opération ». Gordievsky transmit immédiatement ce document au MI6 – qui l'utilisa pour étayer les arguments d'une forte protestation. Puis le gouvernement de Margaret Thatcher n'y alla pas par quatre chemins : il rompit les relations diplomatiques avec la Libye, expulsa les hommes de main de Kadhafi, élimina le terrorisme libyen du Royaume-Uni.

Le renseignement prend souvent son temps. Ce fut en 1974 que, pour la première fois, Gordievsky informa le MI6 des activités d'espionnage d'Arne Treholt. Mais, afin de protéger sa source, il fallut dix ans au Service de sécurité norvégien pour réagir. Entre-temps, la brillante vedette de la gauche était devenue le chef de la section presse du ministère norvégien des Affaires étrangères. Au début de 1984, les Norvégiens apprirent à Gordievsky qu'ils étaient prêts à l'arrêter mais qu'ils risquaient de compromettre sa sécurité. Ils sollicitèrent donc son feu vert. Oleg n'hésita pas :

— Un grand oui. Il trahit l'OTAN et la Norvège. Vous devez dès que possible le mettre hors d'état de nuire.

Le 20 janvier 1984, Treholt fut détenu à l'aéroport d'Oslo par le chef du contre-espionnage norvégien. Il était en route pour rencontrer à Vienne Guennadi Titov, dit « le Crocodile », son officier traitant et compagnon de table depuis treize ans. On trouva dans sa mallette soixante-cinq documents ultra-secrets. Chez lui, 800 de plus. Il commença par nier mais, confronté à une photo de lui et de Titov, il vomit et demanda : « Que puis-je dire ? »

Titov fut intercepté à son tour par le Renseignement norvégien. On lui proposa un marché : s'il acceptait de changer de camp et faisait défection, il toucherait un demi-million de dollars. Il refusa et fut expulsé.

Lors de son procès, Treholt fut accusé d'avoir fait subir des dégâts irréparables à la Norvège en fournissant des informations secrètes à des agents soviétiques et irakiens basés à Oslo, Vienne, Helsinki, New York et Athènes. Et d'avoir reçu 81 000 dollars du KGB. La presse le décrivit comme le pire traître depuis Quisling, un collaborateur nazi de la Seconde Guerre mondiale dont le nom devint en anglais synonyme de traître. Le juge observa qu'il entretenait une opinion illusoire et démesurée sur sa propre importance. Déclaré coupable, il fut condamné à vingt ans de prison.

À la fin de l'été 1984, Spooner fut muté et remplacé par Simon Brown comme agent traitant. Parlant couramment russe, il dirigea la section soviétique du P5. C'est lui qui, déguisé en clochard, fila Bettaney. En 1979, alors chef de poste à Moscou, il avait pris connaissance du dossier NOCTON et fut chargé de surveiller les sites de signaux d'alerte de PIMLICO.

D'entrée de jeu, Gordievsky sentit qu'il avait perdu au change. Avec Brown, il n'avait pas les mêmes affinités qu'avec Spooner. Lors de leur première rencontre, Veronica leur servit du céleri pour le déjeuner puis mit la bouilloire à chauffer. Brown était nerveux : « J'ai pensé : si mon russe n'est pas parfait, il va me prendre pour un idiot. Puis, quand j'ai repassé la bande du magnétophone, ce fut l'horreur. Je n'entendis que le sifflement de la bouilloire et le crissement d'un morceau de céleri sous les dents de mon interlocuteur. » Heureusement, Sarah Page, la secrétaire du MI6 toujours présente à ces réunions et toujours imperturbable, le rassura. « Son calme contribua à détendre l'atmosphère tendue à l'extrême. »

Brown ou pas Brown, Gordievsky poursuivit ses activités quotidiennes, cultivant ses contacts politiques dont certains étaient de réels sympathisants soviétiques et d'autres comme Rosemary Spencer des fournisseurs de renseignements fumeux. Elle n'était certainement pas la seule agente d'accès à ignorer que Gordievsky était un agent double travaillant pour le Renseignement britannique et utilisé par le MI5 pour lui refiler des informations. Neville Beale en était un autre. Membre conservateur du conseil municipal de Finchley et ancien président de l'Association conservatrice de Chelsea, il fournissait à Gordievsky des documents municipaux ennuyeux et nullement confidentiels. Mais le Russe s'en servait pour prouver à ses patrons qu'il était doué pour soutirer des informations officielles.

Depuis Moscou, le Centre proposait souvent des noms de recrues potentielles, aussi inaptes qu'invraisemblables. En 1984, Gordievsky reçut un télégramme personnel lui ordonnant de reprendre contact avec Michael Foot, l'ancien agent BOOT. À la suite de son écrasante défaite aux élections générales, Foot avait démissionné de la tête du Parti travailliste tout en conservant son siège au Parlement et en restant une personnalité de gauche importante. Le télégramme précisait que Foot n'agissait plus pour le KGB depuis la fin des années 1960, « mais qu'il serait utile de rétablir un contact ».

Si jamais le bruit se répandait qu'un espion contrôlé par le MI6 cherchait à recruter un des hommes politiques les plus en vue du royaume, les retombées seraient dramatiques. « Traînez des pieds ! lui conseilla le MI6. Sortez-vous de ce traquenard aussi vite que possible ! » Gordievsky prévint donc le Centre qu'il chercherait à parler à Foot pendant une réception. Il lui indiquerait avec ménagement qu'il était au courant de ses anciens contacts et le sonderait pour connaître ses positions politiques actuelles. Puis il ne bougea pas d'un pouce dans l'espoir que le Centre oublierait cette histoire – ce qui se passa effectivement pendant un certain temps.

Pendant ses deux premières années d'activité, NOCTON fournit des milliers de rapports concernant l'espionnage et le contre-espionnage. Certains n'avaient que quelques phrases, d'autres remplissaient plusieurs pages. Ces derniers étaient divisés et transmis au MI5, à Margaret Thatcher, puis à nouveau divisés pour le gouvernement, le Foreign Office, et au fil des ans, en plus grand nombre à la CIA. Une sélection de pays alliés en recevait des aperçus mais seulement quand cela concernait des intérêts primordiaux. La CIA fut classée dans la catégorie spéciale des « nations favorisées ».

Le MI6 était ravi de Gordievsky, le KGB également ! Ses patrons de Moscou étaient impressionnés par la foule constante d'informations qu'il envoyait en tant que chef de la Ligne PR. Informations fumeuses aimablement fournies par le MI6 pour satisfaire l'appétit dévorant du KGB. Même Gouk appréciait son subalterne sans se rendre compte que Gordievsky mettrait fin à sa carrière dans d'ignominieuses conditions.

Le procès de Michael Bettaney s'ouvrit au tribunal du Old Bailey le 11 avril 1984 dans des conditions maximales de sécurité : fenêtres masquées, importante présence policière, ligne de téléphone brouillée au cas où il serait nécessaire d'appeler le MI5 pendant les débats. Les preuves étaient si secrètes que le procès se tint surtout à huis clos, en l'absence du public et des journalistes. Bettaney portait un costume rayé et une cravate à pois. Il tint à préciser que sa motivation était

« purement idéologique – il n'était ni homosexuel, ni victime d'un chantage, ni poussé par l'appât du gain ».

Après cinq jours d'audience, Bettaney fut condamné à vingt-trois ans d'emprisonnement.

Lord Lane, juge en chef d'Angleterre, déclara en prononçant le verdict : « La trahison a guidé votre ligne de conduite. Il est clair à mes yeux que vous êtes enfantin. De même, vous êtes animé d'idées dangereuses auxquelles vous croyez fermement. Vous n'auriez pas hésité à révéler aux Russes des noms qui auraient entraîné la mort de plus d'une personne. »

La presse accepta sans discuter le portrait que Bettaney avait dressé de lui-même : celui d'un espion communiste. En effet, il était plus facile de décrire un homme qui avait été victime d'« une évolution progressive menant à une conversion politique irrésistible ». Les journaux virent en Bettaney ce qu'ils voulurent : « Le crétin en tweed devenu un traître diabolique », s'écria le *Sun*. « La Guerre froide du renseignement ne diminue jamais », dit le *Times*. Le *Daily Telegraph* se prit les pieds dans le tapis en cherchant à prouver que, étant homosexuel, on ne pouvait pas lui faire confiance : « Bettaney se plaisait dans la communauté artistique et gay de son ancienne université. » Le *Guardian*, un quotidien de gauche, fut le plus compréhensif : « Dans son esprit, il utilisait ses fonctions dans le MI5 pour empêcher la Grande-Bretagne et l'Alliance atlantique de tituber vers une nouvelle guerre mondiale. » À Washington, l'establishment s'inquiéta (et parfois se moqua) du Renseignement britannique qui avait été la proie d'une trahison interne. Un porte-parole de la Maison Blanche déclara : « Le Président est vraiment inquiet. » Un agent de la CIA se confia au

Daily Express : « Une fois encore nous devons nous poser des questions sur la sécurité du Renseignement anglais. » Une enquête ultérieure de la Commission de sécurité accabla le MI5 pour son incapacité à détecter le danger posé par ce déséquilibré de Bettaney. Le *Times* se demanda si l'heure n'était pas venue de fusionner le MI5 et le MI6 pour en faire une unique agence de renseignement. « Après tout, le KGB opère aussi bien sur le territoire national qu'à l'étranger. »

Cependant, aucun journal ne soupçonna que le premier traître du MI5 à avoir été inculpé avait été découvert par un espion du MI6 opérant à l'intérieur du KGB. Non seulement Gordievsky évita au Renseignement britannique un véritable scandale mais il s'ouvrit la voie à une belle promotion.

Pendant le procès, on découvrit publiquement qu'Arkadi Gouk dirigeait l'antenne du KGB de Londres. On montra « des photos du corpulent général » quittant son domicile de Kensington en compagnie de sa femme aux lunettes en forme d'aile. Ces clichés firent la une de la presse sous le titre « Gouk le barbouze ». Les articles décrivaient en long et en large ce chef de l'espionnage soviétique tellement bête « qu'il avait refusé la première occasion depuis la Seconde Guerre mondiale d'implanter un agent anglais au cœur du KGB ». Comble de l'ironie : Gouk avait l'air ravi d'attirer l'attention sur lui et se conduisait en star de cinéma.

Le MI6 sauta sur l'occasion pour se débarrasser de lui et déblayer la voie afin que Gordievsky puisse grimper encore un échelon et avoir accès à des documents hautement confidentiels. Le MI6 exigea donc l'expulsion immédiate de Gouk. Mais le gouvernement n'avait aucune envie d'un incident diplomatique. Christopher Curwen, le nouveau directeur du contre-espionnage du MI6 et de la Sécurité, plaida la cause de l'agence. Il mit en avant le fait qu'il n'y aurait pas d'autre occasion de se défaire du *rezident* : « Gouk a toujours veillé à ne pas s'impliquer dans les opérations du KGB et, à l'avenir, il sera encore plus sur ses gardes. »

Au MI5, les adversaires de l'expulsion étaient nombreux. D'après eux, le directeur du poste de Moscou tout juste nommé serait certainement prié de déguerpir par mesure de représailles. Mais le MI6 insista : le jeu en valait la chandelle.

Gouk une fois parti et Nikitenko en fin d'affectation, Gordievsky pourrait prétendre au poste de *rezident*. Un officier supérieur déclara : « Il ne faut pas laisser passer notre chance de découvrir tout ou presque tout des opérations du KGB dans notre pays. » Le MI6 prépara une lettre que Margaret Thatcher enverrait au Foreign Office, où elle affirmerait que, Gouk ayant été reconnu publiquement, il devait être expulsé. Cette lettre contenait un détail astucieux : Gouk était orthographié Gook. Seul, de toute la presse, le *Daily Telegraph* l'écrivait ainsi. Or Margaret Thatcher était une de ses fidèles lectrices. Cette astuce n'échappa pas au Foreign Office : le Premier Ministre avait lu dans son quotidien le rôle du chef d'antenne et désirait qu'il soit renvoyé dans ses foyers. Si le Foreign Office continuait à refuser, elle s'occuperait personnellement de l'affaire. Il obtempéra.

Le 14 mai 1984, Gouk fut déclaré *persona non grata* « pour activités non compatibles avec son statut diplomatique ». On lui donna une semaine pour plier bagage et quitter la Grande-Bretagne. Comme prévu, les Soviétiques éjectèrent le nouveau chef du poste du MI5 de Moscou.

La veille du départ de Gouk, une soirée d'adieu fut organisée à l'ambassade soviétique où il ne manqua ni à boire ni à manger. Et une profusion de discours. Quand ce fut le tour de Gordievsky de prendre la parole, il ne mégota pas sur la flatterie : « Malgré mon mépris pour l'homme, j'ai dû paraître un peu trop laudateur et pas totalement sincère », reconnaîtra-t-il. Gouk vacilla en se levant et marmonna : « L'ambassadeur vous a beaucoup appris. » Un commentaire à double tranchant. En effet, les discours plus qu'hypocrites de Popov faisaient rire toute l'ambassade. Le lendemain, le général Gouk prit un vol pour Moscou et on n'entendit plus parler de lui. Il avait indisposé le KGB en attirant l'attention sur lui. Une faute impardonnable, bien plus grave que son incroyable incompétence.

Leonid Nikitenko, nommé *rezident* par intérim, se démena aussitôt pour rester indéfiniment à son poste. Gordievsky devint son adjoint, avec un accès direct au service des messages et aux dossiers les plus confidentiels. Soudain, le MI6 croula sous les documents qui lui étaient interdits jusque-là. Le gros lot était désormais à la portée de Gordievsky : s'il réussissait à devenir le prochain *rezident*, il n'aurait plus qu'à se pencher pour recueillir tous les secrets du KGB. Seul Leonid Nikitenko lui barrait la route.

Un obstacle de taille. Nikitenko était un des hommes les plus intelligents du KGB, un des seuls à considérer son job comme une vocation. Des années plus tard, il deviendrait le chef de la Direction K, la branche du contre-espionnage du KGB. Un officier de la CIA le décrivit comme « un homme au grand gabarit, plein de vie… il adorait l'atmosphère dramatique de l'espionnage. Il excellait à ce jeu. Il était comme chez lui dans cet univers où il se délectait à chaque instant, un acteur sur une scène qu'il avait aménagée selon ses goûts, interprétant un rôle qu'il avait écrit à sa mesure ». Après plus de quatre ans au Royaume-Uni, il avait déjà dépassé d'un an la durée de son affectation. Son retour à Moscou ne tarderait pas. Mais il avait bien l'intention de tout faire pour conserver le poste si convoité de *rezident*. Sachant que le Centre pouvait parfois vous prolonger, il se lança dans une vigoureuse campagne pour démontrer qu'il était le meilleur candidat à ce poste. Ou, plus exactement, que Gordievsky ne l'était pas. Les deux hommes ne s'étaient jamais beaucoup aimés. La guerre pour la succession de Gouk débuta, d'autant plus violente qu'elle n'était pas déclarée.

Écarter le rival de Gordievsky était à la portée du MI6. Il lui suffirait de déclarer Nikitenko *persona non grata*. Bien sûr, c'était tentant. Si Oleg accédait à ce niveau supérieur, son temps à Londres serait des plus fructueux et, au moment d'être rappelé au Centre, il ferait défection. Mais, après maintes discussions, il fut décidé qu'expulser Nikitenko était une mesure trop brutale et sans doute contre-productive. Jeter dehors deux officiers supérieurs à la suite l'un de l'autre était une procédure au-dessus de la moyenne et peu recommandable en cette époque troublée. Virer l'un après l'autre les trois patrons directs de Gordievsky, cela ferait très mauvais effet.

Maksim Parchikov, un des plus proches collègues d'Oleg, remarqua qu'il « avait trouvé son rythme. Depuis sa promotion au rang de *rezident* adjoint, il s'était adouci, libéré, son comportement était plus calme, plus naturel ». D'autres lui reprochèrent ses grands airs. Mikhaïl Lioubimov, son ami et ancien collègue, résidait désormais à Moscou où, depuis son limogeage, il avait entrepris une nouvelle carrière d'écrivain : « Nous correspondions régulièrement et je râlais quand il ne me répondait pas rapidement. Parfois, en échange de deux de mes lettres, je n'en recevais qu'une – le pouvoir abîme les gens et le *rezident* adjoint était maintenant une grosse huile. » En fait, Lioubimov ignorait qu'Oleg était débordé par ses deux jobs secrets et ses efforts pour obtenir une belle promotion.

Sa famille était heureuse à Londres. Ses filles grandissaient vite, parlaient un anglais parfait, fréquentaient une paroisse anglicane. Un siècle auparavant, Karl Marx avait été surpris par la vitesse à laquelle ses enfants s'étaient adaptés à la vie en Angleterre. Mme Marx le relata : « La perspective de quitter le pays de Shakespeare les consterne. Ils sont anglais jusqu'à la moelle. »

Gordievsky était aussi étonné et ravi d'être le père de deux petites Anglaises. Leïla appréciait de plus en plus la vie à Londres. Son anglais s'était amélioré mais il lui était difficile de se faire des amies car il était interdit aux épouses de voir des Anglaises sans être chaperonnées. Alors qu'Oleg était mal à l'aise parmi ses collègues, elle fraternisait facilement avec les femmes des fonctionnaires de l'ambassade, ravie de papoter et de boire du thé en leur compagnie. Un jour, elle confia : « J'ai grandi dans une famille d'officiers du KGB. Mon père était un officier du KGB, ma mère aussi. Dans le quartier où j'ai passé mon enfance, tout le monde travaillait pour le KGB. C'est pourquoi je n'ai jamais vu le KGB comme une chose monstrueuse ou liée à des choses horribles. C'était ma vie, ma vie de tous les jours. » Fière de l'ascension rapide de son mari, elle l'encourageait à conquérir le poste de *rezident*. Il était souvent préoccupé, les yeux contemplant fixement le vide, comme perdu dans le vide. Il n'arrêtait pas de se ronger les ongles. Certains jours, il était particulièrement excité, les nerfs à vif. Elle ne chercha pas midi à quatorze heures : il souffrait de la pression de ses hautes fonctions.

Oleg adorait l'absence d'inhibition de Leïla, son dynamisme, son dévouement à la famille. Sa douceur, sa naïveté, sa totale confiance étaient autant de contrepoisons à ses contorsions mensongères. Jamais il ne s'était senti aussi proche d'elle, malgré les secrets – connus de lui seul – qui les séparaient. « Je suis le plus heureux des maris », disait-il. De temps en temps, il se demandait s'il pouvait lui révéler la vérité, en faire sa complice. Leur union serait alors sincère, totale. De toute façon, elle apprendrait la face cachée de son mariage le jour où il ferait défection et s'établirait en Angleterre.

— Le moment venu, comment votre femme réagira-t-elle ? voulut savoir le MI6.

— Elle n'hésitera pas. Elle sera d'accord. C'est une excellente épouse.

Il lui arrivait de critiquer ouvertement Moscou devant Leïla. Une fois, il se lâcha :

— Le régime communiste est néfaste, injuste, criminel.

— Arrête de blablater ! rétorqua-t-elle vivement. Tu ne fais que causer. Puisque tu ne peux rien y changer, autant te taire, non ?

— Justement, je *peux* changer les choses, s'énerva Oleg. Un jour, tu verras que je ne suis pas resté inactif.

Il se contrôla enfin : « Je me suis tu. Si j'avais continué, je lui en aurais trop dit, je l'aurais mise sur la piste. »

Plus tard, il constata : « Elle n'aurait pas compris. Personne n'aurait compris. Personne. Je n'ai plus jamais rien dit à qui que ce soit. C'était impossible. Totalement impossible. J'étais seul dans ma situation. Vraiment très seul. » Cette solitude intérieure pesait lourd dans ses relations conjugales.

Autant Oleg aimait sa femme, autant il lui était interdit de lui révéler la vérité. Leïla appartenait toujours au KGB. Lui s'en était détaché.

Au cours de ses vacances d'été à Moscou, Oleg fut convoqué à l'état-major de la Première Direction générale pour une discussion de haut niveau concernant son avenir. Nikolaï Gribine, le petit génie de la guitare qu'il avait connu au Danemark, dirigeait désormais le Département anglo-scandinave. D'une bienveillance parfaite, il lui fit miroiter deux promotions possibles : soit chef adjoint du département à Moscou, soit *rezident* à Londres. Mêlant politesse et fermeté, Oleg indiqua sa préférence pour la Grande-Bretagne. Gribine lui conseilla d'être patient : « Plus on se rapproche de la tête d'une antenne, plus le danger grandit, plus les intrigues sont perfides. » Quoi qu'il en soit, il lui promit de le soutenir.

Puis la conversation passa aux affaires du pays, Gribine évoquant avec chaleur la nouvelle star du Bureau politique, Mikhaïl Gorbatchev. Fils d'un conducteur de moissonneuse-batteuse, il s'était élevé rapidement dans la hiérarchie communiste en devenant à moins de 50 ans un membre à part entière du Politburo. Et le successeur le plus plausible du moribond Tchernenko. Selon Gribine, « le KGB est arrivé à la conclusion que Gorbatchev est le meilleur candidat ». Margaret Thatcher partageait cet avis.

Elle avait reconnu en lui le chef énergique qu'elle espérait : un réformateur, un visionnaire qui avait voyagé en dehors du bloc soviétique, le contraire de la gérontocratie étroite d'esprit depuis trop longtemps au pouvoir. Pendant l'été 1984, le Foreign Office avait d'ailleurs tâté le terrain en l'invitant à venir en Grande-Bretagne l'hiver suivant. Charles Powell, premier conseiller de Margaret Thatcher, lui présenta cette visite comme « l'unique occasion de savoir ce que la nouvelle génération des dirigeants soviétiques a dans la tête ».

C'était également une chance pour Gordievsky. Chef du Renseignement politique de la *rezidentura*, il aurait pour tâche de prévenir Moscou de ce qui attendait Gorbatchev et d'apprendre au MI6 ce que les Soviétiques préparaient. Fait unique dans l'histoire du renseignement, un agent était en position d'influencer et même de mettre en scène une réunion de deux leaders mondiaux en espionnant les deux adversaires. Et en leur rendant compte chacun à son tour. Il soufflerait au Russe ce qu'il devait dire à l'Anglaise et en même temps il suggérerait à l'Anglaise quoi dire au Russe.

Si la réunion était une réussite, cela améliorerait les chances de Gordievsky d'accéder au poste de *rezident*.

À l'annonce de la visite à Londres du futur leader, l'antenne du KGB fut prise d'assaut par Moscou. S'ensuivit un bombardement de questions concernant la vie en Grande-Bretagne, sur un plan politique, militaire, technologique, économique. Alors que les grèves étaient interdites en URSS, celle des mineurs qui durait toujours l'intéressait spécialement. Qui en sortirait vainqueur ? Comment était-elle financée ? Le Centre voulait savoir en détail si Gorbatchev risquait d'être confronté à des mauvaises surprises concoctées par le Renseignement britannique. Il se souvenait que, lors de la visite de Khrouchtchev à Londres en 1956, le MI6 avait mis sa chambre d'hôtel sur écoute, surveillé ses communications téléphoniques. Un homme-grenouille avait même inspecté la coque du croiseur soviétique qui l'avait amené.

La méfiance dont les deux adversaires avaient hérité était réciproque. Gorbatchev, façonné par le système, était un membre dévoué du Parti. Margaret Thatcher, elle, était une farouche adversaire du communisme – philosophie qu'elle condamnait pour son immoralité et sa tyrannie. « Le Kremlin a-t-il une conscience ? s'était-elle interrogée un an plus tôt au cours d'un discours donné à la Fondation Winston Churchill aux États-Unis. Se demande-t-il quel est le but de la vie ? À quoi tout ça rime-t-il ?… Non. Les autorités sont dépourvues de conscience, incapables de discerner le bien du mal. »

L'histoire a dépeint Gorbatchev sous les traits d'un progressiste libéral. Futur architecte de la *glasnost* (ouverture) et de la *perestroïka* (réforme), il transformerait l'Union soviétique et mettrait en place les forces qui la démantèleraient. Mais en 1984, rien n'était encore visible. Margaret Thatcher et Gorbatchev se tenaient fermement sur les deux rives d'un vaste océan politique et culturel. La réussite de leur réunion était loin d'être acquise. Un rapprochement nécessiterait beaucoup de subtilité diplomatique et d'efforts discrets.

Le KGB vit dans la visite de Gorbatchev l'occasion de renforcer la position de Gorbatchev. Gribine s'en ouvrit à Gordievsky :

— Envoyez-moi tous les renseignements utiles afin de le briefer au mieux. Ainsi, il pourra briller et passer pour une grande intelligence.

Gordievsky et son équipe se mirent au travail. Maksim Parchikov s'en souviendra : « Nous avons retroussé nos manches afin de lui fournir des mémos fouillés sur les bases fondamentales de la politique anglaise et des informations concernant les participants britanniques. » Ce superbe travail, Gordievsky le transmettait à Nikitenko qui l'envoyait au KGB de Moscou. Il le remettait aussi au MI6. Lequel, à son tour, lui fournissait du matériel à inclure dans ses rapports : des sujets de discussion, des points d'accord et de désaccord (par exemple sur la grève des mineurs), des tuyaux sur la façon de se conduire avec les personnalités présentes. Le Renseignement britannique préparait ainsi le programme des prochaines réunions et des sujets à débattre.

Mikhaïl et Raïssa Gorbatchev débarquèrent à Londres le 15 décembre 1984 pour une visite de huit jours. Il était prévu quelque loisir pour faire des emplettes et du tourisme dont un pieux pèlerinage à la British Library, devant la table où Karl Marx avait rédigé *Le Capital*. Mais la diplomatie était au cœur du voyage, les deux adversaires de la Guerre froide se sondant prudemment au cours de réunions à Chequers, la résidence secondaire du Premier Ministre. Chaque soir, Gorbatchev exigeait un résumé de trois ou quatre pages donnant le programme des sujets de discussion du lendemain. Le KGB ne pouvait pas le lui fournir. Le MI6, si. C'était la chance de s'assurer que les deux camps joueraient à armes égales et de prouver à Moscou la valeur de Gordievsky. Le MI6 se fit communiquer par le Foreign Office les sujets que le ministre, Geoffrey Howe, aborderait le lendemain. Dès que Gordievsky les avait en main, il se hâtait de les taper en russe et de les remettre à l'officier chargé du mémorandum quotidien. « Bravo ! s'exclama Nikitenko en les lisant, c'est exactement ce dont on a besoin ! »

Par ce tour de passe-passe, les sujets de Howe devinrent ceux de Gorbatchev. Mot pour mot.

La visite du dirigeant russe fut un immense succès. Malgré leurs divergences idéologiques, Margaret Thatcher et Gorbatchev se trouvèrent sur la même longueur d'onde. Certes, les moments de tension ne manquèrent pas. Quand le Premier Ministre se lança dans l'éloge de la libre entreprise et de la concurrence. Quand Gorbatchev insista sur la supériorité du système soviétique et invita son hôtesse à venir voir par elle-même les vies joyeuses des citoyens soviétiques. Ils se disputèrent sur le sort des dissidents, dont Andreï Sakharov, et sur la course aux armements. Lors d'un duel épique, Margaret Thatcher accusa l'URSS de financer les mineurs. Gorbatchev le nia en bloc :

« L'Union soviétique n'a transféré aucun fonds au Syndicat des mineurs. » Puis, après avoir jeté un coup d'œil en coin à son chef de la propagande, il ajouta : « À ma connaissance. » C'était un fieffé mensonge et le Premier Ministre le savait. Au mois d'octobre, Gorbatchev avait signé l'autorisation de débloquer 1,4 million de dollars en faveur des grévistes.

À part ces quelques joutes, les deux dirigeants s'entendirent bien. On aurait dit qu'ils avaient travaillé sur le même scénario, ce qui était la stricte vérité. Le briefing quotidien du KGB adressé à Gorbatchev revenait « annoté, certains passages soulignés, preuve de sa reconnaissance ou de sa satisfaction ». Un analyste du MI6 témoigna du rôle de l'agence : « Les deux parties étaient briefées par nous. Nous innovions – en utilisant les renseignements non pour les déformer mais pour créer de nouveaux liens, de nouvelles opportunités. Nous étions une poignée à travailler un nombre d'heures infernal en contribuant ainsi à un moment historique. »

De nombreux observateurs remarquèrent que le courant entre les deux personnages d'État était palpable. À la fin des discussions, Gorbatchev se déclara très satisfait. Margaret Thatcher aussi : « Sa personnalité n'a rien à voir avec les ventriloques figés que sont les apparatchiks moyens. » Gordievsky relaya au MI6 les retombées enthousiastes de Moscou.

Dans une note adressée à Reagan, Mme Thatcher affirma : « J'ai trouvé un homme avec qui on peut parler business. J'avoue qu'il m'a plu – bien qu'il soit totalement loyal au système soviétique. Mais il est prêt à écouter, à dialoguer et à se forger son opinion. » L'expression « un homme avec qui on peut parler business » devint le slogan de sa visite, le résumé de la direction énergique qu'il donnerait à son pays le jour où Tchernenko mourrait et où il prendrait sa succession en mars 1985.

Cette percée était due en partie à Gordievsky.

Le Centre était satisfait.

Gorbatchev, le candidat préféré du KGB, avait montré ses qualités d'homme d'État et la *rezidentura* s'était surpassée. Nikitenko fut félicité pour s'être si bien occupé du voyage. Mais le crédit devait surtout être porté au compte de Gordievsky, ce compétent chef du renseignement politique qui, grâce à ses multiples sources britanniques, avait fourni des briefings détaillés et documentés. Désormais, c'était le favori au poste de *rezident*.

Il était pourtant incapable de se reposer sur ses lauriers. L'angoisse le taraudait. Voilà ce qui était arrivé.

Au milieu de la visite de Gorbatchev, Nikitenko le convoqua dans son bureau. Il avait étalé sur sa table les mémorandums annotés de la main du futur Secrétaire.

Le spécialiste du contre-espionnage fixa son adjoint de son regard jaunâtre :

— Quel excellent rapport au sujet de Geoffrey Howe.

Il marqua une pause avant d'ajouter :

— On dirait qu'il sort du Foreign Office.

11.

La roulette russe

Burton Gerber, chef de la section soviétique de la CIA, connaissait son KGB sur le bout des doigts. Il possédait aussi une grande expérience de la guerre du renseignement contre l'Union soviétique. Ce natif de l'Ohio, dégingandé, sûr de lui et déterminé, faisait partie de cette nouvelle génération d'officiers de la CIA à avoir surmonté la paranoïa des anciens. Il avait établi les « règles de Gerber » qui stipulaient de prendre au sérieux toute offre d'espionnage en faveur de l'Ouest et de suivre toutes les pistes. Il avait une étrange passion, celle d'étudier les loups. D'ailleurs, il y avait quelque chose de bestial dans sa façon de traquer ses proies du KGB. Envoyé à Moscou en 1980 comme chef de poste de la CIA, il était rentré à Washington au début de 1983 pour prendre en charge la plus importante division de l'Agence, le traitement des espions derrière le Rideau de fer. Et ils étaient nombreux. La confusion de la décennie précédente avait fait place, sous la direction de Bill Casey, à une intense activité et à de brillants résultats, surtout dans la sphère militaire. L'Agence comptait une centaine d'opérations secrètes à l'intérieur de l'URSS. Et au moins une vingtaine d'espions, bien plus que par le passé, s'activaient au sein du GRU, du Kremlin, de l'armée, des instituts scientifiques. Ce réseau comprenait quelques officiers du KGB, mais aucun n'arrivait à la cheville du mystérieux agent qui fournissait au MI6 des informations de première importance.

Ce que Burton Gerber ignorait en matière d'espionnage sur le territoire russe était négligeable. À une exception près : il aurait donné cher pour connaître l'identité de l'espion du KGB au service de la Grande-Bretagne.

Il était à la fois impressionné et intrigué par ce que le MI6 communiquait à l'Agence. En savoir plus que ses adversaires mais aussi plus que ses alliés représente un bonus psychologique. Au nom de l'emprise que la CIA exerçait sur le Renseignement mondial depuis Langley, elle s'était arrogé le droit de tout savoir sur tout.

En matière d'espionnage, Anglais et Américains étaient proches, se soutenaient mutuellement, mais n'étaient pas sur un pied d'égalité. Seul le KGB pouvait rivaliser avec les moyens techniques et financiers de la CIA, avec ses réseaux répartis dans le monde entier. Quand ccla servait les intérêts de l'Amérique, la CIA partageait ses informations avec ses alliés, et, à l'instar de toutes les agences, elle ne divulguait jamais ses sources. Ce partage était à double sens. Mais certains officiers de la CIA ne supportaient pas l'attitude du MI6. À maintes reprises, elle laissa entendre qu'elle aimerait connaître la provenance de ses informations.

Mais le refus britannique, toujours avec une rare politesse, avait de quoi rendre fou.

Bientôt, les simples allusions ne suffirent plus. Lors d'une fête de Noël, Bill Graver, le chef de poste de la CIA à Londres, fonça sur le contrôleur du Sovbloc du MI6. « Il m'a pris à bras-le-corps et m'a coincé contre un mur en me disant : "Pouvez-vous m'en dire plus sur cette source ? Nous voulons l'assurance que ses infos sont fiables, parce qu'elles sont sacrément explosives." »

L'officier britannique resta inébranlable : « Je ne vous révélerai pas son identité mais soyez certain qu'il a toute notre confiance et qu'il a l'autorité d'authentifier ses renseignements. »

Graver laissa tomber.

Au même moment, le MI6 demanda un service à la CIA. Depuis des années, des officiers supérieurs du Renseignement britannique suppliaient le service technique de Hanslope de mettre au point un appareil photo miniature secret, mais le conseil d'administration avait toujours refusé de débloquer les fonds. Le MI6 devait se contenter du vieux Minox. En revanche, le bruit courait que la CIA avait recruté un horloger suisse qui avait inventé un appareil miniature capable d'être dissimulé dans un briquet Bic. Il prenait d'excellents clichés si on l'utilisait en conjonction avec un fil de 28 centimètres de long et une épingle. Un morceau de chewing-gum servait à coller le fil à la base du briquet. Quand l'épingle reposait à plat sur le document à photographier, cela mesurait la distance focale parfaite et il n'y avait plus qu'à appuyer sur l'autre extrémité du briquet pour actionner l'obturateur. L'épingle et le fil se dissimulaient facilement derrière le revers d'une veste ou d'un manteau. Le briquet ressemblait à un vrai briquet : il pouvait allumer des cigarettes. Ce serait l'idéal pour Gordievsky. Quand il serait sur le point de faire défection, il pourrait l'apporter à la *rezidentura* et « vider le coffre-fort » en termes photographiques. Il fallut l'autorisation de Bill Casey pour que la CIA livrât au MI6 un de ses appareils, mais avant de le lui remettre, les deux agences eurent un étrange dialogue.

La CIA : « Vous en avez besoin dans un but précis ? »

Le MI6 : « Nous avons quelqu'un à l'intérieur. »

La CIA : « Vous nous communiquerez les informations ? »

Le MI6 : « Pas nécessairement. Nous ne vous le garantissons pas. »

Le MI6 ne mollissait ni devant les requêtes, ni devant les câlineries, ni les tentatives de corruption. Gerber avait du mal à avaler la pilule. Le MI6 disposait d'un excellent élément qu'il cachait. Un des analystes qui avait travaillé sur ABLE ARCHER fit le constat suivant : « Les informations transmises à la CIA [...] en provenance du Renseignement britannique sont fragmentaires, incomplètes et ambiguës. De plus, les Anglais protègent l'identité de leur source [...] et sa bonne foi ne peut être établie d'une manière indépendante. » Et comme ces informations remontaient jusqu'au Président, ne pas en connaître l'origine était vraiment fâcheux.

Aussi, avec l'approbation des hautes autorités, Gerber lança une discrète chasse à l'espion. Au début de 1985, il donna l'ordre à un enquêteur de la CIA de découvrir l'identité d'un superespion britannique.

En aucun cas le MI6 ne devait découvrir ce qu'il se passait. En agissant ainsi, Gerber n'eut pas l'impression de trahir la confiance des Anglais et encore moins d'espionner un allié. Simplement, il ne voulait rien laisser au hasard et se montrer prudent en se livrant à des vérifications justifiées.

À cette époque, Aldrich Ames était le chef du contre-espionnage soviétique de la CIA. Milton Bearden, un officier de la CIA qui prendrait la division soviétique, nota : « Burton Gerber était déterminé à identifier la source britannique et confia l'affaire au chef du contre-espionnage de la division d'Europe de l'Est, Aldrich Ames. » Plus tard, Gerber se dédouana en affirmant qu'il n'avait pas demandé à Ames de mener l'enquête mais à un autre officier anonyme « doué pour ce genre de travail de détective ». Ce dernier aurait travaillé aux côtés d'Ames.

Le titre d'Ames était ronflant. Mais appartenir à la section chargée de déterrer des espions et d'évaluer les opérations susceptibles d'être pénétrées par l'ennemi était considéré comme une mise au placard. « Une sorte de dépotoir pour les marginaux aux talents incertains. »

Ames, 43 ans, était un fonctionnaire aux cheveux gris, aux dents gâtées, buvant trop et affublé d'une fiancée qui lui coûtait trop cher. Tous les matins, il quittait son appartement en location de Falls Church, souffrait dans les embouteillages pour se rendre à Langley, s'asseyait derrière son bureau à broyer du noir en songeant à son avenir. Pour rembourser ses 47 000 dollars de dettes, il rêvassait de cambrioler une banque. Une évaluation interne décela « son mépris pour l'hygiène corporelle ». À l'heure du déjeuner, il buvait beaucoup au lieu de s'alimenter. Rosario passait ses longues heures de loisir à dépenser l'argent de son amant et à se plaindre qu'elle n'en avait pas assez. Sa carrière était au point mort : il n'aurait plus de promotion. La CIA l'avait laissé tomber. Il en voulait aussi à son patron, Burton Gerber, qui l'avait réprimandé pour avoir emmené Rosario à New York sur ses notes de frais. L'Agence aurait sans doute dû remarquer qu'il était sur une mauvaise pente mais, comme le MI5 avec Bettaney, se conduire étrangement, abuser de l'alcool, avoir des résultats inégaux n'avaient rien d'exceptionnel. Il faisait partie des meubles, un minable ordinaire.

Le poste d'Ames, son ancienneté lui donnaient accès à tous les dossiers concernant les opérations visant Moscou. Mais il ignorait l'identité d'un espion soviétique qui envoyait de précieux renseignements à la CIA de façon interposée : un agent de haut niveau traité par les Britanniques.

Débusquer un espion à l'intérieur d'un organisme gouvernemental soviétique n'était pas une partie de plaisir. Comme le dit un jour Sherlock Holmes : « Après avoir éliminé l'impossible, tout ce qui reste, aussi improbable que cela paraisse, doit être la vérité. » La CIA s'attela à la tâche. Élémentaire, ça ne l'était pas, mais tous les espions laissent des indices. Les limiers commencèrent par passer au peigne fin les renseignements fournis par le mystérieux agent britannique au cours des trois précédentes années et de l'identifier (lui ou éventuellement elle) en procédant par élimination et par triangulation.

L'enquête se déroula certainement de la manière suivante.

Les informations relatives à l'Opération RYAN fournies par le MI6 indiquaient, par leur qualité, qu'elles provenaient d'un officier du KGB. Sûrement haut placé, bien que les Britanniques aient tenté de faire croire qu'elles émanaient d'un subalterne. La régularité des rapports sous-entendait que l'individu rencontrait le MI6 fréquemment, ce qui impliquait que les réunions avaient lieu en dehors de l'URSS et probablement en Grande-Bretagne même – une intuition renforcée par le fait que l'homme connaissait bien l'Angleterre. Un espion agissant seul se différencie par ce qu'il recherche et ce qu'il exclut. Ainsi, les Britanniques recevaient peu d'informations techniques ou militaires mais beaucoup dans le domaine politique. Il était donc probable que l'inconnu travaillât pour la Ligne PR de la Première Direction générale. Un agent à l'intérieur du KGB aurait dû dénoncer des espions occidentaux au service des Soviétiques. Alors, dans quels pays Moscou avait-il perdu des agents ? La Norvège pour Haavik et Treholt. La Suède pour Bergling. Mais la révélation la plus dramatique d'un espion soviétique avait eu lieu en Grande-Bretagne, avec l'arrestation et le procès de Michael Bettaney.

La CIA connaissait intimement l'organisation du KGB. Le Troisième Département de la Première Direction générale réunissait la Scandinavie et le Royaume-Uni. Tout semblait donc viser quelqu'un de ce département.

Un examen de la base de données de la CIA des agents connus du KGB, ou soupçonnés de l'être, fit apparaître qu'une seule personne était en Norvège au moment de l'arrestation de Haavik et de Bergling

1. Une famille modèle du KGB : Anton et Olga Gordievsky avec leurs deux plus jeunes enfants, Marina et Oleg (âgé d'environ 10 ans).

2. Anton Gordievsky dans son uniforme du KGB. « Le Parti a toujours raison », disait-il.

3. Vassili Gordievsky, un « illégal » du KGB de grand talent : clandestin, il opéra en Europe et en Afrique avant de mourir d'alcoolisme à 39 ans.

4. Oleg Gordievsky en uniforme du KGB : un officier ambitieux, loyal, parfaitement formé.

5. Oleg Gordievsky jouant en double au badminton avec une partenaire non identifiée à Copenhague. C'est sur ce court qu'il fut contacté directement par le MI6.

6. Lors d'un voyage au Danemark avec Lioubimov (debout) et sa femme Tamara (à gauche), et Elena, la première épouse de Gordievsky.

7. Arne Treholt (à gauche), une étoile montante du Parti travailliste norvégien, avec (au centre) son officier traitant Guennadi Titov, dit « le Crocodile ». Ils se rendent à un de leurs cinquante-neuf déjeuners.

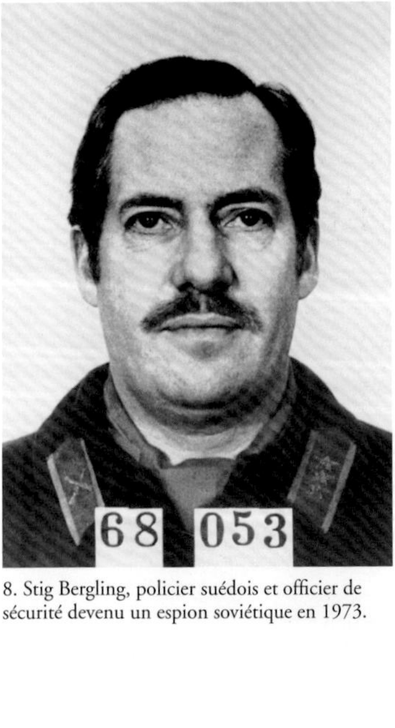

8. Stig Bergling, policier suédois et officier de sécurité devenu un espion soviétique en 1973.

9. Gunvor Galtung Haavik : elle sut passer inaperçue pendant plus de trente ans au sein du ministère des Affaires étrangères norvégien tout en espionnant pour le KGB. Son nom de code était GRETA. Ici, immédiatement après son arrestation en 1977.

10. Rick Ames avec sa seconde femme, Maria de Rosario Casas Dupuy. Il disait d'elle : « C'était comme un souffle d'air frais. » Extravagante, exigeante, elle lui coûta une fortune.

11. Vladimir Krioutchkov dirigea la Première Direction générale du KGB avant de devenir son chef.

12. *Ci-dessous*, Iouri Andropov, président du KGB : sa paranoïa maladive déboucha sur l'Opération RYAN où il exigea de ses services la preuve que l'Occident allait « attaquer » le premier. Le monde frôla alors une catastrophe nucléaire. En 1982, il succéda à Leonid Brejnev à la tête de l'Union soviétique.

13. Le colonel Viktor Boudanov de la Direction K, le département du contre-espionnage. « L'Homme le plus dangereux du KGB », il interrogea personnellement Oleg Gordievsky en mai 1985.

14. Nikolaï Gribine : charismatique, joueur de guitare, et surtout chef de la section anglo-scandinave du KGB et supérieur immédiat de Gordievsky.

15. Viktor Grouchko, un Ukrainien, adjoint du chef de la Première Direction générale : principal inquisiteur de Gordievsky.

16. Leïla Aliieva, la seconde femme d'Oleg Gordievsky. La photo date de l'époque où ils se rencontrèrent pour la première fois à Copenhague. Fille d'officiers du KGB, dactylo à l'OMS, elle avait 28 ans. Ils se marièrent à Moscou en 1979.

17. Maria et Anna, les filles d'Oleg Gordievsky. Elles grandirent à Londres, apprirent l'anglais et fréquentèrent une école anglicane. La famille était heureuse de vivre en Angleterre.

18. *À gauche*, Michael Bettaney : officier du MI5, il contacta le KGB à Londres et proposa aux Soviétiques d'espionner pour leur compte. Son nom de code était KOBA, un des surnoms de Staline.

19. *À droite*, Michael Foot, député travailliste, futur chef du parti. Sous le nom de code BOOT, il fut un contact du KGB.

20. Le général Arkadi Gouk (*à droite*), ici avec sa femme et un garde du corps. *Rezident* du KGB, Gordievsky le décrivait comme « boursouflé, d'une intelligence moyenne, bassement roublard ».

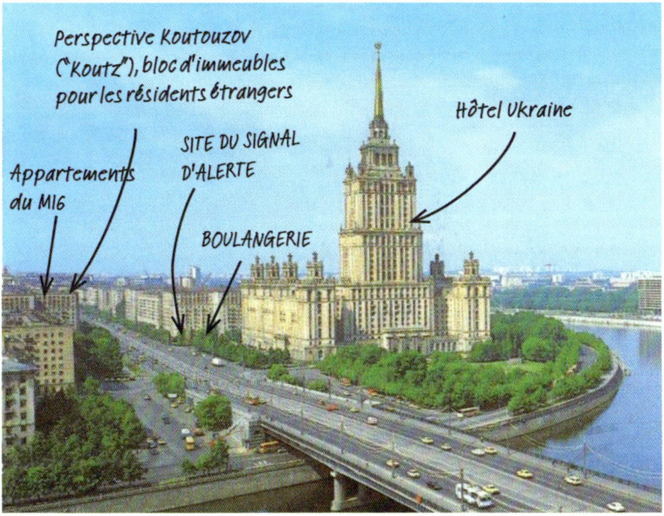

21. Le site d'alerte.

22. Près de Vyborg, une des trois barrières militaires de la frontière entre la Russie et la Finlande.

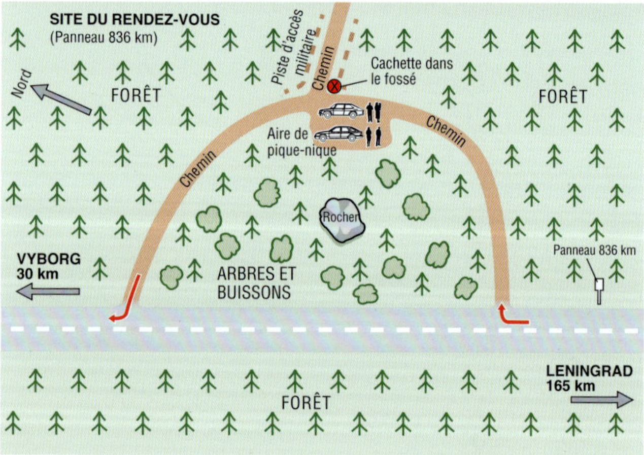

23. Le lieu de rendez-vous : situé au sud de Vyborg, c'était là que l'équipe d'exfiltration du MI6 devait récupérer Gordievsky et lui faire traverser la frontière finlandaise.

24. Arrestation d'Aldrich Ames le 21 février 1994, dix ans après avoir commencé à espionner pour le KGB. « Vous commettez une grosse erreur ! s'écria-t-il. Vous vous trompez de personne ! »

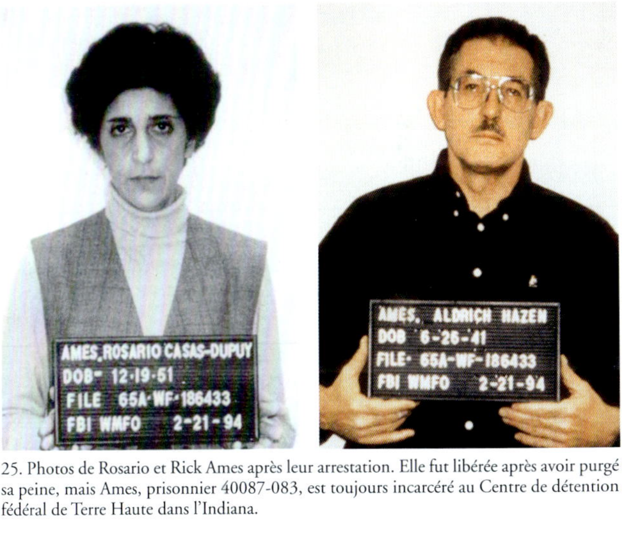

25. Photos de Rosario et Rick Ames après leur arrestation. Elle fut libérée après avoir purgé sa peine, mais Ames, prisonnier 40087-083, est toujours incarcéré au Centre de détention fédéral de Terre Haute dans l'Indiana.

26. Mikhaïl Lioubimov : anglophile, habillé en tweed, fumeur de pipe, il fut surnommé « Smiley Mike » par le MI5 qui chercha à le recruter comme agent double.

27. *Ci-dessous*, la famille Gordievsky enfin réunie pose à Londres pour les photographes. Mais le mariage ne durera pas.

28. Oleg Gordievsky avec Ronald Reagan à la Maison Blanche en 1987. « Nous vous connaissons. Nous vous sommes reconnaissants de ce que vous avez fait pour l'Occident », lui a dit le président.

29. En 2007, lors de l'anniversaire de la Reine, Oleg Gordievsky fut nommé compagnon de l'ordre de Saint-Michel et de Saint-Georges, (CMG) pour « services rendus à la sécurité du Royaume-Uni ».

30. Un espion à la retraite : Oleg Gordievsky vit toujours sous un nom d'emprunt, dans une maison anonyme d'une banlieue quelconque d'Angleterre où il aménagea peu de temps après son exfiltration de Russie.

et en Angleterre quand Treholt et Bettaney furent appréhendés. C'était un diplomate soviétique de 46 ans qui avait été détecté au Danemark au début des années 1970. Un recoupement avait fait apparaître le nom d'Oleg Gordievsky dans le dossier de Standa Kaplan. En y regardant de plus près, la CIA découvrit que les Danois l'avaient déjà identifié comme un probable officier du KGB. Malgré ça, enfreignant leurs propres règles, les Britanniques lui avaient accordé en 1981 un visa de diplomate *bona fide*. Ils avaient également expulsé un nombre important d'officiers du KGB dont Arkadi Gouk, leur *rezident*. Avaient-ils cherché à tout prix à déblayer la voie pour leur propre espion ? Finalement, en fouillant dans leurs dossiers du Danemark des années 1970, ils tombèrent sur des propos qu'avait laissé échapper « un officier du renseignement danois » : « Le MI6 avait recruté en 1974 un officier du KGB en poste à Copenhague. » Un télégramme au poste de la CIA de Londres établit qu'Oleg Gordievsky correspondait à l'homme recherché.

En mars, Burton Gerber était certain de connaître l'identité de l'espion que les Britanniques lui cachaient depuis si longtemps.

La CIA venait de remporter une petite mais satisfaisante victoire sur le MI6. Les Anglais pensaient savoir une chose que les Américains ignoraient. Désormais, la CIA savait une chose que le MI6 ne savait pas qu'ils savaient. Cela faisait partie du jeu. La CIA attribua à Gordievsky le nom de code TICKLE (« chatouille » en français), un terme inoffensif mais qui reflétait une rivalité internationale.

À Londres, Gordievsky attendait avec impatience et une certaine anxiété des nouvelles de Moscou. Il était en pole position pour devenir *rezident*, mais, comme à son habitude, le Centre prenait son temps. Les sinistres propos de Nikitenko pendant la visite de Gorbatchev continuaient à le hanter et il s'en voulait terriblement de ne pas avoir mieux déguisé sa main.

En janvier, il reçut enfin l'ordre de regagner Moscou pour une réunion de haut niveau.

Un ordre qui engendra une vive discussion à l'intérieur du Renseignement britannique. Prenant en considération les menaces voilées de Nikitenko, certains craignirent un piège. Ne serait-ce le moment de rapatrier Oleg du froid et d'organiser sa défection ? L'espion s'était déjà acquitté de sa tâche avec honneur. Pour quelques-uns, son retour en Russie était trop risqué. « Il représente un véritable trésor. Il est certain que si les choses tournent mal, nous perdrons un agent haut placé. Mais nous pourrons disposer d'une masse de renseignements que nous n'avons pas encore pleinement exploitée de peur de le compromettre. »

Désormais, le poste de *rezident* était à portée de main, trop proche pour reculer. Et Oleg était confiant. Les messages émanant de Moscou n'avaient rien de menaçant. Son rappel prouvait au contraire qu'il avait remporté son duel contre Nikitenko. Simon Brown se souviendra : « Nous ne nous faisions pas trop de souci. La lenteur de la bureaucratie avait été quelque peu inquiétante, mais Oleg pensait que tout était en ordre. Cependant nous lui avons dit, et nous le pensions sincèrement, qu'il pouvait s'arrêter s'il le désirait. Bien sûr, nous aurions été déçus. Mais il était aussi motivé que nous. Il ne voyait pas péril en la matière. »

Pour plus de précaution, lors de la dernière réunion qui précéda son départ, Veronica Price revit l'Opération PIMLICO étape par étape.

À son arrivée à l'état-major de la Première Direction générale à Moscou, Gordievsky fut reçu à bras ouverts par Nikolaï Gribine, le chef du département :

— Vous êtes le meilleur candidat à la succession de Gouk. L'annonce officielle aura lieu plus tard dans l'année.

Puis, pendant une conférence interne du KGB, on le présenta comme « le camarade Gordievsky, futur *rezident* de Londres ». Si Gribine fut exaspéré par cette annonce prématurée, Gordievsky s'en trouva soulagé et ravi : sa promotion n'était plus un secret.

Une seule ombre au tableau : il apprit le sort réservé à Vladimir Vetrov, un de ses collègues, colonel du KGB de la Ligne X, le département consacré à l'espionnage technique et technologique. Après des années passées à Paris, il s'était mis à travailler pour le Renseignement français. Sous le nom de code FAREWELL (« adieu »), il fournit plus de 4 000 documents et d'informations qui menèrent à l'expulsion de France de quarante-sept officiers du KGB. De retour à Moscou en 1982, il se querella violemment avec sa petite amie dans une voiture. Un policier auxiliaire s'approcha et frappa à la vitre. Vetrov, persuadé qu'on venait l'arrêter pour espionnage, le poignarda à mort. En prison, il révéla négligemment qu'il avait été mêlé « à un gros truc » avant son incarcération. Suivit une enquête qui révéla la gravité de sa trahison. Le malheureux FAREWELL fut liquidé quelques jours avant que Gordievsky atterrisse à Moscou en provenance de Londres. Vetrov était un tueur qui avait causé sa propre perte, mais son exécution rappela le sort que le KGB réservait à ses traîtres.

Gordievsky aurait dû être accueilli en fanfare à son retour à Londres en janvier 1985. Si le cœur y était, le MI6 cacha sa joie : l'annonce de sa promotion devait demeurer secrète. En revanche, dans la planque de Bayswater régnèrent une excitation et un optimisme sans précédent. C'était la première fois qu'un événement pareil se préparait : leur espion serait le chef d'antenne du KGB de Londres, avec la faculté d'accéder à tous les secrets. Mais pas seulement. La rumeur courait qu'il serait encore promu et finirait général du KGB. Trente-six ans auparavant, Kim Philby avait été nommé à la tête de la station du MI6 à Washington, espion du KGB au cœur du pouvoir occidental. Maintenant, le MI6 tenait sa revanche et faisait au KGB ce que le KGB lui avait fait subir.

C'est dans une sorte de brouillard euphorique que Gordievsky attendit sa confirmation officielle. Une attitude qui n'échappa pas à Maksim Parchikov : « Soudain, ses rares cheveux gris devinrent jaune-rouge. » Du jour au lendemain, de poivre-gris ils devinrent couleur punk-exotique. En privé, ses collègues ne se gênèrent pas pour ricaner : « Une jeune maîtresse serait entrée dans sa vie ? Ou, Dieu nous en garde, Oleg aurait tourné homosexuel, cinq minutes avant de devenir *rezident* ? » Et lorsque Parchikov lui demanda prudemment ce qui était arrivé à sa chevelure, Oleg, très gêné, lui expliqua qu'il avait utilisé par erreur le shampooing de sa femme. Une excuse peu convaincante puisque les mèches brunes de Leïla n'avaient rien à voir avec l'ocre de la nouvelle teinture. Quand « l'erreur avec le shampooing » persista, plus personne ne lui posa de questions. Et Parchikov de conclure : « Tout le monde a le droit à une once de bizarrerie. »

Au même moment, Nikitenko recevait l'ordre de se préparer à revenir à Moscou. Furieux d'être supplanté par un subalterne qui n'avait que trois ans d'expérience, il ne digérait pas ses discours élogieux et totalement fabriqués. Mais comme Gordievsky n'accéderait pas avant la fin avril à la *rezidentura*, il en profita pour se montrer aussi désagréable et peu coopératif que possible : il tint des propos empoisonnés au sujet du nouveau candidat, le dénigra à tout vent. Plus grave, il refusa de communiquer les télégrammes que Gordievsky avait le droit de lire. Celui-ci mit ses basses manœuvres sur le compte de la vengeance, mais pas seulement. Il flairait une éventuelle bombe à retardement.

Gordievsky et l'équipe NOCTON entrèrent alors dans une période confuse. Pourtant, Nikitenko une fois parti pour le service du contre-espionnage de l'état-major du KGB, Gordievsky disposerait des clés du coffre du KGB et fournirait au MI6 une récolte exceptionnelle d'informations.

Mais douze jours avant son investiture, catastrophe ! Aldrich Ames offrit ses services au KGB. L'homme de la CIA était au plus bas. Il se montrait agressif, avait mauvaise haleine, son job puait, la CIA le sous-estimait. Pourtant, il expliqua plus tard que sa seule motivation, c'était l'argent. Il avait besoin de régler les emplettes ruineuses de Rosario dans les magasins de luxe et les notes des dîners du restaurant

The Palm. Il désirait quitter son minuscule appartement, se débarrasser financièrement de son ex-femme, s'offrir un somptueux mariage et payer cash une nouvelle voiture.

Afin de s'offrir le rêve américain qu'il méritait, il décida de vendre les USA au KGB. L'argent n'avait jamais intéressé Gordievsky. Rien d'autre ne motivait Ames.

Au début d'avril, Ames téléphona à Sergueï Dimitrievitch Chouvakhine, un fonctionnaire de l'ambassade soviétique, pour lui proposer de le rencontrer. Chouvakhine ne faisait pas partie des quarante officiers du KGB de l'ambassade. Spécialiste du contrôle des armes, il était fiché par la CIA en tant que « personne d'intérêt », quelqu'un à cultiver. Ames déclara donc à ses collègues qu'il allait approcher un fonctionnaire russe. La réunion fut autorisée par la CIA et le FBI. Chouvakhine accepta de retrouver Ames pour un verre le 16 avril à 16 heures au bar de l'hôtel Mayflower, proche de l'ambassade soviétique de la 16e Rue.

Ames était nerveux. En attendant le Russe, il but une vodka-Martini puis encore deux autres. Au bout d'une heure, Chouvakhine n'étant toujours pas apparu, il décida d'improviser. D'un pas incertain, il remonta Connecticut Avenue jusqu'à l'ambassade soviétique, remit au réceptionniste un petit paquet destiné à Chouvakhine et s'en alla.

Le paquet était adressé au général Stanislav Androssov, le *rezident* du KGB de Washington. Il contenait une enveloppe au nom de KRONIN, le nom de code d'Androssov. À l'intérieur, une note :

« Je m'appelle H. Aldrich Ames et je suis chef de la branche du contre-espionnage soviétique à la CIA. À New York, je m'appelais Andy Robinson. J'ai besoin de 50 000 dollars. En échange, je vous fournirai le nom de trois agents que nous formons actuellement en Union soviétique. »

Il s'agissait de trois agents provocateurs que les Soviétiques avaient fait miroiter à la CIA, en fait des agents du KGB. « Ils n'étaient pas de véritables traîtres », expliquera Ames plus tard. En les dénonçant, il s'était dit qu'il ne faisait de mal à personne et qu'il ne portait pas tort à une opération de la CIA. L'enveloppe contenait également une page de l'annuaire téléphonique interne de l'Agence où Ames avait surligné son nom en jaune.

Il avait minutieusement élaboré sa prise de contact en fournissant quatre éléments étayant sa bonne foi : une information concernant des opérations courantes qu'un provocateur aurait ignorée ; son pseudonyme à New York que le KGB devait connaître ; le nom de code du *rezident* ; la preuve qu'il appartenait à la CIA. Voilà qui avait de quoi attirer l'attention des Soviétiques et ouvrir le tiroir-caisse.

Le fonctionnement du KGB n'ayant que peu de secrets pour Ames, il ne s'attendit pas à une réponse immédiate. Le Centre serait consulté sur la suite à donncr au « volontaire », il lancerait des enquêtes, explorerait l'éventualité d'une provocation. Finalement il accepterait. « J'en étais sûr. C'est ce qu'ils ont fait. »

Deux semaines plus tard, le 28 avril 1985, Oleg Gordievsky devint *rezident*, l'officier le plus gradé du KGB de Londres. La passation de pouvoir n'eut pas lieu dans les normes. La tradition voulait que le chef en partance laissât une mallette fermée à clé contenant les documents les plus secrets. Mais, après le décollage de l'avion de Nikitenko, quand Oleg l'ouvrit, il ne trouva qu'une enveloppe kraft contenant deux feuilles de papier : les photocopies des lettres que Michael Bettaney avait glissées dans la boîte de Gouk deux ans auparavant. Des lettres que la presse avait abondamment reproduites. Était-ce une plaisanterie ? Un souvenir qui soulignait l'incompétence de Gouk ? Un avertissement ? Un message de mauvais augure ? « Nikitenko ne me faisait-il pas confiance ? Refusait-il de me laisser des documents ultra-confidentiels ? Dans ce cas, pourquoi m'envoyer une menace voilée ? » La réponse la plus probable était simple : Nikitenko voulait déstabiliser un rival qui avait obtenu le poste tant convoité.

Le MI6 était lui aussi perplexe : « Nous pensions obtenir les "Bijoux de famille" mais ils nous ont échappé. Allions-nous apprendre que certains membres du Cabinet étaient des agents de longue date du KGB ou découvrir d'autres Bettaney ? Il n'en a rien été. Nous en avons été soulagés et déçus. » Ce contretemps n'empêcha pas Gordievsky d'explorer les dossiers de la *rezidentura*, persuadé de collecter des informations qui seraient une aubaine pour le MI6.

Comme Ames l'avait prévu, le KGB prit son temps pour répondre à sa proposition, mais quand il l'accepta, ce fut avec enthousiasme. Au début de mai, Chouvakhine appela Ames et lui suggéra « un rendez-vous autour d'un verre le 15 mai à l'ambassade soviétique suivie d'un déjeuner ». Cette future rencontre n'emballait pas Chouvakhine. Spécialiste en matière d'armement, il n'avait aucune envie d'être mêlé à une affaire d'espionnage, aussi louche que dangereuse. « Désignez donc un de vos gars pour faire ce sale boulot ! » se rebella-t-il quand on lui demanda de contacter Ames. Mais le KGB le rappela aussitôt à l'ordre : Ames l'avait choisi personnellement et il devait jouer le jeu, que ça lui plaise ou non.

Au cours des trois précédentes semaines, le KGB n'était pas resté les bras croisés. Il avait transmis la lettre d'Ames au colonel Viktor Tcherkachine, chef du contre-espionnage de l'ambassade soviétique. Celui-ci comprit immédiatement son importance et la transmit, accompagnée d'un message flash, à Krioutchkov, chef de la Première Direction générale qui, à son tour, alla voir Viktor Tchebrikov, président du KGB, qui autorisa sur-le-champ le retrait de 50 000 dollars de la Commission militaire industrielle. Le KGB était un hippopotame mais, en cas d'urgence, il pouvait se mouvoir avec la souplesse d'une gazelle.

Le mercredi 15 mai, comme il y était invité, Ames retourna à l'ambassade soviétique. Au préalable, il avait informé la CIA et le FBI qu'il poursuivait ses efforts afin de cultiver son spécialiste militaire. « Je savais ce que je faisais. Je voulais que ça marche. » Chouvakhine le reçut dans le hall de l'ambassade et lui présenta Tcherkachine, un officier du KGB, qui l'accompagna dans unc petite salle de réunion au sous-sol. Ils ne se dirent pas un mot. Tcherkachine se contenta de lui faire comprendre par gestes que la pièce était sur écoute et lui tendit une note manuscrite : « Nous sommes heureux d'accepter votre offre. Nous aimerions faire de Chouvakhine notre “court-circuit”, notre intermédiaire. Il vous remettra votre argent et sera disponible pour déjeuner avec vous. » Ames écrivit au dos de la note : « OK. Merci beaucoup. »

Mais ce ne fut pas tout.

Il est des questions que tout officier traitant pose à un nouvel espion : savez-vous si nos services recèlent des taupes ? Votre camp a-t-il un espion à l'intérieur de notre organisation que vous pourriez nous désigner ? Gordievsky avait subi le même interrogatoire le jour où il avait accepté de travailler pour les Anglais. Tcherkachine était un officier accompli. Il est inimaginable qu'il n'ait pas demandé à Ames le nom d'espions à l'intérieur du KGB, susceptibles de découvrir qu'il allait changer de camp et d'en avertir la CIA. De même, Ames avait sûrement une réponse toute prête. Et il en connaissait plus d'une douzaine : deux à l'intérieur même de l'ambassade et, surtout, le plus gradé de tous, contrôlé par les Britanniques.

Ames confierait qu'à ce stade il ignorait le nom de Gordievsky. Il est vrai qu'il attendit un mois pour livrer les noms de tous les agents soviétiques travaillant pour la CIA. Dans un livre de Mémoires paru en 2005, Tcherkachine prétendit que le tuyau essentiel ne vint pas d'Ames mais d'un vague informateur, « un journaliste anglais de Washington ». Il est à noter que la CIA n'y verra que de la désinformation destinée à blanchir le KGB et à mettre en avant une fausse piste.

La majorité des analystes du renseignement qui ont étudié l'affaire Gordievsky sont d'accord sur un point : au début de ses contacts avec les Russes, Ames leur révéla qu'une taupe de haut niveau travaillait pour le MI6 depuis le KGB. Il est plausible qu'Ames n'ait pas su son nom, surtout s'il n'était pas chargé personnellement de l'enquête. En revanche, il est certain qu'il était au courant de l'investigation qui avait lieu autour d'un espion du MI6 au nom de code TICKLE. Certain aussi qu'il transmit cette information sur un bout de papier pendant cette rencontre muette dans le sous-sol de l'ambassade. Même s'il n'avait pas encore vendu son nom, ces informations auraient été suffisantes pour lancer les chiens de chasse de la Direction K.

Quand Ames émergea de son entrevue souterraine, Chouvakhine l'attendait dans le lobby :

— Allons déjeuner ! lui proposa-t-il.

Les deux hommes s'assirent à une table du restaurant *Joe and Mo*, commencèrent à parler et à boire. On ignore leurs propos exacts. Mais Ames affirmerait qu'ils avaient discuté du contrôle des armes. C'est bien improbable. Il est plus vraisemblable qu'entre le troisième et le quatrième Martini, Ames ait confirmé l'existence d'un espion contrôlé par les Anglais au sein du KGB. Il n'en dirait guère plus : « Ma mémoire se brouille. »

À la fin du déjeuner, Chouvakhine, beaucoup plus sobre que l'Américain, lui tendit un sac en plastique plein de papiers et lui dit, au cas où le FBI les écouterait avec des micros directionnels :

— Voici des extraits de presse qui pourraient vous intéresser.

Les deux hommes se serrèrent la main. Puis le Russe se hâta de regagner son ambassade. Malgré son taux élevé d'alcool dans le sang, Ames prit le volant et se dirigea vers son domicile en empruntant l'autoroute du George Washington Parkway. En chemin, il se gara sur une aire de repos qui surplombait le Potomac. Là, il ouvrit le sac en plastique. Au fond, sous différentes paperasses, il trouva un paquet de la taille d'une brique. Il en ouvrit un coin. Ivre de joie, il découvrit 500 billets de 100 dollars chacun.

Pendant qu'Ames comptait sa fortune, Chouvakhine rendait compte à Tcherkachine de son déjeuner. Aussitôt, l'officier du KGB composa un message codé flash destiné au seul Tchebrikov.

Le temps qu'Ames arrive chez lui, débutait une des plus gigantesques chasses à l'homme de l'histoire du KGB.

Le jeudi 16 mai, au lendemain de la première réunion d'Ames avec Tcherkachine, un télégramme urgent de Moscou atterrit sur le bureau de Gordievsky à Londres.

Une sueur froide l'envahit en le lisant.

« Afin de confirmer votre nomination de *rezident*, nous vous prions de venir à Moscou urgemment dans un délai de deux jours, pour d'importantes discussions avec les camarades Mikhaïlov et Aliochine. » Ces deux noms étaient les pseudonymes de Viktor Tchebrikov et de Vladimir Krioutchkov, l'un président du KGB, l'autre chef de la Première Direction générale. C'est dire si cet ordre venait de très haut.

Plein d'appréhension, Gordievsky prévint sa secrétaire qu'il avait un rendez-vous à l'extérieur, s'engouffra dans la première cabine téléphonique publique et passa un appel de secours à son officier traitant du MI6.

Quand il arriva à la planque de Bayswater, Simon Brown l'attendait : « Il avait l'air préoccupé, tracassé. Mais pas particulièrement paniqué. »

Pendant les quarante-huit heures suivantes, le MI6 et Gordievsky eurent à décider s'il obéissait et se rendait à Moscou ou s'il laissait tout tomber. Lui et sa famille seraient alors cachés par les Britanniques.

« Oleg se mit à peser le pour et le contre : sa première réaction fut de dire que cet ordre n'avait rien d'inhabituel et n'était donc pas, *a priori*, suspect. Il devait exister des tas de raisons logiques à son rappel. »

Il est vrai que Moscou ne s'était que très peu manifesté depuis sa nomination. Oleg s'était attendu au minimum à un mot de félicitations de la part de Gribine. Plus préoccupant, le télégramme de première importance contenant les codes secrets de la *rezidentura* n'était pas arrivé. Par contre, ses collègues du KGB n'avaient pas changé d'attitude à son égard ; ils faisaient tout pour lui plaire.

Se faisait-il du souci pour rien ? Aurait-il hérité de la paranoïa de son prédécesseur en même temps que de son poste ?

Plus d'un officier du MI6 comparera cette situation au quitte ou double d'un joueur qui possède une pile de jetons. À la roulette, risque-t-il le tout pour le tout sur un seul chiffre ? Ou empoche-t-il ses gains et rentre-t-il chez lui ? Calculer les chances de succès n'était pas chose facile, d'autant plus que l'enjeu était astronomique : gagner, c'était l'assurance de recueillir des richesses incalculables, d'accéder aux secrets les mieux enfouis du KGB. Perdre signifierait la mort éventuelle de Gordievsky – ou sa disparition – et une attente interminable avant d'apprendre son sort. Pendant ce temps, il serait impossible d'utiliser les informations qu'il avait laissées derrière lui de peur de le « brûler », au cas où il serait toujours en vie. Oleg, quant à lui, devrait imaginer une mort certaine.

Le ton du télégramme, à la fois péremptoire et poli, paraissait étrange. Dans la grande tradition du KGB, son président nommait lui-même les *rezident*, surtout ceux des pays ciblés tels que le Royaume-Uni. Quand, en janvier, Oleg fut désigné pour le poste, Tchebrikov n'était pas à Moscou. Il était donc possible qu'il ait souhaité compenser son absence par une confirmation solennelle, une embrassade officielle. Autre piste : en attendant cette cérémonie, Nikitenko n'avait pas jugé bon de laisser à Gordievsky les documents secrets et le KGB s'était abstenu de lui envoyer les codes cryptés. Dernière hypothèse : si le KGB le soupçonnait de trahison, pourquoi lui donner deux jours de battement au lieu de le rappeler immédiatement ? Sans doute pour ne pas l'effrayer. Mais si le Centre le soupçonnait d'être un espion, pourquoi n'avoir pas envoyé les hommes des basses besognes du Troisième Département, des spécialistes du kidnapping pour le traîner en Russie ? Et si ce voyage avait comme but de traiter des affaires courantes, pourquoi ne pas l'avoir prévenu depuis un moment ? Trois mois auparavant, Gordievsky avait été parfaitement briefé sur son futur job. Pourquoi alors de nouvelles instructions ? En quoi étaient-elles si vitales, si urgentes, si confidentielles que leur sujet ne pouvait figurer dans un télégramme ? Qu'il provienne du chef de KGB signifiait une chose et son contraire. Oleg avait de quoi s'inquiéter ou être flatté.

Brown tenta de se mettre dans la tête des gens du KGB : « S'ils étaient sûrs à 100 %, ils n'auraient pas pris ce risque en lui laissant le temps de fuir. Ils auraient fait traîner les choses, se seraient joués de lui, lui auraient donné des renseignements fumeux et auraient attendu. Pour le rapatrier, ils auraient pu agir avec plus de doigté. Comme de feindre la mort de sa mère. »

La réunion se termina sans la moindre conclusion. Gordievsky accepta de revenir le lendemain à la planque. En attendant, sans donner l'impression que quelque chose clochait, il réserverait une place dans le vol de Moscou du dimanche. Maksim Parchikov sortait du parking de l'ambassade pour se rendre à un déjeuner quand il fut surpris de voir Gordievsky se jeter devant sa voiture et lui crier par la vitre :

— Je viens d'être appelé à Moscou. Passe me voir peu plus tard, j'aimerais te parler.

Vers 15 heures, Parchikov trouva le *rezident* en train d'arpenter son bureau nerveusement. Oleg lui expliqua qu'il devait retourner dans la capitale pour recevoir la bénédiction finale de Tchebrikov : ce n'était pas anormal en soi, mais dans ses formes.

— Personne ne m'a envoyé une lettre personnelle pour m'avertir. Ce n'est sûrement rien. Je serai parti quelques jours et je verrai ce qui se passe. En mon absence, tu seras mon adjoint. Ne bouge pas et ne fais rien avant mon retour.

Au siège de Century House, les grands chefs furent convoqués dans le bureau de « C » afin d'évaluer la situation. Étaient, entre autres, présents Chris Curwen, le nouveau chef, John Deverell du MI5, le contrôleur de la section Sovbloc ainsi que Brown, l'agent traitant de Gordievsky. Personne n'avait l'air angoissé. Plus tard, certains officiers du MI6 prétendraient qu'ils avaient été sérieusement inquiets, mais les espions, comme tout le monde d'ailleurs, ont tendance à déclarer qu'ils ont 20/20 de vision, surtout *a posteriori*.

Si près du but, Veronica Price et Simon Brown, les plus proches de l'affaire, ne virent pas de raison d'abandonner. Deverell relata que le MI5 n'avait rien entendu qui indiquerait que le KGB était sur la piste de leur espion. Le contrôleur du Sovbloc déclara : « Nous ne sommes pas en mesure de dire s'il est prudent de le laisser retourner là-bas. » Finalement, l'accord général se fit autour de la proposition suivante : à Gordievsky de décider pour lui-même. On ne le forcerait pas à retourner à Moscou, mais on ne l'encouragerait pas non plus à jeter l'éponge. « Une sacrée dérobade, dira un officier du MI6. Sa vie était en jeu et nous aurions dû le protéger. »

Un bon joueur doit posséder une bonne dose d'intuition, ce sixième sens qui lui permet de prévoir le prochain coup de son adversaire, de lire dans ses yeux.

Au fait, qu'est-ce que Moscou savait exactement ?

Pas grand-chose.

Le colonel Viktor Boudanov de la Direction K, la branche du contre-espionnage, était de l'avis général l'homme le plus dangereux du KGB. Dans les années 1980, il avait été stationné en Allemagne de l'Est où l'un de ses jeunes officiers s'appelait Vladimir Poutine. Désormais, son rôle était d'enquêter sur « les troubles anormaux », de maintenir la sécurité dans les diverses branches de la Première Direction générale, d'éliminer la corruption dans la troupe, de déceler les espions. Communiste dévoué, au physique sec, à la parole rare, il avait une tête de renard et le cerveau d'un avocat de haut vol. Il se voyait en détective âpre à faire respecter la loi et non en bourreau : « Nous avons toujours appliqué le règlement à la lettre, du moins pendant mon temps aux divisions du contre-espionnage et du renseignement du KGB de l'Union soviétique. Je n'ai jamais eu à lancer une opération qui aurait enfreint la loi en vigueur sur le territoire de l'URSS. » Pour attraper un espion, il s'appuyait sur les preuves et le raisonnement.

Ses supérieurs avaient informé Boudanov que le KGB recelait une taupe de haut niveau. Celui-ci ignorait son nom, mais il flairait son lieu d'activité. Si le traître était contrôlé par le Renseignement britannique, il devrait se trouver dans la *rezidentura* de Londres. Avant de quitter la capitale anglaise, Leonid Nikitenko, un officier expérimenté du contre-espionnage, avait envoyé une série de rapports critiques mettant en doute la fiabilité de Gordievsky. Le tuyau fourni par Ames ajouté aux soupçons non vérifiés de Nikitenko aurait dû accuser le nouveau *rezident.* Mais si Gordievsky était suspect, il n'était pas le seul. Nikitenko lui-même en était un. Parchikov, qui n'avait pas été rappelé, venait en troisième position. Et il y en avait d'autres. Le réseau du MI6 était immense, la taupe pouvait être n'importe où. Sans être certain que Gordievsky était le traître, Boudanov savait qu'une fois revenu à Moscou il serait commode d'établir son innocence ou sa culpabilité sans risquer qu'il prît la fuite.

Le lendemain, le vendredi 17, arriva un second télégramme du Centre, qui rassura un peu Gordievsky : « En ce qui concerne votre voyage à Moscou, veuillez vous souvenir que vous aurez à parler de la Grande-Bretagne et de problèmes anglais. Préparez-vous à des entretiens spécifiques nourris de faits. » Ce message annonçait une réunion normale avec sa demande excessive de documents. Car, à la suite de sa visite réussie en Grande-Bretagne, Gorbatchev, au pouvoir depuis trois mois, s'intéressait de près à ce pays. D'autre part, on savait que Tchebrikov était un adepte du protocole. Il n'y aurait donc pas de souci à se faire.

Le soir même, Gordievsky se retrouva avec ses traitants dans la planque. Il avait apporté du saumon et du pain aux céréales. Le magnétophone tournait.

Simon Brown fit un point de la situation. Les gens du MI6 n'avaient recueilli aucun signal qui indiquerait que le rappel d'Oleg ne fût pas de la routine. Mais si Gordievsky désirait faire défection maintenant, il était libre de sa décision. Ils le protégeraient et prendraient soin de lui et de sa famille jusqu'à la fin de leurs jours. S'il choisissait de continuer, le Royaume-Uni lui en serait éternellement reconnaissant. L'affaire était à la croisée des chemins. S'il s'arrêtait là, ils rassembleraient leurs énormes gains et iraient échanger leurs jetons. Si, au contraire, il revenait de Moscou après avoir été intronisé par le chef du KGB, ils rafleraient alors la plus colossale des mises.

Brown se souviendra de cette soirée : « S'il avait préféré ne pas se rendre à Moscou, personne n'aurait pu le faire changer d'avis et d'ailleurs nous n'aurions pas essayé. Il a dû se rendre compte que nous étions sincères. Dans la mesure du possible, j'ai tenté de rester neutre. »

Sur le moment, il déclara à Gordievsky :

— Si vous trouvez que ça sent mauvais, arrêtez ! À vous de prendre la décision en toute conscience. Mais si vous repartez et que les choses tournent mal, nous enclencherons le plan d'évacuation.

Deux personnes qui écoutent la même phrase entendent parfois des choses différentes. C'est ce qui arriva ce soir-là. Brown crut qu'il offrait une porte de sortie à Oleg tout en lui rappelant que ce serait gâcher une occasion en or. Gordievsky, croyant qu'il pourrait passer la main sans avoir démérité, comprit qu'on lui donnait l'ordre de retourner à Moscou. Un quiproquo manifeste.

Durant de longues minutes, recroquevillé sur sa chaise, le Russe demeura silencieux comme perdu dans ses pensées. Enfin, il prit la parole :

— J'approche du sommet. Stopper maintenant serait un abandon de poste et une sorte de reniement. Le risque existe, mais c'est un risque calculé que je suis prêt à prendre. Je retournerai à Moscou.

Un officier du MI6 résuma ainsi la situation : « Oleg savait que nous voulions qu'il persévère et, courageusement, il a continué. »

Ce fut au tour de Veronica Price, l'architecte du plan d'évacuation, d'entrer en scène.

Une fois encore, elle guida Oleg pas à pas le long de l'Opération PIMLICO. Une fois encore, il étudia les photos du lieu de rendez-vous. Elles avaient été prises en hiver, quand le grand rocher à l'entrée de l'aire de repos se dressait sur fond de neige. Il se demanda s'il le reconnaîtrait parmi les arbres en feuilles.

Pendant le temps de son séjour en Angleterre, ce plan était toujours resté d'actualité et prêt à fonctionncr. Chaque nouvel officier du MI6 muté à Moscou en apprenait tous les détails : on lui montrait un cliché de l'espion nommé PIMLICO, sans lui dévoiler son nom ; on lui indiquait la marche à suivre pour les contacts furtifs, les points de rencontre et d'exfiltration, les signaux de reconnaissance ; bref, le ballet compliqué de l'évacuation. Avant qu'ils ne quittent le sol anglais, on amenait les officiers et leurs épouses dans un bois près de Guilford où ils s'entraînaient à entrer et à sortir du coffre d'une voiture. Une façon de se rendre compte de ce qui attendait l'espion et sa famille. Les mêmes, avant de rejoindre leur poste, devaient se rendre en voiture en Russie depuis l'Angleterre en passant par la Finlande afin de se familiariser avec l'itinéraire, les points de rendez-vous et la traversée des frontières. En 1979, lorsque Brown passa la douane finlandaise pour la première fois, il compta sept pies perchées sur la barrière. Cela lui rappela la comptine de son enfance *Sept, pour un secret à ne jamais répéter*.

Pendant plusieurs semaines, avant et après le départ de Gordievsky de Moscou, l'équipe du MI6 devait contrôler le signal de la perspective Koutouzov, tous les jours. Le mardi soir étant l'idéal pour donner l'alarme, l'équipe chargée de l'évacuation atteindrait le rendez-vous dans les quatre jours, soit le samedi après-midi suivant. Cependant, en cas d'urgence, l'équipe pourrait entrer en action n'importe quel jour. L'alarme donnée un vendredi signifierait que l'évacuation aurait lieu le jeudi suivant, en raison des jours d'ouverture du garage chargé de changer les plaques d'immatriculation. Un officier témoignerait de la charge supplémentaire de travail imposée aux espions anglais :

« Chaque soir pendant dix-huit semaines par an, à des dates pas toujours fixées à l'avance, nous devions vérifier les alentours de la boulangerie. Nous nous attendions, tout en le redoutant, à voir apparaître PIMLICO. En hiver c'était pire. Il y avait trop de brouillard et pas assez de lumière et il nous fallait marcher à la rencontre des piétons. La neige s'accumulait sur les trottoirs à une telle hauteur qu'il était difficile d'identifier quelqu'un à plus de 30 mètres. Et combien de fois par semaine une épouse peut-elle se plaindre qu'elle a oublié le pain et te demander par –25 °C : “Sois gentil, fais un saut dehors pour me chercher le dernier lot de petits pains rassis” ? »

Se préparer pour l'Opération PIMLICO était une des tâches principales de la station du MI6. Cela, pour sauver la vie d'un espion absent pour la plupart du temps, le jour où il en aurait besoin. Et tous les officiers gardaient à portée de main un pantalon gris, un sac vert Harrods et un stock de KitKat et de Mars.

Le plan avait été encore amélioré. Si, en arrivant à Moscou, Gordievsky se rendait compte qu'il était en danger, il pourrait alerter Londres. Il téléphonerait à Leïla à leur domicile et lui demanderait si les enfants travaillaient bien à l'école. Leur téléphone étant sur écoute, le MI5 entendrait les conversations. Si la phrase codée était prononcée, le MI6 en serait averti et l'équipe de Moscou placée en alerte maximum.

Après ce vaste tour d'horizon, Veronica Price remit deux petits paquets à Oleg. L'un contenait des pilules.

— Elles vous aideront à rester éveillé.

L'autre était une petite poche de tabac à priser provenant dc James J. Fox de St James. S'il en saupoudrait le contenu sur lui au moment de monter dans le coffre, cela devrait égarer les chiens renifleurs et maquiller l'odeur de produits chimiques répandus par le KGB sur ses vêtements et ses chaussures.

Une équipe d'officiers du MI6 basée à Londres l'attendrait au point de rendez-vous prévu en Finlande et l'emmènerait en Angleterre. Quand cela arriverait, Veronica serait présente pour l'accueillir personnellement.

Ce soir-là, Oleg prévint Leïla qu'il devait se rendre à Moscou pour une discussion au plus haut niveau et ne reviendrait que dans quelques jours. Il lui parut nerveux et impatient. « Son poste de *rezident* lui serait confirmé. J'étais excitée moi aussi. » Elle remarqua qu'il s'était rongé les ongles jusqu'au sang.

Le samedi 18 mai 1985 fut un jour d'intenses activités dans trois capitales.

À Washington, Aldrich Ames déposa 9 000 dollars en espèces sur son compte en banque. Il raconta à Rosario qu'un de ses vieux amis lui avait prêté cette somme. Mais l'euphorie n'y était plus, il redescendait sur terre. Un des espions de la CIA pouvait avoir eu vent de ses tractations avec le KGB et le dénoncer.

À Moscou, le KGB se préparait à accueillir Gordievsky.

Viktor Boudanov fit entièrement fouiller son appartement de la perspective Lénine, sans rien trouver de compromettant à part de nombreux livres occidentaux peu recommandables. La jolie édition des sonnets de Shakespeare n'attira pas l'attention. Les techniciens de la Direction K mirent l'appartement sur écoute et placèrent un mouchard dans le téléphone. Ils dissimulèrent des caméras dans les lustres. En sortant, ils verrouillèrent la porte avec précaution.

Pendant ce temps, Boudanov épluchait le dossier personnel de Gordievsky. Rien à lui reprocher à part son divorce : fils et frère de valeureux officiers du KGB, marié à la fille d'un général du KGB, c'était un membre dévoué du Parti qui s'était élevé grâce à son travail et son flair. Pourtant, en y regardant de plus près, un autre aspect du camarade Gordievsky apparut. Ce que les enquêteurs apprirent exactement et à quelle date, nul ne le saura jamais : le KGB ne divulguera jamais leur rapport.

Boudanov avait cependant de quoi s'occuper : les profonds liens d'amitié à l'université d'Oleg avec un futur transfuge tchèque ; son intérêt pour la culture occidentale, y compris la littérature interdite ; les affirmations de son ex-femme l'accusant d'être d'un imposteur qui jouait double jeu ; la façon dont, avant d'être muté à Londres, il avait consulté des archives et lu tous les dossiers britanniques ; la vitesse suspecte avec laquelle on lui avait attribué un visa britannique.

Comme la CIA avant lui, Boudanov chercha un schéma directeur. Le KGB avait perdu un certain nombre de précieux agents en Scandinavie, tels Haavik, Bergling et Treholt. Quand Gordievsky était au Danemark, avait-il entendu parler d'eux et en avait-il informé le Renseignement occidental ? Et puis il y avait eu l'affaire Bettaney. Nikitenko pourrait confirmer que Gordievsky était au courant de l'offre de l'Anglais d'espionner pour le compte du KGB. En tout cas, les Britanniques n'avaient pas perdu de temps pour l'arrêter.

En creusant la carrière de Gordievsky, certains faits étonnants apparurent. Pendant les premiers mois de son activité en Grande-Bretagne, il s'était montré si peu efficace qu'il avait été question de le renvoyer en Russie. Et puis, le cercle de ses contacts s'était soudain élargi, ses rapports s'étaient approfondis et améliorés. Autre chose : le gouvernement britannique avait, coup sur coup, expulsé Igor Titov et Arkadi Gouk, ce qui n'avait intrigué personne sur le moment. Mais on pouvait se poser des questions. Boudanov découvrit alors les soupçons de Nikitenko : pendant la visite de Gorbatchev, Gordievsky avait rédigé des rapports qui semblaient émaner directement du Foreign Office.

Autre piste venue du tréfonds des archives : en 1973, pendant sa seconde affectation au Danemark, il avait eu des contacts directs avec un officier du renseignement britannique. Richard Bromhead, un officier connu du MI6, l'avait approché et invité à déjeuner. Gordievsky avait suivi la procédure officielle en informant son *rezident* et en obtenant la permission préalable de déjeuner avec l'Anglais dans un hôtel de Copenhague. Les rapports de cette époque indiquaient que ce contact n'avait rien donné. Vraiment ? Bromhead aurait-il recruté Gordievsky onze ans plus tôt ?

Pour l'heure, ce n'était que des présomptions certes préjudiciables, mais pas encore accablantes. Plus tard, Boudanov, dans une interview dans la *Pravda*, se vanterait d'« avoir personnellement identifié Gordievsky parmi des centaines d'officiers de la Première Direction générale du KGB ». Mais à ce stade, il lui manquait des preuves solides. Son esprit pointilleux ne serait satisfait que s'il attrapait son espion la main dans le sac ou s'il obtenait une confession complète – l'idéal étant dans cet ordre.

À Londres, l'état d'esprit de l'équipe NOCTON oscillait entre excitation et nervosité. D'après Simon Brown : « Il y avait de l'angoisse dans l'air et on sentait le poids de nos responsabilités. Nous amenions peut-être Oleg à se passer la corde autour du cou. À mes yeux, c'était la bonne décision, sinon j'aurais tenté de le persuader de renoncer. C'était un risque calculé, un pari réfléchi. En réalité, nous avions pris des risques dès le départ. C'est dans notre nature d'espion. »

Avant de partir, Gordievsky avait une tâche à remplir pour le KGB : faire une livraison à une boîte aux lettres morte pour un illégal, arrivé récemment en Angleterre et opérant sous le nom de code de DARIO. En général, c'était un officier de la Ligne N de la *rezidentura* qui s'occupait de ce genre de mission. Mais celle-ci devait être d'une grande importance puisqu'elle était confiée au chef d'antenne en personne.

Au mois de mars, Moscou avait envoyé 8 000 livres en billets de 20 livres dont on ne pouvait retracer l'origine, à remettre à DARIO.

Cette somme aurait pu être donnée directement à l'illégal, mais pourquoi faire simple quand on peut faire compliqué ? L'Opération GROUND (Terre), concoctée par le KGB, en fut un exemple.

Pour commencer, la *rezidentura* fabriqua une brique creuse dans laquelle elle glissa l'argent. DARIO signalerait qu'il était prêt à en prendre possession en laissant une marque à la craie bleue sur un lampadaire du sud d'Audley Square, près de l'ambassade américaine. Gordievsky reçut l'ordre de placer la brique dans un sac en plastique et de déposer le tout le long d'un chemin bordé d'une grande haie sur le côté nord de Coram's Field, un des parcs de Bloomsbury. DARIO en accuserait réception en collant un morceau de chewing-gum en haut d'un poteau près du pub le *Ballot Box* de Sudbury Hill.

Gordievsky relaya ces instructions à Brown qui les transmit au MI6.

Le samedi 18 mai, en fin d'après-midi, Oleg emmena ses filles jouer à Coram's Field. À 19 h 45, il déposa le sac plastique et la brique. L'endroit était désert à l'exception d'une femme qui poussait un landau et d'un cycliste qui réparait sa chaîne de vélo. La femme était un des plus fins limiers du MI5. Son landau était muni d'un appareil photo caché. Le cycliste, John Deverell, dirigeait la section K. Quelques minutes plus tard, un homme apparut, marchant d'un pas rapide. Il se baissa le temps de s'emparer du sac. Ce fut suffisant pour être photographié. Deverell le suivit quand il se dirigea vers le nord et le vit s'engouffrer dans la station de métro de King's Cross. Il se dépêcha d'enchaîner son vélo, descendit l'Escalator en courant, mais arriva trop tard sur le quai : l'inconnu s'était fondu dans la foule. Le MI5 ne fut pas non plus capable de repérer la personne qui avait collé le chewing-gum sur le poteau. À l'évidence, DARIO était un agent bien entraîné. Gordievsky envoya un câble à Moscou pour leur annoncer le succès complet de l'Opération GROUND. Qu'il ait été choisi pour mener à bien cette livraison délicate indiquait qu'on lui faisait toujours confiance.

Il était encore temps qu'il abandonnât la partie. Au lieu de ça, le dimanche après-midi, il embrassa sa femme et ses filles, tout en sachant que c'était peut-être pour la dernière fois. Sans rien vouloir laisser paraître, il donna à Leïla un baiser plus appuyé et tint Anna et Maria un peu plus longtemps dans ses bras.

Puis il s'engouffra dans un taxi, direction l'aéroport de Heathrow.

Le 19 mai à 16 heures, faisant preuve d'un courage exceptionnel, il prit place à bord du vol de l'Aeroflot pour Moscou.

TROISIÈME PARTIE

12.

Le chat et la souris

Non ! Il ne s'était pas trompé. Quelqu'un l'avait tiré. À Moscou, planté devant la porte de son appartement, Gordievsky vérifia une fois encore le troisième verrou, celui qu'il n'utilisait jamais et dont il ne possédait même pas la clé. On l'avait à l'œil. La peur l'envahit : « C'est la fin ! Bientôt je serai mort ! » Dès que le KGB en déciderait, il serait arrêté, interrogé, torturé pour avouer ses derniers secrets, puis abattu d'une balle dans la tête, « la mesure suprême ». Et son corps jeté dans une fosse commune.

Tout en agitant ces pensées sinistres, il réagit. Il appartenait depuis suffisamment longtemps au KGB pour savoir comment les choses se passaient. Si la Direction K avait découvert l'étendue de sa trahison, il n'aurait jamais franchi la porte de son immeuble : il aurait été capturé à l'aéroport et il croupirait maintenant dans une cellule de la Loubianka. Le KGB espionnait tout le monde. Et si, au fond, il n'était victime que d'une « visite » de routine ? Car visiblement les enquêteurs n'avaient pas réuni assez de preuves pour l'épingler.

Aussi paradoxal que cela paraisse, malgré son absence de sens moral, le KGB respectait la légalité. Or, Gordievsky, colonel du KGB, ne pouvait être détenu sur un simple soupçon. Torturer un officier supérieur exigeait de se soumettre à des règles très strictes. On se souvenait encore des purges de 1936-1938 pendant lesquelles tant d'innocents avaient péri. En 1985, il fallait réunir des preuves avant de traîner un suspect devant les tribunaux et lui assurer un jugement équitable. Viktor Boudanov, l'enquêteur du KGB, agissait exactement comme le MI5 l'avait fait avec Michael Bettaney, une méthode partagée par tous les services de contre-espionnage dignes de ce nom. Surveiller le suspect, le mettre sur écoute, attendre qu'il commette une erreur ou qu'il appelle son officier traitant. Et lui tomber dessus. Le cas de Gordievsky n'était pas tout à fait pareil : Bettaney ignorait qu'il était observé, le Russe le savait. Ou il le subodorait.

Quoi qu'il en soit, toujours bloqué devant sa porte, il fut obligé de faire appel à un habitant de l'immeuble, serrurier du KGB et heureux de venir en aide à un officier ayant perdu ses clés. Le seuil franchi, il chercha discrètement des preuves de la visite du Service. L'appartement avait dû être mis sur écoute. Si les techniciens avaient installé des caméras, ses gestes devaient être épiés, en particulier lorsqu'il chercherait des mouchards. Dès cet instant, il était évident qu'on écoutait chacune de ses paroles, qu'on suivait chacun de ses mouvements, qu'on enregistrait ses conversations téléphoniques. Il devait donc se comporter comme à l'ordinaire : apparaître calme, décontracté, confiant. Tout ce qu'il n'était pas. L'appartement semblait en ordre. Dans l'armoire à médicaments, il trouva un sachet de lingettes dont on avait enfoncé le couvercle en papier d'aluminium. « C'est peut-être Leïla, se dit-il. Il y a des années de ça. » Ou bien un sbire du KGB, à la recherche d'indices. Il regarda sous son lit où il avait rangé dans une boîte des livres condamnés par la censure officielle : Orwell, Soljenitsyne, Maximov[1]. Il avait suivi en cela le conseil de Lioubimov : « Vous risquez gros en étalant ces ouvrages sur une étagère. » La boîte lui parut intacte. Il jeta un coup d'œil sur un rayon : on n'avait pas touché à l'édition des sonnets de Shakespeare.

Quand il appela son patron chez lui, il eut l'impression que Nikolaï Gribine le battait froid : « Sa voix était dépourvue de chaleur et d'enthousiasme. »

Il dormit à peine, rongé par la peur et le doute. Hanté aussi par des questions sans réponse : « Qui m'a trahi ? Que sait le KGB ? »

En se rendant le lendemain matin au Centre, il ne se sentit pas suivi. Ce qui ne voulait rien dire. Gribine l'accueillit au Troisième Département. Il lui parut normal, enfin presque : « Soyez prêt à répondre aux deux grosses huiles », le prévint-il. Puis ils parlèrent de ce que Tchebrikov et Krioutchkov espéraient apprendre du nouveau *rezident* de Londres.

— Comme on me l'a précisé, j'ai apporté des notes très complètes sur la Grande-Bretagne, son économie, ses relations avec les États-Unis, ses avancées scientifiques et technologiques.

Gribine se contenta de hocher la tête.

1. Écrivain russe contestataire de grand renom (1930-1995). *(N.d.T.)*

Une heure plus tard, Gordievsky fut appelé dans le bureau de Viktor Grouchko, désormais l'adjoint du chef de la Première Direction générale. Cet Ukrainien, en général affable, avait des airs de grand inquisiteur.

— Que savez-vous de Michael Bettaney ? On dirait qu'il était sincère et qu'il voulait vraiment collaborer avec nous. Il aurait pu devenir notre second Philby.

— Bien sûr, qu'il était sincère. Et il aurait été bien meilleur que Philby, *bien* plus précieux. (C'était très exagéré.)

— Comment avons-nous pu faire une telle erreur ? Était-il décidé dès le début ?

— Je l'ai cru. Je ne peux imaginer que le camarade Gouk ne l'ait pas compris.

Grouchko marqua une pause avant de continuer :

— Gouk a été expulsé. Sans avoir rien fait au sujet de Bettaney. Il n'a même pas pris contact avec lui. Alors pourquoi l'a-t-on viré ?

Oleg perçut dans le regard de Grouchko une lueur qui lui donna la nausée.

— À mon avis, Gouk s'est trompé en exhibant son appartenance au KGB, toujours à rouler dans sa Mercedes ivoire, à vanter son agence, à jouer au général. Les Anglais n'ont pas apprécié cette attitude.

On changea de sujet.

Quelques minutes plus tard, entra dans le bureau l'officier qui aurait dû recevoir Gordievsky à l'aéroport. Grouchko le reçut vertement :

— Qu'est-ce qui s'est passé ? Vous deviez accueillir le colonel et l'amener chez lui. Où étiez-vous donc ?

Il bredouilla qu'il s'était trompé de hall.

« Une belle mise en scène, songea Oleg. En réalité, le KGB a préféré me faire suivre dès mon arrivée. »

Il retourna à son bureau, parcourut quelques notes, attendit d'être appelé par son supérieur qui lui dirait que tout allait bien. Sinon, un membre du contre-espionnage viendrait lui taper sur l'épaule, ce qui signifierait le début de sa chute. Mais rien n'arriva. Il rentra chez lui, passa la soirée à se poser des questions et la nuit à imaginer le pire. Le lendemain ressembla à la veille. S'il n'avait pas été aussi inquiet, il se serait ennuyé. Le troisième jour, Gribine lui annonça qu'il quittait son bureau de bonne heure et lui proposa de le déposer. Gordievsky hésita à accepter :

— Et si on me convoque et que je sois parti ?

— Non, personne ne vous appellera ce soir.

Profitant de la lenteur du trafic, Gordievsky tâta le terrain :

— Beaucoup de travail m'attend à Londres. Si on n'a pas besoin de moi à Moscou, j'aimerais retourner là-bas pour m'en occuper. L'OTAN doit tenir une importante réunion, l'année parlementaire s'achève. Mes officiers attendent mes instructions à propos de leurs contacts…

Gribine agita la main, un peu trop légèrement :

— Balivernes ! Parfois les gens s'absentent pendant des mois. Personne n'est indispensable.

Les jours sc suivirent et se ressemblèrent, un mélange d'anxiété et de duperie. Chacun se jouait la comédie, chacun se donnait la réplique, chacun attendant que l'autre bafouille. La tension était implacable, mais elle n'était pas partagée. Oleg aurait été incapable de prouver qu'il était sous surveillance, pourtant son sixième sens lui dictait que des yeux et des oreilles se dissimulaient partout, à tous les coins de la rue, dans toutes les zones d'ombre. Big Brother ne le quittait pas. Tout comme le type à l'arrêt du bus, le voisin dans la rue, la babouchka et son samovar plantée dans le hall. Ou alors il se faisait des idées. À mesure que les semaines passaient sans incident, il commença à se demander si son imagination n'avait pas pris le dessus. Puis, il eut la preuve tangible qu'il avait raison d'avoir peur.

Un matin, alors qu'il déambulait dans un couloir du Troisième Département, il tomba sur Boris Botcharov, un collègue de la Direction S (responsable du réseau des illégaux). Celui-ci lui demanda :

— Alors, qu'est-ce qui se passe en Angleterre ? Pourquoi est-ce qu'on rapatrie tous les illégaux ?

Oleg eut du mal à dissimuler sa surprise. L'ordre de démanteler le réseau de ces espions implantés secrètement ne signifiait qu'une chose : le KGB savait qu'ils avaient été trahis. DARIO, qui avait reçu la brique remplie d'argent, n'avait duré qu'une semaine à Londres, sans avoir jamais été identifié.

De retour à son bureau, l'attendait un gros paquet adressé à « *M. Grouchko – Personnel et Confidentiel* ». Il était arrivé par la valise diplomatique de la *rezidentura* de Londres et les vaguemestres avaient cru que, Gordievsky étant le *rezident*, c'était à lui qu'il fallait le livrer. Tremblant, il le secoua et entendit un bruit sourd et le tintement d'une boucle. À l'intérieur devait se trouver sa sacoche pleine des papiers importants qu'il avait laissée à Londres. Le KGB accumulait les preuves. « Garde ton calme ! se dit-il. Conduis-toi normalement. » Il déposa le paquet au secrétariat de Grouchko et regagna son fauteuil.

« On raconte que les soldats paniquent lorsqu'ils entendent la première salve d'artillerie. C'est ce qui m'est arrivé. Je ne pouvais même pas me rappeler le plan d'évacuation. Et puis j'ai pensé : "Ce plan n'est pas fiable. Mieux vaut l'oublier et attendre qu'on me tire une balle dans la nuque." J'étais paralysé. »

Ce soir-là, il téléphona à son appartement de Kensington. Leïla décrocha. Les magnétophones anglais et russes entrèrent dans la danse. Oleg la questionna en pesant chaque mot :

— Les enfants travaillent bien à l'école ?

Leïla répondit en toute innocence que les filles allaient bien. Ils discutèrent un moment puis Oleg raccrocha.

Gribine, en parfait faux jeton, proposa à Gordievsky de passer le week-end dans sa datcha. Il était clair qu'il obéissait aux ordres : coller à son subordonné au cas où celui-ci ferait un faux pas. Gordievsky déclina poliment l'invitation, sous prétexte qu'il n'avait pas encore rendu visite à sa mère et à sa sœur depuis son retour. Dans ce cas, Gribine lui annonça qu'il viendrait avec sa femme lui tenir compagnie. Pendant plusieurs heures, assis autour d'une table basse en faux marbre, ils bavardèrent : de la vie à Londres, de l'éducation des filles, de l'anglais devenu leur première langue. Sa fille Maria avait même appris à réciter le Notre-Père en anglais. Si quelqu'un avait surpris leur conversation, il aurait entendu un père fier de ses enfants, un homme heureux d'être en poste à l'étranger qui s'adressait à un collègue très proche, autour d'une tasse de thé. En fait, Gribine et Gordievsky se livraient un duel brutal, psychologiquement harassant.

Quand arriva le lundi 27 mai, le manque de sommeil et la pression avaient démoli Oleg. Avant de quitter son domicile, il avala une des pilules stimulantes à base de caféine que lui avait fournies Veronica Price et que les étudiants prenaient pour se tenir éveillés lorsqu'ils préparaient leurs examens. Le temps d'arriver au Centre, il se sentit mieux, moins fatigué.

Il n'était installé à son bureau que depuis quelques minutes quand retentit la sonnerie de la ligne directe qui le reliait au chef du département.

Il entrevit une lueur d'espoir : son rendez-vous attendu depuis si longtemps avec les huiles du KGB serait pour bientôt. Il demanda à Viktor Grouchko :

— Les grands patrons désirent me voir ?

— Pas encore. Deux personnes veulent discuter avec vous de la pénétration d'agents de haut rang en Angleterre. La réunion aura lieu à l'extérieur des bureaux et j'y assisterai.

Tout ça lui parut très inhabituel.

De plus en plus angoissé, il laissa sa serviette sur son bureau et se dirigea vers le hall. Grouchko apparut presque immédiatement et le mena jusqu'à une voiture garée le long du trottoir. Le chauffeur emprunta la sortie secondaire et, après avoir roulé près de 2 kilomètres, s'arrêta le long d'une propriété aux murs élevés où logeaient les visiteurs et les invités de la Première Direction générale. Bavardant d'un ton enjoué, Grouchko conduisit Gordievsky à un bungalow, bâtiment anodin entouré d'une petite haie qui ne semblait pas sous surveillance. C'était une journée chaude et étouffante mais l'intérieur était frais et bien aéré. Des chambres donnaient sur une grande pièce aux meubles neufs et élégants. À la porte se tenaient deux domestiques, un homme de plus de 50 ans et une femme plus jeune. Ils accueillirent Gordievsky avec une extrême politesse, comme un dignitaire étranger.

Quand les deux hommes furent assis, Grouchko ouvrit une bouteille en disant gaiement :

— Tenez ! Goûtez ce cognac arménien.

Il remplit deux verres. Ils burent. Les domestiques disposèrent des assiettes, un plateau de sandwichs, du fromage, du jambon et des œufs de saumon.

À ce moment-là, deux hommes entrèrent. Gordievsky ne reconnut ni l'un ni l'autre. Le plus âgé, vêtu d'un costume sombre, avait le visage ridé et tanné d'un gros fumeur et d'un gros buveur. Le plus jeune était élancé, avec des traits allongés, presque aigus. Ils ne souriaient pas. Grouchko ne fit pas les présentations, se contentant de dire :

— Ces messieurs veulent vous demander comment traiter un agent très important en Grande-Bretagne.

Une nouvelle vague d'angoisse envahit Gordievsky : « J'ai pensé : "C'est absurde. Il n'y a pas d'agent important en Angleterre. Ça cache autre chose." »

Comme s'il présidait un repas de travail, Grouchko proposa joyeusement de passer à table :

— Commençons par déjeuner !

Le vieux domestique servit une nouvelle tournée de cognac. Les hommes burent cul sec et Oleg suivit le mouvement. Une nouvelle bouteille fit surface. Les verres furent remplis et vidés. Les deux inconnus ne se fatiguèrent pas à alimenter la conversation. Le plus âgé ne cessa de fumer.

Soudain, comme s'il avait reçu un coup de massue, Gordievsky perdit le sens de la réalité pour émerger dans un monde de rêves hallucinatoires. Mi-conscient, il eut l'impression de s'observer lui-même à travers une lentille déformante et lointaine.

On avait sans doute ajouté à son cognac une sorte de sérum de vérité, une substance psychotrope fabriquée par le KGB appelée SP-117. Elle contenait une forme de thiopental sodique, un anesthésiant rapide, sans odeur, ni goût, ni couleur, un cocktail chimique destiné à affaiblir les inhibitions et à délier la langue. Tandis que le serveur avait versé le cognac de la première bouteille aux trois hommes, on avait discrètement rempli le verre de Gordievsky de la seconde bouteille.

L'homme le plus âgé était le général Sergueï Goloubev, chef de la Direction K. L'autre était le colonel Viktor Boudanov, l'enquêteur principal du KGB.

Ils se mirent à lui poser des questions et Gordievsky à leur répondre, à peine conscient de ce qu'il disait. Cependant, une partie de son cerveau, encore lucide, restait sur la défensive. « Sois vigilant ! » se disait-il. Terrifié et en nage, la vision déformée par les drogues, il se battait pour sa vie. Bien sûr, il avait entendu dire que le KGB préférait parfois utiliser des barbituriques plutôt que la torture physique, mais il ne s'était absolument pas préparé à cette invasion de drogues dans son système nerveux.

Plus tard, il lui serait impossible de décrire ce qui s'était passé pendant les cinq heures suivant le déjeuner. Il ne se souviendrait que de bribes, de fractions de cauchemars épuisants aperçus flottant dans un brouillard chimique. Tout à coup lui revenaient des scènes vivantes, des mots et des phrases, les visages menaçants de ses interrogateurs.

Le plus surprenant de tout : ce fut Kim Philby qui vint à son secours. « N'avouez jamais ! » avait enseigné le célèbre espion à ses élèves du KGB. Ce conseil revint à la mémoire de Gordievsky alors que les drogues faisaient déjà sentir leur effet : « À l'instar de Philby, je devais nier tout en bloc. Nier, nier, nier ! C'était presque automatique. »

À un moment, Boudanov et Goloubev parlèrent de littérature, d'Orwell, de Soljenitsyne :

— Pourquoi possédez-vous ces livres antisoviétiques ? Vous avez utilisé délibérément votre statut diplomatique pour importer des ouvrages que vous saviez illégaux.

— Non ! Non ! En tant qu'officier du renseignement politique, j'avais besoin de lire de tels ouvrages, ils m'étaient indispensables pour connaître la mentalité du pays.

Brusquement, un Grouchko tout sourire apparut à son côté : « Bien joué, Oleg ! Vous êtes doué pour la conversation. Racontez-leur tout. » Puis il le sentit s'éloigner et les deux interrogateurs se pencher à nouveau au-dessus de lui :

— Nous savons que vous êtes un agent britannique. Nous possédons des preuves irréfutables de votre culpabilité. Avouez ! *Priznatsia !*

— Non ! Je n'ai rien à avouer.

Avachi sur sa chaise, transpirant à grosses gouttes, il reprenait conscience pendant un temps indéfini puis se perdait à nouveau.

Boudanov prit la voix apaisante d'un père qui s'adresse à un enfant récalcitrant :

— Il y a quelques minutes, vous nous avez tout avoué. Répétez ce que vous nous avez dit, confirmez vos propos. Avouez de nouveau !

— Je n'ai rien fait ! plaida-t-il en s'accrochant à son mensonge comme un noyé à une planche.

À un moment, il se souvint d'avoir bondi sur ses pieds, s'être précipité aux toilettes et avoir vomi. Les deux domestiques l'avaient observé d'un coin de la pièce. Dans leurs regards, il n'y avait plus que du mépris. Il avait demandé de l'eau, en avait bu beaucoup non sans en répandre sur sa chemise. Grouchko allait et venait. Les inquisiteurs soit le consolaient, soit l'accusaient. Parfois ils le sermonnaient :

— Comment est-ce possible qu'un communiste soit fier que sa fille récite le Notre-Père en anglais ?

Prenant le relais, l'autre tenta de le coincer en égrenant les noms de code d'espions et de transfuges. Et en insistant sur l'officier du KGB exécuté un an auparavant pour avoir collaboré avec les Français :

— Et Vladimir Vetrov, alors ? Vous en pensez quoi ?

— J'ignore de qui vous parlez.

Puis Goloubev abattit sa carte maîtresse :

— Nous savons qui vous a recruté à Copenhague. C'était Richard Bromhead !

— Foutaise ! C'est faux !

— Mais vous avez rédigé un rapport à son sujet.

— Évidemment, je l'ai vu une fois et j'ai rendu compte de notre réunion. Mais il ne s'est jamais intéressé à moi en particulier. Il parlait à tout le monde…

Boudanov changea de tactique :

— Nous le savons. Votre coup de téléphone à votre femme était un signal au service de renseignement britannique. Avouez-le donc.

Il refusa :

— Non ! Ce n'est pas exact.

« Continue à nier, à nier, à nier », se répéta-t-il.

Mais ses bourreaux ne lâchèrent pas prise :

— Avouez ! Vous l'avez fait une fois. Avouez encore !

À ce stade, Gordievsky se rendit sans doute compte que sa volonté l'abandonnait. Usant de ses dernières forces, il défia les deux hommes :

— Vous ne valez pas mieux que la police secrète de Staline qui arrachait de fausses confessions à des innocents.

Soudain, cinq heures après la première gorgée de cognac, l'éclairage de la pièce faiblit. Une fatigue mortelle l'envahit, sa tête tomba sur sa poitrine, il perdit conscience.

Il se réveilla dans un lit propre, le soleil illuminait la chambre. Il portait un maillot de corps et un slip. Sa bouche était désespérément sèche, sa tête souffrait de mille maux. Pendant un bon moment, il se demanda où il était et ce qui lui était arrivé. Lentement, par fragments, il récapitula certains événements de la veille. Il fut terrorisé par ce qu'il avait peut-être lâché. Tentant de se soulever, il fut pris d'une nausée atroce. « Je suis fichu, se dit-il. Ils sont au courant de tout. »

Puis, peu à peu, il se mit à penser qu'il avait tort de désespérer. Si le KGB savait tout, il serait certainement déjà mort.

Le vieux domestique, à nouveau obséquieux, lui apporta un pot de café. Oleg en but tasse après tasse. Malgré sa tête douloureuse, il revêtit son costume qui était sagement suspendu à côté de la porte. Il laçait ses chaussures quand ses deux interrogateurs se manifestèrent. Il banda ses forces. Le café était-il drogué ? Allait-il redescendre dans l'enfer des barbituriques ? Mais non. Son esprit retrouvait sa clarté.

Les deux hommes le fixèrent d'un air dubitatif. Le plus jeune prit la parole :

— Camarade Gordievsky, vous avez été très grossier à notre égard. Vous nous avez accusés de ressusciter l'esprit de la Grande Terreur de 1937.

Boudanov avait l'air amer. Avoir été comparé par Gordievsky à un boucher stalinien l'avait heurté au plus profond de son sens de la légalité. À ses yeux, son rôle était d'enquêter, de défendre la loi, de dénicher la vérité, de débusquer le mensonge. Certainement pas celui d'un inquisiteur. Il prévint Gordievsky :

— Vous n'avez pas cessé de nous mentir et je le prouverai.

Oleg en resta comme deux ronds de flan. Il s'était attendu à ce que ses interrogateurs arborent l'air triomphant des chasseurs qui avaient acculé leur proie et se préparaient à la mise à mort. Pas du tout. Ils étaient mécontents et déçus. Malgré son état encore confus, Gordievsky eut une lueur de lucidité et donc un regain d'espoir : les deux inquisiteurs n'avaient pas obtenu ce qu'ils désiraient.

— Si j'ai été grossier, veuillez accepter mes excuses. Je ne m'en souviens plus.

Un silence étrange s'ensuivit. Puis Boudanov reprit la parole :

— Une voiture va venir vous chercher et vous reconduire chez vous.

Une heure plus tard, hirsute et déboussolé, Gordievsky se retrouva sur le palier de son appartement. Une fois encore, ayant laissé ses clés à son bureau, il lui fut impossible d'entrer chez lui. Une fois encore, il dut faire appel à son voisin serrurier pour qu'il lui ouvre. Il était près de 11 heures. Plus conscient que jamais d'être surveillé, Oleg s'effondra dans un fauteuil et passa en revue les événements de la veille.

Que savaient-ils au juste ? Ils étaient au courant pour Richard Bromhead. Ils avaient compris que son coup de fil à Leïla dissimulait un message codé destiné au Renseignement anglais. Mais il était évident qu'ils ne s'étaient pas rendu compte de l'étendue de son travail d'espion. Pas encore en tout cas. Bien qu'ils aient exigé à plusieurs reprises et de plus en plus violemment des aveux complets, il eut la certitude d'avoir toujours tout nié. Le sérum de vérité n'avait pas fonctionné à fond. Comment l'expliquer ? Il avait peut-être bénéficié d'un effet secondaire de la pilule que lui avait donnée Veronica Price et qu'il avait prise le matin de l'interrogatoire. Un effet secondaire dont elle ne lui avait même pas parlé. Désormais, il devait se faire à l'idée qu'il était bel et bien soupçonné. Le KGB était sur ses traces. Les interrogateurs seraient de retour.

Alors qu'il retrouvait sa totale lucidité, la panique s'empara de lui. Au milieu de l'après-midi, il n'y tint plus. Il appela Grouchko à son bureau, prenant l'air aussi normal que possible :

— Je suis désolé si j'ai été grossier avec ces types, mais ils étaient bizarres.

— Non, non. Ce sont des types extra.

Il passa ensuite un coup de fil à Gribine :

— Il m'est arrivé un truc extraordinaire et je suis très inquiet.

Il lui relata qu'il avait été emmené dans un petit bungalow, qu'il avait rencontré deux inconnus avant de s'évanouir.

— Je ne me souviens pas d'un interrogatoire.

Gribine lui mentit d'une voix de velours :

— Ne vous en faites pas, mon vieux. Ce n'est certainement pas important.

À Londres, Leïla se demandait pourquoi son mari ne l'avait pas rappelée. Elle n'eut pas à patienter longtemps pour avoir la réponse. Le 28 mai dans la matinée, sans s'être annoncé, un fonctionnaire de l'ambassade soviétique lui rendit visite.

— Oleg est tombé malade, un léger problème cardiaque. Ce n'est pas très sérieux mais il faut immédiatement retourner à Moscou avec vos filles. Le chauffeur de l'ambassade viendra vous chercher. Épouse du *rezident*, vous volerez en première classe. Ne prenez qu'un minimum de bagages, vous reviendrez à Londres très prochainement.

Leïla réunit rapidement quelques affaires pendant que le fonctionnaire attendait dans l'entrée. « Bien sûr, je me suis fait du souci pour Oleg. Pourquoi ne m'avait-il pas téléphoné lui-même afin de me rassurer ? Ça n'était pas normal. Et si son problème cardiaque était plus grave ? » Les filles furent ravies de ces vacances improvisées à Moscou. Toute la famille attendait en bas quand la voiture officielle se gara devant la porte.

Après une nuit où il dormit à peine, Oleg s'habilla, avala deux pilules stimulantes et se dirigea vers le Centre. Il se persuadait que c'était un jour comme les autres, tout en sachant que c'était sans doute le dernier. Il s'installa à sa table de travail. Quelques minutes plus tard, un coup de fil le propulsa chez Grouchko.

Là, derrière un bureau massif, siégeait un tribunal. Grouchko était flanqué d'un côté par un Gribine au visage impénétrable et de l'autre par Goloubev, le chef de la Direction K. On n'invita pas Gordievsky à s'asseoir. C'est donc debout qu'il assista à une remarquable mise en scène. Grouchko fut le premier à prendre la parole, tel un juge rendant son verdict :

— Nous savons parfaitement que vous nous avez bernés depuis des années. Cependant, nous avons décidé que vous continueriez à faire partie du KGB. Londres, c'est fini pour vous. Vous serez muté dans un service administratif. Vous devriez prendre les vacances qui vous sont dues. Vous déposerez à la bibliothèque de la Première Direction générale les livres antisoviétiques en votre possession. Souvenez-vous : à partir de maintenant et pour toujours : *il vous est interdit de téléphoner à Londres.*

Grouchko reprit son souffle avant d'ajouter d'une voix de conspirateur :

— Si seulement vous saviez quelle source inhabituelle nous a parlé de vous.

Éberlué, Gordievsky demeura silencieux. Pourtant, la scène était si étrange qu'elle appelait de sa part une réplique dramatique. Prenant un air confus, à moitié feint, il se lança :

— Je suis vraiment désolé pour ce qui s'est passé lundi. Je crois qu'il y avait quelque chose de mauvais dans ce que j'ai bu, ou était-ce la nourriture ?… Je me suis senti mal. C'était horrible.

Soudain, l'interrogateur Goloubev sortit de sa torpeur et se mit à dire des choses surréalistes :

— Absurde ! Il n'y avait rien de mauvais dans la nourriture. Elle était délicieuse. Les sandwichs aux œufs de saumon étaient excellents tout comme ceux au jambon.

Gordievsky se demanda s'il était victime d'une nouvelle hallucination. Alors qu'il était accusé de haute trahison, l'enquêteur en chef défendait la qualité des sandwichs du KGB.

Gordievsky s'adressa à Grouchko :

— Viktor Fiodorovitch, vous m'avez reproché de vous avoir bernés depuis des années, mais j'ignore ce que vous voulez dire par là. Cependant, quelle que soit votre décision, je l'accepterai comme un officier et un vrai communiste.

Sur ces mots, il prit l'air de l'innocence bafouée, se drapa dans sa dignité militaire et sortit.

De retour dans son bureau, la tête lui tourna. On l'avait accusé de travailler pour un service de renseignement ennemi. Des officiers du KGB avaient été exécutés pour bien moins. Et pourtant on continuait à le payer et on lui conseillait de prendre des vacances.

Quelques minutes plus tard, Gribine vint le voir. Il n'avait pas bronché pendant toute la petite comédie. Il regarda son subalterne d'un air navré :

— Que puis-je vous dire, mon vieux ?

Oleg pressentit un piège.

— Kolia, je ne sais pas de quoi il retourne, mais j'imagine qu'on m'a entendu tenir des propos critiques sur les chefs du Parti. En conséquence, on en fait tout un plat.

— Si seulement il n'y avait que ça. Si seulement il ne s'agissait que d'indiscrétions enregistrées par des micros. Mais, j'en ai peur, c'est bien, bien plus grave.

Oleg eut l'air de tomber des nues :

— Que puis-je dire de plus ?

Gribine durcit le ton :

— Ne vous énervez pas. Ça ne sert à rien.

Était-ce une sentence de mort ?

De retour à son appartement, Oleg s'efforça d'y voir clair. Le KGB n'avait pas la réputation d'avoir la main douce. S'il connaissait une fraction de la vérité, il était condamné. Mais qu'il ne croupisse pas encore dans les bas-fonds de la Loubianka signifiait que les enquêteurs manquaient de preuves. « À cet instant, j'étais incapable de déterminer ce que le KGB avait découvert ou pas. De toute façon, j'étais sous le coup d'une condamnation à mort, même si la sentence était suspendue dans l'attente d'autres enquêtes. Le KGB avait décidé de prendre son temps et de jouer avec moi au chat et à la souris. » Et puis un jour le chat se lasse et fait mourir de peur la souris ou la tue.

Les pilules de Veronica Price l'avaient sans doute sauvé. Mais il existait une autre explication. Au milieu de l'interrogatoire, en comparant les deux hommes à des assassins de Staline, il avait heurté Boudanov. En attendant de réunir les preuves décisives, il laisserait Gordievsky croire qu'il était sorti d'affaire. En vérité, il le ferait surveiller jusqu'à ce qu'il craque, qu'il avoue ou qu'il essaye de contacter le MI6 : à ce moment-là, Boudanov fondrait sur lui. Il n'avait aucune raison de se presser, car Oleg ne pouvait aller nulle part. Aucun suspect n'avait jamais réussi à s'évader d'Union soviétique. En général, la Septième Direction utilisait son personnel de surveillance pour suivre les suspects mais, dans cette affaire, elle accepta de faire appel à une équipe de la Première Direction générale. Grouchko n'en avait pas démordu : puisque c'était la responsabilité de son département, c'était à lui de mener les choses à leur terme. Et moins de gens en dehors de son service seraient au courant, mieux ce serait (pour sa propre carrière, entre autres choses). Autre difficulté, il fallait éviter à tout prix que Gordievsky ne reconnaisse les gens qui le pistaient. On fit donc appel en renfort à une équipe du département Chine. Ses membres ignoraient qui il était exactement et de quoi il était suspect. On leur donna seulement pour ordre de le suivre, de rapporter ses faits et gestes et de ne pas le quitter des yeux. Quand la famille d'Oleg aurait regagné Moscou, il y aurait encore moins de risque qu'il tentât de s'enfuir. Sans qu'elles le sachent, Leïla et ses filles seraient tenues en otages.

Profitant d'une absence d'Oleg, des spécialistes s'introduisirent à nouveau dans son appartement et vaporisèrent ses vêtements et ses chaussures d'une poussière radioactive. Invisible à l'œil nu, elle pouvait être détectée grâce à des lunettes adéquates ou en utilisant un compteur Geiger approprié. Désormais, Gordievsky ne pourrait faire un pas sans être suivi à la trace.

Si Boudanov était déçu du manque d'efficacité du sérum de vérité – Gordievsky ne se souvenant pas de ce qu'il avait dit pendant l'interrogatoire –, l'enquête continuait comme prévu.

À Londres, l'équipe NOCTON était terriblement inquiète. « Ce furent deux très longues semaines. Nous manquions de preuves pour arriver à une conclusion définitive », noterait Simon Brown. Le MI5 lui annonça dans un rapport que Gordievsky avait appelé sa femme depuis Moscou, mais leur conversation n'avait pas été entièrement enregistrée. Et les grandes oreilles n'avaient pas remarqué si Oleg avait prononcé la phrase code, faisant référence à la scolarité de ses filles. Avait-il signalé qu'il avait des ennuis ? Quand on demanda à l'officier du MI6 en liaison avec l'équipe du MI5 chargée des écoutes comment il avait pu rater la phrase clé, il répondit en citant Horace : « *Indignor quandoque bonus dormitat Homerus* », souvent traduit par « Mais je m'indigne quand il arrive au bon Homère de somnoler ».

Puis vint le coup de massue. Le Service de sécurité signala que Leïla et ses enfants avaient des réservations sur le vol de Moscou. Brown se souviendra de sa réaction : « Mon sang s'est figé quand j'ai appris la nouvelle. » Le brusque rappel de la famille Gordievsky ne signifiait qu'une chose : Oleg se trouvait entre les mains du KGB et il était impossible d'intervenir : empêcher Leïla et les filles de voyager aurait signé l'arrêt de mort d'Oleg.

Le bureau du MI6 de Moscou reçut donc un télégramme urgent lui enjoignant de se mettre en alerte rouge afin d'activer l'Opération PIMLICO. À Londres, l'équipe broyait du noir, persuadée que la cause était entendue : « La famille d'Oleg revenue en Russie, nous étions certains que Gordievsky était sous les barreaux. Le faire évader n'était que pure chimère. » Comment avait-il été découvert ? Qu'est-ce qui s'était mal passé ?

Brown raconterait : « Ce fut une période atroce. Toute l'équipe NOCTON était en état de choc. J'ai cessé de me rendre au bureau car tout le monde errait comme des zombies. Le temps passant, je me suis convaincu que nous avions commis une énorme erreur et qu'Oleg était mort. »

De tous les officiers du MI6, Veronica Price était la plus proche d'Oleg sur le plan affectif. Depuis 1978, sa préoccupation quotidienne, son devoir sacré avaient consisté à le protéger. Si aujourd'hui elle ne laissait pas transparaître son inquiétude dans son travail, c'est qu'elle le cachait de toutes ses forces : « Je crois que nous avons fait le maximum pour mettre au point ce plan d'évacuation. Désormais, c'était aux gens de Moscou de prendre le relais. » Et puis elle n'était pas du genre à se tordre les mains de douleur : elle avait perdu son protégé placé sous sa responsabilité personnelle, mais elle gardait confiance. On le retrouverait et on lui sauverait la vie.

Et donc, comme elle avait appris que les moustiques pullulaient le long de la frontière entre la Russie et la Finlande au début de l'été, elle acheta des flacons d'antimoustique.

Le vicomte Roy Ascot, futur comte Ascot, était le chef de la station du MI6 de Moscou. Et sans doute le plus aristocrate de tous les espions que l'Angleterre ait jamais formés. Son arrière-grand-père avait été Premier Ministre. Son grand-père paternel avait été un des avocats les plus brillants et les plus érudits de sa génération ; il disparut trop tôt pendant la Première Guerre mondiale. Son père avait été administrateur des colonies. Les gens ont tendance à ramper devant les aristocrates ou à les mépriser. Appartenir à la noblesse est une excellente couverture pour un espion et le vicomte Ascot était un agent exceptionnel. Après être entré au MI6 en 1980, il avait appris le russe et s'était vu muté à Moscou en 1983. Il avait 31 ans.

Avant de quitter Londres, Ascot et sa femme Caroline avaient été mis au courant de PIMLICO.

Si les épouses d'officiers en poste étaient traitées comme des éléments additionnels non rémunérés, elles étaient parfois détentrices de renseignements des plus confidentiels. Caroline, vicomtesse Ascot, fille d'un architecte, avait fait de brillantes études. Elle ne manquait pas d'imagination et se montrait toujours d'une rare discrétion. On leur avait montré une photo de Gordievsky. Ils avaient aussi appris à exécuter des contacts furtifs et le plan d'exfiltration. Veronica Price leur avait brossé le portrait d'Oleg, tout en leur dissimulant son nom, son lieu de résidence et son poste. Pour tout le monde, il s'appelait PIMLICO. Ascot s'en souviendrait : « Veronica semblait sortir tout droit d'un roman de John le Carré. Par son attitude, son comportement, l'animation de son visage, il était évident qu'elle le prenait pour un héros. Certaine qu'il possédait des qualités uniques, elle avait pour lui une admiration sans bornes. "PIMLICO est une personne absolument remarquable" », nous a-t-elle avoué.

Depuis deux ans qu'ils étaient en poste, les Ascot s'étaient souvent rendus en voiture de Moscou à Helsinki afin de se familiariser avec la route d'évacuation et le point de rendez-vous. Seules cinq personnes de la station étaient dans le secret : Ascot et sa femme, son adjoint Arthur Gee, un officier expérimenté qui lui succéderait bientôt, Rachel son épouse et enfin Violet Chapman, la secrétaire du MI6. Tous habitaient dans l'immeuble des expatriés sur la perspective Koutouzov. Une fois par mois, un des officiers de la station se rendait au Marché central à l'affût d'un homme portant un sac Safeway. Chaque fois que Gordievsky était revenu en permission, pendant plusieurs semaines avant et après son séjour dans la capitale, quelqu'un vérifiait le site d'alerte de la boulangerie. C'était chacun son tour et jamais dans le même ordre. Violet Chapman pouvait surveiller le site depuis son palier. Ascot et Gee l'inspectaient à pied ou en voiture en rentrant de leur bureau : « Nous devions faire preuve d'imagination pour ne pas tomber dans une routine repérable par ceux qui nous écoutaient et nous épiaient. Incroyable, le nombre de conversations sans rime ni raison que nous avons tenues pour respecter l'horaire établi ! » L'équipe conservait sous la main un stock de friandises dans l'éventualité d'une rencontre : « Nos poches, nos sacs, nos boîtes à gants regorgeaient de Mars et autres barres chocolatées. » Depuis cette époque, Ascot s'était juré de ne plus toucher à un KitKat.

Ascot avait appris par cœur le plan d'exfiltration et n'en pensait pas grand bien : « Il était très compliqué et le contexte terriblement incertain. Il y avait vraiment peu de chances qu'il soit appliqué. » L'Opération PIMLICO prévoyait l'évacuation de quatre personnes, deux adultes et deux petites filles. Ascot était le père de trois enfants de moins de 6 ans : il savait comme il était difficile de les faire tenir tranquilles sur la banquette arrière de sa voiture. Il préféra ne pas songer à leurs réactions quand on les fourrerait dans un coffre. Si l'espion réussissait à échapper à la surveillance soviétique le temps de rejoindre la frontière, un miracle en soi, il n'y avait aucune chance que les officiers du MI6 ne soient pas interceptés par le KGB.

« Le KGB ne nous laissait pas une seconde de répit. » Les appartements des diplomates étaient sur écoute, de même que leurs voitures et leurs téléphones. Le KGB occupait l'appartement du dessus : « Chaque soir, on les voyait transporter les bandes de nos conversations dans des boîtes de la Croix-Rouge. Les caméras cachées devaient exister sans que nous les ayons repérées. » Lorsque Caroline sortait faire ses courses, elle était suivie par un convoi de trois voitures. Quant à son mari, il était parfois escorté par cinq véhicules. De plus, les voitures personnelles du MI6 avaient été vaporisées de la même poussière radioactive que celle répandue sur les chaussures et les vêtements de Gordievsky. Ainsi, si cette poussière était détectée sur une personne soupçonnée d'espionner pour la Grande-Bretagne, le KGB aurait la preuve d'un contact. Enfin, les Russes répandaient sur les chaussures d'éventuels espions une odeur chimique indétectable par les humains mais facilement reconnue par les chiens. Pour se défendre, les officiers du MI6 possédaient deux paires de chaussures identiques. La paire vierge était conservée à la station dans un sac plastique hermétique. Elle était connue sous le sobriquet de « chaussure anti-chien-chien ». Chez eux, les couples mariés ne pouvaient communiquer qu'en se passant des notes, sous les draps. Et encore ces petits mots étaient-ils écrits au stylo à encre soluble sur du papier toilette, faciles à jeter dans les WC.

« On nous avait constamment à l'œil. Nous ne jouissions pas d'un instant d'intimité. C'était épuisant et oppressant. À l'intérieur de l'ambassade, la seule pièce où l'on pouvait parler sans être entendu se trouvait au sous-sol, dans une sorte de module Algeco entouré de bruits dans un espace vide. »

Le changement de rythme survint le lundi 20 mai avec la réception d'un télégramme annonçant que PIMLICO était maintenant en alerte rouge. Ascot le décrirait ainsi : « Apparemment, quelque chose clochait. Nous avons tenté de résister à cette impression, mais par rapport à notre routine des deux précédentes années, nous sentions que ça pourrait être imminent. » Quinze jours plus tard, à la suite du départ de Leïla et de ses filles, un message de Londres ordonna de surveiller le site d'alerte avec une vigilance accrue. « Le télégramme disait : "Il n'y a pas de souci à se faire", ce qui voulait dire exactement le contraire : "il y a du souci à se faire". »

Gordievsky attendit sa femme et ses filles à l'aéroport de Moscou. Le KGB également. Le moral de Leïla était au plus haut. Un préposé de l'Aeroflot les avait accompagnées, elle et ses gamines, dans la cabine de première classe de l'avion de Londres, un autre les avait escortées à leur descente. Au service des passeports, elles passèrent devant tout le monde. Être l'épouse du *rezident* avait des avantages. Elle fut soulagée d'apercevoir Oleg à travers la vitre de la douane. « C'est formidable, il va bien », pensa-t-elle.

De près, en découvrant son visage hagard et son expression d'homme traqué, elle changea d'avis : « Il était dans un sale état, stressé, tendu. » Dans la voiture, il lui expliqua :

— J'ai de gros ennuis. Nous ne pourrons pas retourner en Angleterre.

— Mais pourquoi ? fit-elle, sidérée.

Oleg respira à fond et lui mentit :

— Je suis victime d'un complot. Je suis accusé d'un tas de choses dont je suis innocent. On conspire derrière mon dos. Depuis que j'ai été nommé *rezident*, un poste très enviable, des gens veulent ma perte. Ne crois pas un mot de ce qu'on dit de moi. Je ne suis coupable de rien. Je suis un officier honnête, je suis un citoyen soviétique, je suis loyal à mon pays.

Leïla, élevée au sein du KGB, était au courant des rumeurs malveillantes et des intrigues qui infestaient le Centre. Son mari avait bénéficié d'une carrière fulgurante et des collègues perfides et jaloux, laissés sur le bord de la route, cherchaient à se venger. Le premier choc digéré, son optimisme naturel reprit le dessus : « Je suis une femme pratique, pragmatique, terre à terre. Parfois naïve. Je n'ai pas remis en question ce qu'Oleg m'a dit. J'étais sa femme. » Les complots s'apaiseraient, sa carrière repartirait d'un bon pas, comme c'était arrivé dans le passé. Il devrait se détendre, attendre que la crise se termine. Puis tout redeviendrait comme avant.

Elle ne remarqua pas la voiture du KGB qui les suivait depuis l'aéroport. Oleg ne la mentionna pas.

Il lui tut également bien des brimades : il avait été forcé de rendre son passeport diplomatique ; il était en vacances pour une période indéfinie ; on lui avait confisqué ses livres occidentaux ; il avait dû signer un document avouant qu'il était en possession de littérature antisoviétique. Afin de nourrir les micros cachés et d'apaiser Leïla, il continua à jouer la comédie en se plaignant du complot injuste et sans fondement dont il était victime : « C'est une honte de traiter un colonel du KGB de cette façon. » Il lui dissimula l'attitude de ses collègues : ils détournaient les yeux en le croisant. Quant à lui, il passait ses journées à contempler le plafond. Il ne lui révéla pas non plus que leur appartement, surveillé vingt-quatre heures sur vingt-quatre par le KGB, était sur écoute. Il ne lui ouvrit pas les yeux et elle les garda fermés.

Au fil des jours, Leïla s'aperçut que son mari était soumis à une terrible pression psychologique. Il avait perdu six kilos, ses yeux étaient injectés de sang. Le soir, pour s'anesthésier et s'endormir, il s'était mis à boire du rhum cubain. Afin de se calmer les nerfs, il fumait. Elle le força à consulter un médecin, une amie de la famille qui s'inquiéta de son état.

— Qu'est-ce qui ne va pas ? Ton cœur bat la chamade. Tu as peur. Mais de quoi ?

Elle lui prescrivit des sédatifs. Leïla se souviendrait de ces soirées : « Il tournait en rond comme un lion en cage. Je m'étais donné pour rôle de le calmer. Je lui disais : "Je suis solide. Ne t'en fais pas ! Bois tant que tu veux. Ça m'est égal." »

La nuit, imbibé de rhum et frappé de panique, il ressassait le petit nombre d'options qui s'offraient à lui. Devrait-il s'en ouvrir à Leïla ? Tenter de contacter le MI6 ? Mettre en route le plan d'exfiltration et essayer de fuir ? Dans ce cas, emmener Leïla et les filles ?

D'un autre côté, il avait survécu à l'interrogatoire et il n'avait pas été arrêté. Le KGB était-il en train de faire machine arrière ? S'il n'avait pas réuni suffisamment de preuves pour l'arrêter, vouloir disparaître serait imprudent et prématuré. Il se réveillait exténué au petit matin, la tête endolorie, le cœur palpitant, sans décision en vue.

Ce fut sa mère qui le persuada de se reposer. Parmi les nombreux privilèges de son rang, il avait droit à des séjours dans des spas et des centres de vacances. Le sanatorium de Semionovskoïe était classé parmi l'un des plus sélects. Situé à une centaine de kilomètres au sud de Moscou, il fut construit en 1971 par

Iouri Andropov, alors président du KGB, pour « le repos et les soins des chefs du Parti communiste et du gouvernement soviétique ». Prétendant que tout était normal, les autorités du KGB lui accordèrent une permission de quinze jours.

Avant de quitter Moscou, il téléphona à son vieil ami Mikhaïl Lioubimov, l'ancien *rezident* de Copenhague, qui cherchait désormais à gagner de quoi vivre en écrivant des livres :

— Je suis de retour à Moscou. Peut-être de façon permanente, lui dit-il d'une voix hachée.

Ils convinrent de se retrouver pour dîner. « J'ai été stupéfait en le voyant, écrirait le romancier. Pâle comme la mort, nerveux, agitant les mains, tenant des propos confus. Il m'expliqua sa situation en m'affirmant qu'on avait trouvé des livres de Soljenitsyne et d'autres dissidents dans son appartement de Londres. Ses ennemis l'avaient dénoncé à la *rezidentura* et Moscou en avait fait toute une histoire. » Lioubimov, toujours plein d'entrain, chercha à lui remonter le moral :

— Oubliez tout ça ! Quittez donc le KGB et écrivez un bouquin. Vous avez toujours été fort en histoire et vous avez une tête bien faite.

Mais Oleg demeura inconsolable, malgré les verres de vodka descendus l'un après l'autre. « Un penchant nouveau, nota Lioubimov. À mes yeux, c'était un des seuls officiers du KGB à ne pas boire. » Gordievsky lui annonça qu'il allait dans un centre de remise en forme pour réparer son système nerveux. Puis il disparut en titubant dans la nuit moscovite.

Son vieux copain fut suffisamment inquiet pour appeler Nikolaï Gribine resté un de ses proches :

— Qu'est-ce qui ronge Oleg ? Il n'est plus le gaillard qu'il était. Que s'est-il produit pour qu'il en arrive là ?

Gribine marmonna quelque chose à propos du spa du KGB de Semionovskoïe où un *rezident* malheureux pouvait se soigner. Il ajouta avant de raccrocher :

— Il y sera bientôt.

La date approchant, Oleg prit une décision. Avant de partir pour le sanatorium, il déclencherait le signal d'alerte du Marché central indiquant qu'il avait un message à envoyer. À son retour, trois semaines plus tard, il se rendrait à la cathédrale Saint-Basile pour un contact furtif. Le contenu de son message pour le MI6 ? Il ne l'avait pas encore déterminé. Il savait seulement qu'il lui fallait se manifester avant de devenir fou.

Entre-temps, les enquêteurs du KGB ne le quittaient pas d'une semelle, passaient ses dossiers au peigne fin, interviewaient ses anciens collègues ou relations de travail. À la recherche de preuves qui établiraient sa culpabilité et scelleraient son sort.

Boudanov était prêt à prendre son temps. Il n'eut pas à patienter.

Le 13 juin 1985, Aldrich Ames commit la plus grave trahison de l'histoire de l'espionnage : il livra les noms de vingt-cinq espions travaillant en faveur du Renseignement occidental sur le territoire de l'Union soviétique.

Un mois s'était écoulé depuis qu'Ames avait reçu son premier paiement des mains du KGB. Il en avait profité pour arriver à une conclusion aussi logique que brutale. N'importe lequel des espions de la CIA opérant à l'intérieur du Renseignement soviétique pouvait avoir vent de ce qu'il fabriquait et le dénoncer. Donc, pour se protéger, il devait révéler au KGB les identités des agents qui risquaient de le trahir afin qu'ils soient éliminés : ils cesseraient alors d'être une menace. Ames se rendait bien compte qu'en vendant leurs noms, il les condamnait à mort. Mais c'était sa seule façon de profiter de sa fortune en toute sécurité. « Tous les gens figurant sur ma liste du 13 juin savaient les risques qu'ils couraient. Si l'un d'eux apprenait ma trahison, il en avertirait la CIA et je serais arrêté et flanqué en prison... je n'y mettais rien de personnel. Ça faisait partie du jeu. »

Cet après-midi-là, Ames retrouva Sergueï Chouvakhine au *Chadwick*, un restaurant à la mode de Georgetown. Il lui remit un sac en plastique contenant plus de trois kilos de rapports secrets, une mine de renseignements ultra-confidentiels qu'il avait amassés au cours des semaines précédentes. Plus tard, ce trésor héritera d'un vocable peu romantique : « le grand dépotoir ». Il contenait des télégrammes, des notes internes, des rapports d'agents. Surtout, c'était une « encyclopédie de l'espionnage, le Bottin mondain de tous les officiers du renseignement soviétiques travaillant pour les États-Unis ». Était inclus un officier russe œuvrant pour la Grande-Bretagne dont Ames avait fait allusion lors de leur première réunion à l'ambassade. Cette fois-ci, il leur fournissait le nom de l'espion du MI6 que la CIA avait identifié trois mois plus tôt sous le nom de code TICKLE : Oleg Gordievsky. Milton Bearden, qui deviendrait bientôt l'adjoint de Gerber à la section soviétique, prétendrait qu'Ames s'était chargé en personne de ce travail de détective.

De Washington, cette foule de renseignements passa à Moscou : une énorme opération de nettoyage par le vide débuta. Au moins dix espions identifiés par Ames périrent sous les coups du KGB et cent opérations d'espionnage furent compromises. Peu de temps après le « grand dépotoir », Chouvakhine transmit à Ames un message venant de Moscou : « Félicitations ! Vous êtes maintenant millionnaire ! »

C'était l'information que Boudanov attendait, la preuve formelle de la trahison de Gordievsky, provenant directement de la CIA. Pourtant, le KGB ne bougea pas. La raison ? Elle n'a jamais été tirée au clair. On invoque une combinaison de fatuité, d'inattention, d'ambition exagérée. Il est certain que, d'une part, la direction du contre-espionnage était occupée à débusquer les deux douzaines d'espions supplémentaires donnés par Ames. D'autre part, Boudanov souhaitait toujours prendre Gordievsky en flagrant délit avec le MI6, afin d'humilier au maximum la Grande-Bretagne.

De toute façon, sous constante surveillance, il lui était absolument impossible de s'enfuir.

Le troisième samedi du mois, le 15 juin 1985, Gordievsky sortit de son appartement. Il portait un sac Safeway, une casquette grise en cuir qu'il avait rapportée du Danemark et un pantalon gris. C'était le matin. Il marcha 500 mètres jusqu'à un centre commercial sans regarder s'il était suivi, la première règle pour déjouer une surveillance. Les leçons qu'il avait apprises à l'École 101, vingt-trois ans auparavant, lui revenaient. Il pénétra dans une pharmacie, fit semblant de chercher quelque chose tout en regardant les alentours à travers la vitrine. Puis il monta au premier étage d'une banque d'où il eut une vue plongeante sur la rue. Finalement, il fit un tour dans une épicerie noire de monde. Il emprunta ensuite une étroite allée entre deux immeubles d'appartements, tourna, se glissa dans un des immeubles, grimpa au deuxième étage, inspecta la rue : rien à signaler, ce qui ne voulait rien dire. Il continua à pied, prit un bus, descendit après quelques arrêts, héla un taxi, lui ordonna de passer par le périphérique pour atteindre l'immeuble où vivait sa jeune sœur Marina avec son nouveau mari. Il monta à pied par le grand escalier, passa devant la porte de sa sœur sans sonner, redescendit par l'escalier de service. Il s'engouffra dans le métro en direction de l'est, changea de rame plusieurs fois et de quai, monta dans une rame en direction de l'ouest. Il atteignit enfin le Marché central.

À 11 heures, il se planta sous l'horloge, comme s'il attendait un ami. Les gens qui faisaient leurs emplettes ne manquaient pas, mais personne n'avait un sac Harrods à la main. Au bout de dix minutes, il s'en alla. Le MI6 avait-il perçu son signal où il demandait un contact furtif à Saint-Basile dans trois dimanches ? Il lui faudrait patienter avant de le savoir.

Deux jours plus tard, il se retrouva dans une vaste suite donnant sur la rivière Lopasnaïa, dans un des plus luxueux établissements de Russie. Il découvrit aussi qu'il avait un compagnon de chambre, un type d'une soixantaine d'années, qui le suivait partout. La plupart des clients étaient à l'évidence soit des espions, soit des mouchards aux yeux et aux oreilles grands ouverts. Gordievsky avait apporté le sac Safeway. En partie par superstition, en partie pour ne pas se séparer de son signal d'alerte. Il y avait une raison supplémentaire : il aurait éventuellement à rejoindre le site d'alerte en toute hâte.

Un jour, il surprit son compagnon en train d'inspecter son précieux sac :

— Pourquoi possédez-vous un sac étranger ?

Gordievsky le lui arracha des mains :

— On ne sait jamais quand on peut trouver quelque chose d'intéressant à acheter.

Le lendemain, alors qu'il courait dans les bois, il repéra des officiers de surveillance flânant non loin de là. Ceux-ci lui tournèrent immédiatement le dos et firent semblant d'uriner. En réalité, le sanatorium de Semionovskoïe était une prison extrêmement confortable où le KGB surveillait Gordievsky de près en attendant qu'il baisse sa garde.

Le sanatorium disposait d'une bonne bibliothèque contenant un nombre respectable d'atlas. Oleg en profita pour étudier à la dérobée la région frontalière entre la Russie et la Finlande, s'obligeant à en mémoriser les contours. Il résolut de se maintenir en bonne forme physique et de faire quotidiennement du cross. Peu à peu, malgré la terreur qui le minait, il arriva à une décision : « Je n'ai pas d'alternative. Si je ne m'évade pas, je vais mourir. Actuellement, je ne suis qu'un mort en vacances. »

13.

Le labyrinthe

Gordievsky revint du sanatorium rafraîchi, inquiet mais, pour la première fois depuis son retour en Russie, résolu à agir. Il devait s'échapper. Il commencerait par prévenir ses amis anglais que le KGB était à ses trousses en leur faisant passer un message écrit lors d'un contact furtif à la cathédrale Saint-Basile. Puis il enverrait le signal d'exfiltration de PIMLICO et il prendrait la fuite. Les chances de succès s'amenuisaient et frisaient le zéro. S'il avait été trahi par une taupe à l'intérieur du MI6, le KGB devait être aux aguets. S'attendait-il à ce qu'il essaye de sortir du pays et préparait-il un piège ? Dans ce cas, il mourrait en tentant le tout pour le tout. Il échapperait à cette toile diabolique où, épié et soupçonné, il se débattait en attendant que les enquêteurs lui tombent dessus.

Pourtant, risquer sa vie était la partie la plus facile de sa décision. Et sa famille, alors ? Devrait-il emmener Leïla et leurs filles ou les laisser derrière ? Pendant la dizaine d'années où il avait servi deux maîtres, les choix difficiles n'avaient pas manqué. Mais rien d'aussi déchirant que ce choix entre loyauté et prudence, survie et amour.

Il se surprit à observer ses filles, âgées de 5 et 3 ans, afin de graver leur personnalité dans sa mémoire : Maria, nommée désormais Macha, si vive et intelligente, était une athlète en herbe, à l'image de son père ; Anna, plus rondelette, était fascinée par les animaux et les insectes. La nuit, il les entendait papoter en anglais :

— J'aime pas ici ! disait Macha à sa petite sœur. Rentrons à Londres.

Quand il organiserait sa fuite, oserait-il les entraîner avec lui ?

Leïla, se rendant compte du trouble qui rongeait son mari mais sans en connaître la cause, confia à sa belle-mère qu'Oleg traversait une sorte de crise, provoquée par des ennuis professionnels. Olga Gordievsky, au sens pratique développé, lui conseilla de le distraire en lui demandant d'exécuter de petites tâches, d'accomplir des travaux dans la maison, de réparer la voiture. Mais Leïla refusait de lui poser des questions et de le réprimander pour ses excès de boisson qui pourtant l'inquiétaient beaucoup. Sa tendre sollicitude, sa conviction que l'homme qu'elle aimait vivait une sorte d'enfer rendaient encore plus difficile pour Oleg la décision à prendre.

Inclure Leïla et les filles, c'était presque à coup sûr courir à l'échec. Un homme voyageant seul passait plus facilement inaperçu qu'une famille de quatre personnes. Même sous sédatifs, ses filles pourraient se réveiller dans le coffre de la voiture, crier, suffoquer. Elles seraient terrifiées. S'ils étaient arrêtés, les autorités accuseraient l'innocente Leïla de complicité d'espionnage et la traiteraient en conséquence. Elle serait interrogée, emprisonnée ou pire. Au minimum, bannie. Ses filles seraient des parias. Il avait choisi sa voie de son plein gré, pas elles. Quel droit avait-il de les exposer à de tels périls ? Père bourru, mari exigeant, Oleg était aussi un papa poule. Abandonner sa famille lui causait de telles angoisses qu'il en perdait le souffle, qu'il se pliait en deux de douleur. Parfois, il remontait la pente : s'il réussissait à fuir, les Anglais pourraient persuader Moscou de laisser les siens regagner l'Ouest. Les échanges d'espions étaient monnaie courante pendant la Guerre froide. Mais cela pourrait prendre des années. Il devait se faire à l'idée de ne jamais revoir sa famille. La meilleure des solutions était peut-être de s'enfuir ensemble, quelle qu'en soit l'issue, quel que soit le danger. Ils triompheraient ensemble, ils échoueraient ensemble.

Puis le doute s'insinua dans son esprit. L'espionnage repose sur la confiance. Au cours de sa longue carrière, Gordievsky avait acquis un don précieux : savoir déceler la loyauté, le soupçon, la conviction, la foi. Il aimait Leïla mais il ne pouvait pas lui faire une confiance totale. En outre, et il avait du mal à l'admettre, il avait peur d'elle.

Fille d'un général du KGB, nourrie depuis l'enfance au sein de la propagande, Leïla était une citoyenne totalement loyale ct qui ne se posait pas de questions. Elle avait adoré la vie quotidienne à l'Ouest sans jamais s'immerger au même point que lui. Qui l'emporterait ? Son devoir politique ou sa loyauté conjugale ? Dans tous les pays totalitaires, on inculque dans l'esprit des gens la supériorité des intérêts de l'État sur le bien-être personnel. De l'Allemagne nazie à la Russie communiste, au Cambodge sous les Khmers rouges, à la Corée du Nord d'aujourd'hui, trahir ses êtres les plus proches en faveur du bien collectif est la preuve suprême de sa pureté idéologique. S'il se confiait à Leïla, le quitterait-elle ? S'il lui dévoilait le plan d'évacuation en lui demandant de l'accompagner, refuserait-elle ? Le dénoncerait-elle ? On voit à quel point l'esprit d'Oleg était infecté par la politique et le système : il ne savait plus si l'amour de Leïla était plus fort que l'emprise communiste et vice versa. Il se résolut à la mettre à l'épreuve.

Un soir, installés tous deux sur le balcon de leur appartement, loin de portée des micros, il testa la loyauté de sa femme en jouant les agents provocateurs.

— Londres t'a plu, non ?

Leïla lui avoua que la vie en Angleterre avait été magique. Les cafés orientaux d'Edgware Road, les parcs, la musique lui manquaient déjà.

Il insista :

— Tu te souviens, tu voulais que les filles fréquentent des écoles anglaises ?

Leïla hocha la tête en se demandant où il voulait en venir.

— Ici, j'ai des ennemis. On ne nous renverra jamais à Londres. Mais j'ai une idée : si on allait en Azerbaïdjan pour passer des vacances avec ta famille, on se glisserait en Turquie. On pourrait s'évader et retourner en Angleterre. Qu'est-ce que tu en penses ?

Oleg n'ignorait pas qu'il existait une frontière hautement militarisée de 20 kilomètres de long entre l'Azerbaïdjan et la Turquie. Il n'avait jamais eu l'intention de la franchir. Il l'avait mentionnée à Leïla pour voir sa réaction. Si elle était d'accord, c'était un signe qu'elle était prête, d'une façon ou d'une autre, à enfreindre la loi et à s'enfuir avec lui. Il la mettrait alors au courant de PIMLICO et lui révélerait la véritable raison de leur fuite. Si elle refusait et subissait un interrogatoire après sa disparition, elle leur livrerait une fausse information qui enverrait les chasseurs à la frontière entre la Turquie et l'Azerbaïdjan.

Leïla le dévisagea comme s'il était fou :

— Ne fais pas l'idiot !

Il changea rapidement de sujet. Mais il fut convaincu d'une chose atroce : il ne lui était plus possible de compter sur la loyauté de Leïla. « J'ai eu un tel coup au cœur que je n'arrivais même pas à y penser. » En conséquence, il devait continuer à lui mentir.

Il se trompait peut-être. Plusieurs années plus tard, on demanda à Leïla si, connaissant le plan d'exfiltration, elle aurait prévenu les autorités : « Je l'aurais laissé partir. Oleg avait fait un choix moral et pour cela, au moins, il mérite le respect. Son engagement pour la vie, bon ou mauvais, il le considérait comme nécessaire. Sachant ce qu'il risquait, j'aurais commis un terrible péché en l'envoyant à la mort. »

En revanche, elle ne dit pas si elle serait partie avec lui.

Toujours assis sur leur balcon, Oleg lui répéta :

— Je suis victime d'un complot, ma nomination de *rezident* a rendu dcs gens très jaloux. S'il m'arrivait quelque chose, ne crois pas ce qu'on te raconte, je suis fier d'être un officier russe et je n'ai rien fait de mal.

Elle le crut.

Gordievsky n'était pas porté à l'introspection, mais la nuit, pendant que Leïla dormait paisiblement à son côté, il se posait des questions : quel homme était-il devenu ? Sa double vie avait-elle « inhibé son développement émotionnel » ? Il n'avait jamais avoué à Leïla qui il était vraiment. « Cela signifiait que nous n'avions jamais été aussi proches qu'un couple qui se dit tout. Je lui taisais la partie centrale de mon existence. La malhonnêteté intellectuelle était-elle plus cruelle que la tromperie physique ? Qui peut répondre ? »

Pourtant son choix était fait : « Ma priorité absolue était de sauver ma peau. » Il s'enfuirait donc seul. Ainsi, Leïla pourrait dire en toute franchise au KGB qu'elle n'était au courant de rien.

Sa décision de laisser derrière lui sa famille représentait-elle un sacrifice monumental, la manifestation de son instinct de conservation ou un mélange des deux ? Il se persuada qu'il n'avait pas d'autre option. C'est ce qu'on se dit quand on doit faire un choix plus que douloureux.

Le père de Leïla, le vieux général du KGB, possédait une datcha en Azerbaïdjan, sur les rives de la mer Caspienne, où, enfant, Leïla avait passé ses vacances. Oleg et sa femme tombèrent d'accord pour qu'elle et les filles rejoignent sa famille azérie pour les longs congés d'été. Macha et Anna furent enchantées à l'idée de passer un mois chez leurs grands-parents à nager et à jouer au soleil.

Se séparer de sa famille, Oleg le vécut comme une agonie, d'autant que ni Leïla ni les filles ne savaient ce que cachait ce départ en vacances. Le moment le plus triste survint à l'entrée d'un banal supermarché à une heure d'affluence. Leïla était préoccupée par les achats de vêtements et par la nourriture qu'elle devait emporter dans le train. Elle embrassa Oleg sur la joue et lui fit un joyeux petit signe de la main. « Elle aurait pu être un peu plus tendre », se marmonna-t-il. Un reproche injuste de la part d'un homme sur le point de déserter et dont l'avenir était plus que sombre : au mieux, une séparation d'une durée indéterminée, au pire son arrestation, son déshonneur, son exécution. Sans se retourner, Leïla disparut dans la foule à la recherche des petites filles. Oleg sentit son cœur se briser.

Le dimanche 30 juin, après avoir passé trois heures à semer d'éventuels suiveurs, Gordievsky arriva sur la place Rouge envahie de touristes russes. Il était fatigué et tendu.

Au musée Lénine, il descendit dans les toilettes du sous-sol, s'enferma à clé dans un cabinet, sortit de sa poche un stylo à bille et une enveloppe. Il l'ouvrit et d'une main tremblante écrivit en lettres majuscules :

> SUIS GRAVEMENT SOUPÇONNÉ ET J'AI DE GROS ENNUIS. BESOIN D'ÊTRE EXFILTRÉ AU PLUS VITE. ATTENTION À LA POUSSIÈRE RADIOACTIVE ET AUX ACCIDENTS DE VOITURE.

En effet, Gordievsky pensait avoir été aspergé d'une substance radioactive. D'autre part, il savait que le KGB avait la sale habitude de provoquer des accidents de voiture quand il soupçonnait leurs conducteurs d'être des espions ennemis.

Dernière précaution, il entra dans le GOUM, l'immense magasin situé sur un des côtés de la place Rouge. Il se déplaça d'un département à un autre, montant dans les étages, descendant ensuite, parcourant les divers rayons. Il donnait l'impression d'être soit un enragé du shopping, soit un acheteur particulièrement indécis, soit un homme qui voulait échapper à une filature.

Ce fut à ce moment-là qu'il s'aperçut d'une faille dans la procédure des contacts furtifs. Il devait être identifié par sa casquette grise : or les hommes n'avaient pas le droit de se couvrir la tête dans Saint-Basile. (L'exercice d'un culte était banni en Russie communiste, mais les marques de respect religieusement respectées.) Ce problème perdit de son importance quand il pénétra dans la vaste cathédrale quelques minutes avant 15 heures. Une grande pancarte annonçait : *LES ÉTAGES SUPÉRIEURS SONT FERMÉS POUR RÉNOVATION*.

Un cordon interdisait l'accès à l'escalier où il aurait dû transmettre son message. Abasourdi, sa chemise trempée de sueur et de peur, il regarda autour de lui en faisant semblant d'admirer la magnifique architecture. La femme en gris qu'il cherchait n'était nulle part. Les gens le dévisageaient avec curiosité. Dans le métro, il déchira l'enveloppe en petits morceaux, les fourra dans sa poche avant de les mâcher pour en faire de la bouillie qu'il recracha. Rentré chez lui trois heures après en être parti, il était au seuil du désespoir. Et terriblement préoccupé : avait-il réussi à semer l'équipe de surveillance du KGB ?

Le contact furtif s'était soldé par un fiasco. Il se rendit à l'évidence : l'équipe du MI6 de Moscou n'avait pas repéré son signal du 15 juin au Marché central.

La raison en était simple. La station savait que les étages supérieurs de Saint-Basile étaient fermés pour travaux. « Nous avons supposé qu'avant de se rendre au Marché central, Oleg serait entré dans Saint-Basile et se serait rendu compte que le lieu était inutilisable. »

Des années après, Ascot se remémorerait l'incident : « Dieu merci pour cet échec. La place Rouge, où le KGB pullulait, était un endroit impossible pour un contact furtif. J'avais essayé de persuader mes supérieurs d'en changer. Sinon, nous aurions tous été arrêtés. »

Le KGB continua à attendre et à guetter.

À Londres, le MI6 essayait d'imaginer ce qu'était devenu leur espion. L'espoir diminuait.

La station de Moscou montait toujours la garde. Tous les soirs, à 19 h 30, Ascot, Gee ou Violet se dirigeait vers la boulangerie, parfois à pied, parfois en voiture (l'heure du signal avait été choisie pour correspondre à la sortie des bureaux). Ils achetaient une quantité de pain bien supérieure à leur consommation. Ils étaient convenus que si l'un d'eux repérait l'homme avec un sac Safeway, il ou elle appellerait Ascot et laisserait un message au sujet du tennis : ce serait le signal que PIMLICO était en route.

À l'autre bout de la ville, Oleg se demandait comment il en était arrivé là. Devenu un ennemi du peuple, prêt à quitter sa famille, buvant trop et bourré de sédatifs, il cherchait à mobiliser le courage nécessaire pour activer un plan suicidaire. Il rendit une nouvelle visite à Mikhaïl Lioubimov qui, une fois encore, fut effaré par le changement de son ami : « Il avait empiré. Il sortit d'une mallette une bouteille de vodka Stolichnaya et s'en versa un verre en tremblant. » Ému et attristé, Lioubimov l'invita à venir dans sa datcha de Zvenigorod où il pourrait bavarder et se détendre.

En quittant Oleg, Lioubimov était persuadé que son vieil ami était proche du suicide.

Rentré chez lui, Oleg se reposa des questions auxquelles son état de fatigue et d'ivresse ne pouvait répondre. Pourquoi le contact furtif avait-il échoué ? Le MI6 l'avait-il abandonné ? Pourquoi le KGB continuait-il à se jouer de lui ? Qui l'avait trahi ? Réussirait-il à s'enfuir ?

William Shakespeare a la réponse aux questions les plus vitales. Dans *Hamlet*, le plus grand écrivain de langue anglaise réfléchit à la nature du destin et du courage face aux écrasants défis de la vie : « Quand les malheurs arrivent, ils ne viennent pas en éclaireurs solitaires mais en bataillons. »

Le lundi 15 juillet 1985, Oleg avait laissé un tas de vêtements à tremper dans l'évier de la cuisine. Il prit le livre des *Sonnets* de Shakespeare dans sa bibliothèque et le glissa au fond de l'eau savonneuse. Dix minutes plus tard, il était détrempé.

Un petit débarras donnant sur le couloir était le seul endroit de son appartement où il était certain d'être à l'abri des caméras. À l'intérieur, muni d'une bougie, il enleva la page de garde, retira la fine enveloppe en Cellophane et lut les instructions de son évasion : le train de « Paris » à « Marseille », les distances, le poteau du kilomètre 836. Si, comme indiqué, il plaçait le signal d'alerte le mardi, il serait récupéré le samedi. Relire ces consignes qui lui étaient familières le rassura. Il se débarrassa du livre des *Sonnets* dans le vide-ordures. Avant de s'endormir, il posa la précieuse feuille dans un plateau métallique sur sa table de chevet à côté d'une boîte d'allumettes et sous un journal.

Si le KGB perquisitionnait pendant la nuit, il aurait le temps de détruire cette preuve accablante.

Le lendemain, mardi 16 juillet, il s'enferma à nouveau dans le débarras pour lire le plan d'évasion une dernière fois. Puis il regarda la mince Cellophane brûler en libérant une flamme âcre. Le téléphone sonna. C'était Ali Aliiev, le père de Leïla. Elle lui avait demandé de veiller sur Oleg pendant que le reste de la famille se reposait dans la datcha. Le vieil homme, connaissant les problèmes de travail de son gendre, l'appelait donc pour l'inviter :

— Viens donc dîner ce soir à 19 heures. Je préparerai un bon poulet à l'ail.

Oleg réfléchit à toute vitesse. À 19 heures, il devrait être sur le site pour lancer l'alerte. Mais comment refuser lorsqu'il savait que les agents du KGB écoutaient la conversation ? Ils auraient trouvé suspect qu'il n'accepte pas. Et s'il disait oui, ils s'attendraient à ce qu'il arrive chez son beau-père, à Davitkova, dans les faubourgs de la ville. Le moment exact où, avec un peu de chance, il n'aurait plus été surveillé, et aurait atteint la boulangerie.

— Merci. Ce sera avec grand plaisir.

Oleg voulut se faire beau pour son rendez-vous avec le MI6, même si le KGB l'attendait. Il mit un costume et une cravate, des chaussures sans doute radioactives, prit sa casquette danoise en cuir. Puis il sortit d'un tiroir de son bureau le sac plastique Safeway avec son logo rouge vif.

Le téléphone sonna encore. C'était Mikhaïl Lioubimov : il insistait pour qu'Oleg vienne passer quelques jours de la semaine suivante dans sa datcha. Là aussi, il se décida rapidement. Il accepta et le rappela pour préciser qu'il arriverait à Zvenigorod le lundi à 11 h 13 et voyagerait dans le dernier wagon. Il nota sur son carnet près du téléphone : « Zvenigorod, 11 h 13 ». « Voilà encore une fausse piste pour le KGB », songea-t-il. Le lundi suivant, il serait soit en prison, soit en Angleterre, soit mort.

À 16 heures, il quitta son appartement et pendant les cent soixante-cinq minutes suivantes, il entreprit l'opération « largage » la plus complète de sa carrière : il voyagea en bus et en métro, entra et sortit de différents immeubles et magasins, s'arrêta dans des boutiques pour remplir son sac Safeway, en se déplaçant assez vite pour semer ses suiveurs et de manière suffisamment fantasque pour qu'ils ne flairent pas un stratagème. Seuls des agents particulièrement affûtés auraient pu triompher de cet incroyable labyrinthe. À 18 h 45, il émergea de la station de métro Kievsky. Il ne repéra personne de suspect. Il avait gagné, ou du moins l'espéra-t-il.

C'était une magnifique soirée d'été, le ciel dégagé et lumineux. Il marcha lentement vers la boulangerie, tua le temps en s'achetant un paquet de cigarettes. Dix minutes avant le signal de 19 h 30, il prit position au bord du trottoir devant la boulangerie. Sur l'avenue, le trafic était dense, les limousines officielles nombreuses. Elles reconduisaient chez eux des membres du Politburo et des gradés du KGB. Il alluma une cigarette. Soudain, il se rendit compte que rester planté au bord du trottoir était trop voyant. C'était un choix imbécile. À ses yeux, la foule paraissait trop dense, trop de gens lisaient les panneaux d'affichage et les horaires du bus – ou faisaient semblant. Une Volga noire, la voiture préférée du KGB, s'écarta de sa file et monta sur le trottoir. Deux passagers vêtus de noir en bondirent. Le chauffeur le dévisagea. Les deux hommes entrèrent en coup de vent dans plusieurs magasins et en sortirent en portant de petits coffres-forts : ils avaient collecté la recette du jour. Rien que de la routine. Oleg reprit sa respiration. Il alluma une autre cigarette.

C'était au tour d'Arthur Gee d'inspecter le site d'alerte mais le trafic s'écoulait lentement.

Roy et Caroline Ascot se rendaient à un dîner en compagnie d'un vague ami russe, un ancien diplomate. Quand leur Saab arriva sur la perspective Koutouzov et prit la direction de l'est, une voiture de surveillance se faufila pour, comme d'habitude, la prendre. C'était facile de reconnaître les véhicules du KGB : pour une raison inconnue, les brosses des lavages automatiques ne couvraient pas le milieu du capot. Résultat : toutes leurs voitures arboraient sur le devant un triangle non lavé et très révélateur. Par habitude, Ascot jeta un coup d'œil de l'autre côté de l'avenue. Son sang ne fit qu'un tour. Un homme se tenait devant la boulangerie tenant un sac plastique orné d'un logo rouge « telle une balise parmi les tristes sacs à provisions russes ». Il était 19 h 40. Gordievsky avait pour instructions de ne pas poireauter plus d'une demi-heure.

— Arthur l'a raté, jura Ascot dans sa barbe.

Le moral à zéro, il donna un léger coup de coude dans les côtes de Caroline, pointa le doigt de l'autre côté de l'avenue, dessina un P pour PIMLICO sur le tableau de bord. Caroline résista à l'envie de pivoter sur son siège pour regarder : « Je savais exactement ce qu'il avait voulu me dire. »

Ascot ne disposait que de dix secondes pour décider de faire demi-tour immédiatement et afficher le signal de reconnaissance. Mais s'il changeait soudain d'itinéraire, le KGB qui roulait pare-chocs contre pare-chocs trouverait ça suspect. D'autant que, après avoir enregistré la conversation téléphonique, il savait où ils allaient dîner. Opérer un demi-tour, sortir de la voiture, manger une barre de chocolat sur le trottoir : ce serait mener le KGB directement à PIMLICO. « J'ai continué mon chemin. Si j'avais vécu mes derniers instants, j'aurais eu le sentiment d'avoir mal agi mais pour de bonnes raisons. » Le dîner fut un cauchemar. Leur hôte était un apparatchik rétrograde qui passa la soirée à répéter que Staline était formidable. Ascot, lui, était obsédé à l'idée qu'un espion avec un sac Safeway attendait en vain un homme avec une barre de chocolat.

En réalité, pendant qu'Ascot s'éloignait sur la perspective Koutouzov, Arthur Gee passait devant la boulangerie dans sa Ford Sierra, ralentissait un peu et inspectait le trottoir. Il y avait une foule bien plus importante que les autres jours pour un milieu de semaine. Et là, au bord de la chaussée, il fut certain d'apercevoir un homme portant une casquette à visière et un sac sortant de l'ordinaire. Orné d'un grand S rouge ? Il n'en fut pas sûr.

Il continua dans un état d'excitation extrême, rebroussa chemin, gara sa voiture dans le parking de son immeuble. S'efforçant de ne pas se dépêcher, il prit l'ascenseur jusqu'à son appartement, posa sa mallette et cria à l'intention de Rachel :

— Je dois aller chercher du pain.

Elle comprit immédiatement la situation : « Nous avions des tonnes de pain ! »

Gee se hâta d'enfiler un pantalon gris, saisit le sac Harrods dans un placard et un Mars dans un tiroir de la cuisine. Il était 19 h 45.

L'ascenseur mit une éternité pour descendre. Dans le souterrain, il fit un énorme effort pour ne pas se mettre à courir. Sur l'avenue, l'homme avait disparu. Il se demanda s'il le reconnaîtrait après ne l'avoir vu que sur une mauvaise photo se tenant devant une boucherie au Danemark. « J'étais persuadé que j'avais vu quelqu'un », se souviendrait-il. Il fit la queue pour acheter deux petits pains tout en inspectant la rue, de plus en plus bondée. Gee décida de faire un dernier tour dans les parages, prêt à extraire le sac Harrods du fond de sa poche. Et il le vit !

Un homme de taille moyenne, un sac Safeway à la main, se tenant un peu en retrait. Il fumait. Un instant, Gee hésita. Veronica n'avait jamais indiqué que PIMLICO fumait, le genre de détail qu'elle n'aurait pas omis.

Au même instant, Gordievsky repéra Gee. Sur le point de renoncer, il s'était un peu éloigné du bord du trottoir. Qu'est-ce qui attira son attention ? Ni son pantalon gris, ni la façon dont il sortit un sac vert de sa poche, ni la manière dont il porta à sa bouche une barre de chocolat après avoir déchiré l'emballage noir. Ce fut sa démarche. L'homme qui avançait à sa rencontre en mangeant sa friandise ne pouvait être qu'un Anglais. Typiquement british.

Leurs regards se croisèrent pendant moins d'une seconde. Oleg cria mentalement : « Oui, c'est moi ! »

Gee prit une nouvelle bouchée de son Mars, détourna lentement la tête et continua de marcher.

Les deux hommes l'auraient juré : le signal d'alerte avait été émis et perçu.

Il n'était pas content, le général Aliiev, quand un Oleg en sueur et confus arriva chez lui, avec deux heures de retard. Son fameux poulet à l'ail était trop cuit. Pourtant, son gendre, on ne savait pas pourquoi, était aux anges. Il le prouva en dévorant le volatile à moitié brûlé.

Roy et Caroline Ascot revinrent de leur soirée insupportable escortés de cinq voitures de surveillance. Chez eux, ils trouvèrent un mot de la nounou disant qu'Arthur Gee avait appelé et laissé un message.

Boris Becker, l'as du tennis allemand, venait de remporter la finale de Wimbledon. Le message était une invitation codée : « Voudriez-vous venir un soir de la semaine regarder le match en vidéo ? »

Le sourire aux lèvres, Roy tendit le mot à sa femme. Finalement, Gee avait réceptionné le signal d'alerte : « J'ai été soulagé. Mais c'était le commencement de l'Apocalypse. »

L'Opération PIMLICO était activée.

L'équipe de surveillance du KGB avait déjà perdu Gordievsky à deux reprises. Les deux fois, il était réapparu mais elle comprit qu'elle devrait se montrer plus vigilante si elle voulait bien faire son boulot. Or, elle le faisait mal, aussi étrange que cela puisse paraître.

En effet, c'était pour une raison de rivalité politique que des membres de la Première Direction générale avaient été choisis au lieu des professionnels beaucoup plus expérimentés de la Septième Direction : Viktor Grouchko voulait éviter que la trahison de Gordievsky ne se répande. Il était donc déterminé à résoudre en interne ce problème embarrassant et dommageable pour sa carrière. Mais l'équipe choisie avait surtout l'habitude de surveiller des diplomates chinois, un travail ennuyeux qui ne demandait pas beaucoup d'imagination ou d'expérience. Elle ignorait qui Gordievsky était et ce qu'on lui reprochait, comme elle ignorait qu'elle pistait un espion parfaitement entraîné et un dangereux traître. Aussi, quand Gordievsky sema ses limiers, ils crurent à un hasard. Au sein du KGB, avouer un échec n'était pas ce qui favorisait une promotion. Donc, au lieu de signaler que leur proie avait disparu à deux reprises, ils furent soulagés de la voir réapparaître et ils fermèrent leur clapet.

Le mercredi matin, 17 juillet, Oleg quitta son appartement et se dirigea vers la gare Leningrad de la place des Komsomols pour acheter un billet de train. En route, il utilisa toutes les astuces possibles et imaginables pour semer ses suiveurs. Il retira 300 roubles en espèces à la banque, en se demandant si le KGB surveillait son compte. Il traîna dans un centre commercial puis porta ses pas vers un lotissement proche où une allée étroite séparait deux grands immeubles d'habitation. Il tourna au bout, courut sur 30 mètres, s'engouffra dans l'escalier du second immeuble, monta au premier étage. Depuis la fenêtre du palier il vit un gros type en veste et cravate piquer un sprint, stopper net, regarder à gauche et à droite, manifestement perplexe. Gordievsky se fit tout petit. L'homme parla dans un micro caché au dos du revers de sa veste avant de recommencer à courir. Quelques instants plus tard déboula dans l'allée une Lada beige, une autre marque que le KGB affectionnait : le conducteur et sa passagère parlaient dans des micros. Oleg réprima une bouffée de peur. Il savait que le KGB le pistait, mais c'était la première fois qu'il débusquait ses suiveurs. Ils devaient appliquer à la lettre le mode de fonctionnement prescrit : une voiture en éclaireur, deux dans le voisinage pour servir de renfort, deux officiers dans chaque véhicule reliés par radio, un agent à pied fermant la marche et, si nécessaire, un autre en voiture. Oleg patienta cinq minutes, redescendit, gagna d'un pas vif une avenue principale, monta dans un bus, dans un taxi, dans le métro pour atteindre enfin la gare. Là, sous un faux nom, il réserva un billet de quatrième classe pour le train de nuit de 17 h 30, départ le vendredi 17 juillet. Il paya en espèces. Rentrant chez lui, il repéra la Lada beige garée dans une rue adjacente.

Simon Brown était en permission. L'officier traitant de Gordievsky avait encore du mal à accepter la situation présente : un des agents les plus efficaces recrutés par le Renseignement britannique avait été rappelé à Moscou où le KGB avait dû le prendre au piège. Des questions évidentes lui trottaient dans la tête : comment Gordievsky avait-il été découvert ? Le MI6 recelait-il une taupe ? La crainte d'une trahison interne le rongea de plus belle. Si Oleg n'avait pas encore été exécuté, il devait croupir dans une cellule du KGB.

Le lien entre un agent et son agent traitant est à la fois professionnel et émotionnel. Un bon agent de liaison lui apporte stabilité psychologique, soutien financier, encouragements, espoir et une étrange espèce d'affection ; il lui promet également protection. Recruter et contrôler un espion comprend l'obligation implicite de veiller à sa sécurité. Elle doit primer, les résultats venant en second. Tous les officiers traitants ont conscience de ce pacte et Brown, un être particulièrement délicat, plus que d'autres. Malgré tous ses efforts, l'affaire avait mal tourné et il s'en croyait responsable. Il aurait aimé ne pas s'appesantir sur le sort d'Oleg, mais il ne pouvait penser à rien d'autre. À ses yeux, perdre un agent était une forme de trahison.

P5, le chef de la section Opérations soviétique, était à son bureau de Century House, le mercredi 17 juillet à 7 h 30, quand le téléphone sonna. Pendant la nuit, la station de Moscou avait envoyé un télégramme doublement crypté parmi un flot de dépêches radio destinées au Foreign Office : PIMLICO ACTIVÉ. SURVEILLANCE MAXIMUM. EXFILTRATION EN COURS. ATTENDONS INSTRUCTIONS.

P5 se dépêcha de descendre au bureau de « C ». Christopher Curwen, bien que parfaitement au courant du dossier, fut troublé :

— Avons-nous un plan ?

— Oui, monsieur, tout à fait.

Brown se trouvait au soleil dans son jardin, plongé dans un livre qu'il parcourait pour tenter de se détendre, quand P5 l'appela au téléphone et lui dit d'une voix neutre :

— Ce serait utile si vous faisiez un saut ici.

Une minute après avoir raccroché, il capta le message : « Nous étions un mercredi. L'alerte était donc intervenue la veille, le mardi. Soudain, l'espoir renaissait. » Gordievsky devait avoir survécu.

Le trajet de Guilford à Londres lui parut interminable. En arrivant au douzième étage, il retrouva une équipe plongée dans les préparatifs.

« À partir de cet instant, nous n'avons plus arrêté », se souviendrait Brown.

Après une série de réunions improvisées, Martin Shawford s'envola pour Copenhague afin d'avertir le Renseignement danois et de coordonner leurs actions. De là, sans perdre une minute, il prit un autre vol pour Helsinki afin de préparer le travail au sol, contacter la station locale du MI6, reconnaître le point de rendez-vous près de la frontière finlandaise.

En admettant qu'Oleg et sa famille réussissent à passer clandestinement la frontière russe, débuterait alors la seconde phase du plan d'évacuation. Car atteindre la Finlande ne voulait pas dire qu'ils étaient tirés d'affaire. Comme Ascot le fit remarquer : « Les Finlandais avaient un accord avec les Russes, ils devaient remettre au KGB les fugitifs tombés entre leurs mains. »

Le terme « finlandisation » signifiait l'état de soumission dont souffrait une petite nation sous le joug d'un puissant voisin : elle conservait, théoriquement, sa souveraineté mais, en fait, elle était sous son emprise. Durant la Guerre froide, la Finlande était officiellement neutre, mais restait soumise à de nombreux contrôles de l'Union soviétique : il lui était interdit de faire partie de l'OTAN, de permettre à des troupes occidentales ou à des systèmes de défense de s'installer sur son sol ; les livres et les films antisoviétiques étaient bannis. La population détestait le terme de finlandisation, mais il représentait d'une façon exacte la situation de cette nation obligée de se concilier les grâces de deux mondes opposés. Elle désirait être vue comme un pays occidental mais était en même temps incapable de s'aliéner la Russie. Kari Suomalainen, un dessinateur humoristique finlandais, avait défini la position inconfortable de son pays par ces mots : « L'art de faire la révérence à l'Est sans montrer son cul à l'Ouest. »

Quelques mois auparavant, le contrôleur du Sovbloc du MI6 s'était rendu en Finlande afin de rencontrer Seppo Tiitinen, le chef du Service du renseignement et de la sécurité finlandaise (le SUPO). Il lui avait posé la question suivante :

— Dans l'hypothèse où nous aurions un transfuge à faire traverser, j'imagine que vous préféreriez que nous le fassions sans vous impliquer ?

— Vous avez raison. Mettez-nous au courant après.

Les Finlandais ne voulaient donc rien savoir en avance et, si Gordievsky était intercepté sur leur territoire, ils le renverraient en Union soviétique. Si jamais les Soviétiques découvraient sa présence en Finlande, les Finlandais seraient soumis à une énorme pression pour qu'ils le capturent. S'ils s'abstenaient, le KGB serait tout à fait capable d'envoyer un groupe d'interventions spéciales (Spetsnaz) pour s'en saisir. Et comme les Soviétiques contrôlaient les aéroports finlandais, il était hors de question d'embarquer tranquillement les Gordievsky à Helsinki.

La solution ? Deux voitures feraient parcourir aux fugitifs les 1 500 kilomètres jusqu'au nord de la Finlande : une voiture serait conduite par Veronica Price et Simon Brown, l'autre par deux officiers du Renseignement danois : Jens Eriksen, dit « Astérix », qui avait travaillé avec Richard Bromhead dix ans auparavant, et son équipier Björn Larsen.

Ils pénétreraient en Norvège et donc en territoire de l'OTAN, à Karigasniemi, au sud-est de Tromsø, point de passage obligé de la frontière. L'équipe discuta de l'opportunité d'utiliser un avion militaire C-130 pour les rapatrier. Finalement, il fut décidé qu'un vol commercial attirerait moins l'attention. Depuis Hammerfest, la ville la plus au nord de l'Europe, à l'intérieur du cercle arctique, ils prendraient un avion pour Oslo puis un autre avion commercial pour Londres. Les Danois, partie intégrante de l'affaire Gordievsky depuis le début, fourniraient deux officiers du PET chargés de conduire le second véhicule jusqu'à Hammerfest, où prendrait place l'équipe d'exfiltration. « Ce n'était pas seulement un geste de courtoisie : nous aurions besoin de leur appui pour entrer en Norvège et de la solidarité scandinave si nous tombions sur un os. »

Veronica Price récupéra la boîte à chaussures marquée PIMLICO qui contenait quatre faux passeports danois au nom de Hanssen pour les Gordievsky. Elle ajouta de l'antimoustique, des vêtements propres et un nécessaire de rasage. Oleg aurait sûrement besoin de retrouver visage humain. Elle espérait que l'équipe de Moscou se souviendrait d'emporter des pneus de secours en bon état. Cela faisait également partie du plan d'évacuation.

Depuis près de deux mois, l'équipe NOCTON (rebaptisée PIMLICO) s'était morfondue, inactive et angoissée. Désormais survoltée, elle travaillait en surmultipliée.

« L'ambiance avait changé du tout au tout, se souviendrait Brown. C'était surréaliste. Nous nous étions entraînés depuis des années. Et voilà que nous pensions : "Mon Dieu, il faut passer à la pratique... Est-ce que ça va fonctionner ?" »

Le personnel de la station du MI6 se réunit dans la pièce insonorisée de l'ambassade britannique de Moscou pour une répétition générale de la comédie – ou du drame – à jouer.

Le voyage en Finlande dans deux voitures diplomatiques nécessitait une couverture que les oreilles du KGB goberaient. Pour compliquer les choses, sir Bryan Cartledge, le nouvel ambassadeur, devait arriver à Moscou le jeudi : un cocktail de bienvenue était prévu à l'ambassade le soir suivant, c'est-à-dire le vendredi. Or les deux voitures avaient rendez-vous à la frontière finlandaise le samedi à 14 h 30. Le problème ? Le KGB grimperait au plafond si Ascot et Gee, les deux diplomates les plus gradés, n'étaient pas là pour accueillir leur nouveau patron. Il leur fallait donc une excuse à toute épreuve. Avant de quitter leur appartement, Gee avait écrit à sa femme une note sur du papier toilette : « Tu vas tomber gravement malade ! »

L'histoire suivrait ces grandes lignes : Rachel Gee serait terrassée par une douleur atroce au dos. Bien que dynamique, elle souffrait de crises d'asthme et de divers ennuis de santé, ce que le KGB, qui écoutait tout, n'ignorait sûrement pas. Son mari serait donc dans l'obligation de la conduire à Helsinki consulter un spécialiste. Et Caroline Ascot, sa plus proche amie, suggérerait à Roy de les accompagner pour passer le week-end ensemble. Les deux couples prendraient deux voitures et se retrouveraient à la même heure dans la capitale finlandaise pour faire du shopping. Les Ascot emmèneraient Florence, leur petite fille de 18 mois, et laisseraient leurs deux autres enfants aux bons soins de la nounou. « Ce serait une couverture bien plus plausible si le bébé venait avec nous. » Ils assisteraient le vendredi au cocktail de l'ambassadeur et partiraient immédiatement après. Conduisant toute la nuit, ils passeraient par Leningrad, traverseraient la frontière finlandaise et arriveraient à Helsinki en fin d'après-midi à l'heure du rendez-vous chez le médecin.

Les quatre principaux acteurs commencèrent à produire leur spectacle le vendredi en début d'après-midi. Dans son appartement, Rachel Gee se mit à se lamenter à voix haute (au bénéfice des micros du KGB) d'affreuses douleurs dans le bas du dos. D'heure en heure, ses plaintes se firent plus désespérées. « Je n'y suis pas allée de main morte », avouerait-elle. Tout naturellement, son amie Caroline Ascot lui rendit visite et lui proposa son aide. Les gémissements de Rachel, les apitoiements de Caroline furent si convaincants que la belle-mère de Rachel, présente à Moscou ce jour-là, sortit de sa chambre pour aller aux nouvelles. Gee emmena sa mère se promener loin des micros et lui expliqua la situation. « Rachel était une actrice éblouissante », témoignerait Ascot.

Entrée en scène d'Arthur Gee, qui utilisa le téléphone sur écoute pour appeler un ami médecin afin de lui demander conseil. Il se renseigna également auprès des compagnies aériennes mais rejeta cette solution en raison du prix :

— Caroline, je n'ai pas le choix, je dois aller en voiture en Finlande voir un spécialiste.

— Et si nous venions avec vous ?

Changement de décor : l'appartement des Ascot. Quand Caroline annonça à son mari qu'il passerait la nuit au volant pour accompagner cette pauvre Rachel voir un médecin en Finlande et qu'ils emmèneraient le bébé, Roy fit la grimace :

— Mon Dieu ! Quelle barbe ! On ne peut pas faire autrement ? Le nouvel ambassadeur débarque. Je croule sous le boulot…

Il finit par accepter.

Quelque part, enfouies dans les archives russes, se trouvent les transcriptions des écoutes téléphoniques. Mises bout à bout, on découvre un étonnant mélodrame créé et réalisé par le MI6 pour l'audience du KGB.

Puis le doute s'inséra dans l'esprit des deux acteurs.

Leur comédie était-elle convaincante ? N'était-ce pas une énorme perte de temps ? Ce plan était-il voué à l'échec ? Ces questions, Ascot et Gee ne cessèrent de se les poser. « Quelque chose cloche ! » avait même remarqué Gee. Le mardi soir, tous deux avaient noté une activité inhabituelle autour de la boulangerie, de trop nombreuses voitures roulant au pas, une foule exagérée de piétons battant le pavé. Était-ce le signe d'une surveillance accrue ? Si le KGB les collait jusqu'à la frontière finlandaise, il leur serait impossible de se glisser dans l'aire de repos afin de recueillir les fugitifs sans être démasqués. L'opération serait un échec. Gee n'était même plus certain que l'homme au sac Safeway soit PIMLICO. Le KGB n'aurait-il pas éventé le plan et envoyé une doublure pendant que le vrai PIMLICO croupissait en prison ?

La surveillance autour de l'ambassade et des jardins n'aurait-elle pas doublé ? Gee craignit même un coup monté. Le KGB aurait mis en œuvre son propre scénario : piéger le MI6 pour le compromettre, expulser les deux officiers coupables d'« activités interdites », créer un séisme diplomatique qui embarrasserait le gouvernement britannique et mettrait à mal les relations anglo-soviétiques à un moment crucial. « Même si nous risquons de tomber dans un piège, décida Ascot, nous n'avons pas d'autre choix que de persévérer. Le signal d'alerte a été perçu. » Sans donner son nom, le MI6 lui révéla qui était PIMLICO : un colonel du KGB, un espion de longue date, un personnage pour lequel il valait la peine de prendre un risque monumental. « Ces informations m'ont encouragé », écrirait Ascot.

La station du MI6 de Moscou tenait Century House au courant des préparatifs sans abuser du nombre de télégrammes, de peur d'éveiller les soupçons du KGB.

À Londres, dans le petit cercle des personnes au courant du plan, ces dispositions ne plaisaient pas à tout le monde. Certains le trouvaient trop dangereux : au cas où il tournerait mal, ils craignaient que cela n'affecte gravement les relations avec l'URSS. Parmi les mandarins du Foreign Office, plusieurs voix s'élevaient pour le trouver discutable : le ministre Geoffrey Howe et sir Bryan Cartledge, fraîchement nommé ambassadeur à Moscou. Deux mois avant de rejoindre son poste, on l'avait mis au courant de PIMLICO mais en l'assurant qu'il avait peu de chances d'être appliqué. Et voilà qu'il apprenait que, deux jours après son arrivée, le MI6 exfiltrerait de Russie un officier du KGB en l'enfermant dans un coffre de voiture. Il ne fut guère tranquillisé quand on lui expliqua que le plan avait été soigneusement élaboré et répété mais que, réussi ou pas, il aurait de sérieuses répercussions diplomatiques. Éminent universitaire, ce diplomate de carrière avait servi en Suède, en Iran et en Russie avant d'être nommé en Hongrie en tant qu'ambassadeur. Avec son poste à Moscou, il atteignait le sommet de sa carrière. Il était donc assez amer. « Ce pauvre Bryan Cartledge, se souviendrait Ascot. Dès le premier jour, on lui passait une grenade dégoupillée... Il voyait son avenir très compromis. »

En effet, si l'équipe d'exfiltration était prise sur le fait, il était possible que le nouvel ambassadeur soit déclaré *persona non grata* avant d'avoir eu le temps de présenter ses lettres de créance au Kremlin : l'humiliation suprême. Il s'opposa si fortement à la réalisation du plan qu'une réunion se tint au Foreign Office. La délégation du MI6 comprenait son chef, Christopher Curwen, son adjoint, P5, le contrôleur du Sovbloc et divers hauts fonctionnaires du Foreign Office dont Bryan Cartledge et David Goodall, le sous-secrétaire. D'après un témoin, Goodall ne cessait de paniquer en répétant sans cesse : « Qu'allons-nous faire ? Qu'allons-nous faire ? » Quant à Cartledge, il était rouge de colère : « Ça sera un fichu désastre. Je dois me rendre demain à Moscou mais je serai de retour dans une semaine. » Le sous-chef du MI6 se montra inflexible : « Si nous abandonnons, le Service ne s'en relèvera jamais. »

C'est alors que sir Robert Armstrong, haut conseiller de Margaret Thatcher, fit son entrée après avoir traversé la rue depuis le 10, Downing Street. Il posa lourdement sa serviette sur la table : « Je suis persuadé que le Premier Ministre pense que nous avons un devoir moral de sauver la vie de cet homme. »

Fin du débat. Sir Bryan Cartledge avait la « mine d'un condamné aux galères » en allant avec ses collègues rendre compte au ministre des Affaires étrangères. Celui-ci se montra hésitant :

— Et si c'est un échec ? Si la voiture est fouillée ?

La réponse de Cartledge est à porter à son crédit :

— Nous dirons qu'il s'agit d'une grave provocation. Qu'ils ont fourré ce type dans le coffre.

Howe demeura dubitatif :

— Hum ! C'est possible…

Mais l'Opération PIMLICO nécessitait encore le feu vert de la plus haute autorité. Mme Thatcher devait donner son autorisation. Mais elle était en Écosse auprès de la reine.

Gordievsky se lança dans ses préparatifs en faisant le contraire de ce qu'un futur fugitif entreprendrait. Se préoccuper de chaque détail lui fit oublier la peur. Désormais, il exécutait une mission hautement professionnelle qui n'avait rien à voir avec ses fonctions habituelles. Son sort était entre ses propres mains.

Il passa la plus grande partie du samedi avec Marina, sa jeune sœur, et sa famille dans son appartement de Moscou. Douce et docile, elle aurait été horrifiée d'apprendre que son seul frère survivant était une taupe. Puis il rendit visite à sa mère. Veuve, âgée de 78 ans, Olga était fragile. Pendant toute son enfance, elle avait représenté pour Oleg l'esprit d'une résistance passive, tout le contraire de la timidité et du conformisme de son père. Parmi les Gordievsky, Olga était celle qui comprendrait le mieux ses choix. Jamais elle ne l'aurait dénoncé mais, comme toutes les mères, elle l'aurait dissuadé de poursuivre la route qu'il allait suivre. Sans rien dire, il la prit longuement dans ses bras. Quelle que soit l'issue de son évacuation, il savait au fond de lui-même qu'il ne la reverrait jamais.

Rentré chez lui, il téléphona à Marina pour organiser un nouveau rendez-vous au début de la semaine suivante : une fausse piste pour faire croire qu'il serait encore à Moscou au-delà du week-end. Plus il organisait de rencontres et de sorties dans les semaines à venir, plus il multipliait les chances de détourner l'attention du KGB. Il regrettait de manipuler ainsi sa famille et ses amis mais, il le savait, ils le soutiendraient sans pour autant lui pardonner.

Puis Oleg fit une chose aussi imprudente que drôle.

Il appela son ami Mikhaïl Lioubimov et lui confirma qu'il viendrait la semaine suivante passer quelques jours dans sa datcha. Mikhaïl en fut ravi. Tania, sa nouvelle petite amie, serait présente. Ils retrouveraient Oleg à la gare de Zvenigorod le lundi à 11 h 13.

Gordievsky changea de sujet :

— Avez-vous lu *Le Linge de M. Harrington* de Somerset Maugham ?

C'était une des nouvelles du recueil *Mr. Ashenden, agent secret.* Quand ils étaient tous les dcux au Danemark, Lioubimov lui avait fait lire Somerset Maugham dont il possédait les œuvres complètes.

— Cette nouvelle est remarquable. Vous devriez la relire. Vous la trouverez dans le tome 4. Vous verrez, vous me comprendrez.

Ils continuèrent à bavarder puis Oleg raccrocha.

Il venait d'envoyer à son vieil ami un message d'adieu codé et de le mettre sur une piste littéraire précise. En effet, *Le Linge de Mr. Harrington* raconte l'histoire d'un espion anglais qui fuit la Russie révolutionnaire en passant par la Finlande.

Dans la nouvelle de Maugham située en 1917, Ashenden, un agent anglais, voyage dans le Transsibérien Express en direction de la Russie. Dans le train, il partage son compartiment avec un homme d'affaires américain, Mr. Harrington, bavard invétéré et d'une minutie exaspérante. À Moscou, alors que la Révolution enflamme le pays, Ashenden pousse Harrington à prendre un train vers le nord avant l'arrivée des forces révolutionnaires. Mais l'Américain refuse de partir avant d'avoir récupéré les vêtements qu'il a confiés à la blanchisserie de l'hôtel. Finalement, après avoir récupéré son linge, il est abattu dans la rue d'une balle dans la tête.

L'histoire a pour sujet le risque et la nécessité de tirer sa révérence à temps : « L'homme a toujours moins de peine à faire le sacrifice de sa vie qu'à apprendre la table de multiplication. » Ashenden saute dans le train et parvient en Finlande.

Pour Oleg, le risque était mince que les hommes du KGB connaissent suffisamment les auteurs anglais du début du XXe siècle pour déchiffrer en moins de vingt-quatre heures la signification cachée du message. Néanmoins, c'était tenter le sort.

Sa forme de rébellion avait toujours été en partie culturelle, un défi lancé à la lourdeur soviétique. Laisser derrière lui une obscure allusion littéraire fut sa façon de montrer sa supériorité en ce domaine. Qu'il s'en sorte ou non, le KGB éplucherait les transcriptions de ses conversations téléphoniques et s'apercevrait qu'il avait été mené en bateau : il le haïrait d'autant plus, tout en l'admirant... éventuellement.

De toutes ses obligations officielles, ce que Margaret Thatcher détestait le plus était son séjour annuel auprès de la reine à Balmoral. La tradition voulait que le Premier Ministre passât quelques jours d'été dans le château royal écossais. Pour Mme Thatcher, c'était « une fastidieuse perte de temps ». La reine, qui ne la portait pas dans son cœur, se moquait de son accent bourgeois qu'elle comparait à du « Shakespeare déclamé vers 1950 ». Plutôt que de s'établir au château principal, le Premier Ministre préféra un cottage du domaine où elle passait ses jours à étudier les dossiers de la « boîte rouge » avec une seule secrétaire. Ainsi, elle se tenait loin de l'univers royal des cornemuses, des bottes en caoutchouc et des corgis.

Le jeudi 18 juillet, Christopher Curwen demanda à voir d'urgence Charles Powell, premier conseiller de Margaret Thatcher, au 10, Downing Street. Reçu dans une salle de réunion privée, « C » annonça que l'Opération PIMLICO avait été activée : sa poursuite demandait l'autorisation personnelle du Premier Ministre.

Charles Powell était le conseiller le plus fidèle et le plus écouté de Margaret Thatcher, au courant des affaires d'État les plus secrètes. Un des rares très hauts fonctionnaires à être au courant de l'affaire NOCTON qu'il décrirait comme le secret le mieux gardé qu'il avait eu à connaître. Pourtant, le MI6 ne révéla ni à lui ni à Mme Thatcher la véritable identité de celui qu'elle appelait « M. Collins ». Powell était certain du feu vert de sa supérieure, mais il était impossible de discuter au téléphone de ce plan d'évacuation classé ultra-secret. Elle devrait donner son autorisation en personne et seul Powell pouvait la lui demander. « Je ne pouvais dire à personne au 10, Downing Street ce qui m'occupait. »

Cet après-midi-là, il quitta son bureau en catimini, prit un train pour l'aéroport de Heathrow puis un avion qui l'emmena à Aberdeen. Il avait réservé lui-même sa place. (« C'était tellement confidentiel que j'ai eu du mal à me faire rembourser mon billet. ») Sur place, sous une pluie battante, il loua une voiture et se dirigea vers l'ouest. Le château de Balmoral, résidence royale d'été depuis 1852, est un immense édifice orné de tours au cœur d'un domaine de 25 000 hectares de landes. Par une nuit sombre et pluvieuse, il est difficile à trouver. L'heure tournait et c'est un Powell fatigué et angoissé qui s'arrêta devant les imposantes grilles du château.

L'écuyer de garde était en pleine conversation téléphonique de la plus haute importance pour le pouvoir royal : la reine désirait emprunter à la reine mère son lecteur de cassettes pour visionner *La British Compagnie*. Apparemment, c'était plus facile à dire qu'à faire.

Powell tenta de l'interrompre. Mais un coup d'œil glacial le réduisit au silence. Un coup d'œil glacial appris à l'École des écuyers.

Après vingt minutes à taper du pied, à consulter sa montre, à entendre les délicates tractations nécessaires au déplacement de l'engin d'une pièce à l'autre du château, Powell comprit que l'épineux problème n'était plus un problème. Il expliqua qui il était et qu'il devait voir le Premier Ministre de toute urgence. Après avoir poireauté encore un bon moment, il fut conduit auprès du secrétaire personnel de la reine, sir Philip Moore, plus tard baron Moore de Wolvercote, détenteur en chef des secrets de la reine et bardé de décorations : grand-croix de l'ordre du Bain, grand-croix de l'ordre royal de Victoria, compagnon de l'ordre de Saint-Michel et de Saint-Georges. Mais aussi compagnon du Service de la reine et conseiller privé. À la retraite, il serait nommé lord d'honneur. Ce courtisan royal était d'une prudence légendaire et fort respectueux du protocole. Et surtout, il aimait prendre son temps.

— Pourquoi voulez-vous voir Mme Thatcher ? demanda-t-il.

— Je ne peux vous le dire. C'est secret.

Moore fut piqué au vif.

— On ne peut pas laisser des intrus se promener dans le domaine de Balmoral sans savoir ce qui les amène ici.

— Eh bien, il va falloir que vous passiez outre car j'ai besoin de voir le Premier Ministre. Tout de suite.

— Pour quelle raison ?

— Je ne peux pas vous le dire.

— Vous n'avez pas le choix.

— Je persiste.

— Tout ce que vous direz au Premier Ministre, elle le répétera à la reine et Sa Majesté m'en fera part. Alors, autant me le dire tout de suite.

— Non. Si le Premier Ministre désire mettre la reine au courant, elle en décidera. Mais il m'est impossible de vous le dire.

Le courtisan royal ne décolérait pas. Si vous êtes secrétaire particulier, rien n'est plus rageant que d'affronter un secrétaire particulier plus particulier que vous.

Powell se leva.

— Je vais chercher de ce pas le Premier Ministre.

Face à un homme dépourvu de savoir-vivre, Moore afficha un air blessé mais appela néanmoins un valet de pied. Celui-ci fit sortir le visiteur par une porte dérobée, le précéda à travers un jardin détrempé et un chemin qui menait à une sorte de cabane de jardin.

Margaret Thatcher était assise sur son lit, entourée de dossiers épars. Elle parut *très* surprise de le voir.

En quelques minutes, Powell lui expliqua la situation et il fallut encore moins de temps à Mme Thatcher pour autoriser l'Opération PIMLICO. Le mystérieux espion avait joué un rôle primordial et pris des risques personnels énormes.

— Nous devons tenir notre promesse faite à notre agent, dit-elle.

Powell ferait ce commentaire :

« Elle l'admirait énormément. Pourtant, il allait à l'encontre d'un de ses principes : elle haïssait les traîtres. Mais Gordievsky était différent. Il appartenait à une autre classe. Elle avait un immense respect pour les gens qui s'élevaient contre le régime communiste. »

« M. Collins », quel que fût son nom, avait rendu de grands services à l'Ouest. Maintenant qu'il était en danger, la Grande-Bretagne devait faire tout ce qui était en son pouvoir pour lui sauver la vie. Tant pis pour les répercussions diplomatiques.

Ce que Mme Thatcher ignorait et qu'elle ne découvrirait jamais, c'est qu'elle avait donné le feu vert à une opération qui avait déjà débuté. Elle l'aurait interdite, il n'y aurait plus eu aucun moyen de prévenir Gordievsky que personne ne l'attendrait au point de rendez-vous. Il aurait été seul et abandonné.

C'était clair : l'Opération PIMLICO ne pouvait plus être stoppée.

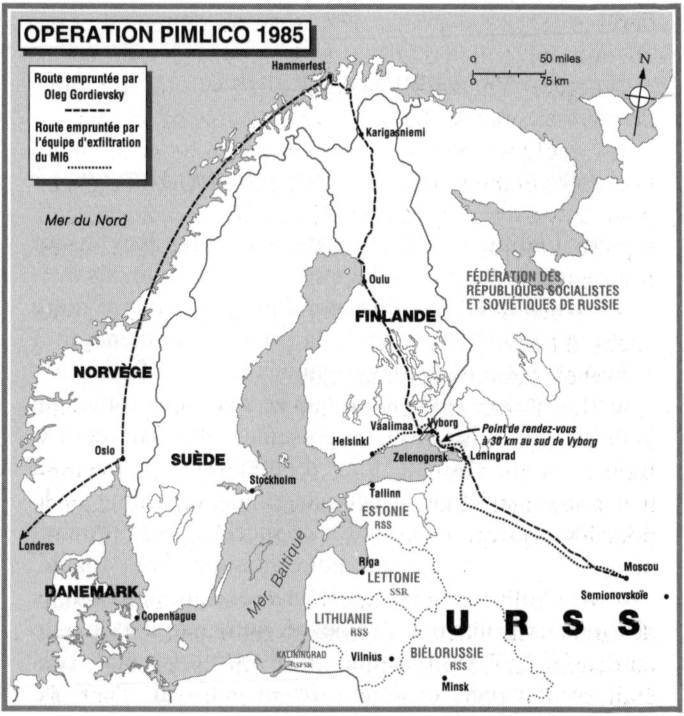

14.

Vendredi 19 juillet

10 heures. Ambassade britannique, Moscou

Plus l'heure du départ approchait, plus Roy Ascot était galvanisé. Et plus il appréhendait la suite des événements. Il avait passé la nuit à prier : « Malgré notre degré de préparation, seule la prière nous mènerait à bon port. » Le MI6 n'avait jamais tenté de faire franchir la frontière russe à qui que ce soit, alors toute une famille ! Si PIMLICO se présentait seul au rendez-vous, l'affaire serait loin d'être gagnée, mais si, comme prévu, il était accompagné de sa femme et de leurs deux filles, les chances de succès étaient proches de zéro. « J'ai pensé que notre homme serait fusillé. Nous savions à quel point le plan était boiteux. Nous devions exécuter une promesse, nous n'avions pas le choix, tout en sachant que notre entreprise était pratiquement vouée à l'échec. Je lui octroyais 20 % de chances de réussite. »

Un télégramme arriva de Century House. À Londres, les huiles ayant détecté des signes d'hésitation avaient concocté un message du genre « haut les cœurs ! ».

Puis un énorme accroc faillit tout remettre en question. Afin de quitter le sol soviétique en voiture, les diplomates étrangers devaient être munis d'une autorisation officielle de sortie et de plaques d'immatriculation spéciales. Le garage habilité à les fournir fermait le vendredi à midi. La Ford de Gee n'eut pas de problème pour les obtenir mais la Saab d'Ascot se les vit refuser avec l'explication suivante : « Désolé ! Mais votre épouse n'a pas de permis de conduire. »

En fait, un mois auparavant, Caroline s'était fait voler son sac contenant son permis soviétique. Pour en obtenir un neuf, elle avait dû envoyer son permis anglais aux autorités consulaires. Qui ne lui avaient encore rien délivré ! Or, pour quitter en voiture l'Union soviétique, un diplomate avait l'obligation d'être accompagné d'une personne possédant un permis soviétique en bonne et due forme. Ascot ne pouvait donc obtenir les plaques requises et, sans ces plaques, l'équipe ne pourrait passer la frontière. Par la faute d'une bureaucratie tatillonne et d'un incident somme toute mineur, PIMLICO était à deux doigts de capoter. À 11 heures, alors qu'Ascot se creusait la cervelle pour trouver une solution, arriva un paquet du Foreign Office : il contenait deux permis de conduire au nom de Caroline, l'un anglais et l'autre soviétique. « Il nous restait une heure pour changer nos plaques. Un coup de chancc incroyable. » En y réfléchissant, il se demanda si cette parfaite synchronisation était le fruit d'un heureux hasard ou un piège du KGB : « Nous avions surmonté le dernier obstacle mais ça semblait trop beau. »

11 heures. Perspective Lénine, Moscou

Gordievsky passa sa matinée à nettoyer son appartement de fond en comble. Dans très peu de temps, les types du KGB le massacreraient, démonteraient les planchers, démoliraient sa bibliothèque, arracheraient une par une les pages de ses livres, casseraient ses meubles. Mais par une sorte d'orgueil, il voulut que tout soit impeccable. Il fit la vaisselle, rangea les couverts, termina sa lessive dans l'évier, la mit à sécher. Sur la table, il déposa pour Leïla 220 roubles, une somme suffisante pour couvrir ses dépenses pendant quelques jours. C'était un petit geste… mais que signifiait-il ? Son attachement ? Ses excuses ? Ses regrets ? Elle ne verrait sans doute jamais l'argent. Les agents du KGB le confisqueraient ou le mettraient dans leur poche. Pourtant, comme il laissait un appartement immaculé, il envoyait au Centre un message plus révélateur qu'il ne le pensait : il voulait être pris pour un homme bon ; il voulait être respecté par cette institution qu'il avait si abondamment trahie. Il ne rédigea ni justification ni explication. S'il était pris, on lui ferait avouer les raisons de sa trahison, et, cette fois-ci, on n'emploierait pas de sérum de vérité. Il laissait derrière lui un lieu impeccable et du linge propre. Tel Mr. Harrington, il ne fuirait pas sans avoir fait sa lessive.

Puis Oleg se prépara, pour la quatrième et dernière fois, à déjouer l'équipe de surveillance. Le minutage était crucial. S'il quittait l'appartement et semait ses « chouffes » trop tôt, ils flaireraient ce qui se passait et donneraient l'alerte. S'il partait trop tard, il n'aurait pas le temps de mener à bien l'opération largage et il aurait le KGB sur le dos jusqu'à la gare.

Il fourra quelques affaires, un minimum, dans un sac en plastique ordinaire : une veste légère, sa casquette danoise en cuir, ses tranquillisants et un petit atlas routier de la frontière finlandaise, sans doute peu précis dans cette zone militarisée.

Il oublia d'emporter le tabac à priser.

11 heures. Motel Vaalimaa, Finlande

La partie finlandaise de l'Opération PIMLICO se déroulait selon le programme établi. L'équipe s'était retrouvée dans un petit motel à une quinzaine de kilomètres de la frontière. Veronica Price et Simon Brown, munis de faux passeports, étaient arrivés la veille à Helsinki et avaient passé la nuit à l'hôtel de l'aéroport. Martin Shawford, le jeune officier du MI6 chargé de la coordination en Finlande, les attendait quand Veronica et Simon se garèrent dans le parking du motel. Bientôt suivis par Eriksen et Larsen, les deux officiers danois du PET. Shawford fut horrifié de constater que les trois voitures louées à la même agence de l'aéroport étaient trois Volvo flambant neuves, toutes trois rouge vif et portant des numéros d'immatriculation qui se suivaient. « On aurait dit une délégation. Pas terrible pour passer inaperçus ! » Il faudrait échanger au moins une des Volvo avant le lendemain.

En élaborant le plan d'évacuation, Veronica Price avait choisi le lieu de rendez-vous du côté finnois. À 8 kilomètres au nord-ouest de la frontière, un sentier forestier bifurquait sur la droite. Au bout de

2 kilomètres, il se terminait par une clairière que les camions utilisaient pour faire demi-tour. Entourée d'arbres, invisible de la route principale, elle était assez proche de la frontière pour éviter à la famille Gordievsky de rester plus longtemps que nécessaire serrée dans la voiture. Ce lieu avait un autre avantage : il était suffisamment éloigné de la zone de sécurité.

L'équipe mixte MI6-PET inspecta les alentours. La forêt de pins s'étendait sans discontinuer des deux côtés. Il n'y avait pas de maison dans les parages. C'est là que Price, Brown, Shawford et les deux Danois retrouveraient l'équipe d'évacuation, transféreraient les fugitifs dans leurs voitures de location. Ensuite, tout le monde se diviserait en deux groupes. Les trois voitures de l'équipe mixte se rassembleraient à un second lieu de rendez-vous situé à 18 kilomètres de là, en pleine forêt. Là, elle vérifierait que les fugitifs étaient en bonne santé, les aiderait à changer de vêtements. Tous pourraient enfin parler sans craindre les mouchards des véhicules diplomatiques. Pendant ce temps-là, Gee, Ascot et leur famille se dirigeraient vers Helsinki et s'arrêteraient à la première station-service. Commencerait pour les Russes un long voyage vers le nord jusqu'à la frontière entre la Finlande et la Norvège : Leïla et une de ses filles dans la voiture des Danois, Oleg et son autre fille avec Simon Brown et Veronica Price. Shawford retrouverait l'équipe anglaise à la station d'essence, débrieferait Ascot et Gee, et passerait un important coup de téléphone depuis la cabine.

Son appel serait automatiquement relayé vers le bureau du contrôleur du Sovbloc où patienteraient les gens du P5. Mais, ce téléphone risquant d'être écouté par le KGB ou le Renseignement finnois, le sort de Gordievsky devrait faire l'objet d'un message codé. Si Oleg et sa famille étaient sortis de Russie en bonne santé, Shawford annoncerait que ses vacances de pêche avaient été fructueuses. Dans le cas contraire, il se plaindrait de ne rien avoir attrapé.

Après avoir vérifié une dernière fois le lieu de rendez-vous, l'équipe mixte retourna à Helsinki, échangea une des Volvo pour une autre marque et se dispersa dans différents hôtels.

Midi. Perspective Koutouzov, Moscou

Dans les appartements diplomatiques, Caroline Ascot et Rachel Gee préparaient leurs bagages. Comme tout l'espace des coffres serait occupé par PIMLICO et sa famille, il ne restait que peu de place pour leurs affaires. Elles choisirent donc des fourre-tout, qui une fois bourrés de coussins auraient l'air rempli d'effets personnels. Mais vides et pliés, ils ne seraient pas encombrants. La trousse de secours, préparée sept ans auparavant, avait été retirée du coffre de l'ambassade. Elle contenait des bouteilles d'eau, des tasses à bec (qui permettraient aux filles enfermées dans le coffre de boire plus facilement), deux grandes bouteilles pour uriner et quatre couvertures de survie pour réduire la déperdition de chaleur en cas d'hypothermie. À la frontière soviétique, les gardes étaient équipés de détecteurs de chaleur et de caméras infrarouges capables de déceler un passager clandestin, mais les experts du MI6 ignoraient si ces appareils fonctionnaient et même s'ils existaient pour de vrai. Les fugitifs devraient ne garder que leurs sous-vêtements avant d'étaler leur couverture sur eux. Il ferait chaud dans les coffres et, moins la température de leur corps se diffuserait, moins ils auraient de chances d'attirer les chiens renifleurs.

Caroline prépara un panier pique-nique – des plaids, des sandwichs, des chips – qu'elle sortirait dans l'aire de repos et servirait de camouflage : au cas où les fugitifs prendraient du temps pour sortir de leur cachette ou seraient en retard au rendez-vous. Pourquoi avoir choisi cette aire plutôt qu'une autre ? pourrait-on leur demander en voyant quatre étrangers s'arrêter sans but précis. Les deux couples devraient être en mesure de fournir une explication plausible et un pique-nique anglais serait une parfaite excuse. Caroline remplit également un sac pour bébé Florence avec des vêtements, des petits pots et des couches de rechange. Rachel Gee emmena ses deux jeunes enfants et sa belle-mère dans le parc. De temps en temps, souffrant le martyre, elle dut se tenir le dos. Elle joua si bien la comédie que la mère de Gee lui demanda :

— Tu es sûre, tu n'es pas malade ? Tu sais, tu n'as pas l'air très vaillante.

15 heures. Ambassade d'Angleterre, Moscou

L'adjoint de l'attaché naval, un des experts militaires attachés à l'ambassade, revint à Moscou après un voyage en Finlande. À la frontière de Vyborg, il fit une bourde aux conséquences catastrophiques : à l'aller comme au retour, il autorisa les chiens renifleurs du KGB à s'approcher. Puis, à l'encontre des accords diplomatiques, quand les gardes lui demandèrent s'ils pouvaient fouiller sa voiture, il ne souleva aucune objection. Mis au courant, Ascot vit rouge : « Quel idiot ! Il n'aurait jamais dû les laisser faire. » Si les autorités soviétiques bafouaient les conventions et utilisaient des chiens renifleurs à l'encontre de véhicules diplomatiques britanniques, le plan d'évacuation était torpillé. Quatre personnes entassées et suantes dans le coffre de deux voitures dégageraient une odeur puissante. Il était donc impératif d'éloigner les chiens le plus possible. Or l'attaché naval, sans le savoir, avait créé, au pire moment, un dangereux précédent.

Ascot se hâta de rédiger une note de protestation – prétendument de la main de l'ambassadeur – et l'adressa au ministère des Affaires étrangères soviétique pour se plaindre de la fouille d'une voiture d'un attaché britannique. Il insista sur le viol de l'immunité diplomatique. Ascot n'envoya pas la note mais en conserva une copie ainsi que la traduction en russe des clauses de la convention de Vienne. Au cas où le KGB tentait de fouiller les voitures à la frontière, il brandirait cette fausse lettre. Obtiendrait-il satisfaction ? Rien n'était moins sûr. Si les gardes voulaient voir ce qu'il y avait dans les coffres, ce ne serait pas une protestation officielle qui les ferait renoncer.

Violet, la secrétaire du MI6, se chargea de taper les instructions de l'exfiltration sur du papier soluble. En cas d'arrestation, cet aide-mémoire pouvait se dissoudre dans l'eau ou dans la bouche (ce qui serait plus désagréable). En dernier ressort, l'équipe du MI6 pourrait avaler l'Opération PIMLICO.

16 heures. Perspective Lénine, Moscou

Gordievsky enfila un léger pull vert, un pantalon en velours côtelé d'un vert passé et de vieilles chaussures marron. Il les avait choisies au fond du placard dans l'espoir qu'elles n'eussent pas été aspergées de poussière radioactive ou d'une autre substance chimique destinée à alerter les chiens renifleurs. Le concierge et les guetteurs du KGB, le voyant dans cette tenue proche de son survêtement vert, croiraient sans doute qu'il sortait faire son jogging. Il ferma sa porte à clé. Le KGB l'ouvrirait dans quelques heures : « Je laissais derrière moi non seulement ma maison et tout ce que je possédais, mais ma famille et ma vie. » Il n'emporta ni photos, ni souvenirs, ni témoignages de son passé. Il ne passa pas un dernier coup de fil à sa mère ou à sa sœur. Alors qu'il vivait le jour le plus extraordinaire de son existence, il ne fit rien qui sortît de sa routine. Lorsqu'il traversa le hall, le concierge ne leva pas le nez. Il disposait désormais de quatre-vingt-dix minutes pour traverser Moscou en se rendant à la gare de Leningrad et semer ses poursuivants une dernière fois.

Lors de ses précédents largages, il s'était d'abord rendu au plus proche centre commercial. Cette fois-ci, il traversa l'avenue pour pénétrer dans un parc boisé qui longeait la grande artère. Hors de vue, il se mit à courir, accélérant au fur et à mesure, jusqu'à piquer un sprint. Le gros suiveur du KGB ne pourrait certainement pas suivre ce rythme. Arrivé à la fin du parc, il traversa l'avenue, rebroussa chemin, entra dans des boutiques. Les sacs en plastique étant rares et trop visibles, il acheta un sac en skaï, y fourra son peu d'affaires et sortit par la porte de derrière. Puis il exécuta rapidement les instructions du plan de surveillance-évasion qu'il appliqua méthodiquement et scrupuleusement. Il sauta dans un métro au moment où les portes se refermaient, en descendit au troisième arrêt, attendit la prochaine rame, s'assura que tous les passagers présents sur le quai avaient embarqué, prit un train dans la direction opposée. Il s'engouffra dans une rue, fit demi-tour, s'engagea dans une autre, entra dans une boutique par la porte principale pour en ressortir par la porte de service.

La gare Leningrad était noire de monde… et de police. Heureusement pour lui, 26 000 jeunes communistes venus de 157 pays investissaient la capitale pour le Douzième Festival mondial de la jeunesse et des étudiants qui commencerait la semaine suivante et devait célébrer « la solidarité anti-impérialiste, la paix et l'amitié ». Lors d'un grand rassemblement, Gorbatchev s'adresserait à eux : « Ici, dans le pays natal du grand Lénine, vous pouvez ressentir directement comme nos jeunes sont voués aux nobles idéaux d'humanité, de paix et du socialisme. » Pourtant, la majorité des festivaliers ne venaient pas pour Lénine mais pour la musique. Parmi les artistes figuraient Dean Reed, le chanteur né aux États-Unis mais établi derrière le Rideau de fer, le duo pop anglais Everything But the Girl et Bob Dylan, invité par le poète russe Andreï Voznessensky. De nombreux jeunes délégués arrivaient de Scandinavie *via* la Finlande. Dans un premier temps, Oleg s'inquiéta de voir autant de patrouilles de policiers dans la gare. Puis il se rassura. Devant l'afflux exceptionnel de personnes traversant la frontière nord, les gardes seraient trop occupés pour faire attention à des voitures diplomatiques venant de la direction opposée. Quand il s'acheta du pain et des saucisses à un étal, il eut l'impression que personne ne l'avait suivi.

Le train de nuit pour Leningrad consistait surtout en wagons-couchettes de quatrième classe, chaque compartiment était ouvert sur un couloir et contenait six lits superposés. On lui avait affecté celui du haut. Il récupéra des draps et fit son lit. La contrôleuse, une étudiante qui gagnait un peu d'argent pendant ses vacances, ne le remarqua pas particulièrement. À 17 h 30 précises, le train démarra. Gordievsky passa les heures suivantes à grignoter son casse-croûte et à s'efforcer au calme. Sous lui, les autres voyageurs faisaient des mots croisés. Finalement, il avala deux sédatifs et sombra dans un profond sommeil. Épuisement mental, peur et médicaments avaient eu raison de son extrême nervosité.

19 heures. Ambassade britannique, Moscou

Le cocktail d'inauguration du nouvel ambassadeur fut un grand succès. Sir Bryan Cartledge, arrivé la veille au soir, fit un court discours dont les gens du MI6 ne retinrent pas un mot. Rachel était restée chez elle : elle gémissait sous les micros et émettait parfois de brefs sanglots. Après une heure de conversation polie, les deux officiers du renseignement quittèrent la réception sous le prétexte qu'ils devaient conduire toute la nuit pour amener Rachel chez un médecin en Finlande. Les seuls à connaître la véritable raison de leur départ prématuré étaient l'ambassadeur, le chargé d'affaires David Ratford et la secrétaire du MI6,

Violet Chapman. Avant qu'Ascot ne s'éclipse, Violet retira du coffre de l'ambassade des tranquillisants pour les adultes et deux seringues de sédatifs destinés à calmer les fillettes, qu'elle lui remit.

Tandis qu'il s'occupait de charger les voitures avec l'aide de Gee, Rachel alla dans la chambre de ses enfants pour les embrasser une dernière fois. Quand les reverrait-elle ? « Si nous sommes pris, pensa-t-elle, nous en aurons pour un bon bout de temps avant de les serrer à nouveau dans nos bras. » Gee soutint sa femme qui clopina jusqu'à la Ford Sierra et l'installa sur le siège avant.

À 11 h 15, le convoi formé des deux voitures emprunta la perspective Koutouzov vers le nord, Gee prenant la tête et Ascot le suivant de près. Les couples s'étaient munis d'un grand stock de cassettes musicales : la route serait longue avant d'atteindre Helsinki.

Au départ, un seul véhicule de surveillance les escorta, mais, arrivé à Sokol dans la banlieue moscovite, il les abandonna. Et plus personne ne les suivit sur la route express. Ce qui n'était pas forcément rassurant. Le KGB disposait d'autres méthodes de filature. Toutes ces routes principales étaient équipées de postes de surveillance automobiles (postes GAI) établis à intervalles réguliers. Ils notaient le passage d'une voiture suspecte qu'ils relayaient par radio au poste suivant. En cas de besoin, ils pouvaient communiquer avec des voitures de surveillance dissimulées dans les parages.

À l'intérieur de la Saab et de la Ford, l'atmosphère était tendue et en quelque sorte irréelle. Partant du principe que des mouchards enregistraient ou retransmettaient tout ce qui se disait, les occupants devaient continuer à jouer leur petite comédie. Ils donnaient le deuxième acte de leur spectacle. Rachel se plaignait de son dos. Ascot râlait d'avoir à conduire des centaines de kilomètres avec un bébé, alors même qu'un nouvel ambassadeur était arrivé. Personne ne fit mention de l'exfiltration ni de l'homme qui devait, du moins l'espéraient-ils, dormir dans un train fonçant vers Leningrad.

L'absence de surveillance visible avait tout pour les inquiéter. « Ce doit être un piège, songea Gee, au moment où Rachel s'assoupissait. On ne réussira jamais à s'en tirer. »

Samedi 20 juillet

3 h 30. Train de Moscou à Leningrad

Gordievsky se réveilla sur la couchette du bas avec une migraine atroce. Pendant un long moment, il fut incapable de déterminer où il était. Un jeune homme se penchait de son lit et le regardait d'un air narquois : « Vous êtes tombé ! » Peu à peu, Oleg comprit ce qui avait dû se passer : les tranquillisants l'avaient plongé dans un sommeil si profond qu'il avait roulé de sa couchette lorsque le train avait freiné brutalement. Il s'était retrouvé au sol après s'être ouvert la tempe dans sa chute. Son pull était couvert de sang. Il sortit dans le couloir en titubant pour prendre une bouffée d'air. Dans le compartiment voisin, un groupe de jeunes femmes du Kazakhstan bavardaient bruyamment. Il ouvrit la bouche pour se joindre à leur conversation. Il n'eut pas le temps de proférer un mot. Une d'elles eut un mouvement de recul et cria horrifiée :

— Si vous me dites un mot, je hurle !

Il se rendit alors compte de l'image qu'il présentait : un homme ébouriffé, couvert de sang, vacillant. Il s'éloigna, récupéra son sac et se réfugia au fond du wagon. Le train n'arriverait à destination que dans une heure. Les passagers dénonceraient-ils son état d'ivresse ? Il se mit à la recherche de la contrôleuse, lui glissa un billet de 5 roubles, la remercia :

— Vous m'avez été très précieuse.

Pourtant, elle n'avait rien fait pour lui sinon lui donner une paire de draps. Elle le regarda d'un air bizarre, empreint d'une pointe de reproche. Mais elle empocha le pourboire sans broncher. Le train continua à progresser dans l'aube naissante.

4 heures. En voiture de Moscou à Leningrad

À mi-chemin de Leningrad, dans les collines de Valdaï, l'équipe d'évacuation fut fascinée par une aurore d'une rare beauté. Ascot en devint lyrique : « Un épais brouillard s'était levé au-dessus des lacs et des rivières, ne laissant que de longues bandes d'un voile lumineux accrochées au sommet des collines, des arbres, des clochers. Le paysage apparut peu à peu sous des couches mousseuses violettes et roses. Trois brillantes planètes se maintinrent au-dessus de nos têtes formant un triangle parfait, une à droite, une à gauche, une au centre. Nous longions des silhouettes solitaires qui fauchaient, ramassaient de l'herbe ou menaient des vaches aux prés à flanc de colline ou au fond de petits ravins. C'était un moment étonnant, idyllique. Il était difficile d'imaginer que la journée pourrait mal tourner après une telle aurore. »

Florence continuait à dormir paisiblement dans son petit siège fixé à la banquette arrière.

Fervent catholique et pénétré de spiritualité, Ascot se dit : « Nous sommes engagés sur une voie à laquelle nous sommes attachés – elle est la seule et nous devons la poursuivre. »

Dans la seconde voiture, tandis que le soleil émergeait de l'horizon et inondait de lumière les plateaux avoisinants, Arthur et Rachel Gee vivaient un moment sublime. Les haut-parleurs diffusaient l'album des Dire Straits *Brother in Arms*, avec Mark Knopfler à la guitare. La musique remplissait le jour naissant.

Ces montagnes embrumées
Sont maintenant ma maison
Mais ma patrie est dans les basses terres
Et le restera à jamais
Un jour vous retournerez
À vos vallées et vos fermes
Et vous cesserez de vous tourmenter
D'être des frères d'armes
À travers la destruction
Du baptême du feu
J'ai été le témoin de votre souffrance
Alors que les affrontements redoublaient d'intensité
Et bien qu'ils m'aient porté un coup fatal
Dans la terreur et l'urgence

Vous ne m'avez pas abandonné
Mes frères d'armes

« Pour la première fois j'ai pensé : "Tout se passera bien" », se souviendrait Rachel.

À ce moment, une Fiat marron de fabrication soviétique appelée une Jigouli, typique des voitures de surveillance du KGB, vint se glisser à 70 mètres du convoi. Ils étaient à nouveau filés.

5 heures. Gare principale de Leningrad

Dès que le train s'arrêta, Gordievsky s'empressa de sauter sur le quai. Il marcha d'un pas rapide vers la sortie sans oser regarder derrière lui pour voir si la contrôleuse parlait au personnel de la gare en pointant son doigt vers ce type bizarre qui était tombé de sa couchette et lui avait donné un pourboire exorbitant. Il n'y avait pas de taxi à la station, mais des voitures privées tournaient en rond à la recherche de clients. Oleg en héla une : « À la gare de Finlande ! »

Il y arriva à 5 h 45. La place presque déserte était dominée par une vaste statue de Lénine commémorant ce jour de 1917 où le grand théoricien de la révolution était arrivé de Suisse pour prendre en charge les bolcheviques. Selon la tradition communiste, la gare de Finlande est le symbole de la liberté révolutionnaire et de la naissance de l'Union soviétique. Pour Gordievsky, elle représentait le chemin de la liberté, mais en direction opposée à celle de Lénine, dans tous les sens du mot.

Le premier train en direction de la frontière partait à 7 h 05. Il l'emmènerait jusqu'à Zelenogorsk, à une cinquantaine de kilomètres de Leningrad et à une centaine de kilomètres de la frontière. De là, il prendrait un bus qui le mènerait à Vyborg par la route principale. Gordievsky monta dans un compartiment et fit semblant de s'endormir. Le train fut atrocement lent.

7 heures. Quartier général du KGB. Centre de Moscou

Quand le KGB s'est-il aperçu de l'absence de Gordievsky ? On l'ignore exactement. Mais à l'aube du 20 juillet, l'équipe de surveillance de la Première Direction générale (département Chine) dut se faire du souci. Depuis le vendredi après-midi lorsqu'il était sorti courir dans les bois de la perspective Lénine, muni d'un sac en plastique, il n'était pas réapparu. Lors de ses trois précédentes disparitions, il avait refait surface quelques heures plus tard. Cette fois-ci, il n'était pas revenu. Il n'était pas chez sa sœur, pas chez son beau-père, pas chez son ami Lioubimov, pas à d'autres adresses répertoriées.

À ce moment-là, il aurait été judicieux de donner l'alerte. Le KGB aurait immédiatement lancé une chasse à l'homme, mis à nu l'appartement de Gordievsky à la recherche d'indices, convoqué pour les interroger ses amis et sa famille. Il aurait doublé la surveillance du personnel diplomatique britannique et bouclé toutes les issues possibles, par air, terre ou mer. Mais il semblerait qu'en ce matin du 20 juillet l'équipe de surveillance n'en fit rien. Composée d'une bande d'opportunistes craignant d'être punie pour une faute mineure, elle n'avait pas bougé en espérant que le problème se réglerait tout seul.

7 h 30. Leningrad

L'équipe d'exfiltration du MI6 se gara devant l'hôtel Astoria de Leningrad. La voiture marron du KGB qui l'avait suivie jusqu'au centre disparut. « J'imaginais qu'une autre l'avait remplacée », écrirait Ascot. Lui et Gee ouvrirent les coffres avec force gestes et fouillèrent à l'intérieur pour montrer qu'ils n'avaient rien à cacher et ne transportaient que des bagages. Tandis que Gee et les deux femmes entraient dans l'hôtel pour nourrir le bébé et prendre un petit déjeuner infect avec des œufs durs et du pain plus que rassis, Ascot fit semblant de s'endormir derrière son volant. « Le KGB rôdait et je ne voulais pas qu'on regarde à l'intérieur. » Deux types s'approchèrent tour à tour pour jeter un coup d'œil par la vitre. Aussitôt, Ascot sembla se réveiller en sursaut et les fixa dans les yeux.

Il estima qu'il leur faudrait deux heures pour parcourir les 170 kilomètres qui les séparaient de l'aire de repos. En quittant Leningrad à 11 h 45, ils seraient largement au rendez-vous de 14 h 30. La voiture qui les avait pistés jusqu'à Leningrad, puis les deux types un peu trop curieux montraient que le KGB s'intéressait beaucoup à eux. « J'ai compris que nous serions suivis jusqu'à la frontière, ce qui m'a fichu un coup au moral. »

Les deux voitures occidentales, de par leur puissance, pourraient facilement semer un véhicule soviétique et prendre assez d'avance pour s'engouffrer sans être vues dans le chemin de l'aire de repos. Et si le KGB plaçait une voiture en éclaireur comme il le faisait parfois ? Si PIMLICO n'avait pas déjoué la surveillance dont il faisait l'objet, ils tomberaient tout droit dans un piège. « Je craignais par-dessus tout que quatre voitures du KGB, deux à l'avant et deux à l'arrière, nous prennent en étau sur le lieu de rendez-vous. Le peu d'optimisme que je gardais s'est vite évanoui. »

Avec deux heures à perdre, Ascot suggéra une visite qui ne manquait pas d'une certaine ironie à l'Institut Smolny pour jeunes filles de bonnes familles, un des sites les plus sacrés du communisme. Cet immense institut de style palladien, un des premiers à voir le jour en Russie, était réservé aux « demoiselles bien nées ». Lénine en fit son quartier général pendant la révolution d'Octobre puis le siège du gouvernement bolchevique avant de le transférer au Kremlin. Il contenait désormais une foule de souvenirs à la gloire du grand homme.

Le quatuor s'assit sur un banc des jardins Smolny afin d'étudier attentivement un guide de la ville. « C'était notre dernier conseil de guerre, l'occasion d'une ultime répétition », dirait Ascot. S'ils arrivaient à bon port au rendez-vous, ils devraient réorganiser l'intérieur des coffres afin d'aménager de la place pour les fugitifs. Comme les mouchards des voitures entendaient tout, l'opération se ferait en silence. Rachel étalerait le pique-nique pendant que les hommes s'occuperaient des bagages. Pendant ce temps, Caroline prendrait Florence dans ses bras, se posterait à l'entrée de l'aire de repos, observerait la circulation. Si quelque chose clochait, elle enlèverait son foulard. Si la voie était libre, Gee soulèverait le capot de sa Ford pour signaler à PIMLICO qu'il pouvait sortir de sa cachette en toute sécurité. S'il était le seul passager, il se cacherait dans la voiture de Gee. En effet, la Ford étant plus élevée que la Saab, son poids supplémentaire se remarquerait moins. Ascot leur fit part d'autres détails : « En sortant de l'aire, Arthur prendrait la tête. Je me placerais derrière lui pour éviter qu'on n'enfonce son coffre. »

Quel meilleur endroit pour comploter que l'ombre du quartier général de Lénine ? se dirent-ils. D'autant qu'ils se trouvaient à deux pas des bureaux du KGB !

Avant de retourner à leurs voitures pour parcourir le dernier tronçon, ils se promenèrent sur les rives de la Neva dont les eaux coulaient le long de quais abandonnés « jonchés de bus rouillés et sans roues et des balles de Cellophane déchiquetées flottant au-dessus des algues ». Ascot suggéra d'entrer brièvement en communication avec le Tout-Puissant : « Nous tous avions besoin d'un moment de réflexion. Nous nous sentions connectés à quelque chose au-delà de nous. »

Dans la banlieue de Leningrad, ils repérèrent un poste de la police GAI. Peu de temps après, une Jigouli bleue munie d'une grande antenne vint les coller. « Une présence bien déprimante, remarqua Ascot. Mais ce n'était qu'un début. »

8 h 25. Zelenogorsk

Gordievsky descendit du train et regarda autour de lui. La ville de Zelenogorsk, connue jusqu'en 1948 sous son nom finnois de Terijoki, se réveillait et la gare aussi. Il n'avait pu être suivi jusqu'ici, songea-t-il, mais à Moscou l'équipe de surveillance avait dû donner l'alerte. Le poste-frontière de Vyborg à 80 kilomètres au nord-ouest serait sur le qui-vive. Selon le plan, il était prévu qu'il prendrait un bus pour effectuer le reste du chemin, descendrait au panneau *836*, ce qui indiquait qu'il se trouvait à 836 kilomètres de Moscou et à 25 kilomètres de la ville frontière. À la gare routière, il acheta un billet pour Vyborg.

Le vieux bus était à moitié vide. Oleg en profita pour se mettre à l'aise malgré l'inconfort du siège et fermer les yeux. Un garçon et une fille s'installèrent en face de lui. Ils étaient aussi bavards qu'amicaux. Et, ce qui n'étonne jamais personne en Russie, à moitié ivres malgré l'heure matinale.

— Où allez-vous ? D'où venez-vous ? voulurent-ils savoir entre deux bécots.

Gordievsky marmonna une vague réponse.

Avec l'insistance des ivrognes, ils répétèrent la même question, mais en parlant plus fort. Il leur dit qu'il rendait visite à des amis dans un village près de Vyborg, dont il se rappela le nom pour l'avoir vu dans son mini-atlas. Même lui n'y crut pas vraiment. Mais le couple parut s'en satisfaire, continua à proférer des banalités avant de se lever au bout de vingt minutes pour descendre en saluant Oleg d'un joyeux geste de la main.

Une forêt dense bordait les deux côtés de la route, un mélange de conifères, de bouleaux et de trembles qu'interrompait parfois une clairière où se dressaient des tables de pique-nique. Ces bois seraient l'endroit idéal pour se perdre ou se cacher. En sens inverse, un flot incessant de bus menait une foule de jeunes Scandinaves au festival de Moscou. Oleg remarqua un nombre important de véhicules militaires dont des blindés de transport de troupe. La zone frontalière était lourdement militarisée. Apparemment, des exercices d'entraînement avaient lieu non loin.

La route tourna vers la droite : soudain, les photos que Veronica Price lui avaient souvent montrées s'animèrent. Sans avoir vu le panneau *836*, il fut certain d'être arrivé à destination. Il bondit sur ses pieds, regarda par la vitre. Le bus était presque vide. Il vit que le chauffeur qui l'épiait dans son rétroviseur se rangeait au bord de la route. Oleg hésita. Le bus repartit. Pris d'un regret, une main sur la bouche, il s'avança jusqu'à la porte :

— Désolé, mais je me sens mal. Pouvez-vous me laisser là ?

Râlant, le machiniste s'arrêta et ouvrit la porte. Il repartit tandis que, plié en deux dans le fossé, Oleg faisait semblant d'être malade. Mais il se rendit compte qu'il se faisait trop remarquer. Au moins une demi-douzaine de personnes se souviendraient de lui : la contrôleuse du train, l'homme qui l'avait trouvé par terre après sa chute, le couple ivre. Et le chauffeur du bus qui se rappellerait un passager mal en point qui ne savait pas où il allait.

L'entrée du chemin menant à l'aire de repos, signalée par un rocher massif, se trouvait à 300 mètres de là. Ce sentier en forme de D, d'une centaine de mètres, était masqué par un écran d'arbres d'un côté et de l'autre par des fougères et des broussailles. Sur la droite, une piste militaire bifurquait au fond des bois. L'aire de repos était poussiéreuse, mais dans la forêt, le terrain devenait marécageux et présentait des grandes flaques d'une eau dormante. La température s'élevait rapidement et avec elle une forte odeur fétide. Il entendit des vrombissements de moustiques avant d'être piqué. Une première fois, puis une deuxième fois. À 10 h 30, la forêt était encore silencieuse. Les voitures de l'évacuation n'arriveraient que dans quatre heures, si tout s'était bien passé.

La peur et un excès d'adrénaline peuvent avoir d'étranges effets sur l'esprit et sur l'appétit. Oleg aurait dû rester caché dans les sous-bois. Il aurait dû couvrir sa tête avec sa veste et laisser les moustiques se nourrir. Il aurait dû patienter. Au lieu de ça, il fit quelque chose proche de la folie.

Il décida d'aller boire un verre à Vyborg.

Midi. En route de Leningrad vers Vyborg

La Ford et la Saab suivies de la Jigouli bleue du KGB quittaient la banlieue de Leningrad quand un véhicule de la police soviétique surgit soudain et se plaça devant la voiture d'Ascot, en tête du convoi. Quelques minutes plus tard, un second véhicule de police les croisa. Il fit un signe à ses collègues, puis exécuta un demi-tour pour s'insérer derrière la voiture du KGB. Une quatrième voiture, une Jigouli moutarde, se glissa à la queue. Ils étaient pris en étau, songea Ascot sans rien dire. Il se contenta de jeter un coup d'œil angoissé à Caroline.

Un quart d'heure après, le véhicule de police qui ouvrait la marche prit de l'avance. Au même moment, la voiture du KGB bondit en avant, doubla les Anglais et se positionna en tête. Moins de 2 kilomètres plus loin, le premier véhicule de police attendait à un carrefour. Dès que le convoi fut passé, il rejoignit la dernière position. Désormais, les voitures anglaises étaient à nouveau prises en tenailles, le KGB en pole position, la police fermant la marche. Un jeu de pouvoir classique en URSS venait de se mettre en place, coordonné par radio et prêt à entrer dans la danse. « Le KGB avait sans doute averti la police : vous pouvez rester, mais c'est nous qui donnons les ordres. »

Peu importait l'ordre de préséance : les Anglais étaient sous haute surveillance et les Russes ne cherchaient pas à s'en cacher. Ascot était morose : « Nous étions coincés. Je nous voyais déjà atteindre l'aire de repos où nous serions accueillis par un comité de réception et où des tas de gens en uniforme sortiraient des taillis. »

Les panneaux kilométriques défilaient : « Je n'avais pas de plan pour faire face à cette situation. Je n'avais pas imaginé nous rapprocher du point de rencontre sous escorte du KGB. » Avec une voiture devant nous et trois derrière, il nous serait impossible d'être fidèles au rendez-vous. « S'ils nous collaient toujours, il nous faudrait renoncer. » PIMLICO – et sa famille s'il l'avait emmenée – serait livré à son sort. Dans le cas où il aurait réussi à quitter Moscou.

12 h 15. Un café au sud de Vyborg

La première voiture roulant en direction de Vyborg, une Lada, s'arrêta aimablement dès que Gordievsky eut levé le pouce. En Russie, l'auto-stop, dit *Avtostop*, était une pratique commune, encouragée par les autorités. Même dans une zone militaire, un auto-stoppeur solitaire n'avait rien de suspect. Le jeune conducteur, vêtu en civil, était élégant. Militaire ou KGB ? Oleg ne put en décider. En tout cas, il ne se montra pas curieux, ne posa pas de questions. Il fut heureux de diffuser de la pop occidentale jusqu'à la périphérie de la ville. Il accepta sans broncher les 3 roubles que son passager lui offrit et démarra sans un regard en arrière. Quelques minutes plus tard, Oleg s'assit pour déguster un délicieux déjeuner : une assiette de poulet frit et deux bières.

Après sa première bière, une légère somnolence l'envahit, son taux d'adrénaline baissa. Ce pilon l'un des mets les plus succulents de son existence. La cafétéria était vide. Située dans les faubourgs de Vyborg, bulle de verre et de plastique, elle ne présentait aucun intérêt. La serveuse qui avait pris sa commande l'avait à peine regardé. Il commença à se sentir, non pas en sécurité, mais étrangement calme et épuisé.

Au cours des siècles, Vyborg avait changé de nationalité à plusieurs reprises. Elle était d'abord passée de la Suède à la Finlande, à la Russie, puis à l'Union soviétique et retour à la Finlande et finalement à nouveau à l'Union soviétique. En 1917, Lénine l'avait traversée à la tête d'un contingent de bolcheviques. Avant la Seconde Guerre mondiale, elle comptait 80 000 habitants, en majorité des Finnois mais aussi des Suédois, des Allemands, des Russes, des Tsiganes, des Tatars et des juifs. Durant la guerre d'Hiver entre la Finlande et l'Union soviétique (1939-1940), la totalité ou presque de la population fut évacuée, la moitié des bâtiments détruits. Après de durs combats, la ville fut occupée par l'armée Rouge et annexée à l'Union soviétique en 1944, année de l'expulsion des derniers Finnois, remplacés par des Soviétiques. Vyborg reflétait l'atmosphère désolée et engourdie des villes qui avaient été démolies, purifiées ethniquement, reconstruites à la va-vite et sans beaucoup de moyens. En un mot, elle avait un air artificiel. Mais il faisait bon dans la cafétéria.

Gordievsky sursauta. S'était-il endormi ? Soudain, il était 13 heures. Trois hommes entrèrent, le dévisagèrent. Ils étaient bien habillés. Sans vouloir paraître pressé, Oleg récupéra sa bouteille de bière qu'il glissa dans son sac, laissa de l'argent sur la table, sortit. Il fit un énorme effort pour marcher tranquillement. Au bout de 400 mètres, il osa se retourner. Les trois hommes n'avaient pas bougé du café. Où était passé le temps ? La route était maintenant déserte. À l'approche de l'heure du déjeuner, le trafic avait fondu. Il se mit à courir. Malgré la transpiration, il accéléra. Il était toujours un excellent athlète. Malgré les épreuves des deux derniers mois, il avait gardé la forme. Son cœur battait la chamade, sous l'effet de la peur et de l'effort physique. Un auto-stoppeur ne se ferait pas remarquer sur une route déserte, mais un type qui sprintait éveillerait l'attention. Au moins, il s'éloignait de la frontière. Il accéléra encore. Pourquoi n'être pas resté au point de rendez-vous ? Serait-il capable de couvrir les 30 kilomètres en une heure et vingt minutes ? Certainement pas. Pourtant, il continua à courir aussi vite que possible. Il courait pour sauver sa vie.

13 heures. 3 kilomètres du village de Vaalimaa, Finlande

Du côté finlandais de la frontière, l'équipe de réception prenait position. Elle était en avance. Elle savait qu'Ascot et Gee avaient quitté Moscou à l'heure, mais depuis c'était silence radio. Price et Brown garèrent leurs Volvo rouges à l'écart de la route, au bord d'une clairière. Shawford et les Danois se postèrent des deux côtés de la route. Si le KGB poursuivait les voitures des fugitifs, Eriksen et Larsen utiliseraient leur véhicule pour tenter de les bloquer ou de leur rentrer dans le chou. L'idée les amusait beaucoup. Il faisait chaud ; tout était tranquille, silencieux et étrangement paisible après la frénésie des quatre jours précédents. Simon Brown s'en souviendrait : « Dans l'effervescence ambiante, je me sentais d'un calme extraordinaire. » Il avait apporté *Hôtel du lac*, le roman d'Anita Brookner. « C'est un livre court. J'aurais tenté le sort en choisissant un gros volume. » Les Danois s'assoupirent. Veronica Price passa en revue dans sa tête tous les éléments du plan. Brown lisait très lentement « pour ne pas songer aux minutes qui s'écoulaient ». Il était envahi de sombres pressentiments. « Je me demandais si les injections de sédatifs n'avaient pas tué les enfants. »

13 h 30. Route de Leningrad à Vyborg

Les autorités russes responsables des chaussées étaient particulièrement fières de la route express entre Leningrad et la frontière finlandaise, principal passage entre la Scandinavie et l'Union soviétique. Bien dessinée, bien goudronnée, bien signalisée, c'était un modèle unique. Le petit convoi roulait à 120 kilomètres/heure : une Jigouli du KGB devant, les Anglais piégés au centre, les deux voitures de la police ainsi que la seconde Jigouli du KGB suivant légèrement derrière. Trouvant le boulot du KGB trop facile, Ascot décida de leur gâcher la vie.

« Voilà des années que nous étions sous la surveillance de la Septième Direction du KGB et nous connaissions leurs systèmes de pensée. Alors qu'ils savaient que nous savions qu'ils nous espionnaient, ils se sentaient insultés et gênés quand nous leur montrions que nous les avions physiquement repérés. C'est psychologique. Aucune équipe de surveillance n'aime qu'on lui montre qu'elle est incompétente et par trop visible. Elle déteste qu'on lui fasse un doigt d'honneur qui signifie : "Nous savons que vous êtes là et ce que vous fabriquez !" Ascot avait pour principe de ne jamais se laisser aller à ce genre de manifestation. Pourtant, et ce fut une grande première, il désobéit à sa propre règle.

Ascot ralentit à 55 kilomètres/heure. Le reste du convoi l'imita. Au panneau 800 KILOMÈTRES, il descendit à 45 kilomètres/heure. La voiture du KGB de tête décéléra et attendit que les Anglais la rattrapent. Les autres voitures se rapprochèrent.

Le conducteur de tête n'apprécia pas la manœuvre. Les Anglais se moquaient de lui, l'empêchant volontairement d'avancer. « Finalement, ses nerfs lâchèrent et il repartit pied au plancher. Il n'aimait pas qu'on lui fasse la leçon. »

Quelques kilomètres plus loin, sa Jigouli était garée sur une petite route menant au village de Kaïmovo. Il laissa passer le convoi et rejoignit les autres voitures de surveillance. La Saab était à nouveau en tête !

Ascot accéléra peu à peu. Gee suivit son exemple, se maintenant à une vingtaine de mètres de la Saab. Les trois véhicules de surveillance perdirent du terrain. La route était droite et dégagée. Ascot accéléra encore. Son compteur marqua 140. Bientôt, 800 mètres séparèrent Gee des Russes. Le panneau 826 KILOMÈTRES apparut. Il ne restait plus que 10 kilomètres à parcourir avant d'atteindre le point de rendez-vous.

Un virage. Ascot freina de toutes ses forces. Une colonne militaire traversait la route de gauche à droite : tanks, mortiers, lanceurs de missiles, blindés de transport de troupe. Un boulanger avait arrêté sa camionnette en attendant que la colonne ait dégagé la voie. Ascot se rangea derrière lui. Gee colla à la Saab. Les voitures de surveillance rattrapèrent le temps perdu et s'agglutinèrent derrière les Anglais. Les soldats russes juchés sur les tanks repérèrent les deux voitures étrangères : ils levèrent le poing, crièrent des insultes. La Guerre froide battait son plein.

« Et voilà. Nous sommes fichus », songea Ascot.

14 heures. Route de Leningrad.
17 kilomètres au sud-est de Vyborg

Il entendit le grondement d'un camion derrière lui avant de le voir. Il leva le pouce. Le chauffeur fit monter un Gordievsky haletant qui lui demanda de le déposer au panneau 836 KILOMÈTRES.

— Pourquoi vous allez là-bas ? Il n'y a rien à y faire.

Oleg lui jeta un coup d'œil de soi-disant conspirateur :

— Il y a des datchas dans les bois. Une gentille femme m'attend.

Le routier ricana d'un air complice.

« Quel type charmant », se dit Oleg quand le chauffeur le déposa dix minutes plus tard au point de rendez-vous. Avant de redémarrer, celui-ci lui lança un clin d'œil lascif et empocha ses 3 roubles.

Oleg se planqua dans les sous-bois. Les moustiques fêtèrent son retour. Un bus rempli de femmes qui retournaient à la base militaire tourna dans l'aire de repos et emprunta la piste. Se demandant si on l'avait aperçu, il s'aplatit sur le sol humide. Puis ce fut le silence. Il n'entendit plus que le son strident des moustiques et les battements de son cœur. Déshydraté, il avala sa seconde bouteille de bière. Sa montre marqua 14 h 30. Puis 14 h 35.

À 14 h 40, une nouvelle crise de folie le saisit. Il se leva et marcha au bord de la route à la rencontre des voitures du MI6. Ainsi économiserait-il à ses sauveurs quelques précieuses minutes. Après plusieurs pas, la raison lui revint. Si les gens du MI6 étaient escortés par le KGB, ils seraient capturés facilement. Il courut reprendre sa place dans les fourrés. « Patience, se dit-il. Contrôle tes nerfs. »

14 h 40. Panneau 826 KILOMÈTRES. *Route de Leningrad à Vyborg*

Le dernier véhicule militaire traversa enfin la route en se traînant. Ascot démarra en trombe, contourna la camionnette du boulanger, accéléra encore, Gee le suivant à quelques mètres. Devant, la route était dégagée. Ascot roulait maintenant pied au plancher. Les haut-parleurs diffusaient le *Messie* de Haendel. Caroline haussa le volume :

Le peuple qui marchait dans l'obscurité
a vu une grande lumière ;
et ceux qui demeurent
dans le pays de l'ombre de la mort,
sur eux la lumière a resplendi.

Ascot songea tristement : « Si seulement… »

Les officiers du MI6 avaient parcouru plusieurs fois cette route : ils savaient donc que la bifurcation n'était plus qu'à quelques kilomètres. Alors qu'ils roulaient maintenant à 140 kilomètres/heure, les voitures de surveillance peinaient déjà à 500 mètres en arrière. L'écart ne cessa de se creuser. Peu avant le panneau *836*, la route serait droite, s'inclinerait un peu puis s'élèverait avant un grand virage. Ascot devrait tourner 200 mètres plus loin. L'aire de repos serait-elle envahie de pique-niqueurs russes ? Caroline Ascot ignorait encore si son mari allait tenter de récupérer les fugitifs ou s'il continuerait sa route. Gee n'en savait pas plus. Et Ascot encore moins.

Au sommet de la petite colline, au moment où Ascot prenait le virage, Gee vit dans son rétroviseur apparaître la Jigouli bleue en bas de la ligne droite, à 900 mètres de là. Soit à trente secondes des Anglais, peut-être même moins.

Le rocher se profila soudain. Avant de s'en rendre compte, Ascot écrasa la pédale de frein, vira dans l'aire de repos, s'arrêta net. Gee l'imita, soulevant un nuage de poussière en dérapant. Ils étaient masqués de la route par les arbres et le rocher. L'endroit était désert. La montre de bord indiquait 14 h 47. « Mon Dieu, pria Rachel, faites qu'ils ne voient pas la poussière. » Ils sortirent de leurs voitures tandis que les Lada passaient à une cinquantaine de mètres d'eux dans un bruit de moteurs chauffés à blanc. « S'ils ont l'idée de regarder dans leur rétroviseur, ils nous verront », se désespéra Ascot. Le rugissement des voitures s'estompa. La poussière disparut. Caroline noua son écharpe autour de sa tête, prit Florence dans ses bras et marcha jusqu'au point d'observation à l'entrée de l'aire. Rachel, fidèle au scénario, sortit la corbeille du pique-nique, étala le plaid. Ascot commença à transférer les bagages sur les banquettes arrière. Gee se plaça devant le capot, prêt à l'ouvrir dès que Caroline lui donnerait le feu vert.

À cet instant, un gueux sortit des sous-bois : mal rasé, débraillé, couvert de boue, de fougères et de saletés, du sang séché dans les cheveux, l'air d'un sauvage. « Il ne ressemblait en rien à la photo, constata Rachel. Si nous espérions retrouver un charmant espion, nous avons été cruellement déçus. » Ascot crut voir « un troll de la forêt ou un bûcheron des *Contes merveilleux* de Grimm ».

Gordievsky reconnut l'homme au Mars. Gee, qui l'avait à peine aperçu devant la boulangerie, se demanda si ce type miteux pouvait être le même homme. Pendant un court instant, en pleine forêt russe, l'espion et l'équipe venue à sa rescousse se regardèrent en chiens de faïence. Ils hésitèrent. Les gens du MI6 s'attendaient à accueillir quatre personnes dont deux jeunes enfants, mais PIMLICO était, à l'évidence, tout à fait seul. Oleg s'était préparé à voir deux officiers du renseignement. Veronica n'avait jamais mentionné de femme et encore moins deux femmes en train de mettre en place une sorte de pique-nique très anglais avec théière et tasses à thé. Et ça, c'était un bébé ? Le MI6 aurait-il risqué la vie d'un petit enfant lors d'une dangereuse opération d'exfiltration ?

Gordievsky dévisagea les deux hommes à tour de rôle avant de marmonner en anglais :

— Dans quelle voiture ?

15.

Finlandia

Ascot pointa son doigt vers le coffre ouvert de la voiture de Gee. Caroline se dépêcha de revenir de la route avec son bébé. Rachel ramassa les chaussures malodorantes, sans doute radioactives et couvertes de boue de Gordievsky, les fourra dans un sac en plastique qu'elle cacha sous le siège du passager. Gordievsky grimpa dans le coffre de la Sierra et s'y coucha. Gee lui tendit de l'eau, des médicaments et une grande bouteille vide. Il lui indiqua par gestes qu'il devait se déshabiller là dans la malle. Il le recouvrit de la couverture de survie. Les deux femmes rangèrent le pique-nique sur la banquette arrière. Gee ferma doucement le coffre, Oleg s'enfonça dans la nuit. Ascot prit la tête des deux véhicules, rejoignit la grande route et fonça.

Toute l'opération n'avait duré que quatre-vingts secondes.

Au kilomètre 852, le poste d'observation du GIA fut témoin d'une scène hors du commun. La Jigouli moutarde et les deux Lada de la police étaient garées sur le bord de la route, toutes portières ouvertes. L'homme en civil du KGB était en grande conversation avec cinq miliciens. Ascot enregistra leurs réactions : « Dès qu'ils nous virent, ils se tournèrent vers nous, médusés. » En voyant une Saab et une Sierra leur filer sous le nez, ils affichèrent un air à la fois confus et soulagé. « Le chauffeur courut à sa voiture. Il semblait tellement étonné, tellement incrédule que j'étais prêt à m'arrêter et à répondre à ses questions. » Puis, comme si de rien n'était, les voitures de surveillance reprirent leur place derrière les Anglais. Avaient-ils envoyé un message radio à la frontière pour que les gardes s'occupent des diplomates qui seraient bientôt dans leur secteur ? Avaient-ils rempli un rapport avouant qu'ils avaient perdu la trace des diplomates britanniques pendant plusieurs minutes ? Avaient-ils simplement dissimulé le laps de plusieurs minutes qu'ils étaient incapables de justifier ? Ou bien, selon le mode opératoire traditionnel, avaient-ils pensé que les étrangers s'étaient arrêtés pour se soulager ? Impossible de connaître la bonne réponse mais on peut deviner celle qu'ils durent choisir.

Rachel et Arthur Gee entendaient, venant du coffre, les coups sourds et les grognements d'Oleg qui se contorsionnait pour retirer ses vêtements. Puis le renvoi typique d'un buveur de bière. Rachel monta le son de la musique : les *Greatest Hits* de Dr. Hook, une compilation des disques du groupe de rock comprenant *Only Sixteen*, *When you are in Love with a Beautiful Woman* et *Sylvia's Mother*. Les airs de Dr. Hook sont souvent décrits comme de la musique plaisante. Aux oreilles de Gordievsky, elle ne l'était pas. Coincé dans un coffre, fuyant pour sauver sa vie, il lui restait suffisamment d'énergie pour râler contre ces airs d'une mièvrerie à pleurer : « Quelle odieuse musique. J'ai souffert en l'entendant. »

Pourtant, ce n'était pas le bruit que faisait leur passager clandestin qui inquiétait Rachel, mais son odeur : un mélange de transpiration, de savon bon marché, de tabac et de bière. Une forte odeur qui n'était pas désagréable en soi mais qui était typique : « Elle sentait la Russie. Et donc incongrue dans une voiture anglaise. » Les chiens renifleurs remarqueraient sûrement que le relent venant de la malle ne coïncidait pas avec le parfum de l'avant.

À force de contorsions, Oleg réussit à enlever sa chemise et son pantalon, mais la difficulté le laissa à bout de souffle. La chaleur était intense. L'air devenait de plus en plus irrespirable. Il avala un tranquillisant et imagina la scène si les gardes le trouvaient. Les Anglais joueraient la surprise et jureraient que les Russes avaient voulu faire de la provocation en déposant un fugitif dans leur coffre. Ils seraient tous emmenés au poste. Mais lui irait directement à la Loubianka où on le forcerait à avouer, avant de l'abattre.

À Moscou, le KGB se doutait bien d'un problème. Or, il ne fit rien pour fermer la frontière la plus proche. Il ne fit pas non plus le lien entre la disparition de Gordievsky et les deux diplomates britanniques qui, la veille, avaient quitté la réception pour partir en voiture à Helsinki. Il préféra penser que le traître s'était suicidé : son corps devait flotter dans les eaux de la Moskova ou bien il cuvait sa vodka dans quelque bar. Pendant les week-ends, les grandes organisations travaillent au ralenti : les équipes de second rôle sont aux commandes tandis que les chefs se reposent. Le KGB commença à chercher Gordievsky mais mollement.

Après tout, où pourrait-il fuir ? Et s'il s'était suicidé, ce serait la preuve formelle de sa culpabilité.

Au douzième étage de Century House, Derek Thomas, l'adjoint du sous-secrétaire du Renseignement au Foreign Office, s'était joint à l'équipe PIMLICO dans le bureau du P5 pour attendre le coup de téléphone de Shawford et donc des nouvelles de la partie de pêche en Finlande. Au Foreign Office, David Goodall, le sous-secrétaire permanent, avait réuni ses meilleurs conseillers : tous étaient sur des charbons ardents. À 13 h 30 (15 h 30 en Russie), Goodall, un fervent catholique, consulta sa montre et déclara :

— Mesdames et messieurs, à l'heure actuelle ils doivent traverser la frontière. Il serait judicieux de prier pour eux.

La demi-douzaine de hauts fonctionnaires inclinèrent la tête.

La traversée de Vyborg se faisait au pas. Si le KGB voulait se débarrasser des diplomates en simulant un accident de voiture ou en leur rentrant dedans, le centre de la ville était le lieu idéal. Mais la Jigouli disparut. Puis les véhicules de police. Gee se dit : « S'ils veulent nous bloquer, ce sera à la frontière. »

Rachel se souvint de l'entraînement que Veronica Price leur avait fait subir dans les bois de Guilford : on les avait couchés dans une malle de voiture sous une couverture de survie, où le bruit du moteur, la musique de cassettes, les cris en russe leur cassaient les oreilles. Les cahots, les coups de freins les avaient secoués comme des pruniers. « À l'époque, nous avions trouvé ça dingo, maintenant nous comprenions ce qu'Oleg subissait. »

Il avala une autre pilule, sentit son esprit et son corps se détendre un peu. Il tira la couverture sur sa tête. Il transpirait tellement qu'une petite flaque s'était formée sur la plaque métallique du coffre. Pourtant, il n'avait gardé que son slip.

À 17 kilomètres de Vyborg apparut le premier grillage surmonté de fils barbelés de la zone militarisée de 20 kilomètres de large. Les diplomates et leur précieuse cargaison auraient cinq postes-frontières à franchir, trois soviétiques et deux finlandais.

Au premier contrôle, le garde-frontière les regarda d'un air sévère mais leur fit signe de passer sans consulter leurs papiers. À son air, il était évident que les autorités avaient été prévenues du passage de deux voitures diplomatiques. Au poste suivant, Ascot scruta le visage des gardes « mais je n'ai ressenti aucune tension particulière à notre égard ».

Arthur Gee, lui, était angoissé pour une autre raison. Il subissait le genre d'affres que l'on connaît quand on est incapable de répondre à cette simple question : « Ai-je éteint le gaz en partant ? » En fait, il ne pouvait se rappeler si, dans sa hâte, il avait fermé sa malle arrière à clé. Pire encore, il ne savait plus s'il l'avait bien close. Et d'imaginer le hayon s'ouvrant soudain et découvrant un espion allongé en chien de fusil sous les yeux fascinés d'un contingent de douaniers. Gee arrêta la voiture, fonça vers le bord de la forêt et urina dans les broussailles. En revenant, il jeta un coup d'œil innocent vers le coffre qui était aussi fermé que le gaz était éteint. Le tout n'avait pris qu'une minute.

Le point de contrôle suivant était à la frontière même. Ascot et Gee se garèrent l'un à côté de l'autre dans le parking clos réservé à l'immigration. Puis ils se placèrent au bout de la queue du pavillon de la douane. Remplir les papiers de sortie prenait souvent un temps infini. Rachel et Caroline se préparèrent à poireauter longtemps. Aucun son n'émanait du coffre. Le visage crispé par la douleur, l'air exaspéré, Rachel ne bougea pas du siège du passager. Bébé Florence piqua une grosse colère, ses cris couvrant le bruit des alentours. Caroline la retira de son petit siège et, tout en la berçant, bavarda avec Rachel qui avait baissé sa vitre. Des gardes circulaient entre les voitures, l'œil aux aguets. Rachel se prépara à faire un « caca nerveux » s'ils faisaient mine de fouiller la voiture. S'ils insistaient, Ascot leur présenterait sa lettre de protestation et les termes de la convention de Genève. Dernier « si » : s'ils persistaient à vouloir ouvrir la malle, lui aussi ferait son « caca nerveux » et les menacerait de retourner à Moscou pour protester officiellement. À ce moment-là, ils seraient tous arrêtés.

Deux bus de touristes étaient parqués non loin. Ses passagers dormaient ou regardaient vaguement le paysage. Des herbes violettes de saule sauvage poussaient à profusion autour des grillages de l'enclos. L'odeur du foin fraîchement coupé flottait dans le parking. La préposée de la douane et de l'immigration ne se pressait pas, trop occupée à se plaindre du travail supplémentaire occasionné par le Festival de la jeunesse. Ascot bavardait avec elle en russe, débitant force sornettes, alors qu'il rêvait de lui demander d'accélérer. Les gardes-frontières fouillaient les voitures appartenant principalement à des hommes d'affaires moscovites ou à des touristes finlandais rentrant chez eux.

Il faisait chaud, pas un souffle d'air. Rachel entendit Gordievsky tousser légèrement, changer de côté. La

Ford tangua un peu. Sans savoir qu'il stationnait dans la zone frontière, il se racla la gorge pour éviter de toussailler involontairement. Rachel augmenta le son. *Only Sixteen* du Dr. Hook s'éleva dans le parking. Cet air incongru attira un maître-chien : il stoppa à moins de 100 mètres des voitures anglaises et caressa son berger allemand. Un second maître-chien inspectait un camion porte-conteneurs. Impatient et haletant, le premier chien s'approcha en tirant sur sa chaîne. D'un geste décontracté, Rachel ouvrit un paquet de chips, en offrit un à Caroline, en laissa tomber deux par terre.

Ces chips aromatisées ont un arôme très spécial. Un magnat irlandais des chips, Joe Murphy dit « la patate », les inventa en 1958. Il leur ajouta un cocktail artificiel d'oignon en poudre, de petit-lait en poudre, de fromage en poudre, de dextrose, de sel, de chlorure de potassium, d'exhausteurs de goût, de glutamate de sodium, de 5'ribonucléotide disodique, de levure, d'acide citrique et de colorants. Caroline avait acheté ces chips Golden Wonder à la boutique de l'ambassade qui proposait des produits importés comme de la pâte à tartiner Marmite, des biscuits complets, de la marmelade et autres denrées introuvables en Russie.

Les chiens renifleurs n'avaient certainement jamais senti de leur vie des chips au fromage et à l'oignon. Caroline en offrit un échantillon à un des chiens qui l'engloutit avant d'être éloigné par un maître peu souriant. Quand l'autre chien s'approcha du coffre, Caroline Ascot utilisa une arme encore inédite au cours de la Guerre froide ou pendant tout autre combat. Elle coucha Florence sur le hayon, à la verticale de l'espion clandestin et commença à changer sa couche – que le bébé doué d'un sens peu commun du timing – venait de salir. Puis elle laissa tomber le lange souillé et malodorant à côté du berger allemand. Vexé, le chien alla chercher fortune ailleurs. Le plan n'avait jamais programmé une telle diversion olfactive : elle avait été totalement spontanée et parfaitement efficace.

Les hommes revinrent avec les formulaires dûment remplis. Un quart d'heure plus tard, un garde fit son apparition, les quatre passeports à la main. Il vérifia qu'ils correspondaient aux passagers, les leur tendit et les salua poliment en signe d'adieu.

Sept véhicules attendaient en file indienne à la dernière barrière flanquée de deux postes de surveillance surélevés et de gardes armés de mitrailleuses. Pendant vingt minutes, roulant au pas, les Anglais se savaient épiés par des hommes munis de jumelles. Gee était maintenant en tête : « Nous avons vécu un moment fort éprouvant nerveusement. »

Le contrôle des passeports fut leur dernier obstacle. Les officiers soviétiques mirent un temps fou à scruter les passeports diplomatiques avant de leur permettre de continuer.

Légalement, ils étaient désormais en Finlande. Mais pas au bout de leurs peines. Encore leur fallait-il franchir la douane et l'immigration finlandaise et à nouveau le contrôle des passeports. Un seul coup de fil des Soviétiques aurait suffi pour les obliger à faire demi-tour. L'officier des douanes étudia les papiers de Gee et l'informa que son assurance expirerait dans quelques jours. Gee lui répondit qu'il serait de retour en Russie avant cette date. Le préposé haussa les épaules et tamponna le document. Gordievsky eut conscience qu'on claquait une portière. Puis la Ford Sierra redémarra.

Les voitures continuèrent lentement jusqu'à l'ultime barrière. Au-delà, c'était, pour de bon, la Finlande. Gee tendit les passeports à un préposé assis dans une guérite. Il les examina attentivement, les lui rendit et sortit pour lever la barrière. Mais son téléphone sonna. Il fit demi-tour. Arthur et Rachel Gee regardèrent droit devant eux. Après une éternité, le garde réapparut en bâillant et les libéra. Il était 16 h 15 à Moscou, 15 h 15 à Helsinki.

Oleg entendit le bruit sourd des pneus sur l'asphalte, sentit les vibrations de la vitesse.

Soudain lui parvint une musique qu'il aimait entre toutes. Fini, Dr. Hook et son rock de bas étage. Place à un grand orchestre classique. Comme il était encore impossible à Arthur et à Rachel de dire à leur passager qu'ils avaient atteint le pays de la liberté, ils avaient choisi de diffuser les premières mesures d'un poème symphonique de Jean Sibelius dédié à sa terre natale.

C'était *Finlandia.*

Vingt minutes plus tard, les deux voitures bifurquèrent dans une route forestière et s'enfoncèrent dans les bois. Le paysage ne ressemblait en rien aux photos qu'Ascot avait étudiées à Londres : « Il y avait de nouvelles pistes, plusieurs véhicules neufs garés dans les parages, des hommes aux visages tendus que je n'avais jamais vus. » C'étaient les Danois, Eriksen et Larsen, « prêts à rentrer dans le chou de poursuivants soviétiques ». Ascot ne fut pas le seul à s'effrayer de la soudaine activité de ce lieu en général désert. Une vieille Mini en piteux état déboula tout à coup. Au volant, une Finlandaise âgée venue cueillir des champignons.

Surprise par cette foule inhabituelle, elle ne demanda pas son reste et se hâta de déguerpir. Ascot continua à avancer. De loin, il aperçut Martin Shawford, dont la blonde chevelure était immanquable. Puis une Volvo beige : Veronica Price avait le visage collé à la vitre. Elle demanda :

— Combien ?

Ascot leva un seul doigt.

Gordievsky sentit un fort cahot.

La scène suivante se déroula au ralenti et en silence. Brown et Price coururent les premiers. Les Danois marquèrent le pas. Brown ouvrit le coffre : Gordievsky était couché, transpirant à grosses gouttes, conscient mais hébété. « Il était à moitié nu, nageant dans une mare de sueur. J'ai immédiatement pensé à un nouveau-né dans son liquide amniotique, à une renaissance extraordinaire. »

Pendant un court moment, le soleil éblouit Oleg. Il ne vit que le ciel bleu, des nuages, des arbres. Brown l'aida à sortir de sa prison et à se tenir debout. Veronica Price, qui détestait les manifestations sentimentales, ne put cacher son émotion : « un mélange de reconnaissance et d'affection ». Comme pour se moquer, elle le menaça du doigt et lui dit en signe d'avertissement :

— Mon Dieu, vous en avez fait de belles !

Oleg saisit ses deux mains les porta à ses lèvres, les baisa, un geste de gratitude typiquement russe. Puis il tangua jusqu'à Caroline et Rachel qui se tenaient côte à côte. S'inclinant profondément, il leur baisa les mains. « Auparavant, nous n'avions vu qu'une bête sauvage bondissant d'un sous-bois et, soudain, c'était la courtoisie et la délicatesse faites homme. Avec sa couverture de survie sur les épaules, on aurait dit un athlète terminant un marathon. »

Veronica lui prit le bras et le guida à une douzaine de mètres à l'intérieur de la forêt, loin des mouchards des voitures anglaises.

Là, il put enfin s'exprimer en utilisant le pseudonyme qu'elle portait toujours :

— Jany, j'ai été trahi !

Il n'eut pas le temps d'en dire plus.

Au second point de rendez-vous, Gordievsky enfila des vêtements propres. Shawford fit un paquet de ses affaires sales, chaussures, sac, papiers soviétiques et le plaça dans le coffre de sa voiture ainsi que les faux passeports de Leïla et de ses filles, les seringues inutiles et les robes des gamines. Price s'installa au volant d'une des voitures de location, Brown et Oleg à l'arrière. Arrivée à la grande route, elle tourna à droite vers le nord. Le Russe ne toucha ni aux sandwichs ni au jus de fruits que Price avait si bien emballés. « J'aurais voulu un whisky, dirait-il. Pourquoi n'ont-ils pas apporté du whisky ? »

Après ce qu'Oleg avait enduré, Brown pensait qu'il serait au bord de la crise de nerfs. Pas du tout. Il avait l'air totalement maître de lui. Il commença à relater ses derniers mois, l'interrogatoire où on l'avait drogué, la façon dont il avait échappé à la surveillance du KGB qui l'avait suivi sans jamais l'arrêter. « Dès qu'il fut en mesure de parler, il entra immédiatement dans le vif du sujet, analysant ce qui s'était passé et la façon dont nous avions mal jugé la situation. » Brown lui posa en douceur la question de sa famille.

— C'était trop risqué de les emmener, répondit-il.

Puis il détourna la tête et regarda le paysage qui défilait.

À la station-service de la route d'Helsinki, Shawford retrouva Ascot et Gee qui lui racontèrent brièvement le déroulement de l'évacuation. Il les quitta pour appeler Londres. Le téléphone sonna sur le bureau de P5, à Century House. Toute l'équipe PIMLICO se rapprocha. Le contrôleur du Sovbloc décrocha d'un geste brusque.

— Comment est la météo ? demanda-t-il.

— Le temps est superbe. La pêche a été excellente. Nous avons un invité supplémentaire.

Ces derniers mots semèrent la confusion. Avait-il voulu dire qu'il y avait un autre fugitif en plus des quatre membres de la famille ? Gordievsky avait-il amené quelqu'un d'autre ? Si c'était le cas, comment cet « invité » imprévu entrerait-il en Norvège sans passeport ? Étaient-ils cinq ?

— Non ! répéta Shawford. Il n'y a qu'un SEUL invité.

L'équipe sauta au plafond. Mais la joie ne fut pas unanime. Sarah Page, la secrétaire du MI6 qui s'était donné tant de mal pour que l'opération se déroulât au mieux, était maintenant enceinte de six mois. Elle eut une pensée émue pour Leïla et ses filles :

— Oh, la malheureuse ! Je la plains, elle et ses filles. Laissées derrière, que vont-elles devenir ?

Elle se tourna vers une autre secrétaire :

— Qui a songé au coût humain ?

P5 appela « C ». « C » appela Downing Street. Charles Powell prévint Margaret Thatcher. Le contrôleur du Sovbloc se rendit en voiture à Chevening House dans le Kent, la résidence secondaire du ministre des Affaires étrangères, afin d'informer Geoffrey Howe que Gordievsky avait traversé la frontière soviétique. À la dernière minute, Charles Powell s'était abstenu de lui apporter du champagne, une sage décision car Geoffrey Howe n'avait pas soutenu PIMLICO. De méchante humeur, ce dernier étala une carte de Finlande sur une table. Powell lui montra la route que Gordievsky suivait en ce moment. Howe ne fut pas rassuré :

— Avez-vous un plan si les tueurs du KGB le poursuivent ? Et si les choses tournent mal ? Et les Finlandais, dans cette histoire ?

Ce soir-là, Shawford invita l'équipe d'exfiltration du MI6 à dîner au dernier étage du Klaus Kurki, l'hôtel le plus chic d'Helsinki. Au menu : perdrix rôties et bordeaux. Au cours du repas, loin des micros hostiles, l'équipe découvrit le vrai nom de Gordievsky et ses exploits. Si les espions du KGB continuaient à les surveiller, ils auraient été surpris de voir que le dos de Rachel Gee avait miraculeusement guéri.

Les deux voitures d'évacuation roulèrent toute la nuit en direction du cercle arctique. Ils ne s'arrêtèrent brièvement que pour faire le plein et, une autre fois, afin de permettre à Oleg de se débarrasser de sa barbe de trois jours. Il se rasait en utilisant l'eau d'un torrent et le miroir d'aile d'une Volvo quand il fut interrompu par une nuée de moustiques. Il se réfugia dans la voiture. « Nous étions encore en territoire semi-hostile. Les Russes, s'ils l'avaient voulu, auraient pu monter une opération punitive. C'était en leur pouvoir. Mais plus nous nous écartions de la frontière, plus nous nous sentions en sécurité. » Les hommes du PET danois les suivaient de près. Le soleil polaire disparut quelques instants derrière l'horizon avant de réapparaître. Oleg somnolait, à moitié éveillé, à moitié rasé. Il parlait peu. Le dimanche matin, quelques minutes après 8 heures, ils atteignirent la frontière norvégienne à Karigasniemi marquée par un simple poteau. Le garde-frontière jeta un bref coup d'œil aux trois passeports danois et aux deux passeports britanniques avant de leur faire signe de passer. À Hammerfest, ils passèrent la nuit dans le motel de l'aéroport.

Personne ne fit très attention à M. Hanssen, un Danois à l'air fatigué, ni à ses amis anglais qui embarquèrent le lendemain matin pour Oslo. Là, ils prirent la correspondance pour Londres.

Le lundi soir, Oleg se trouva au château de South Ormsby, une magnifique demeure dans les collines du Lincolnshire. À peine en eut-il franchi le seuil qu'il fut entouré d'admirateurs heureux de le féliciter. Les lustres et chandeliers l'éblouirent. Les boiseries des pièces l'étonnèrent. Siège de la famille Massingberd-Mundy depuis 1638, la demeure était entourée de 1 500 hectares de parc et dépourvue de voisins trop curieux. Son propriétaire Adrian Massingberd-Mundy, un contact du MI5, était heureux d'organiser une réception de bienvenue en l'honneur d'un invité du Service. Sidéré d'apprendre l'identité de cet hôte de marque, il envoya un vieux serviteur à bicyclette au village le plus proche « pour traîner dans le pub et vérifier que les clients ne bavardent pas à tort et à travers ».

Et dire que quarante-huit heures auparavant, Gordievsky était couché dans un coffre de voiture, drogué, à moitié nu, nageant dans sa sueur, malade de peur. Et voilà qu'il disposait d'un majordome. Le contraste était trop dur. Il demanda à téléphoner à sa femme en Russie. Le MI6 le lui interdit : son appel indiquerait au KGB qu'il était en Angleterre, ce que les Britanniques ne voulaient révéler que lorsqu'ils seraient fin prêts à l'annoncer. Épuisé, angoissé, se demandant pourquoi on l'avait amené dans ce palais au milieu de nulle part, il alla se coucher dans un lit à baldaquin.

Ce soir-là, le MI6 envoya un télégramme à Seppo Tiitinen, chef de l'espionnage finlandais, lui expliquant que des officiers du Renseignement britannique avaient fait traverser la Finlande à un transfuge soviétique en route pour l'Ouest. Le message suivant revint : « Seppo est satisfait. Mais il aimerait savoir si vous avez eu recours à la force. » Le MI6 le rassura : l'exfiltration s'était déroulée sans aucune violence.

Les conséquences, retombées, bénéfices pour la Grande-Bretagne de l'action de son espion le plus efficace de la Guerre froide se firent sentir bien avant l'annonce de l'étonnante évasion de Gordievsky.

Après avoir passé un jour à Helsinki où la Ford de Gee fut nettoyée à fond pour éliminer toute trace du séjour de Gordievsky dans le coffre, l'équipe retourna rapidement à Moscou. Ses membres savaient qu'ils seraient déclarés *persona non grata* et éjectés de Russie dès que le KGB découvrirait ce qui s'était passé. En attendant, ils étaient euphoriques. Ascot le dirait : « Je n'ai jamais ressenti une telle exaltation. Nous retournions dans l'empire du mal, mais nous les avions battus à plate couture. Après deux ans et demi d'intimidation, victimes d'un système qui avait toujours le dessus, nous les avions miraculeusement feintés. » David Ratford, le chargé d'affaires, se livra à une danse jubilatoire de cinq minutes autour de l'ambassade. L'ambassadeur ne l'imita pas.

Quelques jours plus tard, sir Bryan Cartledge présenta ses lettres de créance au Kremlin. On prit une photo de la cérémonie : tout le personnel entourait le nouvel ambassadeur en grand uniforme. Ascot et Gee étaient là – parfaitement conscients, tout comme Cartledge, – que leurs jours étaient comptés.

Le lundi matin, Mikhaïl Lioubimov attendit le train de 11 h 13 à la gare de Zvenigorod. Mais Gordievsky n'en descendit pas. Mécontent et préoccupé, il retourna à sa datcha. Oleg était-il couché chez lui, totalement pompette ? Ou était-il arrivé quelque chose de plus grave à son vieil ami, en général si ponctuel et si fiable ? « L'abus d'alcool rend inconséquent », songea-t-il tristement. Quelques jours plus tard, Lioubimov était convoqué au quartier général du KGB pour un interrogatoire.

Au sein du KGB, la disparition de Gordievsky donna peu à peu naissance à de folles hypothèses et à une campagne de désinformation. Pendant des semaines, la Direction K fut convaincue qu'il était toujours dans le pays, ivre ou mort. La région de Moscou fut fouillée de fond en comble, lacs et rivières inclus. Les rumeurs allèrent bon train : il aurait gagné l'Iran en changeant son apparence et en utilisant de faux passeports. Boudanov, pour sa part, affirma que, après s'être enfui du sanatorium, Gordievsky avait été enlevé par les Britanniques et détenu dans une planque. Or Boudanov savait pertinemment qu'il était rentré de Semionovskoïe des semaines avant sa fuite. On ramena Leïla de la mer Caspienne et on l'enferma dans la prison de Lefortovo pour l'interroger. La première séance dura huit heures et fut suivie de plusieurs autres :

— Où se trouve votre mari ? lui demandait-on encore et encore.

Leïla ne se laissait pas impressionner :

— Il est à votre service. C'est à vous de me dire où il est.

Quand on lui apprit qu'il était soupçonné de travailler pour le Renseignement britannique, elle refusa de le croire. Cela lui parut être de la folie. Mais quand les jours sans aucun signe d'Oleg devinrent des semaines, quand il ne refit surface nulle part, Leïla dut accepter la triste réalité : son mari était parti. Pourtant, elle rejeta les allégations qui en faisaient un traître. Elle le dit carrément à ses interrogateurs :

— Je n'y croirai pas tant qu'il ne me l'aura pas avoué lui-même.

Oleg l'avait prévenu : elle ne devait pas tenir compte des accusations portées contre lui et c'est ainsi qu'elle réagissait : « Je suis restée très calme, très forte. »

Gordievsky quitta le château de South Ormsby pour Fort Monckton, siège du 1MTE (établissement d'entraînement militaire) qui était la base d'entraînement du MI6 située à Gosport. Il fut logé au-dessus du corps de garde de cet édifice, dans la suite des invités, simple mais confortable. En temps normal, elle était occupée par le commandant du fort. Le Russe ne voulait ni être adulé ni chouchouté, mais se mettre au travail le plus vite possible pour montrer – et se prouver d'abord à lui-même – que son sacrifice était justifié. Pourtant, pendant les premières heures, il fut écrasé par le poids de ce qu'il avait perdu. Lors de la première séance de débriefing qui dura quatre heures, il se concentra sur les circonstances de son évasion et sur le sort de sa femme et de leurs filles. Il avala sans discontinuer des litres de thé noir, des bouteilles de vin rouge, de préférence du Rioja. Il n'arrêta pas de demander des nouvelles de sa famille. Personne n'en avait reçu.

Pendant les quatre mois suivants, Fort Monckton fut sa résidence personnelle où il vécut en reclus, parfaitement protégé. Seules les personnes habilitées à connaître l'identité du mystérieux visiteur furent mises au courant. Mais bientôt le personnel comprit que cet hôte de longue durée était quelqu'un d'important et méritait d'être traité en invité de marque.

L'affaire reçut un nouveau nom de code, le dernier, qui reflétait l'état euphorique du MI6. SUNBEAM, puis NOCTON, puis PIMLICO devint OVATION. En tant que SUNBEAM, Gordievsky avait fourni de précieuses informations concernant les opérations du KGB en Scandinavie. À Londres, sous le code NOCTON, il avait livré des renseignements qui avaient considérablement influencé le point de vue stratégique de Downing Street et de la Maison Blanche. Sous OVATION débuta la phase la plus payante.

Tout le formidable matériel divulgué par Gordievsky au cours des années n'avait pu être utilisé car trop précis et donc trop compromettant. Pour le protéger, ses informations furent découpées, reconditionnées, déguisées, distribuées à petites doses et seulement à des lecteurs triés sur le volet. Pendant la phase londonienne, NOCTON donna lieu à des centaines de rapports, depuis de longs documents politiques jusqu'à des notes détaillées sur le contre-espionnage. Désormais, la France serait informée de ce qui la concernait. Les Allemands apprendraient que le monde avait frôlé le désastre pendant la terreur provoquée par ABLE ARCHER. Les Scandinaves découvriraient la véritable histoire de Treholt, Haavik et Bergling, qu'ils n'avaient fait que soupçonner. Maintenant que Gordievsky vivait en sécurité en Angleterre – la phase opérationnelle terminée –, il était possible d'exploiter à fond le trésor accumulé depuis onze ans. L'heure d'encaisser les bénéfices avait sonné.

La Grande-Bretagne possédait énormément de secrets susceptibles d'être échangés. La suite de Fort Monckton devint le siège du plus grand rassemblement du monde de l'espionnage jamais mis sur pied par le MI6. Une succession d'officiers, d'analystes, de secrétaires vinrent récolter les fruits du labeur de Gordievsky.

L'exfiltration réussie, le Renseignement britannique se posa un certain nombre de questions. Quand fallait-il mettre au courant la CIA et d'autres alliés occidentaux du beau coup réussi par le MI6 ? Fallait-il en parler aux médias et sous quelle forme ? Surtout, comment gérer les relations avec l'Union soviétique ? Les relations entre Mme Thatcher et Gorbatchev, améliorées grâce à la coopération secrète de Gordievsky, survivraient-elles à ce dramatique coup de théâtre ? Une autre question épineuse inquiéta particulièrement le MI6 : quel avenir pour Leïla et ses filles ? Une habile diplomatie réussirait-elle à persuader Moscou de les laisser partir ? HETMAN (du nom d'un chef cosaque) fut le nom de code attribué à la campagne intensive et secrète menée pour réunir Oleg et sa famille.

Le MI6 ne douta jamais de l'honnêteté de son espion. Pourtant, certaines personnes eurent du mal à avaler son histoire. À Whitehall, une poignée de sceptiques se demanda « si Gordievsky n'était pas devenu un agent double pendant son séjour à Moscou avant d'être renvoyé exprès en Angleterre ». Pourquoi n'avait-il pas été arrêté et emprisonné dès son retour à Moscou ? Les analystes l'expliquèrent en évoquant la suffisance du KGB, son attitude légaliste et sa détermination à prendre au piège l'espion et ses agents traitants. Et la peur : « Si vous appartenez au KGB et que vous allez fusiller quelqu'un, il vous faut réunir des preuves incontestables. Sinon vous risquez d'être le prochain devant le peloton d'exécution. Ils ont forcé la dose en cherchant ce genre de preuves : cela sauva Gordievsky ainsi que son prodigieux courage et la force du désespoir. » Toutefois, la façon dont il avait été drogué et interrogé par la Première Direction générale ne parut pas crédible à d'autres : « Ils doutèrent de la séquence des événements. Elle était trop mélodramatique. » Mais en définitive, il n'y eut aucune réponse à la question la plus angoissante de l'affaire : qui l'avait trahi ?

La véracité de l'histoire de Gordievsky fut confirmée une semaine plus tard. Par la source la plus inattendue : le KGB !

Le 1er août, un officier du KGB du nom de Vitaly Iourtchenko entra dans l'ambassade des États-Unis à Rome et annonça qu'il désirait passer à l'Ouest. L'affaire Iourtchenko est une des histoires les plus étranges du renseignement. Appartenant au KGB depuis vingt-cinq ans, le général Iourtchenko était devenu le chef du département 5 de la Direction K de la Première Direction générale, chargé de surveiller les officiers du KGB soupçonnés d'espionnage. Il était également concerné par les opérations spéciales à l'étranger et l'usage de drogues particulières. Au mois de mars 1985, il accéda au poste d'adjoint au chef du Premier Département responsable de coordonner les efforts du KGB en vue de recruter des agents aux États-Unis et au Canada. Son successeur fut Sergueï Goloubev, un des interrogateurs de Gordievsky. Iourtchenko avait gardé des liens étroits avec la Direction K et Goloubev.

Les motifs de sa désertion demeurent troubles mais il est possible qu'une liaison malheureuse avec l'épouse d'un diplomate soviétique en soit partiellement la cause. Aussi flou est son retour au bercail, quatre mois plus tard. Les autorités soviétiques prétendraient plus tard que les Américains l'avaient kidnappé. Et quelle confiance lui attribuer ? Déséquilibré ou pas, il détenait d'importants secrets.

Sa défection, la CIA la vécut comme un triomphe, comme la prise la plus importante jamais effectuée. L'officier chargé de débriefer le transfuge russe n'était autre que l'expert en matière de contre-espionnage soviétique, Aldrich Ames !

Au départ, Ames se fit du souci : Iourtchenko savait-il qu'il espionnait pour le compte des Russes ? Mais très vite, il se rendit compte qu'il n'avait rien à craindre : « Il ne savait rien à mon sujet. Sinon j'aurais été une des premières personnes dont il aurait livré le nom à Rome. »

Le 2 août dans l'après-midi, à la base aérienne d'Andrews, Ames attendait Iourtchenko à sa descente de l'avion en provenance d'Italie.

Avant même d'avoir quitté le tarmac de l'aérodrome, Ames lui posa la question que tous les officiers du renseignement apprennent à poser à un volontaire : « Avez-vous des indices importants prouvant que la CIA a été infiltrée par une taupe du KGB ? »

Iourtchenko donna les noms de deux espions du Renseignement américain (dont un ancien officier de la CIA). Mais ce soir-là, sa principale révélation concerna Oleg Gordievsky, un de ses anciens collègues, le *rezident* du KGB à Londres qui, soupçonné de trahison, avait été rappelé à Moscou. Il raconta qu'on lui avait fait boire du sérum de vérité et qu'il avait été cuisiné par les enquêteurs de la Direction K. Par des indiscrétions, Iourtchenko avait appris que Gordievsky était assigné à résidence à Moscou et susceptible d'être exécuté. Il ignorait qu'il s'était enfui en Angleterre. Ames également. Iourtchenko ne savait pas non plus qui avait trahi Gordievsky. Ames, lui, était au courant. Et pour cause.

La réaction d'Ames en apprenant l'arrestation à Moscou de Gordievsky montre à quel point ses deux existences parallèles s'étaient tellement mélangées qu'il ne pouvait plus les séparer. Ames avait vendu le Russe au KGB. Pourtant, en découvrant les conséquences de son acte, son premier réflexe fut de prévenir les Anglais que leur espion avait des ennuis.

« J'ai tout de suite pensé : "Mon Dieu, nous devons agir pour le sauver ! Nous devons télégraphier à Londres pour mettre les Anglais au courant." J'avais donné son nom au KGB. J'étais responsable de son arrestation… Je me faisais sincèrement du souci pour lui alors que c'était moi qui l'avais livré. Ça peut paraître fou étant donné que j'étais, moi aussi, un agent du KGB. » Ames jouait-il les faux jetons ? Ou n'était-il qu'un demi-traître ?

La CIA envoya un message au MI6 : « Un transfuge soviétique de fraîche date nous apprend qu'Oleg Gordievsky, un officier supérieur du KGB, a été drogué et interrogé. Il serait soupçonné d'être un espion britannique. Le MI6 pourrait-il éclairer notre lanterne ? »

Ce que la CIA s'abstint de dire, c'est qu'elle savait parfaitement que Gordievsky espionnait pour les Anglais. Le télégramme de Langley rassura l'équipe OVATION : une source indépendante avait confirmé l'histoire d'Oleg. Revers de la médaille : elle devait révéler aux Américains que Gordievsky avait fui la Russie.

Cet après-midi-là, deux officiers du MI6 s'envolèrent pour Washington. À leur arrivée, un chauffeur les conduisit à Langley. L'étape suivante les emmena, accompagnés de Burton Gerber, chef des opérations soviétiques de la CIA, chez Bill Casey, le patron de la CIA. Sa femme, Sophia, avait préparé un petit dîner. Les Casey devaient se rendre ensuite au théâtre. Les deux officiers britanniques détaillèrent l'affaire Gordievsky : son recrutement, ses dix années d'éminents services rendus au MI6 et finalement son époustouflante exfiltration. Ils firent également part de l'immense dette que les États-Unis avaient à son égard : ses renseignements concernant RYAN leur avaient dévoilé la paranoïa du Kremlin, au moment d'une forte tension dans les relations Est-Ouest. Ils furent interrompus au milieu de leur exposé par Sophia qui annonça à son mari que l'heure était venue de se rendre au théâtre. Il lui répondit :

— Vas-y ! Je te rejoins. Le spectacle auquel j'assiste en ce moment n'a pas son pareil.

Pendant le reste de la soirée, le chef de l'espionnage des États-Unis écouta les deux Anglais avec admiration, reconnaissance et étonnement. Ces compliments étaient sincères, mais la surprise était feinte. Car Casey leur cacha que la CIA avait déjà un dossier sur Gordievsky au nom de code TICKLE.

Le 16 septembre, un hélicoptère militaire survola la mer en direction de Fort Monckton. « C » et quelques officiers supérieurs l'attendaient à l'héliport. Le dos courbé, avec un visage de lévrier, Bill Casey en descendit. Il était venu en grand secret en Angleterre afin de mettre le nouveau transfuge russe sur la sellette. Avocat new-yorkais de formation, Casey connaissait bien la Grande-Bretagne : lors de la dernière guerre, il avait fait partie de l'OSS (Bureau des services stratégiques), l'ancêtre de la CIA, et dirigé des espions en Europe. Après avoir contribué à la campagne électorale de Ronald Reagan, il fut nommé à la tête de la CIA, avec comme mission « de reconstruire la puissance du Renseignement américain ». Casey serait impliqué dans le scandale de l'Iran-Contra et mourrait d'une tumeur au cerveau deux ans plus tard. Mais, pour le moment, il était sans doute l'espion le plus puissant du monde – et ne s'en cachait pas. Lors du second terme de Reagan, il se décrivait ainsi : « Je maîtrise toutes les facettes de ce job. Dès l'instant où j'ai connaissance des faits, je suis capable d'évaluer une situation et de prendre les décisions qui s'imposent. » Savoir et décider : tel était le but de sa rencontre avec Gordievsky. Pendant la prochaine conférence des superpuissances de Genève, Reagan aurait un premier tête-à-tête avec Mikhaïl Gorbatchev.

Casey voulait demander à un expert du KGB ce que le président devait lui dire.

Au cours d'un déjeuner dans la suite d'Oleg avec « C » pour seul témoin, Casey soumit Gordievsky à une série de questions au sujet du leader soviétique : son style de négociation, son attitude envers l'Ouest, ses relations avec le KGB. L'Américain nota les réponses sur un grand bloc jaune rayé de lignes bleues. Parfois l'accent du Sud de Casey et ses fausses dents empêchaient Oleg de bien le comprendre. « C » se trouva dans l'étrange position d'être obligé de traduire de l'américain-anglais en anglais-anglais. Casey l'écoutait attentivement, « comme un écolier ». Le directeur de la CIA était surtout intéressé par l'attitude de Moscou face à la dissuasion nucléaire et plus particulièrement par l'Initiative de défense stratégique, plus connue sous le nom de guerre des Étoiles. Andropov avait taxé ce plan de tentative délibérée pour déstabiliser le monde et permettre à l'Ouest d'attaquer l'Union soviétique sans craindre une contre-attaque. Gorbatchev serait-il dans le même état d'esprit ? Casey suggéra au Russe un jeu de rôle, étrange initiative dans une des bases d'entraînement les plus secrètes du MI6.

— Vous êtes Gorbatchev et moi Reagan. Voilà : nous aimerions nous débarrasser de nos armes nucléaires. Pour vous donner confiance, nous vous autoriserons à accéder à la guerre des Étoiles. Qu'en dites-vous ?

Plutôt que de continuer à se menacer de destruction réciproque totale, Casey/Reagan lui proposait de se prémunir contre une telle éventualité. Et d'appliquer un programme « M.A.D. », soit destruction mutuelle assistée.

Gordievsky/Gorbatchev réfléchit un moment avant de déclarer en russe et d'une voix forte :

— *Niet !*

Casey/Reagan fut interloqué. Dans ce dialogue imaginaire, les États-Unis proposaient d'en finir avec la menace d'une guerre nucléaire en partageant la technologie qui la rendrait obsolète.

— Pourquoi *niet* ? Nous vous donnons tout.

— Je n'ai pas confiance en vous. Vous ne nous avez jamais rien donné. Vous gardez en réserve quelque chose qui vous avantagera.

— Alors, qu'est-ce que je dois faire ?

— Si vous abandonnez l'Initiative de défense stratégique, Moscou vous croira.

— Impossible à envisager.

Casey cessa un instant de jouer :

— C'est le projet favori du Président Reagan. Que devons-nous faire ?

— D'accord, admit Gordievsky. Continuez. Continuez à leur mettre la pression. Gorbatchev et son peuple sont conscients qu'ils ne peuvent pas dépenser plus que vous. Votre technologie surpasse la leur. Continuez.

Il ajouta que Moscou se ruinerait en tentant d'égaler la guerre des Étoiles. Il dépenserait des sommes folles dans une course aux armements perdue d'avance.

— À long terme, l'Initiative de défense stratégique épuisera le gouvernement soviétique.

Certains historiens voient dans la réunion de Fort Monckton un moment charnière de la Guerre froide.

Lors du sommet de Genève qui eut lieu en novembre, le président américain, comme Gordievsky l'avait conseillé, refusa de céder sur le programme de la guerre des Étoiles, évoquant « un système de défense nécessaire ». Au cours de la conférence, on annonça que se déroulait le premier essai de l'Initiative de défense stratégique. Plus tard, cette réunion fut appelée « réunion au coin du feu » pour traduire la chaleur des échanges entre les deux leaders. Reagan avait tenu ferme et Gorbatchev avait quitté Genève persuadé que le monde avait gagné en sécurité. Il était également convaincu que l'URSS devait se réformer très vite pour rattraper l'Ouest. *Glasnost* et *perestroïka* suivirent puis succéda une vague de changements mouvementés que, finalement, Gorbatchev fut incapable de maîtriser. Gordievsky avait vu juste quand, en 1985, il avait analysé la psychologie du Kremlin. S'il n'avait pas causé la chute de l'Union soviétique, il y avait sans doute contribué.

Ce déjeuner avec Bill Casey fut le premier d'une succession de réunions avec la CIA. Quelques mois plus tard, sous haute sécurité, Gordievsky atterrit à Washington pour une réunion secrète avec les huiles du département d'État, du Conseil de sécurité nationale, du département de la Défense et de plusieurs agences de renseignement. On bombarda le Russe de questions auxquelles il répondit patiemment, en détail et en vrai professionnel. Il n'était plus alors un simple transfuge mais un agent aux connaissances approfondies de l'URSS, aux vues à long terme et doué d'une compréhension encyclopédique du KGB. Les Américains furent impressionnés et reconnaissants, les Britanniques fiers de partager l'expertise de leur espion-vedette. « Les renseignements transmis par Gordievsky étaient excellents », déclara Caspar Weinberger, le ministre de la Défense de Reagan.

Pourtant restait en suspens une question dont il n'avait pas la réponse : qui l'avait trahi ?

On demanda également à Gordievsky de donner une série de briefings à des officiers supérieurs. Lors d'une de ces réunions, on lui présenta un homme de taille haute, portant des lunettes et une fine moustache qui lui parut particulièrement aimable. Il l'écoutait attentivement et semblait suspendu à chacun de ses mots. Alors que Gordievsky trouva la plupart des officiers de la CIA plutôt coincés et même un peu méfiants, celui-là « était différent : son visage exprimait la douceur et la gentillesse. Il m'a tellement impressionné que j'ai cru être en présence de l'incarnation des valeurs américaines : l'ouverture d'esprit, l'honnêteté et la décence dont on m'avait souvent parlé ».

Pendant une douzaine d'années, Gordievsky avait mené une double vie, vrai professionnel du renseignement, secrètement dévoué à l'autre camp, toujours en représentation. Il s'y était montré excellent. Aldrich Ames aussi.

ÉPILOGUE

16.

Passeport pour PIMLICO

Un mois après l'évasion de Gordievsky, le conseiller scientifique de l'ambassade soviétique de Paris fut surpris d'être invité à prendre le thé à l'Alliance française par un diplomate britannique qu'il connaissait à peine. Il s'y rendit dans l'après-midi du 15 août et fut accueilli par un Anglais qu'il n'avait jamais vu. Celui-ci lui déclara tout de go :

— J'ai un message d'une extrême importance que je vous demande de transmettre à la tête de l'antenne du KGB.

Le Russe pâlit. Il risquait d'être entraîné dans une histoire glauque.

L'Anglais l'informa d'une voix calme qu'un officier supérieur du KGB, *rezident* à Londres jusqu'à une date récente, était vivant, en bonne santé et habitait l'Angleterre sous haute protection. « Il est très heureux mais aimerait retrouver sa famille. »

Ainsi débuta l'Opération HETMAN, afin d'amener Leïla et ses filles en Angleterre et de réunir la famille Gordievsky.

Au sein du MI6, la décision d'en informer les Russes avait suscité un épineux débat. Une lettre officielle proposant une transaction avec le KGB fut rejetée comme trop risquée : « Tout document écrit pourrait être falsifié et nous retomber dessus. » Il fut donc convenu d'envoyer un message oral à un diplomate soviétique *bona fide* à l'étranger : c'est ce malencontreux conseiller scientifique qui fut choisi comme le meilleur intermédiaire.

— Je n'avais jamais vu quelqu'un d'aussi terrifié, déclara le messager du MI6. Il est parti en tremblant.

Les termes de l'accord étaient simples. Grâce à Gordievsky, les Anglais connaissaient l'identité de tous les officiers du KGB et du GRU en Grande-Bretagne. Mais on donnait à Moscou « la possibilité de les rapatrier petit à petit et sur une longue période à condition que les Gordievsky soient libres de sortir d'URSS ». De cette façon, le Kremlin ne perdrait pas la face, les espions seraient éjectés discrètement et sans tapage diplomatique, la famille réunie. Si Moscou rejetait cette proposition et refusait de rendre la liberté à Leïla et à ses filles, les espions soviétiques seraient expulsés *en masse*. Le KGB avait quinze jours pour répondre.

Chaque jour, Gordievsky se faisait plus de souci pour elles. Fier d'avoir triomphé du KGB, il se sentait pourtant terriblement coupable. Les êtres qu'il chérissait le plus au monde étaient prisonniers de l'Union soviétique. Le geste de Margaret Thatcher de conclure un accord secret avec Moscou était peu orthodoxe. Gordievsky le constata, comme en témoignent les termes de la lettre qu'il lui adressa : « S'écarter des procédures habituelles et mettre en œuvre une tractation secrète étaient la preuve d'une grande générosité et d'une grande sensibilité. »

Mais la manœuvre échoua.

En recevant l'offre d'un arrangement secret, Moscou fut d'abord surpris puis furieux. Depuis un mois que Gordievsky avait disparu, le KGB, peu disposé à croire à sa fuite, avait passé le pays au peigne fin. Leïla ne cessa d'être interrogée à propos des allées et venues de son mari, tout comme les autres membres de sa famille, sa mère, sa sœur. Marina fut pétrifiée. Olga, sidérée. Ses collègues et amis questionnés jusqu'à plus soif. Ses filles épiées jusque dans la cour de récréation de l'école. Leïla fut la dignité même, répétant que son mari était victime d'une machination et d'une affreuse erreur. Six surveillants du KGB la suivaient partout. Quotidiennement ou presque, elle était traînée à la prison de Lefortovo où on lui posait les mêmes questions : « Comment avez-vous pu ignorer qu'il espionnait pour l'Angleterre ? » Un jour, elle se révolta : « Écoutez-moi ! Soyons clairs. J'étais sa femme. J'avais pour tâche de nettoyer, cuisiner, faire les courses, dormir avec lui, mettre au monde des enfants, partager son lit, être son amie. J'ai bien fait mon travail. Pendant six ans de ma vie, j'ai été une femme parfaite. J'ai tout fait pour lui. Vous, les gens du KGB, vous êtes des milliers à être payés pour vérifier ce que fait la population. Vous l'avez contrôlé et contrôlé, et vous n'avez rien trouvé. Et vous voulez tout me mettre sur le dos ? Ça ne vous paraît pas ridicule ? Ce n'était pas mon boulot mais le vôtre. Vous avez ruiné ma vie. »

Puis ce fut au tour de Mikhaïl Lioubimov d'être questionné par les sbires de la Direction K. Ils lui demandèrent : « Où peut-il être ? Avec une femme ? Planqué dans une cabane dans la région de Koursk ? » Bien sûr, Lioubimov n'en avait pas la moindre idée. « Ils passèrent au microscope mon amitié avec Oleg, à la recherche d'indices de sa trahison. » Mais il était aussi mystifié que les autres : « J'avais une théorie simple, basée sur sa mine lors de notre dernier entretien : souffrant d'une dépression nerveuse, il s'était suicidé. »

Dix jours après le rendez-vous à l'Alliance française, le malheureux conseiller scientifique convoya un message d'une rare violence émanant du Centre : Gordievsky n'était qu'un traître, sa famille demeurerait en Russie et il n'y aurait pas d'accord.

La Grande-Bretagne prépara sa réponse sous la forme de l'Opération EMBASE. En septembre, le Foreign Office diffusa la nouvelle de la désertion de Gordievsky (mais sans révéler le côté sensationnel de son évasion). Les journaux en firent leurs gros titres : « Le plus gros poisson jamais ferré », « L'ami Oleg, maître-espion », « L'as des espions russes ; le super-espion passé à l'Ouest », « Notre homme au KGB ». Le même jour, le gouvernement expulsa vingt-cinq officiers du KGB et du GRU confondus par Gordievsky : un nettoyage par le vide de l'espionnage soviétique. Mme Thatcher écrivit à Ronald Reagan : « Nous spécifions aux Russes, sous mon autorité personnelle, que nous ne saurions tolérer les activités d'espionnage révélées par Gordievsky. Pour autant, nous désirons conserver une relation constructive avec eux. En attendant, je crois que ce n'est pas une mauvaise chose si on présente à Gorbatchev, même d'une façon brutale dès le début de son mandat, le prix à payer pour l'ampleur et la nature des activités du KGB dans les pays occidentaux. »

Moscou riposta immédiatement. Sir Bryan Cartledge fut convoqué au ministère des Affaires étrangères par Vladimir Pavlovitch Souslov, chef du département chargé des relations avec les ambassades étrangères. Sur son bureau, en face de lui, trônait la photo du nouvel ambassadeur entouré de son personnel. Le visage de marbre, il posa deux doigts sur les têtes de Roy Ascot et d'Arthur Gee.

— Ces deux hommes sont des bandits politiques, dit-il.

Le KGB avait commencé à reconstituer le puzzle. Cartledge joua les idiots :

— De quoi voulez-vous parler ?

Souslov condamna les activités caractérisées des officiers de renseignement britanniques de l'ambassade et ajouta :

— Les autorités soviétiques savent le rôle joué par ces deux premiers secrétaires, Gee et Ascot.

Souslov en voulut particulièrement à Rachel Gee pour sa comédie de femme souffrante du dos. Puis il lut à haute voix la liste de vingt-cinq officiels dont les deux officiers du MI6 et leur secrétaire Violet Chapman. Tous devraient quitter l'Union soviétique avant la troisième semaine d'octobre, le même délai donné par Mme Thatcher au personnel du KGB à Londres. Il est à noter que la plupart des personnes expulsées de Russie n'avaient rien à voir avec le renseignement et encore moins avec l'exfiltration.

Sir Bryan Cartledge retrouva Ascot dans la pièce hautement sonorisée et laissa éclater une tempête proche d'un ouragan. L'ambassadeur savait que le

Premier Ministre avait approuvé l'opération, mais les retombées commençaient à peine. « Il était absolument fou de rage, se souviendrait Ascot. Il m'a dit que nous avions détruit son ambassade au moment où Mme Thatcher se rapprochait de Gorbatchev (en partie grâce à notre ami, mais je ne l'ai pas rappelé à Bryan). Certaines personnes vident plus facilement leur sac quand ils sont très en colère. Il m'a dit que mon arrière-grand-père, le Premier Ministre, devait se retourner dans sa tombe. » En fait, si le célèbre ancêtre d'Ascot remuait, ce serait de joie et de fierté.

Cartledge envoya en vain un télégramme aux termes peu diplomatiques à Londres, conseillant que cessent les représailles : « Ne jamais entreprendre de concours à celui qui pisse le plus loin avec un putois. Il possède des ressources naturelles dont vous êtes dépourvu. » (Sa colère ne fit que croître quand il apprit que son message avait atterri *in extenso* sur le bureau du Premier Ministre.) Mais Mme Thatcher n'en avait pas terminé avec son match. Quand sir Robert Armstrong, son haut conseiller, lui proposa quatre expulsions supplémentaires, elle jugea que c'était insuffisant : elle exigea le renvoi de six officiels soviétiques. Réaction immédiate et prévue des Russes : six diplomates britanniques furent priés de plier bagage. Le score s'élevait ainsi à soixante-deux expulsions, trente et une dans chaque camp. Cartledge avait vu juste : « D'un coup de plume, j'ai perdu tout mon personnel qui parlait russe… Notre ambassade est réduite de moitié. »

Gordievsky restait caché dans le fort. Parfois, en de rares occasions, il en sortait pour se balader dans les environs immédiats, mais toujours sous haute protection. Chaque jour, il courait autour du fort ou dans la forêt avoisinante (la New Forest), mais jamais seul. Martin Shawford, l'officier du MI6, lui emboîtait le pas. Il lui était impossible de se faire de nouvelles relations ni de prendre contact avec d'anciens amis. Le MI6 cherchait à lui rendre la vie agréable, mais Oleg ne fréquentait que des membres de la communauté du renseignement et leurs familles. Il ne manquait pas de travail mais il souffrait de la solitude. Être séparé de sa femme et de ses filles le tourmentait sans cesse, l'absence totale de leurs nouvelles était une source d'angoisse : quand il n'en pouvait plus, il explosait en se plaignant de son sort. Pour ne pas se laisser aller, il multipliait les séances de débriefing, travaillant tard dans la nuit. Son humeur variait de l'espoir à la résignation, de l'orgueil de ce qu'il avait accompli au bilan désastreux de sa vie personnelle. Il écrivit à Mme Thatcher : « Après avoir prié pour être rapidement réuni à ma femme et mes enfants, j'accepte et je comprends totalement vos raisons… Je dois pourtant espérer qu'une solution sera trouvée pour permettre la libération de ma famille car, sans elle, mon existence n'a pas de sens. »

Margaret Thatcher lui répondit : « Nous sommes toujours aussi préoccupés pour votre famille que nous n'oublierons pas. Ayant moi-même des enfants, je connais le genre de pensées et de sentiments qui vous occupent chaque jour. Je vous en prie, ne dites pas que l'existence n'a pas de sens. L'espoir demeure toujours. » Ajoutant qu'elle souhaiterait le voir un jour, elle conclut : « J'apprécie votre courage personnel et votre action en faveur de la liberté et de la démocratie. »

La réaction des gens du KGB à l'annonce de l'évasion de Gordievsky pour l'Angleterre ne fut pas belle à voir : chacun de blâmer l'autre, chacun de rejeter la responsabilité sur son voisin. Tchebrikov, le chef du KGB, et Krioutchkov, la tête de la Première Direction générale, critiquèrent la Seconde Direction générale qui était, en théorie, chargée de la sécurité intérieure et des opérations de contre-espionnage. Les patrons de la Première Direction générale stigmatisèrent la Direction K. Grouchko s'en prit à Gribine. Tout le monde tomba sur le dos de l'équipe de surveillance qui, comme elle occupait l'échelon inférieur, n'avait personne à incriminer. L'antenne du KGB de Leningrad, en charge de la surveillance des diplomates anglais, fut tenue pour coupable : plusieurs officiers furent limogés ou cassés. Vladimir Poutine, un produit du KGB de Leningrad, fut parmi les officiers impliqués : nombre de ses amis, collègues et parrains furent sanctionnés.

Fou de rage et humilié, ignorant encore comment Gordievsky s'y était pris, le KGB se lança dans une campagne de désinformation : parmi les « fake news », on affirma qu'il avait été enlevé durant une réception diplomatique, déguisé des pieds à la tête. Ou bien qu'il aurait obtenu de faux papiers. On sous-estima son grade et son importance. Plus tard, le KGB prétendrait – tout comme le MI6 l'avait fait pour Philby – qu'il l'avait soupçonné de trahison depuis longtemps. Dans ses Mémoires, Evgueni Primakov, un ancien ministre des Affaires étrangères, suggérait que, lors d'un interrogatoire, Gordievsky avait proposé de changer de camp à nouveau : « Il était sur le point d'avouer quand il émit la possibilité de travailler activement contre les

Britanniques. Il offrit même diverses garanties prouvant qu'il réussirait comme agent double. Le KGB en fut averti le jour même. Or, les officiers du renseignement étranger étaient persuadés qu'il avouerait le lendemain. Soudain, un ordre tomba d'arrêter le débriefing, de supprimer la surveillance dont il était l'objet et de l'envoyer dans un centre médical… De là il s'était enfui en passant par la Finlande. »

Cette brillante élucubration ne tient pas la route. Si Gordievsky avait été « sur le point » d'avouer, il n'est pas allé jusqu'au bout. Et s'il n'a pas admis qu'il était un agent anglais, comment aurait-il proposé de devenir un agent double ?

Primakov et Tcherkachine, le premier officier traitant d'Ames, affirmèrent que le KGB fut informé de la trahison de Gordievsky par une source anonyme plusieurs mois avant son retour à Moscou. Mais en dépit de ces fanfaronnades et bobards, les hauts dignitaires du KGB connaissaient la vérité : ils avaient eu entre leurs mains le plus important espion de la Guerre froide et ils l'avaient laissé filer.

Deux jours après le bain de sang diplomatique, un long convoi de voitures particulières, vingt en tout, prit la route express de Leningrad à Vyborg. Si huit d'entre elles étaient britanniques, les autres étaient des véhicules de surveillance du KGB. Les diplomates étaient expulsés par la Finlande. Ascot et Gee connaissaient bien le trajet. Mais cette fois-ci, ils étaient chaperonnés comme au temps de Rome, « tels des prisonniers exhibés en triomphe ». Dans ses valises, Gee avait soigneusement rangé un sac Harrods et la cassette de *Finlandia* de Sibelius. En passant devant le rocher qui marquait l'entrée de l'aire de repos, les voitures du KGB ralentirent et les officiers se tournèrent pour regarder le fameux endroit. « Ils avaient tout compris ! »

Le KGB, légaliste jusqu'au bout des ongles, n'en avait pas tout à fait terminé avec Gordievsky. Le 14 novembre 1985, un tribunal militaire l'accusa de haute trahison et le condamna à mort par contumace. Sept ans plus tard, Leonid Chebarchine, le successeur de Krioutchkov à la tête de la Première Direction générale, déclara dans une interview qu'il espérait que Gordievsky serait assassiné en Angleterre. Et il laissa entendre que c'était plus qu'un souhait : « Techniquement, ça n'a rien de sorcier. »

Oleg Gordievsky devint une attraction à part entière dans l'univers du renseignement. Accompagné de ses gardes du corps du MI6, il parcourut le monde pour démystifier et décortiquer les arcanes du KGB. Ses pas le menèrent en Nouvelle-Zélande, Afrique du Sud, Australie, Canada, France, Allemagne de l'Ouest et en Scandinavie. Trois mois après son évasion, une réunion se tint à Century House où furent conviés tous les services de renseignement, une sélection de dignitaires du gouvernement et de certains alliés. Ils examinèrent le trésor fourni par Gordievsky et ses conséquences sur la maîtrise des armes nucléaires, les relations Est-Ouest et les futurs objectifs du renseignement. Les centaines de rapports individuels furent empilés sur une unique table de conférence, « comme un immense buffet » dans lequel espions et maîtres-espions piochèrent pendant deux jours.

Le MI6 lui acheta une maison dans la banlieue de Londres où il vécut sous un faux nom. Le MI5 et le

MI6 prirent très au sérieux les menaces de mort. Cela ne l'empêcha pas de donner des conférences, d'écouter de la musique, d'écrire des livres en collaboration avec l'historien Christopher Andrew. Ces ouvrages, d'une précision universitaire, sont toujours considérés comme les analyses les plus complètes du Renseignement soviétique. Il se montra même à la télévision, affublé d'une perruque absurde et d'une fausse barbe. Le KGB savait à quoi il ressemblait mais il ne voulait pas courir de risques. Tandis que Gorbatchev commençait à réformer l'Union soviétique et que l'empire communiste vacillait, l'expertise de Gordievsky fut de plus en plus recherchée.

En mai 1986, Margaret Thatcher l'invita à Chequers, sa résidence secondaire officielle. Pendant près de trois heures, elle bombarda de questions l'homme qu'elle avait connu sous le nom de M. Collins. Elle l'interrogea sur le contrôle des armes, la stratégie soviétique, la personnalité de Gorbatchev. En mars 1987, il la briefa à nouveau, cette fois-ci à Downing Street, avant son départ pour une visite officielle à Moscou. La même année, il fut reçu à la Maison Blanche par le Président Reagan : ils discutèrent des réseaux d'espionnage soviétiques et il prit la pose pour les caméras. Le tête-à-tête dura vingt-deux minutes (quatre minutes de plus que le leader travailliste Neil Kinnock, nota Oleg avec plaisir). En le raccompagnant, Reagan prit le Russe par les épaules.

— Nous vous connaissons. Nous vous sommes reconnaissants de ce que vous avez fait pour l'Occident. Merci. Nous n'oublions pas votre famille et nous nous battrons pour elle.

Pendant ses premières années de liberté, Oleg fut très occupé et profondément malheureux.

Sa famille demeurait prisonnière d'un KGB revanchard. Dans un rêve récurrent, il voyait sa femme et ses filles débarquer à l'aéroport de Heathrow pour de joyeuses retrouvailles. Mais, quand il se réveillait, il était seul.

À Moscou, Leïla était assignée à résidence et constamment surveillée de peur qu'elle ne réussisse, elle aussi, à fuir. Son téléphone était sur écoute. Ses lettres interceptées. Il lui était impossible de trouver un emploi et elle dépendait de ses parents pour vivre. Une par une, ses amies l'abandonnèrent. « Autour de moi, c'était le vide le plus complet. Tout le monde avait peur de me voir. J'ai changé les noms des filles pour Aliiev, car Gordievsky était trop connu. Je ne voulais pas que mes enfants soient mises au ban de la société. » Elle cessa de se couper les cheveux : elle déclara qu'elle les laisserait pousser tant qu'elle n'avait pas retrouvé son mari. Des années plus tard, un journaliste lui demanda ce qu'elle avait ressenti en apprenant que son mari avait rejoint l'Angleterre : « J'étais simplement heureuse qu'il soit vivant », répondit-elle.

Selon les termes de la condamnation de Gordievsky, on confisqua tout ce qui appartenait au couple : appartement, voiture, bagages, le magnétoscope rapporté du Danemark. « Même le lit de camp au matelas troué, le fer à repasser. Surtout le fer à repasser parce qu'il était de fabrication étrangère, un Hoover. »

Son mari lui envoya des télégrammes qui ne lui parvinrent jamais. Il acheta des cadeaux, dont de coûteux vêtements pour les filles, qu'il emballa amoureusement. Le KGB les confisqua. Finalement, lorsque lui parvint une lettre de Leïla, il comprit dès les premières lignes qu'elle l'avait écrite sous la dictée du KGB : « Ils t'ont pardonné. Tu peux facilement trouver un autre poste. » Était-ce un piège ? Était-elle de mèche avec le KGB ? Grâce à un dignitaire soviétique, il réussit à lui faire parvenir une lettre où il répétait qu'il était victime d'un complot, espérant la protéger ainsi. En fait, Leïla était ulcérée. Elle connaissait la vérité. « Il m'a dit : "Je ne suis coupable de rien. Je suis un honnête officier et un citoyen loyal mais j'ai dû fuir à l'étranger." J'ai essayé de comprendre. Il y avait quelques mots au sujet des enfants et il disait qu'il m'aimait toujours. Mais je pensais : "Tu as agi selon ton plein gré – et je suis toujours ici avec les filles. Tu es parti, mais nous sommes prisonnières." » Ils se dupaient l'un l'autre. Ou se dupaient-ils eux-mêmes ? Le KGB raconta à Leïla que son mari sortait avec une jeune secrétaire anglaise.

Les instances du KGB lui annoncèrent un jour que, si elle divorçait officiellement, tous ses biens lui seraient rendus, y compris le fer à repasser. « Ils m'ont dit que je devais penser à mes enfants. » Elle accepta. Le KGB lui envoya un taxi pour l'amener au tribunal des divorces et acquitta la taxe. Elle reprit son nom de jeune fille. Elle crut ne jamais revoir Oleg : « La vie continuait. Les filles allaient à l'école, elles étaient contentes. Je n'ai jamais osé pleurer devant elles ou leur montrer le fond de mon cœur. Ce n'était pas dans mon tempérament de me laisser aller et j'avais toujours le sourire. » Pourtant, elle déclara à un journaliste occidental, qui avait obtenu un bref entretien, qu'elle aimait toujours son mari et qu'elle rêvait d'être avec lui : « Bien sûr, officiellement je ne suis plus sa femme, mais dans ma tête je le suis toujours. »

Pendant six ans, tous les efforts pour faire sortir la famille de Russie se révélèrent vains. Cela n'avait pas été faute d'essayer : « Nous avons tenté d'entrer en contact par l'intermédiaire des Finlandais et des Norvégiens, mais nous manquions d'atouts », dira George Walker, l'officier chargé de l'Opération HETMAN. Il était aussi l'intermédiaire principal entre Gordievsky et le Service. « Nous avons sollicité l'assistance des pays neutres et des associations des droits de l'homme. Nous avons demandé aux Français, aux Allemands, aux Néo-Zélandais de mettre la pression. Le Foreign Office se démenait avec la collaboration de son ambassadeur à Moscou. » Toujours en vain. Lors de la rencontre entre Margaret Thatcher et Gorbatchev en 1987, elle souleva immédiatement la question. Charles Powell observa la réaction du leader soviétique : « Il devint blanc de colère et refusa de répondre. » Ils se reverraient encore deux fois au cours des années suivantes. Et à chaque occasion, elle évoqua sans succès la libération de la famille Gordievsky. Mais elle ne se découragea jamais.

Les gens du KGB refusaient de céder. « Oleg les avait roulés dans la farine, dira encore Walker. Le seul châtiment qu'ils pouvaient lui infliger, c'était de refuser de laisser partir sa femme et ses enfants. »

Deux ans après son évasion lui parvint une lettre de Leïla, sortie de Russie par un routier finnois qui la posta à Helsinki. La missive de trois pages, rédigée sur du papier ministre, n'avait pas été écrite sous la direction du KGB. Leïla était franche et furieuse. Walker l'a lue : « Elle émanait d'une femme forte et très en colère : “Pourquoi ne m’as-tu rien dit ? Comment as-tu pu nous abandonner ? Que fais-tu pour nous sortir de là ?” »

Peu à peu s’évanouit l’espoir que cela se terminerait en conte de fées. La trahison, une séparation qui n’en finissait plus, les fausses nouvelles du KGB sapèrent le peu de confiance conjugale qui restait. Parfois les anciens mariés parvenaient à se parler au téléphone, mais les conversations étaient tendues. Sans compter qu’elles étaient écoutées et enregistrées. Les filles étaient timides et répondaient par oui et par non. Ces échanges guindés, semés de grésillements, les éloignèrent encore plus, physiquement et psychologiquement. Walker remarqua : « J’ai su depuis le début que la réconciliation ne serait pas aisée. Dans des circonstances ordinaires, elle n’aurait pas été facile. Mais après avoir lu la lettre, il était évident qu’elle n’aurait jamais lieu. » L’Opération HETMAN se poursuivit néanmoins. « J’avais pour tâche que cette femme ne fût pas oubliée. »

À la suite de l’évasion, quelques têtes tombèrent, mais seulement le menu fretin fut touché : NIKOLAÏ GRIBINE, le patron immédiat de Gordievsky, fut dégradé alors qu’il n’était en rien responsable. Mais VLADIMIR KRIOUTCHKOV, à la tête de la Première Direction générale, devint président du KGB en 1988. Son adjoint, VIKTOR GROUCHKO, s’éleva en même temps que lui. VIKTOR BOUDANOV, qui avait dirigé les recherches, fut promu à la tête de la Direction K avec le grade de général. Après la débâcle du communisme, il fonda Elite Security. En 2017, cette société de sécurité annonça qu’elle avait remporté un contrat de 2,8 millions de dollars pour protéger l’ambassade des États-Unis de Moscou. L'ironie de cet accord n'échappa pas à Mikhaïl Lioubimov qui signala que l'ambassade russe de Washington avait peu de chances de louer les services d'une société liée à la CIA.

Le mur de Berlin, qui avait déclenché les prémices de la rébellion de Gordievsky, tomba en 1989, suivi d'une vague de révolutions anticommunistes en Europe de l'Est et dans la Mitteleuropa. Lorsque le KGB commença à relâcher son emprise sur une Union soviétique en pleine désintégration, la *glasnost* et la *perestroïka* ne firent rien pour ralentir ce processus. En 1991, les jusqu'au-boutistes du Kremlin, adversaires résolus des réformes de Gorbatchev, fomentèrent un coup d'État dirigé par Krioutchkov pour s'emparer du pouvoir. Il doubla les salaires de tous les membres du KGB, rappela ceux qui étaient en vacances, les plaça en alerte. Au bout de trois jours, le putsch échoua. Krioutchkov et Grouchko furent arrêtés et accusés de haute trahison. Gorbatchev riposta vivement : il plaça les 230 000 troupes du KGB sous l'autorité du ministère de la Défense, la Direction K fut dissoute, la plupart des chefs limogés – à l'exception de GUENNADI TITOV, promu général. « Le Crocodile » était en vacances quand le coup éclata. Résultat ? Il fut promu à la tête du contre-espionnage : « L'espionnage est devenu beaucoup plus difficile qu'avant », déclara-t-il avec humour peu de temps après le fiasco du complot.

Krioutchkov fut remplacé par Vadim Bakatine, un réformateur libéral. Il entreprit de démanteler le vaste réseau de sécurité et d'espionnage qui avait terrorisé l'Union soviétique pendant si longtemps : « J'ai présenté au Président des plans pour détruire cette organisation. » Le nouveau chef du KGB fut également le dernier. Une de ses premières mesures fut l'annonce de la réunion de la famille Gordievsky : « À mes yeux, c'était un vieux problème. Quand j'ai demandé l'avis de mes généraux, ce fut un "non" catégorique. J'ai décidé de ne pas en tenir compte. Ce fut ma première victoire sur le KGB. »

LEÏLA ALIIEVA GORDIEVSKY et ses filles, Maria (Macha) et Anna, atterrirent à Heathrow le 6 septembre 1991 et furent immédiatement héliportées à Fort Monckton où Gordievsky les attendait pour les conduire chez lui. La maison débordait de fleurs, de champagne, de cadeaux. Oleg avait noué dans toute la maison des rubans jaunes, symbole en Amérique de retour au pays, acheté des draps neufs pour les lits des filles, allumé toutes les lampes pour créer une ambiance festive.

Les journaux publièrent des photos des Gordievsky se promenant gaiement dans Londres, preuve de leur bonheur conjugal, de la puissance de l'amour à une époque d'agitation en Russie. D'ailleurs, trois mois plus tard, l'Union soviétique fut dissoute. Leurs retrouvailles furent considérées comme une preuve romantique de la fin du communisme. Mais après six ans de séparation forcée, tout était loin d'être rose. Macha, maintenant âgée de 11 ans, se souvenait à peine de son père. Pour Anna, 10 ans, c'était un inconnu. Oleg s'attendait à ce que Leïla reprît sa place d'épouse, tout comme avant. Pas du tout : elle était critique, voire hostile, exigeant même des explications. Il l'accusa d'accaparer les filles. Mais pour elle, son retour en Angleterre n'était que le dernier chapitre d'une histoire qui la dépassait. Sa vie avait été détruite par la politique et les choix secrets d'un homme dont elle avait été follement amoureuse, en qui elle avait une confiance totale, mais qu'elle n'avait jamais percé à jour. « Il a fait ce qu'il jugeait bon, et je le respecte pour ça. Mais il ne m'a pas demandé mon avis. Il m'a impliquée sans me demander mon avis. Il ne m'a pas donné l'occasion de choisir. D'après lui, il a été mon sauveur. Mais qui m'a mise dans la merde ? Il a oublié la première partie. On ne peut pas balancer quelqu'un du haut d'une falaise, puis lui tendre la main en disant : "Je t'ai sauvé la vie !" Quel fichu Russe ! »

Leïla était incapable de pardonner ou de se remettre de ces dernières années. Ils tentèrent de reconstruire une vie de famille, mais le couple d'avant l'évasion appartenait à un autre monde, à un autre temps, et sa flamme ne pouvait être ranimée. Finalement, Leïla s'aperçut qu'Oleg avait placé sa loyauté à un idéal au-dessus de son amour pour elle. « Les liens entre une personne et l'État sont une chose, les liens entre deux personnes qui s'aiment sont totalement différents », confierait-elle bien après. Leur mariage, déjà dissous pour la loi soviétique, se termina dans des larmes amères : « Il ne restait plus rien », écrivit Oleg. Ils se séparèrent en 1993, victimes des combats entre le KGB et le MI6, entre le communisme et l'Occident. Ils s'étaient unis alors que l'espionnage décuplé par la Guerre froide battait son plein, ils se quittèrent alors qu'elle se terminait.

Leïla divisa son temps entre la Russie et l'Angleterre. Leurs filles eurent une éducation britannique, d'abord dans les écoles puis à l'université. Elles s'établirent en Grande-Bretagne. Sous un autre nom. Le MI6 continue à veiller sur la famille.

Ses amis et collègues du KGB ne lui pardonnèrent jamais. MAKSIM PARCHIKOV fut rappelé de Londres et interrogé. Sa carrière demeura au point mort. Le reste de sa vie, il se demanda pourquoi Gordievsky avait trahi son pays : « C'est vrai qu'Oleg était un dissident. Mais quel individu sain d'esprit n'a pas été un dissident dans les années 1980 ? Dans la *rezidentura* de Londres, nous étions une bande de dissidents à des degrés divers. Tous, nous aimions le mode de vie occidental. Mais seul Oleg sauta le pas. »

MIKHAÏL LIOUBIMOV se sentit personnellement blessé : Oleg avait été son ami ; ils avaient partagé des secrets, le goût pour la musique et les œuvres de Somerset Maugham : « Juste après son évasion, le KGB m'a brisé. Mes anciens collègues n'ont plus voulu avoir affaire à moi, ont refusé de me rencontrer… D'après certaines rumeurs, le KGB m'accusait froidement d'être le principal responsable de la trahison de Gordievsky. » Ce ne fut qu'à ce moment qu'il comprit le sens du message où Oleg faisait référence au *Linge de Mr. Harrington.* S'il ne réussit jamais à devenir le Somerset Maugham russe, Lioubimov écrivit des romans, des pièces de théâtre, des livres de souvenirs. Un personnage hybride enfanté par la Guerre froide : fidèle au régime soviétique mais anglais-vieux-genre dans son comportement. Gordievsky l'avait utilisé pour détourner l'attention du KGB au moment critique de son évasion, en faisant de lui un leurre, et ça, il ne l'avala jamais. Oleg avait abusé de son sens britannique du fair-play. Les deux hommes ne se parlèrent plus jamais.

Après les expulsions en rafales de diplomates, SIR BRYAN CARTLEDGE fut surpris de voir à quelle vitesse les relations entre la Grande-Bretagne et l'Union soviétique retrouvèrent leur ambiance détendue. Il quitta son poste en 1988. Songeant à l'affaire, il décrivit l'exfiltration comme « une victoire extraordinaire ». Gordievsky avait fourni « un florilège de connaissances sur les structures du KGB et son *modus operandi*… nous permettant de le contrer pendant de nombreuses années à venir ».

ROSEMARY SPENCER, chercheuse attachée au Cercle conservateur, fut plus que surprise d'apprendre que l'aimable diplomate russe, dont elle avait apprécié le charme, travaillait en réalité pour le MI6. Par la suite, elle épousa un Danois et s'installa à Copenhague.

Les officiers du MI6 qui avaient pris part à l'affaire Gordievsky et ses agents traitants conservèrent des liens précieux à l'intérieur d'une cellule secrète dans ce monde confidentiel. Les autres officiers, RICHARD BROMHEAD, VERONICA PRICE, JAMES SPOONER, GEOFFREY GUSCOTT, MARTIN SHAWFORD, SIMON BROWN, SARAH PAGE, ARTHUR GEE, VIOLET CHAPMAN, GEORGE WALKER, demeurèrent, à leur demande, dans l'ombre, car ce ne sont pas leurs vrais noms. Lors d'une audience secrète avec la reine, ASCOT et GEE furent décorés de l'ordre de l'Empire britannique (OBE) et Chapman devint membre de l'Empire britannique (MBE).

L'Écossais PHILIP HAWKINS, le premier agent traitant de Gordievsky, s'exclama en apprenant sa fuite : « Tiens donc ! Il était sincère. Je ne l'avais jamais cru. » Une réaction bien dans son tempérament.

JOHN DEVERELL, chef de la section K, prit la tête du MI5 pour l'Irlande du Nord. Il mourut en 1994, en même temps que la plupart des experts du renseignement d'Irlande du Nord, lorsque leur hélicoptère s'écrasa sur le cap Kintyre.

En 2015, alors que Roy Ascot siégeait à la Chambre des lords, un autre pair, l'historien Peter Hennessy, le démasqua de manière spectaculaire : « Bien que je sache qu'il est trop discret pour en parler, je tiens à dire que le noble comte tient une place particulière dans l'histoire du renseignement pour avoir contribué à l'exfiltration de Russie de cet homme courageux et remarquable, Oleg Gordievsky. » La fille d'Ascot, dont la couche sale avait joué un rôle étrange dans la Guerre froide, devint une experte en art russe. Le KGB n'a jamais digéré le fait que le MI6 ait utilisé un bébé pour une opération d'exfiltration.

Michael Bettaney bénéficia d'une libération conditionnelle après être resté quatorze ans en prison. À l'origine, il avait été condamné à vingt-trois ans de réclusion.

Stig Bergling, l'espion suédois, profita d'une visite de sortie conjugale pour s'échapper de prison, gagner Moscou où il vécut grâce à une belle allocation de 500 roubles par mois. Un an plus tard, il alla habiter Budapest avant de s'établir au Liban où il travailla comme conseiller en sécurité pour Walid Joumblatt, le chef de la milice druze. En 1994, il appela le Service de sécurité de Suède pour lui faire part de son désir de rentrer au pays. Après trois ans de prison, il fut libéré pour raison de santé. Il mourut de la maladie de Parkinson en 2015, après avoir visé et blessé une infirmière avec une carabine à air comprimé.

Arne Treholt retrouva la liberté après avoir été amnistié par le gouvernement norvégien en 1992. Cette mesure, très controversée, intervint après une détention de huit ans dans une prison de haute sécurité. Sa libération demeure une source de contestation en Norvège. La Commission des affaires criminelles rouvrit l'enquête et rejeta en 2011 la plainte des amis de Treholt selon laquelle des preuves auraient été falsifiées. Après sa libération, il s'établit en Russie puis à Chypre où se lança dans les affaires et devint consultant.

En 1995, MICHAEL FOOT intenta un procès au *Sunday Times* pour un article annonçant l'adaptation en feuilleton des Mémoires de Gordievsky avec ce gros titre : « KGB : Foot était notre agent. » Foot reprocha à l'article d'être « de la diffamation digne du maccarthysme ». Il reçut une forte somme au titre des dommages et intérêts, dont il reversa une partie au magazine *Tribune.* Il mourut en 2010 à l'âge de 93 ans.

Pour les agences de renseignement occidentales, l'affaire Gordievsky devint un cas d'école. Comment recruter et traiter un agent, comment utiliser le renseignement pour informer et améliorer les relations internationales et comment, dans des circonstances dramatiques, sauver un espion : rien ne manquait à l'appel. Mais qui l'avait trahi ? La question restait en suspens. Gordievsky ne manquait pas de théories : soit Elena, sa première femme, soit Standa Kaplan, son ami tchèque, l'avait dénoncé ; il était également possible que Bettaney ait compris qu'il l'avait mouchardé comme taupe du MI5 ; ou l'arrestation et le procès d'Arne Treholt avaient-ils mis la puce à l'oreille du KGB ? Ni lui ni le MI6 ne soupçonnèrent le gentil officier américain qui s'asseyait en face de

Gordievsky lors des briefings marathons qu'il donnait dans les locaux de la CIA.

Après un séjour à Rome, ALDRICH AMES fut affecté au Groupe d'analyse du Centre du contre-espionnage de la CIA. Là, il lui fut loisible d'accéder aux dernières informations concernant les agents américains opérant en URSS, informations qu'il transmettait immédiatement au KGB. Leur taux de mortalité augmenta tout comme le solde de ses comptes en banque en Suisse et aux États-Unis. Il s'offrit une Jaguar grise argent flambant neuve puis une Alfa Romeo. Il déboursa un demi-million de dollars comptant pour une nouvelle maison. Il se fit mettre des jaquettes pour couvrir ses dents jaunies par la nicotine. Rosario et ses airs aristocratiques servirent de couverture : il prétendait que l'argent venait de sa riche belle-famille. Si on le soupçonnait, le KGB lui assura qu'il l'aiderait à fuir. « Nous étions prêts à faire à Washington ce que les Anglais nous avaient fait à Moscou », lui déclara son agent traitant. Les Soviétiques lui avaient versé la somme énorme de 4,6 millions de dollars (soit environ 9 millions de dollars actuels). Une fortune qui, pas plus que le monogramme brodé sur ses chemises, n'attira l'attention de ses collègues de la CIA.

À première vue, Gordievsky et Ames se comportèrent d'une façon similaire. Tous deux tournèrent le dos à leur pays, tous deux utilisèrent leur maîtrise en matière de renseignement pour confondre les espions ennemis. Tous deux trahirent le serment qu'ils avaient prêté au début de leur carrière et tous deux donnèrent l'impression de ne vivre qu'une existence alors qu'ils en menaient une seconde en secret. Là s'arrête la similitude. Ames espionnait pour de l'argent ; Gordievsky était motivé par ses convictions idéologiques. Les victimes d'Ames étaient appréhendées par le KGB et, le plus souvent, exécutées. Les espions découverts par Gordievsky, tels Bettaney ou Treholt, étaient surveillés, interceptés, jugés, emprisonnés et libérés à la fin de leur peine. Gordievsky risqua sa vie pour une cause ; Ames, pour une plus grosse voiture. Ames choisit de servir un régime totalitaire pour lequel il n'avait aucune affinité, un pays où il n'aurait jamais aimé vivre ; Gordievsky goûta à la liberté et à la démocratie de l'Ouest, décida que ce serait sa mission de prendre leur défense, de soutenir ce mode de vie et cette culture. Finalement, il s'établit en Angleterre au prix d'un immense sacrifice personnel. Pour conclure, la différence entre ces deux hommes est une question de morale : Gordievsky œuvra pour le bien, Ames pour sa propre personne.

Au début, la CIA mit la perte de son grand nombre d'agents sur le compte de divers facteurs, mais ne songea pas à une taupe. Elle incrimina un bug informatique ou un code décrypté. En réalité, une trahison interne était trop douloureuse à envisager après le traumatisme créé par la chasse à la taupe des années 1960-1970 conduite par Angleton. Et puis la CIA comprit que seuls les agissements d'un agent double pouvaient engendrer de telles pertes : en 1993, le somptueux mode de vie d'Ames attira enfin son attention. Elle le plaça sous surveillance, suivit ses déplacements, fouilla même sa poubelle à la recherche de preuves. Le 21 février, le FBI arrêta Rick et Rosario Ames.

— Vous commettez une grosse erreur ! s'écria-t-il. Vous vous trompez de personne !

Deux mois plus tard, il plaida coupable et fut condamné à la réclusion à vie. Rosario négocia un allègement de peine : elle ne fut condamnée qu'à cinq ans de prison pour fraude fiscale et complicité d'espionnage. Devant le tribunal, Ames avoua qu'il avait mis en danger « la vie de presque tous les agents soviétiques de la CIA et des agences étrangères [qu'il] connaissai[t] ». Il ajouta qu'il avait fourni à l'Union soviétique et à la Russie « une masse de documents concernant la sécurité, la défense et la politique étrangère des États-Unis ». Rick Ames, prisonnier numéro 40087-083, est toujours détenu à la prison de Terre Haute, dans l'Indiana.

Gordievsky fut abasourdi d'apprendre que l'homme qu'il avait pris pour un modèle du patriotisme américain avait essayé de l'assassiner : « Ames a démoli ma carrière et ma vie, mais il ne m'a pas tué. »

En 1997, Ted Koppel, un journaliste de la télévision américaine, eut un entretien avec Ames en prison. Auparavant, Gordievsky avait été interviewé en Angleterre et Koppel montra la bande-vidéo à Ames pour voir sa réaction. Le « trahi » s'était adressé directement à celui qui l'avait dénoncé : « Aldrich Ames est un traître », disait-il à Ames qui, en tenue de prisonnier, regardait attentivement le petit écran. « Il n'a travaillé que pour l'argent. Sa conscience le punira jusqu'à la fin de ses jours. Mais vous pourrez lui dire : "M. Gordievsky vous a presque pardonné." »

À la fin de la vidéo, Koppel se tourna vers Ames :

— Vous croyez qu'il vous a presque pardonné ?

— Sûrement. Tout ce qu'il dit me frappe beaucoup. Une fois, j'ai déclaré que les hommes que j'ai trahis ont fait des choix semblables et pris des risques similaires. Toute personne raisonnable dira en m'entendant : « Quelle arrogance ! » Mais ce que j'ai dit n'était pas arrogant.

Usant d'un ton où il s'autojustifiait, un ton presque suffisant, il insista sur le fait qu'il ne voyait pas différence sur un plan moral entre ses actions et celles de l'autre espion. Mais confronté à l'image de Gordievsky, il concéda quelque chose proche d'un regret : « La sorte de honte et la sorte de remords que je ressens sont et demeureront entièrement personnelles. »

Oleg Gordievsky continue à occuper, sous un faux nom, la maison d'une rue banale de la banlieue anglaise où il s'était installé en fuyant la Russie. Elle n'a rien de remarquable. Seules les hautes haies qui l'entourent la différencient des pavillons du voisinage. Et, bien sûr, un système d'alarme invisible qui se déclenche quand on franchit un certain fil électronique. En effet, le MI6 doit continuer à veiller sur son plus précieux espion de la Guerre froide, toujours condamné à mort. Car la fureur du KGB n'est toujours pas calmée. En 2015, Sergueï Ivanov, alors chef de cabinet de Vladimir Poutine, reprocha à Gordievsky d'avoir nui à sa carrière : « Il m'a dénoncé. Je ne peux pas dire que sa honteuse trahison et son recrutement par le Renseignement britannique m'aient brisé la vie, mais ils ont compliqué mon parcours professionnel. » Le 4 mars 2018, Sergueï Skripal, un ancien officier du GRU, et sa fille Ioulia, furent empoisonnés par des assassins utilisant une substance neurotoxique russe. Comme Gordievsky, Skripal avait espionné pour le MI6, mais il fut pris en Russie, jugé, emprisonné puis libéré en 2010 lors d'un échange d'espions. Andreï Lougovoï, un ancien garde du corps accusé dix ans plus tôt d'avoir assassiné le transfuge Alexandre Litvinenko, répondit de manière fascinante à la question « La Russie a-t-elle également empoisonné Skripal ? » : « Si nous devions tuer quelqu'un, ce serait Gordievsky. Il a été exfiltré du pays et condamné à mort par contumace. Poutine et ses gens ne l'ont jamais oublié. » À la suite de la tentative d'assassinat de Skripal, les mesures de sécurité autour de Gordievsky ont été renforcées, sa maison surveillée vingt-quatre heures sur vingt-quatre. Il faut dire qu'il est toujours une cible potentielle.

Aujourd'hui, Oleg quitte rarement son domicile, préférant recevoir les visites de ses amis et de ses anciens collègues du MI5 et du MI6. Parfois, on lui amène de jeunes recrues ravies de rencontrer une légende des services secrets. Chez lui, il lit, écrit, écoute de la musique classique, se tient au courant de la politique, particulièrement de ce qui se passe dans son pays natal. Depuis qu'il a traversé la frontière de la Finlande en 1985, il n'est jamais retourné en Russie et n'en a aucune envie : « Maintenant, je suis anglais. » Il n'a pas revu sa mère. Olga Gordievsky est morte en 1989, à l'âge de 82 ans. Jusqu'à la fin, elle a clamé l'innocence de son fils : « Il n'cst pas un agent double mais un agent triple, travaillant pour le KGB. » Gordievsky n'eut jamais l'occasion de lui dire la vérité : « J'aurais tellement voulu lui faire part de ma version des faits. »

Comme de nombreux agents l'attestent, « la vie après l'espionnage » a un coût élevé.

Oleg Gordievsky continue à mener une double vie. Pour ses voisins, le vieil homme barbu, un peu courbé qui vit calmement derrière ses hautes haies, n'est qu'un retraité âgé, une personne assez insignifiante. En réalité, c'est une personnalité historique de premier ordre, un homme remarquable : fier, malin, coléreux, son caractère sombre est soudain illuminé par des éclairs d'un humour décapant. Parfois difficile à aimer, il est impossible de ne pas l'admirer. Il n'a pas de regrets, dit-il, mais de temps en temps, il s'arrête de parler au milieu d'une conversation et regarde au loin d'un air mélancolique. Ce qu'il voit, personne ne peut le dire. Il est un des hommes les plus courageux que j'aie rencontrés, mais aussi un des plus solitaires.

En 2007, lors de l'anniversaire de la reine, Gordievsky fut nommé compagnon de l'ordre de Saint-Michel et de Saint-Georges (CMG) pour « services rendus à la sécurité du Royaume-Uni ». La même décoration, aime-t-il à dire, que celle attribuée à James Bond ! Les médias de Moscou annoncèrent, en se trompant, que le camarade Gordievsky s'appellerait désormais « sir Oleg ». Son portrait est accroché à Fort Monckton.

En juillet 2015, lors du trentième anniversaire de son évasion, les personnes impliquées dans son affaire ou dans son exfiltration se réunirent pour célébrer les 76 ans de l'espion russe. Lors de la fête, on lui offrit comme souvenir un nouveau fourre-tout en skaï, l'original ayant été déposé au musée du MI6. Il contenait les articles suivants : un Mars, un sac en plastique Harrods, une carte de l'ouest de la Russie, des pilules « pour soulager l'inquiétude, l'irritabilité, l'insomnie et le stress », de l'antimoustique, deux bouteilles de bière glacées et deux cassettes : l'une des *Greatest Hits* de Dr. Hook et l'autre de *Finlandia* de Sibelius.

Quelqu'un n'avait pas oublié d'inclure un paquet de chips au fromage et à l'oignon et une couche de bébé.

Codes et acronymes

ABLE ARCHER 83	Nom de guerre de l'OTAN
BOOT	Michael Foot (KGB)
COE	Affaire Bettaney (MI5)
DANICEK	Stanislav Kaplan (MI6)
DARIO	Illégal non identifié (KGB)
DISARRANGE	Exfiltration d'un officier tchèque du renseignement (MI6)
DRIM	Jack Jones (KGB)
ELLI	Leo Long (KGB)
ELMEN	Opération de contre-espionnage, affaire Bettaney (MI5/MI6)
EMBASE	Expulsion du personnel KGB/GRU après la défection de Gordievsky (GB)
FAREWELL	Vladimir Vetrov (Direction générale de la surveillance du territoire)
FAUST	Evgueni Ouchakov (KGB)
FOOT	Expulsion du personnel KGB/GRU (MI5/MI6)
FREED	Officier du renseignement tchèque (MI6)

GARDIETSEV	Oleg Gordievsky (KGB)
GLYPTIC	Joseph Staline (MI5)
GOLDFINCH	Oleg Lialine (MI5/MI6)
GOLFPLATZ	Grande-Bretagne (allemand)
GORMSSON	Oleg Gordievsky (PET)
GORNOV	Oleg Gordievsky (KGB)
GRETA	Gunvor Galtung Haavik (KGB)
GROMOV	Vassili Gordievsky (KGB)
GROUND	Paiement en espèces versé à DARIO (KGB)
HETMAN	Campagne pour le rapatriement de Leïla Gordievsky et de ses filles (MI6)
INVISIBLE	Exfiltration de savants tchèques (MI6)
KOBA	Michael Bettaney
KORIN	Mikhaïl Lioubimov (KGB)
KRONIN	Stanislav Androssov (KGB)
LAMPAD	Opération conjointe MI5-MI6 (MI5/MI6)
NOCTON	Oleg Gordievsky (MI6)
OVATION	Oleg Gordievsky (MI6)
PIMLICO	Opération d'exfiltration Gordievsky (MI6)
PUCK	Michael Bettaney (MI5)
RON	Richard Gott (KGB)
RYAN	*Raketno-Iadernoïe Napadenie* (Union soviétique)
SUNBEAM	Oleg Gordievsky (MI6)
TICKLE	Oleg Gordievsky (CIA)
UPTIGHT	MI6 (CIA)
ZEUS	Gert Petersen (KGB)
ZIGZAG	Eddie Chapman (MI5)

Remerciements

Ce livre n'aurait pas vu le jour sans le soutien sans réserve et la coopération d'Oleg Gordievsky. Au cours des trois dernières années, je l'ai interviewé dans sa maison secrète à plus de vingt reprises et j'ai enregistré cent heures de nos conversations. Son accueil fut généreux, sa patience sans limites, sa mémoire prodigieuse. Il collabora sans aucune contrepartie et ne tenta pas d'influencer l'écriture de l'ouvrage : l'interprétation des événements et les erreurs qu'il contient sont de mon seul fait. Par son intermédiaire, il me fut possible de parler à tous les officiers du MI6 impliqués dans cette affaire et je leur suis reconnaissant de leur aide. Ils ont accepté de parler librement sous le couvert de l'anonymat. D'anciens officiers du MI6 toujours en vie ainsi que d'anciens officiers du renseignement russes ou danois figurent sous des pseudonymes, y compris des personnes dont l'identité a été révélée publiquement. Tous les autres noms sont véridiques. J'ai également bénéficié de la généreuse assistance d'anciens officiers du KGB, du MI5 et de la CIA qui ont été concernés par l'affaire Gordievsky.

Ce livre n'a pas été autorisé par le MI6 qui ne m'a apporté aucune aide. Je n'ai pas eu accès aux dossiers du Service du renseignement qui demeurent classés secret.

Deux personnes m'ont grandement facilité la tâche : organisant des réunions avec les divers participants, présentes aux interviews avec Oleg Gordievsky, vérifiant l'exactitude des faits relatés dans le manuscrit, fournissant de précieuses nourritures spirituelles et gastronomiques et, plus généralement, assurant une ambiance de grande bonne humeur et d'efficacité à une entreprise complexe et délicate. Elles méritent bien plus de reconnaissance que je ne peux leur en témoigner : mais c'est tout à leur honneur de vouloir rester dans l'ombre.

Je désire aussi remercier Christopher Andrew, Keith Blackmore, John Blake, Bob Bookman, Karen Brown, Venetia Butterfield, Alex Carey, Charles Cohen, Gordon Corera, David Cornwell, Luke Corrigan, Charles Cumming, Lucie Donahue, St John Donald, Kevin Doughton, Lisa Dwan, Charles Elton, Natasha Fairweather, Emme Fane, Stephen Garrett, Tina Gaudoin, Burton Gerber, Blanche Girouard, Claire Haggard, Bill Hamilton, Robert Hands, Kate Hubbard, Lynda Jordan, Mary Jordan, Steve Kappas, Ian Katz, Daisy Lewis, Clare Longrigg, Kate Macintyre, Magnus Macintyre, Robert McCrum, Chloe McGregor, Ollie McGregor, Gill Morgan, Vikki Nelson, Rebecca Nicolson, Roland Philipps, Peter Pomerantsev, Igor Pomeranysev, Andrew Previté, Justine Roberts, Felicity Rubinstein, Melita Samoilys, Mikael Shields, Molly Stern, Angus Stewart, Jane

Stewart, Kevin Sullivan, Matt Whiteman, Damian Whitworth, Caroline Wood.

Mes amis et collègues du *Times* ont été une source infinie de soutien, d'inspiration et de moquerie méritée. Le regretté Ed Viktor, mon brillant agent pendant vingt-cinq ans, fut présent à l'origine de ce livre et c'est Jonny Geller qui en a brillamment repris les rênes. Les équipes des éditions Vicking et Crown ont été magnifiques. Enfin, mes remerciements vont à mes enfants, Barney, Finn et Molly : je ne connais pas plus charmants et plus drôles qu'eux.

Stewart, Kevin Sullivan, Mary Whiteman (Dobson) Whitworth, Caroline Wood.

Mes amis et collègues du *Times* ont été une source constante de soutien, d'inspiration et de générosité inédite. Le regretté Ed Victor, mon brillant agent pendant vingt-cinq ans, fut présent à l'origine de ce livre et c'est Jonny Geller qui en a brillamment repris les rênes. Les équipes des éditions Viking et Crown ont été sympathiques. Enfin, mes remerciements vont à mes enfants, Barney, Finn et Molly : je ne connais pas plus charmants et plus drôles qu'eux.

[illegible]

Andrew, Christopher, et Vasili Mitrokhin, *The Mitrokhin Archive: The KGB in Europe and the West*, [illegible]

[illegible]

Barrass, Gordon S., *The Great Cold War: A Journey Through the Hall of Mirrors*, Stanford, Calif., 2009.

Bibliographie sélective

Andrew, Christopher, *The Defence of the Realm : The Authorized History of MI5*, London, 2009

—, *Secret Service : The Making of the British Intelligence Community*, London, 1985

Andrew, Christopher, and Oleg Gordievsky (eds.), *Instructions from the Centre : Top Secret Files on KGB Foreign Operations 1975-1985*, London, 1991

—, *KGB : The Inside Story of Its Foreign Operations from Lenin to Gorbachev*, London, 1991

Andrew, Christopher, and Vasili Mitrokhin, *The Mitrokhin Archive : The KGB in Europe and the West*, London, 1999 ; trad. fr. *Le KGB contre l'Ouest 1917-1991 : les archives Mitrokhine*, Fayard, 1999

—, *The World was Going Our Way : The KGB and the Battle for the Third World*, London, 2005 ; trad. fr. *Le KGB à l'assaut du tiers-monde : agression-corrupion-subversion, 1945-1991*, Fayard, 2008

Barrass, Gordon S., *The Great Cold War : A Journey through the Hall of Mirrors*, Stanford, Calif., 2009

Bearden, Milton, and James Risen, *The Main Enemy : The Inside Story of the CIA's Final Showdown with the KGB*, London, 2003 ; trad. fr. *CIA-KGB. Le Dernier Combat*, Albin Michel, 2003.

Borovik, Genrikh, *The Philby Files : The Secret Life of Master Spy Kim Philby – KGB Archives Revealed*, London, 1994

Brook-Shepherd, Gordon, *The Storm Birds : Soviet Post-War Defectors*, London, 1988

Carl, Leo D., *The International Dictionary of Intelligence*, McLean, Va, 1990

Carter, Miranda, *Anthony Blunt : His Lives*, London, 2001

Cavendish, Anthony, *Inside Intelligence : The Revelations of an MI6 Officer*, London, 1990

Cherkashin, Victor, with Gregory Feifer, *Spy Handler : Memoir of a KGB Officer*, New York, 2005

Corera, Gordon, *MI6 : Life and Death in the British Secret Service*, London, 2012

Earley, Pete, *Confessions of a Spy : The Real Story of Aldrich Ames*, London, 1997

Fischer, Benjamin B., « A Cold War Conundrum : The 1983 Soviet War Scare », https://www.cia.gov/library/center-for-the-study-of-intelligence/csi-publications/books-and-monographs/a-cold-war-conundrum/source.htm

Gaddis, John Lewis, *The Cold* War, London, 2007

Gates, Robert M., *From the Shadows : The Ultimate Insider's Story of Five Presidents and How They Won the Cold War*, New York, 2006

Gordievsky, Oleg, *Next Stop Execution : The Autobiography of Oleg Gordievsky*, London, 1995

Grimes, Sandra, and Jeanne Vertefeuille, *Circle of Treason : A CIA Account of Traitor Aldrich Ames and the Men He Betrayed*, Annapolis, Md, 2012
Helms, Richard, *A Look Over My Shoulder : A Life in the Central Intelligence Agency*, New York, 2003
Hoffman, David E., *The Billion Dollar Spy : A True Story of Cold War Espionage and Betrayal*, New York, 2015
Hollander, Paul, *Political Will and Personal Belief : The Decline and Fall of Soviet Communism*, New Haven, Conn., 1999
Howe, Geoffrey, *Conflict of Loyalty*, London, 1994
Jeffery, Keith, *MI6 : The History of the Secret Intelligence Service 1909-1949*, London, 2010
Jones, Nate (ed.), *Able Archer 83 : The Secret History of the NATO Exercise That Almost Triggered Nuclear War*, New York, 2016
Kalugin, Oleg, *Spymaster : My Thirty-Two Years in Intelligence and Espionage against the West*, New York, 2009
Kendall, Bridget, *The Cold War : A New Oral History of Life between East and West*, London, 2018
Lyubimov, Mikhail, *резидента непутевого Записки (Notes of a Ne'er-Do-Well Rezident or Will-o'-the-Wisp)*, Moscow, 1995
—, *ненавижу и люблю я которых, Шпионы* (*Spies I Love and Hate*), Moscow, 1997
Moore, Charles, *Margaret Thatcher : The Authorized Biography*, vol. II : *Everything She Wants*, London, 2015
Morley, Jefferson, *The Ghost : The Secret Life of CIA Spymaster James Jesus Angleton*, London, 2017

Oberdorfer, Don, *From the Cold War to a New Era : The United States and the Soviet Union, 1983-1991*, Baltimore, 1998
Parker, Philip (ed.), *The Cold War Spy Pocket Manual*, Oxford, 2015
Philby, Kim, *My Silent War*, London, 1968
Pincher, Chapman, *Treachery : Betrayals, Blunders and Cover-Ups. Six Decades of Espionage*, Edinburgh, 2012
Primakov, Yevgeny, *Russian Crossroads : Toward the New Millennium*, New Haven, Conn., 2004
Sebag Montefiore, Simon, *Stalin : The Court of the Red Tsar*, London, 2003
Trento, Joseph J., *The Secret History of the CIA*, New York, 2001
Weiner, Tim, *Legacy of Ashes : The History of the CIA*, London, 2007 ; trad. fr. *Des cendres en héritage, l'histoire de la CIA*, Éditions de Fallois, 2007
Weiner, Tim, David Johnston and Neil A. Lewis, *Betrayal : The Story of Aldrich Ames, an American Spy*, London, 1996
Westad, Odd Arne, *The Cold War : A World History*, London, 2017
West, Nigel, *At Her Majesty's Secret Service : The Chiefs of Britain's Intelligence Agency, MI6*, London, 2006
Womack, Helen (ed.), *Undercover Lives : Soviet Spies in the Cities of the World*, London, 1998
Wright, Peter, with Paul Greengrass, *Spycatcher : The Candid Autobiography of a Senior Intelligence Officer*, London, 1987

Le lecteur français désireux de se remettre en mémoire le cadre historique de ce récit pourra consulter les ouvrages suivants :

Grosser, Pierre, *Les Temps de la Guerre froide*, Complexe, 1995

Zorgbibe, Charles, *Une histoire du monde depuis 1945*, Éditions de Fallois, 2017

Le lecteur français soucieux de se [illegible] une meilleure [illegible] de [illegible] historique de ce [illegible] pourra consulter les ouvrages suivants :

Prosser, Pierre, *Les [illegible] de la Guerre [illegible]*, Complexe, 1995 [illegible]

Zorgbibe, Charles, *Une histoire du monde depuis 1945*, Éditions de Fallois, 2017.

[illegible] est [illegible] d'un [illegible] de la [illegible] du XG[illegible] et de la [illegible] planète [illegible] pas [illegible] être [illegible] avec [illegible] et [illegible] après [illegible] sources et [illegible] en [illegible]

[illegible]

Il est [illegible] une [illegible] décembre 2005 [illegible] 112 [illegible] des [illegible]

[illegible]

Entre [illegible] de [illegible] sion [illegible] le [illegible] articles [illegible]

Sources

La majorité des documents de ce livre proviennent d'interviews avec des officiers du MI6, du KGB et de la CIA qui, pour la plupart, n'ont pas souhaité être cités ; d'interviews avec Oleg Gordievsky, sa famille et ses amis ; et de son livre de Mémoires *Next Stop Execution* paru en 1995. Les autres sources et citations importantes sont citées ci-dessous.

1. Le KGB

« Il n'existe pas d'ancien agent du KGB » : Vladimir Poutine parlant à un auditoire du FSB en décembre 2005, http://www.newsweek.com/chill-moscow-air-113415.

« Mieux vaut condamner dix innocents » : cité dans *Stalin* de Sebag Montefiore.

« un Harvard russe » : cité dans *Encyclopedia of Contemporary Russian Culture* (ed. Tatiana Smorodinskaya, Karen Evans-Romaine and Helena Goscilo), Abingdon, 2007.

« faire partie de la Première Direction générale était le rêve de la majorité des jeunes officiers […] avec ses propres traditions, sa discipline, ses conventions » : Leonid Shebarshin, « Inside the KGB's Intelligence School », 24 mars 2015, https://espionage historyarchive.com/2015/03/24/the-kgbs-intelligence-school/.

« Anglais jusqu'au bout des ongles » : Mikhaïl Lioubimov, cité dans Corera, *MI6*.

« Je n'ai pas hésité » : Philby, *My Silent War*.

2. *Oncle Gormsson*

Les Mémoires de Mikhaïl Lioubimov sont contenus dans *Notes of a Ne'er-Do-Well Rezident* et *Spies I Love and Hate* ; pour les activités de Vassili Gordievsky en Tchécoslovaquie, voir Andrew and Mitrokhin, *Mitrokhin Archive*.

3. *SUNBEAM*

Le recrutement de Gordievsky est décrit dans un mémoire non publié de Richard Bromhead, « Wilderness of Mirrors » (« Gerontion », T. S. Eliot).

4. *Encre verte et microfilms*

« Cherchez des gens que le destin ou la nature a blessés » : Pavel Soudoplatov, cité dans Hollander, *Political Will and Personal Belief*.

« Les agents du renseignement sont, selon mon expérience, encore plus menteurs que les journalistes » :

Malcolm Muggeridge, *Chronicles of Wasted Time*, 2e partie : *The Infernal Grove*, London, 1973.

« un homme merveilleux » : Borovik, *Philby Files*, p. 29

Les affaires Haavik et Treholt sont décrites dans Andrew and Mitrokhin, *Mitrokhin Archive*. Pour les activités de la *rezidentura* à Copenhague, voir Lyubimov, *Notes of a Ne'er-Do-Well Rezident* and *Spies I Love and Hate*.

5. *Un sac plastique et un Mars*

« Certaines de ces recrues » : Cavendish, *Inside Intelligence*.

« Terreur la nuit » : Robert Conquest, *The Great Terror : A Reassessment*, Oxford, 1990.

« aussi impossible que de placer des espions sur Mars » : Helms, *A Look Over My Shoulder*, cité dans Hoffman, *Billion Dollar Spy*.

« un très petit nombre d'agents dignes de ce nom en URSS » : Gates, *From the Shadows*, cité dans Hoffman, *Billion Dollar Spy*.

« ne disposaient pas ou presque de renseignements fiables » : rapport de la CIA, 1953, cité dans Hoffman, *Billion Dollar Spy*.

« grise, noire, blanche et terne » ; « gagner de l'argent » : cités dans un rapport de l'AFP, 28 juin 1995.

« Ashenden admirait la bonté » : W. Somerset Maugham, *Mr. Ashenden, agent secret*.

6. *L'agent BOOT*

« un des plus grands syndicalistes au monde » : Gordon Brown, *Guardian*, 22 avril 2009.

« prêt à communiquer au Parti des renseignements gouvernementaux et autres informations » : cité dans Andrew, *Defence of the Realm*.

« ce député aurait communiqué tout ce qu'il pouvait dénicher au KGB » : *ibid*.

« J'adorais cette ambiance que connaissent bien les amateurs de romans d'espionnage » ; « Comme de nombreux journalistes » : Richard Gott, *Guardian*, 9 décembre 1994.

Des informations du dossier BOOT sont contenues dans des interviews conduites par Gordievsky, pour le *Sunday Times* (archives légales).

« Le Lioubimov et le Boot » : par Mikhaïl Lioubimov dans Womack (ed.) *Undercover Lives*.

« Mes convictions socialistes sont toujours aussi fortes » : Michael Foot, http://news.bbc.co.uk/onthisday/hi/dates/stories/novembre /10/newsid_4699000/4699939.stm.

« Foot leur livra un flot d'informations » : Charles Moore, interview avec Gordievsky, *Daily Telegraph*, 5 mars 2010.

« Les actes des Russes » : Michael Foot, lors d'un discours à Hyde Park, juin 1968.

7. *La planque*

Les principales sources concernant la vie d'Aldrich Ames sont : Earley, *Confessions of a Spy* ; Weiner,

Johnston and Lewis, *Betrayal* ; et Grimes and Vertefeuille, *Circle of Treason*.

« À cause du zèle excessif » : Gates, *From the Shadows*.

« Ce que j'entreprenais » : cité dans Bearden and Risen, *The Main Enemy*.

8. *Opération RYAN*

Les principales sources de l'Opération RYAN sont Barrass, *Great Cold War* ; Fischer, « Cold War Conundrum » ; Jones (ed.), *Able Archer 83*.

« c'était un homme qui, pour gouverner la Russie, remplaçait le Parti communiste par le KGB » : Ion Mihai Pacepa, dans *National Review*, 20 septembre 2004.

« de tels plans n'existaient pas » : Andrew, *Defence of the Realm*.

Le compte rendu de Maksim Parchikov est contenu dans un mémoire non publié.

« Je ne suis pas un espion » : *The New York Times*, 2 avril 1983.

9. *Koba*

Pour l'affaire Bettaney, voir Andrew, *Defence of the Realm* et les articles de presse de l'époque.

« il s'habillait comme un directeur de banque » : *The Times*, 29 mai 1998.

10. M. Collins et Mme Thatcher

Pour l'opinion de Margaret Thatcher sur Oleg Gordievsky, voir Moore, *Margaret Thatcher*.

« laisser le marxisme-léninisme sur un champ de cendres » : Ronald Reagan à la Chambre des communes, 8 juin 1982.

« la joie d'être dans son bon droit » : Henry E. Catto, Jr, adjoint du secrétaire de la Défense, cité dans le *Los Angeles Times*, 11 novembre 1990.

Sur ABLE ARCHER, voir Barrass, *Great Cold War* ; Fischer, « Cold War Conundrum' ; et Jones (ed.), *Able Archer 83*.

« l'épisode le plus dangereux » : Andrew, *Defence of the Realm*.

« Gordievsky ne laisse pas planer le doute » : Howe, *Conflict of Loyalty*.

« les Russes ont eu une peur bleue » : Howe, *Conflict of Loyalty*.

« Je ne vois pas comment ils ont pu croire une chose pareille » : cité dans Oberdorfer, *From the Cold War to a New Era*.

« Trois années m'ont appris » : cité dans le *Washington Post*, 24 octobre 2015.

« Ma première réaction fut de nous blâmer » : Gates, *From the Shadows*.

« Les informations fournies par Gordievsky furent une révélation » : voir Jones (ed.), *Able Archer 83*.

« étaient parole d'Évangile » : Corera, *MI6*.

« Bon sang, trouvez-moi […] ! » : Moore, *Margaret Thatcher*.

« Que puis-je dire ? » : AP, 26 février 1985.

« des photos du corpulent général » : Bearden et Risen, *Main Enemy*.

« Gouk a toujours veillé » : Andrew, *Defence of the Realm.*

« La perspective de quitter le pays » : cité dans Gareth Stedman Jones, *Karl Marx : Greatness and Illusion*, Londres, 2016.

« J'ai grandi dans une famille d'officiers du KGB » : interview radiophonique avec Igor Pomerantsev, Radio Liberty, 7 septembre 2015.

« l'unique occasion de savoir » : Moore, *Margaret Thatcher.*

« Le Kremlin a-t-il une conscience ? » : https://www.margaret thatcher.org/document/105450.

« J'ai trouvé un homme » : Thatcher à Reagan, note publiée par les Archives nationales de Grande-Bretagne, janvier 2014.

11. La roulette russe

« Les informations transmises à la CIA » : voir Jones (ed.), *Able Archer 83.*

« Burton Gerber était déterminé à identifier » : Bearden and Risen, *Main Enemy.*

« un officier du renseignement danois » : voir Earley, *Confessions of a Spy.*

Pour le contrôle d'Ames par le KGB, voir Cherkashin, *Spy Handler.*

« d'avoir personnellement identifié Gordievsky » : Grimes and Vertefeuille, *Circle of Treason.*

Interview avec Viktor Boudanov, 13 septembre 2007, http://www.pravdareport.com/history/13-09-2007/97107-intelligence-0/.

Pour l'affaire DARIO, voir Andrew and Gordievsky (eds.), *Instructions from the Centre*.

12. Le chat et la souris

« N'avouez jamais ! » : Philby, *My Silent War*.
« le repos et les soins des chefs » : *The New York Times*, 8 février 1993.
Pour l'état d'esprit de Gordievsky, voir Lyubimov, *Notes of a Ne'er-Do-Well Rezident* et *Spies I Love and Hate*.

13. Le labyrinthe

« Je l'aurais laissé partir » : interview radiophonique avec Igor Pomerantsev, Radio Liberty, 7 septembre 2015.
« Quand les malheurs arrivent » : *Hamlet*, acte IV, scène V.
« L'art de faire la révérence à l'Est » : Kari Suomalainen, https://www.visa-vuori.com/fi/taiteilijat/kari-suomalainen.
« L'homme a toujours moins de peine » : W. Somerset Maugham, *Le Linge de Mr. Harrington*, dans *Mr. Ashenden, agent secret*, Leipzig, 1928.
« une fastidieuse perte de temps » : *Daily Express*, 14 juin 2015.

14. Vendredi 19 juillet

« Ici, dans le pays natal du grand Lénine » : discours de Gorbatchev au Douzième Festival mondial de la jeunesse, 27 juillet 1985 : https://rus.ozodi.org/amp/24756366.html.

15. Finlandia

Pour plus d'informations sur les chips au fromage et à l'oignon, voir Karen Hochman, « A History of the Potato Chip », http://www.thenibble.com/reviews/main/snacks/chip-history.asp.

Le château South Ormsby est ouvert au public, http://southormsbyestate.co.uk.

Sur Iourtchenko, voir « The spy who returned from the cold », *Time Magazine*, 18 avril 2005.

« je suis capable d'évaluer une situation » : *The New York Times*, 7 mai 1987.

« Les renseignements transmis par Gordievsky » : voir Jones (ed.), *Able Archer 83*.

16. Passeport pour PIMLICO

Pour la correspondance entre Thatcher et Gordievsky, voir Archives nationales, http://www.nationalarchives.gov.uk/about/news/newly-released-files-1985-1986/prime-ministers-office-files-prem-1985/.

Pour les retombées diplomatiques, voir l'interview avec sir Bryan Cartledge, Churchill Archive Centre, https://www.chu.cam.ac.uk/media/uploads/files/Cartledge.pdf.

« Il était sur le point d'avouer » : Primakov, *Russian Crossroads*.

« Techniquement, ça n'a rien de sorcier » : *Times*, 10 mars 2018.

« La vie continuait » : interview radiophonique avec Igor Pomerantsev, Radio Liberty, 7 septembre 2015.

« L'espionnage est devenu beaucoup plus difficile » : *Los Angeles Times*, 30 août 1991.

Sur le démantèlement du KGB par Vadim Bakatine, voir J. Michael Waller, « Russia : Death and Resurrection of the KGB », *Demokratizatsiya*, vol. 12, nº 3 (été 2004).

Interview d'Ames par Ted Koppel, http://abcnews.go.com/US/video/feb-11-1997-aldrich-ames-interview-21372948.

Gordievsky expose Sergueï Ivanov, *The Times*, 20 octobre 2015.

« Si nous devions tuer quelqu'un » : Andreï Lougovoï dans le *Sunday Times*, 11 mars 2018.

Crédits photographiques

Collection privée : 1, 2, 3, 4, 5, 6, 14, 16, 17.
Ritzau Scanpix/TopFoto : 7, 9.
Bettmann Archive/Getty Images : 8.
TASS/TopFoto/Getty Images : 12.
EAST2WEST : 13, 15, 26.
Tom Stoddart Archive/Hulton Archive/Getty Images : 20
Popperfoto/Getty Images : 19.
Sputnik/Topfoto : 22.
Ctsy. John Hallisey/FBI/The LIFE Picture Collection/Getty Images : 24.
Jeffrey Markowitz/Sygma/Getty Images : 25 (*droite*).
Neville Marriner/ANL/REX/Shutterstock : 27
Courtesy Ronald Reagan Library : 28.
PA Images : 29.
Ilpo Musto/REX/Shutterstock : 30.

L'éditeur a pris grand soin d'attribuer les copyrights aux ayants droit. Cependant, il sera heureux de prendre en compte les informations concernant les photographies restées anonymes afin de faire les modifications nécessaires dans les prochaines éditions.

Crédits photographiques

[illegible] : 12
[illegible]/TopFoto : 17
[illegible] Getty Images : [illegible]
[illegible]/Getty Images : [illegible]
[illegible] : 13, 15, 26
[illegible] Archive/Hulton Archive/Getty Images : 20
Popperfoto/Getty Images : 19
[illegible]/Topfoto : 22
[illegible] Hulton Archive/[illegible]
[illegible]/Getty Images : 21
[illegible]/Getty Images : 25
[illegible]
[illegible] : 29
[illegible] : 30

L'éditeur a fait tout son possible [illegible] droit. [illegible] il sera heureux de prendre en compte les informations [illegible] dans les prochaines éditions.

Index

Crédits photographiques

Collection privée : 1, 2, 3, 4, 5, 6, 14, 16, 17.
Ritzau Scanpix/TopFoto : 7, 9.
Bettmann Archive/Getty Images : 8.
TASS/TopFoto/Getty Images : 12.
EAST2WEST : 13, 15, 26.
Tom Stoddart Archive/Hulton Archive/Getty Images : 20
Popperfoto/Getty Images : 19.
Sputnik/Topfoto : 22.
Ctsy. John Hallisey/FBI/The LIFE Picture Collection/Getty Images : 24.
Jeffrey Markowitz/Sygma/Getty Images : 25 (*droite*).
Neville Marriner/ANL/REX/Shutterstock : 27
Courtesy Ronald Reagan Library : 28.
PA Images : 29.
Ilpo Musto/REX/Shutterstock : 30.

L'éditeur a pris grand soin d'attribuer les copyrights aux ayants droit. Cependant, il sera heureux de prendre en compte les informations concernant les photographies restées anonymes afin de faire les modifications nécessaires dans les prochaines éditions.

Table des matières

TROISIÈME PARTIE

ÉPILOGUE